**Der Kirchenrechtsprofessor nimmt Vernunft an,
wird mit mir glücklich und stirbt**

URSULA NEUMANN

Der Kirchenrechtsprofessor nimmt Vernunft an

wird mit mir glücklich

und stirbt

Bibliografische Information der Deutschen Nationalbibliothek
Die Deutsche Nationalbibliothek verzeichnet diese Publikation
in der Deutschen Nationalbibliografie; detaillierte bibliografische
Daten sind im Internet über http://dnb.d-nb.de abrufbar.

© 2017 Ursula Neumann
Umschlagdesign, Satz, Herstellung und Verlag:
BoD – Books on Demand
ISBN 978-3-7431-5843-6

Inhalt

Begründung	7
Vorspiel – weitgehend ohne Johannes	11
Gebrannte Kinder »fallen in Liebe«	50
Martha und Fragen der Moral	118
Retardierendes Moment	139
Kein »Weiter so!«	146
Im Krieg und in der Liebe … (Teil 1)	155
Rufmord oder: Desinformation geht ganz einfach	169
Die Hand im Feuer	187
Im Krieg und in der Liebe … (Teil 2)	194
Ich sammle Mosaiksteine	201
Die Tübinger Katholisch-Theologische Fakultät	219
Herr Hans im Besonderen	231
Herbst 1976 bis April 1977: Verwirrende und Verwirrte	245
Bis der Tod uns scheidet	270
Die Analytikerin geht ihrem Beruf nach	281

Wer beerbt Martha?	303
Der eine Knoten wird durchschlagen	317
Der andere schließlich auch	367
Happy und Ende	391

Begründung

Zwar sieht es nicht so aus, als würde ich am Rande des Grabes stehen (was ich im Übrigen bedauere), aber alt bin ich schon, nämlich seit ein paar Monaten 70 Jahre.

Vor etwas mehr als zwei Jahren, genauer: am 12.8.2014 (präzise Angaben sind eine Marotte von mir, wie man noch feststellen wird), begann ich zu schreiben. Zunächst nur für mich – als Trauerarbeit nach dem Tod meines Mannes. Heute nun mache ich das Manuskript fertig zur Veröffentlichung.

Habe ich etwas zu sagen?

Ja!

Zunächst: Ich möchte unsere Geschichte erzählen, die ich für wert halte, bewahrt zu werden. Weil es eine besondere Geschichte ist. Das sind natürlich Millionen anderer Lebensgeschichten auch – und niemand erinnert an sie. Aber das ist kein Argument, dass unsere auch noch verloren gehen soll.

Ich glaube aber auch, dass beim Lesen unserer Geschichte eigene Erinnerungen und Gefühle berührt werden. Mag sein, dass das eher für Menschen meiner Altersstufe gilt. Doch ich erzähle nicht (oder wenigstens nur zum geringen Teil) »Anekdoten aus vergangener Zeit«, sondern unsere Variante dessen, was wir alle in der einen oder anderen Weise tun, erleiden, fühlen.

Das heißt auch: Wer eine Hagiografie erwartet, sollte das Buch an dieser Stelle zuklappen und es einer weniger zart empfindenden Freundin schenken. Diesen Hinweis erlaube ich mir, nachdem ich festgestellt habe, dass die Liebe zu erbaulichen Lebensbeschreibungen keineswegs ein Spezifikum der »Gläubigen« ist.

Es ist mir ernst mit »die Wahrheit und nichts als die Wahrheit«. Konkret: Während ich an diesem Manuskript arbeitete und dafür die Unterlagen von Johannes aufarbeitete, entdeckte ich ein paar »Wahrheiten«, die mir bislang verborgen geblieben waren und von denen ich wünschte, sie wären mir verborgen geblieben. Natürlich habe ich mir überlegt, und zwar sehr gründlich und sehr lange, ob ich sie hier nicht aussparen soll. Um seinet- und um meinetwillen. Aber »ganz oder gar nicht«. Ich fände es auch unanständig, über Dritte schonungslos zu schreiben, von uns aber nur die Schokoladenseite zu zeigen.

Sicher, ich selbst komme bei meiner Darstellung ganz gut weg. Dabei habe ich nichts Wichtiges verschwiegen. Das Problem ist jedoch, dass ich als Autorin die Deutungshoheit habe. Das hat mich immer wieder beschäftigt: Ob ich will oder nicht, von mir selbst kann ich mich nicht so distanzieren wie von anderen, deshalb halte ich mein Denken und Handeln natürlich für nachvollziehbar und ziemlich richtig. Ich möchte, dass diese Subjektivität dem Leser, der Leserin bewusst bleibt.

Für Johannes finde ich eine Stelle aus der Zauberflöte treffend: Der Sprecher der Priester äußert seine Bedenken, ob Tamino auch stark genug für die bevorstehenden Prüfungen sei: »Mich bangt es um den Jüngling – Er ist Prinz.« Sarastro antwortet: »Noch mehr, er ist Mensch!«

Johannes war nicht der Prinz, der erst ausziehen musste, um das Fürchten zu lernen, er war nicht der, der den Drachen erschlug und nebenbei Dornröschen wach küsste. Dazu gab es in ihm zu viel Brüchiges. Aber gilt nicht: ohne Verwicklung keine Entwicklung, ohne Angst kein Mut?

Weil das so war, sind die folgenden Seiten auch die Geschichte der Überwindung von Angst. Dieses Thema beschäftigt mich als Psychotherapeutin immer mehr, immer stärker: So oft werde ich Zeugin, wie Glück, wie der Sinn des eigenen Lebens verfehlt wird, weil die »Angst zu springen« größer ist als die Angst, was passiert, wenn man sich nicht von der Stelle rührt. Miese Beziehungen werden ausgehalten, schlimme berufliche Verhältnisse nicht verändert. Man bleibt, wo man gehen müsste. Manchmal möchte ich resignieren: Warum wird nur die Gefahr des Wagnisses und nicht seine Chance gesehen?

Ich halte nicht viel von dem Spruch »Jeder ist seines Glückes Schmied«, manchmal hasse ich ihn, wenn er nichts anderes bedeutet als »Selber schuld!«. Einerseits. Andererseits: Angst kann überwunden werden. Und dies nicht wenigstens zu versuchen, das ist selbst verschuldete Unmündigkeit. Es versucht zu haben gibt Würde. Selbst wenn man scheitert.

Was hat die Wiederbegegnung der für unser Leben so entscheidenden Jahre 1974 bis 1979 nach 40 Jahren mit mir gemacht? Erinnerung, die mich tröstet, Erinnerung, die mich verzweifeln lässt. Der Kampf gegen das Vergessen – wir verlieren ihn. Immer. Wie es uns mit Träumen passiert: Noch ist Erinnerung da. Aber dann, wenn wir sie fassen wollen, verschwindet sie, entzieht sich. Ich bin dabei, zu vergessen, wie Johannes gesprochen hat, erinnere kaum mehr den Ton seiner Stimme, nicht mehr, wie er gerochen hat, nicht mehr seine Art, sich zu bewegen. Wenn ich die Augen schließe, dann werden sein Gesicht, sein Lächeln, seine Augen immer undeutlicher. Das ist unerträglich.

Vor ein paar Tagen meinte eine Patientin, deren Mann vor zwei Jahren gestorben ist: »*Es fühlt sich so an, wie wenn mein Leben mit meinem Mann gestorben wäre. Ich bin am Leben, aber mein Leben ist weg.*« Und dann sagte sie: »*Es ist komisch. Ich mache allein dieselben Dinge, die ich mit ihm gemacht habe: im Garten arbeiten, fernsehen, auf dem Balkon liegen. Aber der Sinn ist weg.*« Ich musste mich so beherrschen, um nicht zu weinen und zu sagen: »Ja, genauso ist es.« Werde ich uns jetzt wegen »prolongierter Trauer« behandeln? Nein.

Niemand merkt mir an, dass mein Leben vorbei ist. Ich kann witzig, schlagfertig, geistesgegenwärtig sein, ich funktioniere, leiste in meinem Beruf gute Arbeit, versuche, zum Leben zu ermutigen. Trotzdem: Es ist vorbei. Joachim, mein Sohn, dem ich ganz leise mein Gefühl andeutete, meinte, ich solle das Leben nach dem Tod von Johannes als Bonusprogramm nehmen. »Scheiß-Bonusprogramm«, dachte ich.

Niemand muss mich empört zur Ordnung rufen: »Was fällt dir ein!« Das tue ich schon selber: Da habe ich das Glück einer guten Beziehung gehabt – ich weiß, wie selten dieses Glück ist – zu allem andern Glück dazu: Ein Leben ohne Krieg, ein Leben im Wohlstand, Kinder, wie ich sie mir wünschte, ich bin gesund, wie wenige in meinem Alter – ich habe kein Recht, die Gefühle zu haben, die ich fühle. Aber meine Gefühle scheren sich nicht darum, ob sie berechtigt sind.

»Bedenkt, den eignen Tod, den stirbt man nur,
doch mit dem Tod der andern muss man leben.«
(Mascha Kaléko)

Ich überlege: Konterkariere ich nicht mein Plädoyer, das Leben in die Hand zu nehmen, wenn ich wenige Zeilen danach meine Verzweiflung beschreibe, die – so betrachtet – die Folge davon ist, dass ich, dass wir es getan haben? Das kann man so sehen. Man kann es aber auch so sehen: Wenn trotz der Verzweiflung kein Zweifel bei mir aufkommt, dass es richtig war – dann wird da schon was dran sein.

»Attempto« – ich hab's gewagt! Das war Glück. Das ist Glück.

Schließlich: Das Buch ist ein zeitgeschichtliches Dokument. Wenigstens ein bisschen. Die »Quellenlage« ist ungewöhnlich gut: Wir haben alle Briefe, die wir uns geschrieben haben, unsere Tagebücher und Kalender aufbewahrt, dazu Dutzende von Ordnern aus jener Zeit mit Korrespondenzen, offiziellen Dokumenten, Artikeln.

Alles, was im Folgenden kursiv steht, ist Originalzitat. Lediglich Kürzungen wurden von mir vorgenommen, sie sind durch Pünktchen kenntlich gemacht. So entsteht ein ziemlich authentisches, nicht durch Erinnerungsfehler und -lücken verfälschtes Bild: Wie war das damals in der katholischen Kirche, wie funktionier(t)en die Mechanismen der Unterdrückung? Wie war das mit der Geschichte des Kirchenrechtsprofessors, der seine Lehrbefugnis zurückgab, wie war das mit seinem »Mandanten« Küng, der Theologischen Fakultät Tübingen, den Bischöfen, mit Ratzinger ...

1. Januar 2017

Vorspiel – weitgehend ohne Johannes

12.8.2014

Letztes Jahr ist mein Mann gestorben. Genauer: Vor 15 Monaten und acht Tagen, abends um 22.05 Uhr. Er atmete noch einmal tief, dann nicht mehr, und ich dachte: Das war sein letzter Atemzug. Aber dann holte er noch einmal Atem. Nie werde ich seine beiden letzten Atemzüge vergessen.

Er war lange krank, sehr lange. Pflegebedürftig. Bettlägerig. Eigentlich ging es fast nahtlos von meiner Brustkrebserkrankung 2006 in seine Krankheit über. Zunächst Klagen, er könne nicht mehr richtig schreiben. Er hatte eine sehr schöne Handschrift, und tatsächlich, wenn ich jetzt Aufzeichnungen von 2005, 2006 anschaue, dann sind erste Veränderungen zu sehen. Damals nahm ich das nicht so ernst. Es hätte auch nichts genützt, denn machen konnte man nichts: kortikobasale Degeneration. Eine recht exklusive Krankheit. Der jüdische Fluch fällt mir ein: »Berühmt sollst du werden: Eine Krankheit sollen sie nach dir benennen.« Ganz so exklusiv ist sie nicht. Aber es stand fest, wie es weitergehen würde. Da gab es kein Vertun. Die Frage war lediglich: Wie lange noch, wie viele Jahre?

Aber das wussten wir damals noch nicht. Erst 2010.

Nachdem Johannes gestorben war, wurde ich die Bilder des hilflosen, gebrechlichen, dahinsiechenden Mannes nicht mehr los, der nur noch selten einen Satz sagen konnte. Meine Trauer – in der auch Erleichterung mitschwang, ja, ich gebe es zu, alles andere wäre gelogen –, meine Trauer also hatte eine eigenartige Färbung: nicht so sehr Trauer um ihn, sondern Trauer für ihn. Es wurde Sommer – er würde nie mehr abends auf der Terrasse sitzen können, keine Wolken, keinen Mond mehr sehen. Es gab so unendlich viele Dinge, die mir das Herz zusammenkrampften, weil er sie nicht mehr erleben konnte. Auch nicht die Geburt seines Enkels.

Aber ich wollte eine andere Trauer. Die Trauer, die ich fühlte, war berechtigt, aber es war nicht die Trauer, die ihm, meinem Mann, angemessen gewesen wäre. Ich wollte ihn zurück, ihn, wie er wirklich war. Um den

Johannes wollte ich trauern, den ich bewunderte, den ich begehrte, der mein Mann war.

Es war mir klar, dass dies schmerzhaft für mich werden würde. Es ist auch wirklich schmerzhaft geworden. Aber es war und ist richtig.

Zunächst tauchten meine Briefe von 1975/76 an Johannes auf. Wie auch alle späteren waren sie maschinengeschrieben, alles andere wäre bei meiner Handschrift eine Zumutung gewesen. Irgendwann lag der Karton auf einem unserer Schreibtische, keine Ahnung, wer ihn beim Aufräumen da abgestellt hatte. Ich vertiefte mich. Bilder, Erinnerungen tauchten auf. Ganz schön keck fand ich mich und für Ende zwanzig schon beachtlich erwachsen. Dann holte ich meine Tagebücher hervor. Nach einer langen Pause hatte ich 1974 wieder angefangen, regelmäßig und ausführlich Eintragungen zu machen.

Mein Hang zum Dokumentieren mag neurotisch sein, aber ich bin dankbar dafür. Denn ich schmecke die Lebendigkeit von damals, manches war urkomisch, manches unglaublich spannend, manches entsetzlich. Manchmal denke ich altersmilde »ach herrje« oder »Rosamunde Pilcher lässt grüßen« und öfters muss ich mich doch recht wundern über mich – was die Zeit »vor Johannes« betrifft: Die 68er hatten mich mehr geprägt, als ich gewusst hatte. Nicht gerade so: »Wer zweimal mit derselben pennt, gehört schon zum Establishment«, aber immerhin. Und das als diplomierte katholische Theologin! Je nun ... es mangelte nicht an männlichen Pendants aus derselben beruflichen Sparte.

Am 15.7.2014, einen Tag nach unserem Hochzeitstag (es wäre der 36. gewesen), bin ich ziemlich spontan nach Tübingen gefahren. Seit wir dort weggezogen sind, war ich selten da. Es war nie meine Stadt. Warum, kann ich nicht erklären.

Ich fuhr die Strecke, die Johannes so viele Male gefahren ist, habe gesehen, was er so oft gesehen hat.

Ich parkte in der Nähe des Erasmushauses: dort, wo ich 1968/69 erstmals ein richtiges Appartement mit eigener Dusche und eigenem Klo bewohnte, weil ich mich zur Vertrauensstudentin der Katholischen Hochschulgemeinde hatte wählen lassen. Was aus sportlichen Gründen geschah: Ein nicht ganz unwesentlicher Mann in meinem Leben, Eberhard, hatte das an einer anderen Uni geschafft – und was der konnte, würde ich doch auch können … Es war ein tolles Semester. Sieht man davon ab, dass ich dort am 4.7.1968 unmittelbar nach der Wahl meinen späteren ersten Mann Heinz kennenlernte und ihn auch im Erasmushaus heiratete, was ich mir wirklich hätte sparen können.

Anders als in meiner Erinnerung gab es unendlich viele Parkplätze, das Semester war schon zu Ende. Als wir 1985 aus Tübingen weggezogen sind, konnte ich perfekt rückwärts einparken. Es blieb einem wegen knapper Parkplätze gar nichts anderes übrig. Das habe ich in Oberkirch gründlich verlernt.

Das Theologicum war immer noch das Theologicum. Während die Frauenklinik daneben nicht mehr Frauenklinik ist. Aber die Telefonzelle zwischen Theologicum und Ex-Frauenklinik steht nach wie vor, sie ist allerdings nicht mehr gelb. Von dort hatte ich Johannes völlig verzweifelt und im Bademantel angerufen, weil der neugeborene Joachim wegen starker Gelbsucht länger in der Klinik bleiben musste. Meinem entbindenden Arzt, Professor Hirsch, hatte ich gesagt, er solle dem Pädiater gefälligst Beine machen. »Das brauche ich nicht, die hat er schon«, antwortete er und überließ mich ungerührt postpartalem Entsetzen über zwei, drei Tage längeren Klinikaufenthalt.

Im Theologicum ging ich zu Johannes' Zimmer. Die Tür stand offen. Bevor die Frau drinnen auf die Idee kommen konnte, mich zu fragen, ob sie mir helfen könne, ging ich ein paar Schritte zurück. War der Seminarraum daneben der, in dem wir unsere Seminare hatten?

Die Neue Aula. Dort hatte ich mich immatrikuliert. Ein Stock höher, im Zimmer des Großen Senats, hängt das Porträt von Johannes als Rektor. Ich habe es nie im Original gesehen, glaube ich.

Viele Studentinnen und Studenten vor der Neuen Aula. Mir schien, sie waren alle mit ihren Handys beschäftigt. Ich weiß nicht, was überwog: das Sich-Zurückversetzen, Zugehörigkeit zu diesen jungen Menschen oder die Fremdheit, das »Vorbei«.

Wenn ich älteren Leuten begegnete, die nach Universität aussahen, hätte ich am liebsten gefragt »Kannten Sie Johannes Neumann?« Sicher hätten noch manche was mit dem Namen anfangen können. Wirklich?

30.9.1974

Als ich heute … zum letzten Mal dienstlich in »meinem« Zimmer in der Uni war, da wurde mir plötzlich doch sehr traurig und einsam zumute.

Es war die Aufgabe des »wissenschaftlichen« Images, obwohl ich weiß Gott keine Wissenschaft getrieben habe (aber das Image!), und es war Trauer, daß ich Neumann nicht mehr als Chef habe, daß ich ihn nicht mehr so oft sehe … und überhaupt. Fast hätte ich geweint.

… Ich ging dann die letzten Blümchen für »unseren« Schreibtisch kaufen, und als ich zurückkam, war Neumann gerade da. Er gab mir ein Päckchen mit Parfum und sagte: »Danke für alles.« … Eigentlich hatte ich gehofft, daß wir noch etwas feiern würden. Aber Neumann hatte offensichtlich keine Lust.

Peter und ich gingen essen. Zunächst erzählte er mir lang und breit über seinen Vortrag, und ich hörte nicht zu, sondern war traurig. Schließlich sagte Peter, daß ich wohl eine traurige Blume sei, und ich meinte, daß, wenn er das schon wisse, er dann nicht noch Monologe zu halten brauche.

Und dann sprachen wir miteinander. Daß ich Angst hätte, weil er mich überschätzt (intellektuell). Er meinte, zu dieser Ansicht käme ich nur, weil <u>ich</u> ihn überschätzte. Aber ich meinte trotzdem, daß ich Angst vor dem Augenblick hätte, wo er zu mir sagen würde: Du bist ja gar nicht so klug (so schön, so gut), wie ich gedacht habe. Und er freute sich, daß ich davor Angst habe. Aber ich würde ihm etwas geben, was er <u>so</u> noch nie erlebt habe: Zärtlichkeit. Und ich sagte, <u>das</u> sei ich, dafür könnte ich garantieren, daß er das bei mir bekommt, und ich wollte ihm noch sagen, daß ich weiß, daß ich für ihn <u>Ruhe</u> sein kann.

Anschließend fuhr ich nach Rottenburg – wie gewohnt, wußte niemand was davon, daß ich morgen anfangen soll, aber das konnte ich nur noch müde lächelnd hinnehmen.

Halb fünf kam ich zurück.

Und Peter eröffnete mir, daß er halb acht mit Lisette wegmüsse, also könne man jetzt einen Kaffee trinken. In Stuttgart, meinte er. Wir tranken zwar keinen Kaffee, aber wir fuhren nach Stuttgart.

13.8.2014

Peter – ach ja. Ich weiß gar nicht mehr, wann und wie wir uns nähergekommen sind. Er war mein Nachfolger auf der Assistentenstelle bei Johannes. Irgendwann später flapste ich: Wenn ich den Chef nicht kriegen könne, nähme ich eben den Assistenten. Aber so war es nun wirklich nicht. Peter hatte drahtige Haare und war überhaupt recht ansehnlich. Ich bin mir nicht so sicher, ob ich in ihn verliebt war. Ich mochte ihn sehr gerne. Aber so richtig Sehnsucht nach ihm? Nein. Er gehörte eben zu der Kollektion der Männer, die ich 1974 zusammenstellte. Zur Erbitterung meines Analytikers, Joachim Klöß. Der verstand dieses Lebensgefühl nicht, das ich damals hatte und das atmosphärisch irgendwo zwischen Schloss Gripsholm und Frühstück bei Tiffany anzusiedeln war.

Von Dorle – die heute Dorothea heißt – bekam ich seine Adresse. Ich schrieb, um ihm zu danken. Es gab Grund genug, ihm zu danken, und ich hätte es schon viel früher machen sollen. Fast postwendend schrieb er zurück. Ich erkannte seine Unterschrift. Aber sie war tattriger geworden. Er werde in eineinhalb Jahren 90 Jahre alt.

Ein alter Mann. Und ich eine alte Frau.

Nach meiner Wiederbegegnung mit Tübingen dauerte es ein paar Tage, bis ich begriffen hatte: Natürlich geht es um Johannes, um »den Neumann« von damals, den ich wiedergewinnen will, aber ich wollte mehr. Ich wollte die Zeit zurück, wollte zurück, wie ich damals war und fühlte. Unmöglich. Das »Nie mehr« ist – was Johannes angeht – glasklar. Ich bin noch ein bisschen lebendiger. Vielleicht hilft mir das unbezweifelbare »Das gibt es nie mehr für Johannes« zu akzeptieren, dass ich mich nicht groß von ihm unterscheide. Eine Einsicht mit dem Ziel der heiteren Resignation. Wobei die Aussage von Marie von Ebner-Eschenbach: »Heitere Resignation – es gibt nichts Schöneres«, in einem Mangel an Fantasie begründet ist. Mir fällt da eine Menge ein, was schöner wäre. Viel schöner.

12.10.1974
Ich liege im Bett und pflege eine Erkältung, von der ich nicht recht weiß, ob es eine ist, d. h. ob sie ausreicht, daß man sich mit ihr ins Bett legen darf.

Donnerstag war ich beim Rechtsanwalt (wegen Gütertrennung usw.), er riet mir ganz entschieden zur Scheidung. (Und das nahm mich so mit, daß ich wohl die Erkältung bekam.) Ich wollte morgen früh aufwachen und geschieden sein.

Und Klöß … Letzten Mittwoch prägte er den schönen Satz, er könne verstehen, daß ich nicht dauernd von »Heinz und Kunz« reden wolle. …
  Wir kamen dann des langen und breiten auf unsere Beziehung (von Klöß und mir).
  Er meinte, so allmählich geschähen erste Schritte in die Tiefe (im Vergleich zum Frühjahr). Darauf ich: »Jetzt bin ich aber maßlos enttäuscht.« Er hielt das für eine »kokette« Bemerkung, aber ich erklärte ihm, mir sei es ernst, weil ich geglaubt hätte, ich sei schon viel, viel weiter.
  … Er redete sich in Feuer, und ich fragte sehr cool, warum er sich denn so engagiere. Er würde sich nicht <u>gegen</u> mich, sondern für mich engagieren. Ich war nicht fähig, ihm das abzunehmen. »Unsere Beziehung ist wie im Lehrbuch: Wenn ich sage, daß ich lieber zehn Stunden haben möchte, sagen Sie sehr sachlich und sehr richtig, daß wir beide wüßten, daß das nicht ginge« (das hat er gesagt). Aber ich wisse das eben nicht. Vielmehr, ich wolle das eigentlich nicht wissen. Und wenn ich ihm jetzt sagen würde, ich wolle mit ihm schlafen, dann bekäme ich genauso die Antwort, wir wüßten doch beide, daß das nicht ginge. Mithin sei es eben doch ein Lehrbuchverhältnis.

15.8.2014

Ich war ganz erstaunt, dass schon 1974 das heutige Allerweltswort »cool« gebräuchlich war, steht aber so da. Ansonsten bin ich unmöglich: Gestern habe ich versucht, Unterlagen von Johannes auszusortieren. Ich kann doch nicht jeden Zeitungsartikel, jede Diplomarbeit, die bei ihm gemacht wurde, für die Ewigkeit aufbewahren! Aber es endete weitgehend damit, dass ich die Sachen von einer Seite auf die andere legte. Bei seinen Röntgenbildern gab ich mir einen Ruck – was soll das jetzt?! Die können nun wirklich weg! Aber zum Glück habe ich noch ein bisschen Aufschub gewonnen, weil ich nicht weiß: Kommt das jetzt in die graue Tonne oder in den gelben Sack?

16.8.2014

Heute hat es besser geklappt. Einen Brief und zwei Ansichtskarten von Joseph Ratzinger aus den Siebzigern habe ich im Internethandel für Autografen angeboten.

Ich versuche zu verstehen, was das Jahr zwischen August 1974 und Juli 1975 für eine Funktion für mich hatte.

Vorausgegangen war eine kurze Ehe (wohl nicht zufällig an einem 29.2. geschlossen) und dieser vorausgegangen ein verklemmtes Leben. Damals führte ich meiner Freundin Isolde noch eindringlich vor Augen, dass es wichtig sei, jungfräulich in die Ehe zu gehen – zu einem Zeitpunkt, wo sie gewiss hätte sagen können: »Zu spät.« Aber das hat sie sich auch nicht getraut.

Wobei es immer schon Aufmüpfigkeiten gab: Im ersten Semester meines Theologiestudiums in Würzburg (mein Klassenlehrer hatte uns nach dem Abitur gefragt, was wir denn nun machten, und ich sagte gewaltig stolz: »Ich studiere Theologie«, darauf er: »Ein bisschen gesponnen haben Sie schon immer«, was mich sehr kränkte) … also im ersten Semester ging es im Seminar für Kirchengeschichte um Luther. Ökumene war in Bayern noch weit weg und Luther einfach im Irrtum, wenn nicht Schlimmeres. Mit Zähigkeit erwiderte ich auf alles, was der Prof. vorbrachte: »Ja, aber …«, was meine braven bayerischen und fränkischen Kommilitonen die Augen verdrehen ließ.

Eigentlich steckte auch in meiner ersten Ehe etwas Aufmüpfiges: Heinz war Vertrauensstudent der Evangelischen Studentengemeinde, als ich es in der Katholischen Hochschulgemeinde war. Er studierte evangelische Theologie, ich katholische – schon eine gewagte Konstellation. Als wir uns recht schnell verlobten (das tat man damals noch und tut es dem Vernehmen nach inzwischen wieder), meinte der damalige Studentenpfarrer Starz: »*Hät jetzt des au scho sei müsse?*«

Aber damit saß ich in der Falle. Ich spürte recht bald, dass das nichts Gutes war, nichts Gutes werden würde. Weiß Gott nicht wegen der unterschiedlichen Konfession! Sondern nach meinem damaligen Verständnis musste ein Mann wenigstens einen um fünf Punkte höheren IQ haben als seine Frau. Zu realisieren, dass ich mich mit einem relativ dummen Mann eingelassen hatte, der zudem – na ja, sagen wir – mit einer Arbeitsstörung behaftet war, da wusste ich eine Weile nicht, was peinlicher ist: bei ihm zu bleiben oder das Scheitern der Beziehung offiziell zu machen.

Den Absprung habe ich im Sommer 1974 geschafft. Zunächst getarnt als berufliche Notwendigkeit, einen zweiten Wohnsitz in Stuttgart zu nehmen: Die Assistentenstelle bei Neumann war von vornherein auf ein Jahr befristet. Danach bekam ich im Schulreferat der Diözese Rottenburg eine Stelle als »Referentin für religiöse Frühpädagogik«. Warum diese in Stuttgart angesiedelt sein sollte, kam mir zwar entgegen, war aber nicht zu begründen, denn mir wurde kein Büro zur Verfügung gestellt, sondern ich arbeitete von zu Hause aus. Das war wunderbar. Die Stelle war neu geschaffen worden und ich konnte sie ganz nach meinen Vorstellungen aufbauen. Genau das entsprach mir und ich stürzte mich mit Feuereifer in die Arbeit. »Mir geht es gut, aber meiner Ehe geht es schlecht«, traute ich mich jetzt auf die Frage nach meinem Befinden sagen.

Zur Katastrophe für mich – wenigstens zur vorübergehenden – kam es, als sich das Schulreferat und der Caritasverband über meine Stelle in die Haare kriegten. Man wollte mich zum Caritasverband verfrachten. Dort sollte ich weisungsgebundene »Sachbearbeiterin« sein. Dass man mich bei dem Wechsel um zwei Gehaltsstufen herunterdrücken wollte, empört mich heute mehr, als ich es damals überhaupt registrierte.

Ich weigerte mich – und handelte mir eine Änderungskündigung ein. Ich weigerte mich weiter. So kann ich in meinem Lebenslauf mit einem Monat Arbeitslosigkeit aufwarten. Weil mein Dienstherr mir derart eindrücklich klargemacht hatte, dass es riskant ist, auf einen einzigen Arbeitgeber angewiesen zu sein, schaffte ich zügig die Voraussetzungen für Psychologiestudium und analytische Ausbildung.

Das heißt aber auch: Für meinen Berufswechsel kann ich keine Glaubenszweifel, keine fundamentale Systemkritik in Anspruch nehmen. Das entwickelte sich erst später. Weniger mit als durch Johannes.

Was meine »Männergeschichten« in jenem Jahr 1974 angeht, so gebrauchte ich öfter das Wort »Autarkie«. »Autonomie« wäre vielleicht richtiger gewesen. Am 13.10.1974 hatte ich geschrieben: »*ein wenig ironisch, ein wenig wohlwollend, ein wenig liebevoll über den Dingen (auch wenn sie Peter oder Eberhard heißen) stehend.*«

Muss ich noch mal drüber nachdenken.

17.10.1974

... Nachmittags kam Peter, und ich fragte nebenbei, ob es ihm was ausmachen würde, wenn ich ihn mit seinem Chef betrügen würde. Er, in selbstsicherem, überlegenem Ton: »Mein liebes Kind« ... Und wollte mir klarmachen, daß er mir die Fähigkeit dazu abspreche. Als ich dann beiläufig von den Vorkommnissen des Vormittags mit Neumann sprach: »Die Männer sind doch einfallslos, nennen einen ›Prinzessin‹ und ›Katze‹« ..., da bekam er <u>richtig</u> ein wenig Angst. Meinte aber, er würde dem Neumann ein solches Erlebnis <u>gönnen</u>.

Schade, daß der Neumann sich bis jetzt noch nicht aufraffen konnte, sich selbst was Schönes zu gönnen. An mir würde es nicht liegen.

17.8.2014

Gestern bin ich noch in einen bösen Sog geraten. Das Schreiben, Tagebuchlesen, In-alten-Ordnern-Stöbern – das geriet zu etwas Süchtigem. Am Ende stand das Gefühl: »Eigentlich will ich nicht mehr leben.« Es ist der Moment, in dem Orpheus sich nach Eurydike umgedreht hat. Verloren. Was danach kommt, ist sinnlos.

Der Blick zurück machte es mir unmöglich, nach vorne zu schauen. »Das Leben ist schön« – eigentlich »mein« Satz – gilt nicht mehr. Nur noch »Das Leben war schön«.

Mit dem Entschluss pragmatischer Fürsorge schlief ich ein: Morgen muss ich wirklich aus dem Haus.

Heute Morgen gab es mehrere Möglichkeiten. Ich hätte wen besuchen, mich mit jemandem verabreden können ... aber schließlich entschloss ich mich zu einer mittelgroßen Wanderung, allein. Das ist typisch und gehört durchaus hierher: Meine partielle Menschenscheu heute und die beglückende Unverbindlichkeit der Beziehungen 1974/75 haben Parallelen. Sie gründen in der Furcht, meine Freiheit zu verlieren.

Sicher, die andere Seite ist, dass ich gut allein sein kann. Wenn eine Freundin – auch verwitwet – sagt: »Ich habe heute noch mit niemandem gesprochen«, so wäre das etwas, was ich erst nach einigem Nachdenken überhaupt bemerken würde. Oder wenn eine andere meint: »Das Thema Partner ist für dich erledigt?«, muss ich mich zügeln, damit meine Antwort nicht zu schroff-dezidiert ausfällt: Nach Johannes wird es niemanden mehr geben. Aus beiden Gründen: Weil Johannes nicht ersetzbar ist und weil ich niemanden mehr auch nur annähernd so nahe an mich herankommen lassen will. Zu dieser Freundin sagte ich – weil sich das so gehört: »Man soll ja nie ›nie‹ sagen.« Aber dieses »Nie« ist Gewissheit.

So bin ich dann heute Morgen nach einigem inneren Hin und Her losmarschiert, dabei Grass' »Grimms Wörter« hörend – also, dafür hat er den Nobelpreis nicht bekommen. Aber Laufen tut an sich gut, der Weg war schön. Wie viele Wege hier in meiner Heimat werde ich nie gegangen sein?

Als ich auf der kurzen Rückfahrt das Renchtal vor mir sah, dachte ich: »Was ist das schön, dass ich hier leben darf« – und war wieder im Lot.

24.10.1974

… Nachtrag: Montag war ich im Seminar. Es war mein Namenstag und gleichzeitig Jubiläum von Neumanns Rektorwahl. Deshalb hatte ich ihm eine gelbe Rose mitgebracht. Er kam und es ergab sich, daß ich sagte: ›Wenn Sie mit Penetranz meinen Namenstag vergessen, denke ich mit genau derselben Penetranz an Ihr Rektoratsjubiläum.‹ Wann ich denn Namenstag hätte? Eben heute! Er ergriff meine Hand bis zum Ellenbogen und hielt sie fest und begann die feierliche Rede: »Behüt' Sie Gott.« Wenn Peter nicht dabeigewesen wäre, hätte ich gefragt: »Warum? Was wäre denn so schön gewesen?«

… Peter und ich trafen uns später in Unterjesingen und fuhren noch etwas in seinem Auto bzw. standen … Anschließend wollte der Liegesitz nicht hoch. Ich stand im Freien, fror und beobachtete amüsiert, während Peter in leichte Panik geriet. Verständlicherweise, denn wie sollte er einen liegenden Liegesitz erklären?

2.11.1974

… Ich sagte: »Du warst heute abend richtig lustig«, worauf er eigenartig intensiv (dankbar??) zärtlich wurde, was mich bewog zu sagen: »Du bist ja immer noch lustig.«

Danach las er mir seinen neuesten Vortrag vor. Eine ästhetische Theorie – aber zum Einschlafen kompliziert.

Ich möchte auch so denken können wie er, ich fühle mich unterlegen, wenn das Schiff seiner Gedanken messerscharf seinen Weg durchs Wasser schneidet, während ich im Ruderboot meine Runden drehe. Aber ich möchte es eben nur auch können, um nur in Notfällen davon Gebrauch zu machen. Ansonsten finde ich meine Art praktischer, lebensnäher, aktivierender.

… Und jetzt allein im Bett. Ich stelle das nicht mißvergnügt fest, sondern lediglich höchst erstaunt.

21.8.2014

Zum ersten Mal schreibe ich am Arbeitsplatz von Johannes, den ich nun für mich gerichtet habe. Von hier aus hat man den schönsten Blick: Ich schaue auf die Weinberge und weiter hoch zum Schwarzwald. Neben mir steht das neu gerahmte Bild des jungen Johannes, eines der offiziellen Bilder nach der Wahl zum Rektor … da war er 43 Jahre alt.

Vor mir die kleine Uhr. Wie oft mag er darauf geschaut haben? Sie stand auch hier, als er in diesem Raum gestorben ist. Darüber die eingerahmte Postkarte mit der »Imperia« in Konstanz, die ihn so beeindruckt hat. Gestern fand ich einen Brief an das Verkehrsamt Konstanz, in der er begeistert von dieser Statue schrieb – und eine Dankeschön-Postkarte von ihrem Schöpfer, Peter Lenk. Ist es nicht merkwürdig, dass ich ausgerechnet in Konstanz eine Wohnung gekauft habe, die ich von seinem/meinem Witwengeld abzuzahlen gedenke? Ich hatte dieses Bild schon lange nicht mehr bewusst wahrgenommen.

Und dann ist da jetzt noch ein total unterbelichtetes Foto, das Johannes während der Bauphase unseres Hauses gemacht hat: Ich stehe genau da, wo ich jetzt am Schreibtisch sitze, und schaue ins Land. Jetzt wirkt es auf mich melancholisch, nicht erwartungsfroh wie damals. Zuvor steckte in diesem Rahmen ein ganz anderes Bild von mir: Meine Brüste (damals hatte ich noch zwei) halten ein Weinglas. Passte wohl ein bisschen zu den Brüsten der Imperia, aber mich hat es zuletzt etwas geniert, denn als Johannes hier sein Krankenzimmer hatte, kam ja auch Besuch. Aber ich habe es gelassen.

Heute ist der 21.8. Das ist seit 1968 jedes Jahr ein Gedenktag für mich, der nichts mit Johannes zu tun hat: Der Einmarsch der Staaten des Warschauer Paktes in die Tschechoslowakei. Zerstörte Hoffnungen. Auf meinem Stockwerk wohnte eine Tschechin, die furchtbar weinte und auf meinen Tröstungsversuch, dass sich irgendwann Demokratie und Freiheit durchsetzen würden, nur verzweifelt meinte: »Aber wann? In wie viel Jahrzehnten?« Sie ging zurück in ihre Heimat. Was wohl aus ihr geworden ist?

Ich bin leer oder traurig oder beides. Schaue sein Foto an, will zurück in jene Zeit.

Als ich 2006 meine Krebsdiagnose hatte, bin ich nach Freiburg gefahren, weil ich für die Klinik _wirklich_ schöne Schlafanzüge oder Nachthemden kaufen wollte, die müssten – so wurde mir gesagt – vorne zu öffnen sein. Damals schaute ich die vielen Menschen in der Stadt an und fragte mich bei jedem: Wolltest du mit ihm tauschen? Es gab keinen. Obwohl ich wusste, dass mir mindestens eine OP und Chemotherapie, vielleicht auch der Tod bevorstand. Das ist heute nicht anders. Ich will mit niemandem tauschen.

27.8.2014

Die Zeit zwischen Sommer 1974 und 1975 hatte eine eigene Funktion für mich. Nach der Kurzehe mit Heinz, die trotz ihrer inhärenten Aufmüpfigkeit spießig war, befreite ich mich. Sexuelle Befreiung wäre zu kurz gegriffen. Wenn ich alles resümiere, dann verstehe ich dieses – mäßig – wilde Jahr als notwendige Vorbereitung, um mich, um meinen Stil zu finden. Es war eine Ent-wicklung. Danach war ich reif.

Und so handelt die nächste Tagebucheintragung auch von einer Einladung in meiner Wohnung, bei der ich mit allen anwesenden Männern was hatte oder haben sollte. Ich spielte Rumpelstilzchen: Ach, wie gut, dass niemand weiß ...

16.11.1974

Letzten Freitag!
 Große Einladung: Neumann, Starz, Peter, Lisette, Astrid.
 Mittags ruft Neumann an. Wie denn die Einladung gemeint gewesen sei? »Ernst«, sage ich. Das habe er sich gedacht, meinte er. Ob aber auch Frau Woll eingeladen sei. (War sie natürlich nicht.) »Um Gottes willen, habe ich das

etwa nicht auf der Einladung geschrieben? Das ist mir aber sehr, sehr peinlich. Natürlich ist sie eingeladen.«

Dann ging ich schimpfend zu Astrid in die Küche. Und Astrid geht noch neues Fleisch holen.

Sie kommen alle zusammen. Starz fragt, woher ich die Orchidee habe (die einzige nicht beseitigte Spur von Peter). Und ich sagte, die hätte ich mir selber gekauft. Starz glaubte es offensichtlich nicht so recht. Es wurde sehr schnell sehr lustig (mit Alkohol).

Peter war überraschend schweigsam. Frau Woll meinte, man solle ruhig Martha zu ihr sagen.

Neumann und Starz brillierten. Ich auch, durch das Essen.

Frau Woll »mußte« bemerken, daß sie mir das nicht zugetraut habe. Ich würde so einen intellektuellen Eindruck machen. Und trotzdem könne ich so gut kochen.

Mit der Zeit konzentrierte sich das Reden auf Starz. Der mich meinte. Er war schon relativ blau. Er befand, daß es jetzt Zeit zum Aufbruch sei. Für die andern, wohlgemerkt.

Als ich einen Augenblick mit Neumann allein war, sagte er, er habe heute nacht von mir geträumt. »Endlich«, sage ich. Er habe meine Einladung vergessen und sei am nächsten Tag ganz schnell nach Stuttgart gefahren. Ich würde meinen Therapeuten befragen.

Dann waren Astrid, Starz und ich da.

Starz fing an, von »seinen« Kindern zu erzählen. Von den 30 Neffen und Nichten, die er habe. Man spürte, vielmehr ich spürte eine große Sehnsucht nach einem eigenen Kind.

Von den Kindern, die ihm so am Herzen liegen, kam er drauf, daß ich Kinder haben sollte. Weil ich so ursprünglich sei. Mir tat das gut, weil ich meinte, es stimme irgendwo (irgendwo auch wieder nicht). Ich glaube, zu der Zeit hielten wir uns schon an den Händen. Es war bei mir eine Mischung aus sehr, sehr gutem Verstehen, Mitleid, Zärtlichkeit ...

Schließlich ging Astrid.

Und ich sagte zu Starz: »Ich glaube, ich habe Sie sehr tief begriffen. Deswegen möchte ich mit Ihnen schlafen.« Er reagierte zunächst nicht direkt, sagte nur »Ursel, Ursel« oder so was.

Bis dahin hat es gestimmt. Ich war tatsächlich so nah bei ihm, daß miteinander schlafen nur die logische Konsequenz war. Nicht, daß ich ihn einen Augenblick liebte. Das heißt, liebte vielleicht doch, aber in einem andern, nicht begehrenden Sinn. Insofern war meine Entscheidung, mit ihm schlafen zu wollen, ganz ruhig.

Aber dann hat nichts mehr gestimmt.

Vielleicht begann es damit, daß ich sah, daß er nicht ästhetisch war. (Es fällt mir schwer, das zu schreiben, und Klöß habe ich es nicht gesagt.)

Und dann stand er unter einem so furchtbaren Leistungsdruck, auf der anderen Seite war seine Hilflosigkeit so spürbar. Selbst im verbalen Bereich. Der eloquente Starz!

Er konnte nur noch »Bist du süß« und »Spätzle« sagen. Und ich war müde, wollte schlafen. Wollte ihn nicht verletzen. Zwei, drei Ansätze habe ich gemacht, ihm zu sagen, daß ich hier keine Leistungen erwarte. Aber er hörte nicht, oder er glaubte nicht.

Morgens hatte er einen Mordskater. Ich fragte, ob seine Schwester sich nicht Sorgen mache.

Doch. Aber auch das bewegte ihn nicht zum Gehen. Und ich war so müde.

Ich hatte ihm vorher gesagt, ich würde ihn anschließend wieder mit Sie anreden. Einmal (die Begründung gab ich ihm aber nicht), weil ich das von vornherein nicht als Beginn einer Beziehung, sondern als einmalige Angelegenheit betrachtet hatte. Zum andern, weil ich ihm die Sicherheit geben wollte, daß ich diese Sache nie ausnützen würde.

Er war weg und ich hatte einen mehrfachen Kater. Neumann rief an. Sehr, sehr nett. Bedankte sich fürs Essen und betonte, ich hätte eine sehr heimelige Wohnung. Er fragte nach Starz. (Peter berichtete mir, er habe gesagt, so etwas habe er noch nie erlebt. Ich glaube, sowohl Peter wie Neumann waren schockiert.) Man hätte ihn doch nicht mehr Auto fahren lassen können. Ich war versucht zu sagen: »Als er fuhr, war er wieder nüchtern.«

Nachmittags rief Starz an. Seine Schwester habe ihn suchen lassen (wohl durch die Polizei!). Oh, Männer, dachte ich. Jetzt sei aber alles wieder in Ordnung.

Zwei Tage lang war mir schlecht. Moralisch und physisch (moralisch natürlich nicht im moralischen Sinn). Es war traurig. Aber hätte ich es nicht tun sollen?

21.11.1974

… Am späten Nachmittag wollte ich Peter kurz im Seminar besuchen.

Neumann war da, und ich flirtete heftig mit ihm und Peter ging etwas unter. … Und dann sagte er »Kindchen« zu mir. »Ich bin nicht Ihr Kindchen«. – »Aber unser Mädchen«. – »Ich bin auch nicht Ihr Mädchen.«

Ja, und dann, dann sagte Peter irgendwas von Starz-Besuch im Krankenhaus. Ich horchte auf. »Ja, wissen Sie denn das nicht?« sagte Neumann. »Den Mann haben Sie auf dem Gewissen, den haben Sie ruiniert.« Er habe – so erklärte Peter – ein oder zwei Tage nach der Fête einen Zusammenbruch gehabt und liege im Krankenhaus. Er solle bestrahlt werden. Mir war elend. Am liebsten hätte ich alles gesagt.

Aber ich war still.

23.11.1974

Gestern bin ich dann zu Starz gegangen.

Morgens hatte ich in der Akademie angerufen und erfahren, daß er dort eigentlich jemanden beauftragt hatte, mich anzurufen, weil er sich bedanken wolle, ich wisse dann schon, für was.

In diesen Stunden liebte ich ihn. Mütterlich? Mitleidig? Ich weiß nicht, aber die Dinge bekommen schon eine andere Dimension, wenn der Tod so gegenwärtig ist wie hier.

…

Als ich die Tür aufmachte, erkannte er mich einen Augenblick nicht, oder er hatte Angst.

Er sah erschreckend aus. Geschwollenes Gesicht, blaue Zähne. Er hatte Besuch. Der ging aber gleich. Und ich packte meine rote Rose aus.

Er habe so Angst gehabt. Er könne sich nicht mehr erinnern. Er wisse nur noch, daß es am Morgen menschlich sehr schön gewesen sei (und wenn ich zehnmal andere Empfindungen gehabt hatte, war das jetzt egal) und daß ich sehr süß gewesen sei. Jetzt störte mich das »süß« nicht.

Warum hat er sich eigentlich Sorgen gemacht?

Er hätte sich unmöglich benommen.

Ich sagte, die Initiative sei von mir ausgegangen. »Ich wollte es.« Ich solle jetzt nicht alles auf mich nehmen. Während dieses Gesprächs redete ich ihn mit

Du an. Wir hielten uns an den Händen. »Jetzt ist alles gut, jetzt ist alles gut«, sagte er mehrmals. Und es war wirklich Erlösung spürbar. Wir waren nicht lang allein. Seine Schwester kam. Wir sahen uns an. Aber ich weiß nicht, was sie weiß. Und Starz war wieder anders. Konzentriert, geistreich, vital. Aber ich habe ihn schwach erlebt.

28.8.2014

Starz hatte Leukämie. Er starb am 21.10.1976, an meinem Namenstag.

Am 8.11.1975, ein Jahr nach der denkwürdigen Fête, schrieb ich an Johannes: »*Heute vor einem Jahr warst Du zum ersten Mal hier! Und ließest es zu, daß mich andere Leute in Beschlag nahmen! Nur eine halbe Minute waren wir allein, und da sagtest Du zu mir, Du hättest von mir geträumt. Und ich dachte: Immerhin.*«

In Beschlag nehmen – so kann man es auch sagen …

30.8.2014

In diesem Moment fiel der Strom aus. Nachdem ich die Sicherungen überprüft und gedacht hatte: »Schon blöd, wenn man allein und technisch unbegabt ist«, stellte ich fest, dass wenigstens die ganze Straße von dem Ausfall betroffen war. Es war einer der wenigen relativ warmen Augustabende in diesem Jahr, und so legte ich mich auf die Terrasse und hatte Zeit, mir die Affäre mit Starz durch den Kopf gehen zu lassen. Nein, es war keine Affäre. Es war was anderes. Auch wenn ich mich einerseits im Nachhinein geniere (wie damals auch), so meine ich doch, dass es richtig war, mit ihm zu schlafen. Ich wusste zu dem Zeitpunkt nichts von seiner Erkrankung, aber intuitiv spürte ich die Sehnsucht, den Hunger nach Leben, der etwas ganz anderes war als Appetit auf ein Erlebnis.

Insofern fällt »Starz« aus dem Rahmen, diese Nacht zählt nicht zu den lustvollen Affären jenes Jahres, in denen ich meine Autonomie erfuhr – was vielleicht das Lustvollste an ihnen war.

Erfahrung mit Abhängigkeit hatte ich gerade genug. Ich erinnere mich an eine Situation zu Beginn meines Studiums: Ich war frisch verliebt, gnadenlos verliebt, und folgte der Einladung von netten, wohlhabenden Verwandten für ein Wochenende. Ich hätte die Menschen und den Luxus (angesichts meiner primitiven Studentenbude) genießen können. Es ging nicht. Ohne »ihn« war alles nichts, ich war nur froh, als ich wieder im Zug nach Würzburg saß. Dagegen machte ich nun, 1974, die Erfahrung, dass es schön war, mit dem jeweiligen Mann zusammen zu sein, und wenn er weg war, war auch gut: *»Ich stehe vom Schreibtisch auf, um ihn zu empfangen, und wenn er geht, setze ich mich wieder hin.«*

Von Klöß und Johannes einmal abgesehen, nahm ich die Männer um mich herum in gewisser Weise nicht ganz ernst. Was nicht heißt, dass ich unaufrichtig gewesen wäre. Ich sagte und tat, was und wie ich fühlte. Sie wussten, woran sie mit mir waren. Oder sie hätten es auf alle Fälle wissen können.

Natürlich – als weiteres Motiv – genoss ich es, recht umschwärmt zu sein. Denn bis zum Studium war ich ein Mauerblümchen. Die Kränkung darüber verbarg ich hinter arroganter Fassade. So ganz verstehe ich mein Mauerblümchendasein nicht. Denn laut Ausweis der Fotos von damals war ich nicht unattraktiv. Sicher total daneben, was die Kleidung angeht. Das war auch meiner begeistert selbst schneidernden Mutter zu verdanken.

Die erste Befreiung kam mit dem Studienbeginn in Würzburg. Ich steckte nicht mehr in einer Schublade, sondern konnte neu anfangen, war ein unbeschriebenes Blatt. Das kann so vieles verändern. Während der Tanzkurs zur Schulzeit eine einzige Qual für mich war, konnte ich plötzlich tanzen und tanzte gern.

In Therapien – das ist die Lehre, die ich gezogen habe – ermutige ich graue Mäuschen, die gefangen sind in dem Bild, das die Umgebung von ihnen hat, woanders einen Neuanfang zu wagen.

Allerdings reichte es damals noch nicht zu wirklicher Autonomie. Konservative Erziehung und last not least ein wahnsinniger Druck, unter die Haube zu kommen, ließen mich auf halbem Wege stecken bleiben. Mit spätestens 25 Jahren wollte ich verheiratet sein. War ich dann auch.

Man sage jetzt bloß nicht »ach ja, damals!«. Ich erlebe gerade in den letzten Jahren verstärkt, dass junge Frauen aus Angst, »keinen abzukriegen«, schräge Beziehungen aufrechterhalten, weil sie nicht »ohne« dastehen wollen, während eine Freundin nach der anderen mit großem Gedöns heiratet. (Ich glaube, der Aufwand, der dabei getrieben wird, ist viel größer als vor

40 Jahren, nicht nur finanziell, sondern auch emotional. Die Hochzeit ist der märchenhafte Höhepunkt. Danach kann es nur noch bergab gehen.)

Die Trennung von Heinz war zunächst eine Schande, aber das änderte sich schnell und im (katholischen!) Eheberatungskurs vertrat ich die These, um gute Eheberatung machen zu können, müsse man wenigstens einmal geschieden sein. Die alten gesellschaftlichen Regeln und »die Männer« verloren ihre Herrschaft über mich.

Zurück zu Starz. Wir sprachen nie mehr über jene Nacht. Aber wir behielten ein vertrautes Verhältnis. Wofür ich mich schäme: dass ich mich nicht mehr um ihn gekümmert habe, als er im Sterben lag. Das sollte mir noch öfter passieren. Inzwischen habe ich hoffentlich gelernt, wie es sich anfühlt, »zu spät« sagen zu müssen.

30.11.1974

Klöß.
Ich erzählte ihm von Neumann und Starz.
Er sagte, daß er zum ersten Mal erlebt habe, daß ich ihm Widerstand leisten würde (als ich ihm sagte, es möge zwar theoretisch so sein, daß ich bei der »Sache Starz« zu kurz gekommen sei, daß ich das aber nicht so empfände und von daher eine weitere Diskussion überflüssig sei).
Als ich sagte, ich wolle niemanden eifersüchtig machen, lachte er schallend. Er glaube mir zwar wohl, aber mein Eifersüchtigmachen sei etwas, was er mit Händen greifen könne. (Er sei bei Peter eifersüchtig gewesen – er staunt immer noch, daß mir das nicht klar war.)
Er wollte von mir wissen: Ich wolle doch sicher mit Peter zusammenleben (ob ich auf Lisette nicht auch eifersüchtig sei?). »Um Gottes willen – nein«. – »Ohne die fünf Kinder natürlich.« –»Nein. Es gibt zwar Augenblicke, da hätte ich gern, daß er länger bleiben könnte. Oder wenn ich ihn abends anrufen könnte. Aber ich bin froh, daß er da ist – ich bin aber auch froh, wenn er wieder weg ist.«
Ob ich denn noch nie das Gefühl gehabt hätte, eine Patientin von ihm (Klöß) in der Luft zu zerreißen, einfach weil sie da ist. Ich schaute ihn verständnislos

an. Jetzt weiß er nicht, ob ich intentional gestört bin – oder ob ich die höchste Stufe der Vollkommenheit erreicht habe.
Im übrigen bin ich müde und blau, und es ist schon ein Uhr oder so.

8.12.1974
... Am Samstag rief Peter in aller Herrgottsfrühe (8.30 Uhr) an. Er sei auf dem Weg hierher. – Ich sagte, ich würde mich freuen, aber ich sei nicht allein. Er war ein wenig zwiespältig. Auf der einen Seite wollte er Dorle schon lange kennenlernen, auf der anderen Seite wollte er was anderes.
Ich weckte Dorle und befand, daß sie zuerst ins Bad müsse, weil sie fertig angezogen und gerichtet zu sein habe, da sie ihn noch nicht kenne. Wohingegen ich ... Das gab mir Gelegenheit, noch mal ins Bett zu gehen. Als es dann klingelte, stand ich unter der Dusche.
Die beiden saßen auf dem Fußboden und unterhielten sich gut, als ich reinkam. Ich beschloß, daß man jetzt frühstücken müsse und ich zu diesem Behufe einkaufen gehen würde. Sie sollten Kaffee kochen – was ich eh nicht kann.
... Wir frühstückten opulent. Dorle verdrückte vier Butterbrezeln (!), und ich deutete das – zu Recht – als Zeichen ihres Wohlbefindens ...
Peter mußte gehen. So verkündete er mehrmals, ehe er sich aufraffte. (»Zurück in den Familienkäfig«, wie Dorle sagte.) Danach widmeten wir uns wieder uns. Wir wollten in die Stadt gehen. Aber bevor wir dazu kamen, rief Peter an und verkündete, er könne es eventuell möglich machen, nachmittags wiederzukommen. Ich schaute Dorle an, sie grinste erfreut.
Und wir vereinbarten 15 Uhr. Ich kam auf die Idee, man müßte Irish Coffee machen, und kaufte irischen Whiskey. In Arbeitsteilung (Peter Kaffee, Dorle Sahne, ich Whiskey und Zucker) machten wir den auch. Schon das Zusammen-Reden war etwas so wohltuend Zusammengehöriges. Anschließend lagerten wir uns auf den Matratzen ... Es war ein wenig Fuchshöhlengefühl.
... Plötzlich sah ich, daß Peter Dorles Hand streichelte. Ich war unsicher. Einerseits paßte das grundsätzlich in die Situation, genau sogar, auf der anderen Seite hatte ich das Gefühl, es stimme doch irgend etwas nicht. Der eine Gedanke war, ob Dorle das auch wirklich fröhlichen Herzens mitmacht, der andere war, daß ich den Verdacht hatte, Peter stünde etwas unter Leistungsdruck, er könne – umgeben von zwei »emanzipierten« Frauen – glauben, das gehöre sich

jetzt so. Das Gefühl von Eifersucht – und ich beobachtete mich genau – kam nicht.

Peters Hände suchten neue und alte Wege.

Und Dorle – von einem Augenblick auf den andern – ich hätte geschworen, sie sei stocknüchtern – war plötzlich blau. Wobei blau bei Dorle nicht der richtige Ausdruck – weil zu grob – ist ... Sie verlangte gebieterisch nach neuem Whiskey, stellte fest, daß sie ganz völlig nüchtern sei. Daß sie aber jetzt aufs Klo gehen müsse, um nachzuschauen, ob ihr schon schlecht sei.

Peter küßte sie – oder mich. Ich streichelte abwechselnd Dorle und Peter.

Peter fragte mal kurz, ob ich eifersüchtig sei (das sagte er nicht, aber meinte er). Nein, ich war es nicht.

Dorle begab sich aufs Klo.

Peter widmete sich dem Rest der Frauen. Ich begehrte ihn. Er begehrte mich.

Aber die Sorge, daß Dorle ins Klo gefallen ist (sie blieb sehr lange), trieb uns ins Bad.

Zunächst antwortete sie nicht. Als sie aufmachte, verkündete sie, daß hier nette Leute wohnten, die hätten sogar im Bad einen Bettvorleger.

Und dann gingen sie nach langem Hin und Her (ich zog Dorle wieder so weit an, wie Peter sie ausgezogen hatte) (es hielt sich sehr in Grenzen). Dann klärte sie mich auf, wie man ihre Stiefel anziehe, und dann gingen sie – wohlgerüstet mit mehreren Plastiktüten, von dannen [nach Tübingen].

Ich muß nachtragen. Zu Beginn des Nachmittags ergab sich etwas Hübsches. Ich hatte den Dezember-Playboy gekauft – Dorle hatte zwar festgestellt, daß ich, wäre ich wirklich emanzipiert, Playgirl kaufen würde, aber das scheiterte (obwohl ich einsichtig war) daran, daß keins da war. Ich sagte Peter, ich hätte ihm den Playboy gekauft – leider eben nicht Playgirl, weil ... Er lachte: Er habe dafür Playgirl gekauft. Wir hatten viel Spaß.

Dorle fand einigen Gefallen an nackten Männern, ich konnte mich nicht so dran gewöhnen. (Zumal mir bei <u>Männern</u> verstärkt nicht einleuchtet, wieso man ausgerechnet nur mit Skistiefeln bekleidet Ski fahren soll. Von Mädchen ist man solche Fotos gewöhnt.) Peter war bei nackten Männern deutlich geniert. Und Dorle triumphierte, das sei jetzt endlich mal die umgekehrte Situation, jetzt wisse er, wie man sich als Frau oft vorkomme.

Nachtrag zu Ende.
Um zehn Uhr rief Dorle an. Sie sei von oben bis unten befleckt nach Hause gekommen, und ihre größte Sorge sei, daß sie nicht nur sich, sondern auch Peters Auto bekleckert habe. ... Dieter [Dorles Mann] *habe zunächst gedacht, sie mache Theater, aber dann habe er ihre Fahne gerochen, sie mit Kamillentee ins Bett gesteckt ...*
Sie war in Sorge, ob bei mir ein ungutes Gefühl geblieben sei. Ich verneinte. Sie sei sehr froh, denn sie wolle auf gar keinen Fall, daß unsere Freundschaft einen Knacks bekäme, und deswegen sei das ja auch einmalig. Ich war richtig gerührt. Ich hatte das nicht erwartet und hätte es auch nicht gebraucht. Aber es beglückte mich, weil es mich geborgen machte.
Heute rief ich sie – wie verabredet – wieder an. Sie hatte sich mit Dieter gestritten, es war erstmals die Rede von Trennung gewesen. Gegen Ende sagte sie: »Du, ich muß dir noch etwas beichten.« *Ich war sehr gespannt.* »Ich glaub, ich hab den Peter mal geküßt.« *Ich lachte laut:* »Meine Liebe, du hast den Peter nicht einmal, sondern mehrmals geküßt. Eigentlich eher er dich.« *Sie war fürchterlich erstaunt, wunderte sich auch, daß ich nicht* »mit einem Kissen dazwischengegangen« *sei. Aber jetzt müsse Schluß sein. Es sei sehr schön gewesen, und es habe ihr sehr gutgetan, daß sie so attraktiv gefunden worden sei, aber für Peter seien drei Frauen auch wohl eine Schuhnummer zu groß.*
Die Vermutung, daß er doch irgendwie unter Leistungsdruck stand, bestätigte er indirekt dadurch, daß er es als selbstverständlich annahm, wir – Dorle und ich – hätten »etwas verabredet gehabt«.
Ja, auf der Heimfahrt habe sie noch von ihrer Ehe erzählt. Sie habe das sehr poetisch getan. Dorles prosaische Poesie. Als ich sie noch mal anrief, erzählte ich ihr diesen Ausspruch, und sie erwiderte darauf: »Und zum Abschluß drückte ich ihm den dritten Beutel in die Hand.«

23.12.1974

Aber zurück zu gestern [bei Klöß].
... Ich glaube allmählich wirklich, daß das stimmte, was er neulich gesagt hatte, daß er nämlich sehr wenig von mir wisse.
Nach etwa einer Stunde befand ich, es wäre erhellend, von dem Dorle-Samstag zu berichten. Ich erzählte stockend und mit Hemmungen. Nachdem

ich geendet hatte, meinte er zunächst: »Und Sie meinen, die Geschichte hätte jetzt hierhergehört?«

Ja, sagte ich, wegen der Art meiner Beziehungen.

Er gab es zu und sagte: »Was muß mit einem Menschen gemacht worden sein, daß er sich geborgen fühlt, wenn er in den Armen von jemandem liegt, der jemand anderen streichelt!« Und kam auf die Frage Eifersucht und tiefe Störung usw. (wie vor ein paar Stunden) zurück.

Ich meinte, wahrscheinlich habe er recht, daß ich da schon eine Macke abgekriegt hätte, aber ich fände es gut so, daß es so ist, und wolle es nicht geändert haben. »Das ist jetzt das Wort, auf das ich seit einem halben Jahr warte«, meinte er. Nur wisse er nicht mehr, was er denn noch solle. Er würde sich hüten, gegen meinen Willen dran zu rühren, aber er käme sich dann überflüssig vor.

Ich wüßte zwar, antwortete ich, daß er mir damit nicht drohen wolle, trotzdem habe es etwas Bedrohliches für mich: Entweder Sie verhalten sich so, wie ich es für richtig empfinde – oder was haben Sie hier noch zu suchen?

Ich glaube, wir schwiegen eine Weile.

Sein Knie war nahe bei mir, und plötzlich beschloß ich, es zu streicheln oder sonstwas. Es brauchte noch eine Weile, bis ich die Angst überwunden hatte und den Entschluß in die Tat umsetzte ... Ich weiß wenig davon. Ich weiß nur noch, daß ich kurz überlegte, ob ich ihn küssen wollte, aber teils war die Angst stärker, teils auch die Traurigkeit, ich wollte meinen Kopf lieber an seine Schulter legen ...

Als ich ihn einmal ansah, strich er mir die Haare aus dem Gesicht, es tat mir sehr gut. »Ich spüre schon, daß Sie weitermachen wollen«, sagte er, »und ich will auch weitermachen, ich weiß bloß nicht wie.«

Wir hatten beide die Uhr im Auge. Und beide wollten wir vernünftig sein oder was weiß ich. Jetzt ärgert es mich, daß er ganz pünktlich aufgehört hat, weil ich finde, da stimmt einfach was nicht bei ihm. Einerseits exakt nach Uhr und Terminkalender, andererseits doch sehr viel Engagement von mir fordernd.

Als wir voreinanderstanden, umarmte er mich noch mal und sagte wieder, er wolle schon weitermachen, und ich solle bloß nicht von meiner Überzeugung abrücken.

Hinterher war ich richtig fertig, ich fuhr einen Stiefel zusammen, und es zog mich richtig nach links, wenn ein Auto entgegenkam.

31.8.2014

Das mit Klöß hatte eine andere Bedeutung für mich als die restlichen Männergeschichten (Johannes natürlich ausgenommen). Aber ich weiß nicht, welche Bedeutung ich für ihn hatte. Im Lauf der Jahre geschult durch Erfahrungen und Lektüre zum Thema »Missbrauch in der Therapie«, läuten bei mir natürlich sämtliche Alarmglocken, gerade auch, wenn ich zu mir selbst sage: »Zwischen Klöß und mir war es etwas ganz anderes.« Denn das sagen alle. Aber fest steht auch, dass außer diesen kleinen Zärtlichkeiten und Umarmungen nichts war, was weiß Gott nicht an mir lag. Später, in der Lehranalyse, erzählte ich meiner Analytikerin unter Zaudern und Zagen davon (das Dilemma zwischen Ehrlichkeit und Loyalität zu ihm), worauf sie trocken meinte, da kenne sie ganz andere Geschichten.

Ich glaube schon, dass er mich lieb gehabt hat. Aber er sah hinter meinem »Angebot« zu einer unverbindlichen Liaison einen Defekt, den es zu beheben galt. Ein anderer hätte das ausgenutzt. Viel, viel später gab es eine Andeutung, dass er erst im Nachhinein begriffen hatte, wie wichtig diese Phase der Ungebundenheit für mich war. Er sagte: *Ich war viel zu früh.*

3.9.2014

Die nächsten Tagebucheintragungen handeln nicht von Männern, sondern von Paris. Diese Reise gehört durchaus unter die Rubrik »Emanzipation«: An Weihnachten nicht heim zu den Eltern, das war ein Affront. Wobei der Affront in meinem Fall noch ein bisschen größer war, denn Paris hieß auch, ich fahre in mein Vater-Land, ma patrie: Kurz bevor ich 21 Jahre alt wurde, eröffnete mir mein bis dahin als Vater angesehener Adoptivvater, dass ich nicht sein Kind sei und meine Mutter meine Patentante und meine Patentante meine Mutter. Damals reagierte ich ebenso spontan wie wenig taktvoll: »Da bin ich aber erleichtert.« Was die Beziehung zu meinen – nun – Adoptiveltern hinlänglich beschreibt. Ich habe immer wieder darüber nachgedacht: So vorteilhaft diese Adoption für mich war, was die finanzielle Sicherheit und die schulische Förderung anging, so war sie in anderer Hinsicht nicht das große Los … Aber lassen wir das.

Auf alle Fälle erfuhr ich damals, dass ich der Liaison meiner leiblichen Mutter (also der Schwester meines Adoptivvaters) mit einem französischen Besatzungssoldaten entstammte. Meine leibliche Mutter ist heute, mit 94 Jahren, noch lebendiger, als es meine Adoptivmutter vor 40 Jahren war. Das ist das eine. Das andere war, dass ich mich als Halbfranzösin träumen und Frankreich als »mein Land« entdecken konnte.

Als ich nach der Eröffnung meines Adoptivvaters Dorle aufgeregt von der Neuigkeit erzählte, merkte ich plötzlich an ihrer etwas betretenen Reaktion: »Du hast es gewusst!« Die ganze Klasse hatte es gewusst. Alle hatten es gewusst.

Ich habe nie ernsthaft versucht, meinen Vater ausfindig zu machen. Einmal war ich in seinem Geburtsort, aber habe niemanden gefragt. Ich wusste, er lebte in Paris. Aber ich habe bei jenem Aufenthalt 1974 nur mal oberflächlich das Telefonbuch durchgeblättert. Mehr nicht.

Eine Freundin, deren Adoptivsohn in ein paar Tagen in sein Geburtsland reist, verstand nicht, wieso er sich überhaupt nicht für seine leiblichen Eltern interessiert. Ich kann beides nachfühlen: dass man seine Wurzeln sucht, aber genauso, dass man nichts davon wissen will. Sei es aus Enttäuschung: Wieso soll ich mich auf die Suche nach dir begeben, wenn du es nicht getan hast? Sei es, weil nur die unbekannten Eltern Raum bieten für Träumereien, die bei einer realen Begegnung zerstört werden könnten.

Ich näherte mich also meinen Wurzeln – aber nicht zu sehr.

Me voilà!

24.12.1974

Der erste Tag in Paris.

Während ich mir den ersten Satz überlegte, kam mir, daß heute Heiligabend ist.

Ich hatte es tatsächlich mehrere Stunden vergessen. Die Fahrt von Chalon hierher war sehr ruhig, besinnlich, gemütlich. Es regnete (mit dem Regen, dem man schon das Meer anriecht), und es gab hübsche Musik. Schließlich die Vororte. Wenigstens der Verkehr begann, pariserisch zu werden. Worauf ich insgesamt fast eher gern verzichtet hätte. Teilweise war es allerdings auch lustvoll, ich wurde mutiger denn je, ab und zu erstaunt, wie wenig breit und lang mein Auto war. Ich lerne zunehmend, damit zu rechnen, daß der andere auch Bremsen hat, und denke: Er wird's schon merken.

Da ich aber keine Ahnung von Paris hatte, war das erste Problem, wo liegt das Zentrum und wie finden? Es kam mir vor, als wäre ich bereits dreimal um Paris rumgefahren, als ich den Eiffelturm ausmachte.

Es wurde immer zentraler. Schließlich war mir klar: Wenn ich noch zehn Minuten länger fahre, passiert ein Unglück. – Daß ich noch niemanden gerammt habe, erstaunt mich sowieso. Ich suchte einen Parkplatz. Das tun hier viele. Schließlich hielt ich mitten im Halteverbot und spekulierte auf mein ausländisches Nummernschild.

Am liebsten hätte ich jetzt im Auto übernachtet oder das Übernachtungsproblem rausgeschoben, aber ich brauchte ein Bett. ...

Ich fand auch eins. Als der Mensch »21 Francs« sagte, dachte ich, ich verstünde falsch. Es stimmte aber. Ich mußte furchtbar viele Treppen steigen (fünfter Stock ohne Aufzug), das Zimmer ist für 21 Francs äußerst nett.

... Unter dem Vorwand, Paris auf mich wirken zu lassen, lief ich ziellos. (In Wirklichkeit hatte ich Angst vor der Métro, dem Bus, dem Stadtplan usw.)

Auffallend viele gutaussehende Männer. Die erste Stadt, in der mir die Männer auffallen. Sie schauen einen sehr intensiv an, man hat den Eindruck, sie kennen alle Pariserinnen und denken: ›Ah, eine Neue, was kann man wohl mit ihr machen?‹

Es ist ein interessiertes, freundliches, schon erotisch gefärbtes, aber nicht eigentlich begehrendes Anschauen.

Notre-Dame. Ich empfand es als verheerend ... ein Hineinströmen, als ginge es zum Bundesligaspiel. Visiteurs ja, das bin ich gewohnt, aber so ein Run?

Eine Trauung. Es standen Schilder da: »Silence«, aber genauso hätte man der hereinbrechenden Flut ein Stoppschild entgegenhalten können. ...

Die positive Wende war der Kauf einer Theaterkarte. Comédie française. Die ersten 15 Minuten verstand ich fast nichts. Später wurde es recht gut (teils wohl, weil die Geschichte einleuchtend war, teils aber auch die Gewöhnung). Jetzt liege ich und schreibe offensichtlich. Weniger offensichtlich trinke ich Wein.

26.12.1974
Inzwischen habe ich Métro fahren gelernt (gestern) und Autobus (heute), aber noch nicht befriedigend ...

30.12.1974
Am nächsten Tag wollte ich eigentlich spornstreichs zu den Impressionisten (Jeu des Paumes), aber als ich auf dem Weg zur Métro war, stellte ich fest, daß der Tag zu strahlend war, um in die Unterwelt hinabzusteigen. Ich stieg also in den nächsten Bus, der glücklicherweise am Seineufer entlangfuhr, und genoß die strahlende, frühlingshafte Sonne. Auf Umwegen kam ich zum Montparnasse, sah ein furchtbar hohes Hochhaus und befand, daß man von oben einen herrlichen Blick haben müsse und daß es mich sehr wundern sollte, wenn nicht kluge Leute auf den gleichen Gedanken gekommen wären. In der Tat: Im 56. Stockwerk gab es ein Restaurant und viel Aussicht. Ich fuhr hoch. Es war unglaublich schön. Paris unter mir, hell, fröhlich, strahlend, strahlend, strahlend (was man auch durch die meist getönten Fenster sah). Am Horizont mußte irgendwo ein Flughafen sein, glitzernd sah man Flugzeuge starten und landen ...

3.9.2014

Ich war inzwischen häufiger in Paris. Nicht so häufig, wie es sein sollte, denn der TGV von Strasbourg nach Paris braucht nur ein paar Minuten länger als der Regionalexpress von Appenweier nach Konstanz.

Johannes und ich waren zusammen mit den noch recht kleinen Kindern dort. Sie genossen es und waren in den Museen nicht nur duldsam, sondern konnten sich gar nicht satt sehen. Anfang 2006 fuhren wir zu zweit noch mal hin; ich wusste mehr oder weniger schon, dass ich Krebs hatte, Johannes war wohl bereits krank. Er konnte keine langen Wege mehr gehen. Trotzdem waren es wunderschöne Tage. Dann 2011, als Hannah in Paris studierte. Sie hauste ganz nahe am Place Pigalle in einem bemerkenswerten Wohnklo – zwölf Quadratmeter, Küche und Bad inklusive. Die Zuhälter dort kannten sie mit der Zeit, grüßten höflich (hab ich selbst mitgekriegt) und sie fühlte sich von ihnen durchaus beschützt.

Schließlich im April 2013, kurz vor dem Tod von Johannes, ein Wochenende zum Atemschöpfen, diesmal ich allein. Friedhof Pierre Lachaise. Dort fotografierte ich ein kleines Bäumchen, das aus einem Baumstumpf wuchs. Hannah war schwanger.

5.9.2014

Heute vor 16 Monaten ist Johannes gestorben. Ich sitze in seinem Arbeits-, Kranken-, Sterbezimmer, höre »Lieder ohne Worte«, von denen welche auch bei der Trauerfeier für ihn erklangen. Es ist 20.45 Uhr. Sein Sterben vor 16 Monaten dauerte noch eine Stunde und 20 Minuten. Ich schaue sein Bild an. Ich will zurück, ich will zu ihm. Oder sonst gar nichts mehr.

Im Tagebuch beginnt nun das entscheidende Jahr 1975.

Zunächst wurden gegen meinen Willen aber zu meinem Glück meine beruflichen Weichen neu gestellt, weil Schulreferat und Caritasverband sich in die Haare bekamen. Die daraus – oder besser: aus meiner Widerspenstigkeit – resultierende einmonatige Arbeitslosigkeit hat eher den Charakter eines »Ich-kann-auch-mitreden«, als dass es echte Not bedeutete. Es war eine Zeit, in der niemand arbeitslos war. Der Angestellte auf dem Arbeitsamt rätselte, was er mit mir machen sollte.

Ich könnte wetten, die betroffenen kirchlichen Würdenträger waren damals perplex, dass ich unbotmäßig war und einfach »Nein« sagte. Ich möchte auch wetten, dass sie es damit erklärten, dass ich in Starz und Neumann starke Unterstützer hatte. Denn eine kleine Angestellte – zumal eine Frau – wäre allein nicht so widerborstig gewesen. Dachten sie sicher. Und haben sich getäuscht.

Es fand ein »Gespräch« statt, an dem außer meinem Chef, Domkapitular Müller, Domdekan Weitmann, Caritasdirektor Mohn, mein »künftiger Chef« und zwei weitere höhere Chargen teilnahmen – aus der Besetzung schließe ich heute, dass es nicht nur um meine Stelle ging.

22.1.1975

... Abends ging ich zu Müller. Auch da weinte ich und erklärte, ich möge ihn doch, und das sei wie auf dem Sklavenmarkt, und wieso er seine Positionen (geschweige denn mich!) so einfach preisgäbe. Er meinte, es sei alles nicht so schlimm, und so habe er mich noch nie erlebt wie am Morgen, und ich hätte völlig falsch taktiert.

Er hatte gar nicht kapiert, was eigentlich passiert war. Ich ja auch noch nicht so ganz.

Anschließend Klöß, den ich als Retter angerufen hatte. Er war sehr sauer auf Müller, verstand fast nicht, daß ich überhaupt noch bereit bin, in dem Laden zu bleiben. Er deutete die Möglichkeit an, die mir zu dem Zeitpunkt noch völlig absurd schien, ich könne es ja einfach auf einen Kampf ankommen lassen …

Samstag nachmittag war ich dann soweit. Ich war mir klar geworden, daß mir der Job so lieb war, daß ich drum kämpfen würde, ihn so zu behalten wie bisher …

Donnerstag traf ich mich dann noch mal mit Müller, und der Idiot stellte sich auf den Standpunkt, er sei für mich gar nicht zuständig. Ich sagte, ich beriefe mich auf den Erlaß, und im übrigen ginge ich anschließend zu Neumann – mit besonderem Akzent – , um die juristische Frage zu klären …

In der Zwischenzeit wurschtelte ich an meinem Osterprogramm für den Kindergarten, besuchte zweimal Starz, der mir zum Durchstehen riet und meinte, der Müller sei ein guter Mensch und nähme das irrigerweise auch von den anderen an und schliefe deshalb in Verhandlungen manchmal und sei dann erstaunt, was rausgekommen wäre.

5.9.2014

Zwar nicht ohne Punkt und Komma, sondern mit Punkt und Absatz folgte am selben 22.1.1975 noch eine Tagebucheintragung der ganz anderen Art. Der Schwabe würde sagen: »So isch no au wieder!«

Eberhard – in ihn war ich in Würzburg und danach maßlos verliebt. Aber er blieb zu meinem Glück seinem Priestertum treu. Wenn ich richtig google, ist oder war er Militärpfarrer. Ich denke, das passt. Seine Aussagen zu Studienzeiten, die jedem Kitschfilm zur Ehre gereichen würden (wenn er nicht Gott versprochen wäre, hätten wir schon längst Kinder), gaben mir das Gefühl, ich wäre in einem Drama von Schiller oder Paul Claudel oder so was.

In der Folge wurde es banaler. Wobei: So ganz banal ist es nicht zu nennen, dass ich ihm irgendwann nach dem Examen im Priesterseminar zu Würzburg seine Jungfräulichkeit raubte. Der Faden wurde im Folgenden noch mal aufgenommen.

22.1.1975 (Fortsetzung)

Jetzt noch eine poetisch-verrückte Geschichte: Sonntag elf Uhr abends rief ich Eberhard an. Nach einer Weile sagte ich, seine Stimme klänge so erotisch. – Was das im Klartext heißen solle? – Nun, daß ich ihn jetzt lieber etwas näher hätte. – »Dann komm doch!« meinte er. »Geht nicht«, sagte ich. – »Sind ja auch 300 Kilometer«, sagt er. – »Du spinnst, das sind 150 Kilometer«, sage ich. – »So wenig?« sagt er. »Dann komm doch.« – »Geht nicht«, sage ich, »habe morgen um zehn Uhr einen Termin.« – »Das macht doch nichts.« – Ich dachte nach. »Gut«, sage ich und lege auf. Packe mein Nachthemd und fahre los. Ich genoß es. Es ist das Gefühl von Freiheit. Ich kann das <u>tun</u>. Ich kann Weihnachten nach Paris fahren. Ich kann nachts um halb zwölf nach Würzburg fahren.

Und ich freute mich auf ihn.

Als ich ankam und er aufmachte, sagte er nur: »Du bist tatsächlich gekommen!« ... Er umarmte mich. Oh, hat er Sehnsucht gehabt! Und ich spürte auch: Wie hatte ich Sehnsucht gehabt!

... Er weiß nicht, woran er mit mir ist. »Einen Ehemann, einen Liebhaber im Hintergrund. Und einen Therapeuten – und dann kommst du zu mir.« Als er sagte, der Mensch sei zur Monogamie angelegt, meinte ich, solche Thesen zu diskutieren, sei unter meinem Niveau. Es wäre schön, ihm begreiflich zu machen, daß er mir ernst ist. Auf der einen Seite. Auf der andern rührt er mich nicht mehr an. Ich werde nie mehr soviel Sehnsucht haben (niemandem gegenüber) wie früher. Es ist alles spielerischer geworden. Ja, aber trotzdem ernst.

Ich fahre heim. Selbst das genoß ich, obwohl ich entsetzlich müde war und es furchtbaren Nebel bis Heilbronn hatte. Dann, als der Nebel weniger dicht wurde und der Tag begann: Das war Leben. Satt ... Ich hatte mir überlegt, ob ich den Tag blaumachen sollte, aber es wäre gar nicht gegangen (von mir aus nicht). Ich fuhr nach Rottenburg und arbeitete den ganzen Tag.

5.9.2014, 22 Uhr

»Ich werde nie mehr so viel Sehnsucht haben (niemandem gegenüber) wie früher.« Doch! Aber es ist jetzt etwas anderes. Ich verstehe dieses Gefühl des Freiseins damals. Aber heute Abend will ich nicht frei sein von meiner Sehnsucht. Sie gehört zu mir. Es ist meine Sehnsucht, nicht eine fremde Sehnsucht, die mich beherrscht und der ich hilflos ausgeliefert bin.

22 Uhr und fünf Minuten.

6.9.2014

In Kürze, wie es damals beruflich weiterging: Den Satz von Klöß »*sich nicht erpressen lassen*« habe ich heute noch im Kopf. Inzwischen hat ihn eine ganze Reihe von PatientInnen zu hören bekommen, wenn sie sich Menschen mit Macht ausgeliefert fühlten. Sich nicht erpressen lassen – das ist nicht einfach und das ist nicht lustig. Gewiss, es gibt Situationen, da ist man chancenlos und es bleibt einem nur Selbstaufgabe. Aber das sind die Ausnahmen. Denn fast immer ist die eigene Angst überdimensioniert und sie wird von denen geschürt, die Macht haben. Man kann lernen, das zu durchschauen.

Während Klöß sagte »*sich nicht erpressen lassen*«, meinte Peter irgendwann mal: »*Dann gehst du eben in die Weißenburgstraße.*« Also zum Caritasverband. Dass er das sagte, ließ mich innerlich zu ihm auf Distanz gehen. Er hatte etwas nicht begriffen. Sicher wäre der Caritasverband nicht der grausamste Arbeitgeber gewesen, es hielten und halten ja genügend Leute dort aus. Aber ich spürte damals wohl intuitiv: Wenn ich mich so behandeln lasse, dann beschädige ich mich. Es war nicht die Degradierung, nicht der Verlust selbstständigen Arbeitens, entscheidend war auch nicht das Gespür, dass ich keine Subalterne bin. Entscheidend war die Empörung, dass ich als Verschiebemasse behandelt wurde. Wenn ich das zuließe, würde es wieder und wieder geschehen und ich würde mich am Ende selbst als Verschiebemasse definieren.

Das war sicher gemischt mit Selbstmitleid und »Hier stehe ich und kann nicht anders«-Attitüden.

Am 26.2.1975 erhielt ich per Einschreiben meine Kündigung durch den damaligen Kapitularvikar Weitmann. (Zur Erklärung: Ein Kapitularvikar verwaltet die Diözese während einer Sedisvakanz. In diesem Fall war Bischof Leiprecht zurückgetreten und sein Nachfolger, Bischof Moser, noch nicht im Amt):

Sehr geehrte Frau Schweickhardt,
Ihre bisherige Stellungnahme zur Ausgestaltung Ihres Anstellungsauftrags im Sinn der obengenannten Besprechungen vermag uns nicht zu befriedigen.

Um nicht in eine rechtliche Zwangslage zu kommen, sehen wir uns deshalb veranlaßt, das mit dem Erlaß Nr. A 11837 begründete Arbeitsverhältnis formell zu kündigen.

Gleichzeitig erneuern wir das in der Besprechung vom 10.1.1975 umschriebene Angebot zur Begründung eines neuen Arbeitsverhältnisses, das eine Abordnung an den Caritasverband für Württemberg ... einschließt ... Ein weitergehendes Angebot können wir Ihnen nicht unterbreiten. Wir bitten um Stellungnahme bis zum 15.3.1975.

Am 4.3. 1975 antwortete ich:
Sehr geehrter Herr Kapitularvikar!
Ich bestätige hiermit den Empfang Ihres Schreibens vom 26.2.1975.
Ihre Feststellung, daß Sie sich veranlaßt sähen, mir formell zu kündigen, um nicht in eine »rechtliche Zwangslage« zu kommen, ist ein klares Eingeständnis, daß die Rechtsgrundlage dieser Kündigung ausschließlich die erst am 31. März abgelaufene Probezeit ist und Sie sich bewußt sind, daß es danach schwerfallen würde, Ihre Vorstellungen von der Gestaltung meiner Stelle rechtlich durchzusetzen.

Nun, auch eine formale Rechtsgrundlage ist eine Rechtsgrundlage. Ich habe das zu akzeptieren.

Von Ihnen vor die Wahl gestellt, entweder gekündigt zu sein oder auf Ihre Bedingungen voll einzugehen, kann ich nur feststellen, daß ein für mich inakzeptables »Angebot« nicht dadurch akzeptabler wird, daß die Alternative der Verlust des Arbeitsplatzes ist ...

Das war ziemlich deutlich. Heute weiß ich, dass das Risiko, das ich einging, begrenzt war. Das wusste ich damals nicht. Aber es gab kein Vertun.

15.3.1975
... Was ich ab 1.4. mache, weiß ich noch nicht ... Längerfristig werde ich versuchen, die Psychotherapeutenausbildung zu machen. Klöß machte den Vorschlag und ich bin glücklich, daß er ihn machte. Ich selbst hätte mich nicht getraut.

Er umarmte mich. – Ich darf ihn umarmen. Ich weiß nicht, was ich ihm bin.

Er sagt jetzt – endlich –, daß er mich gern habe. Daß ich ihm viel bedeute, daß es ihm stinken würde, wenn ich die Lehranalyse irgendwo anders machte. Es tut gut.

Aber das hat eigentlich mit der Analyse gar nichts zu tun: Da sind wir an einem wichtigen Punkt. Daß es für mich greifbar wird, wie … ein Kanaldeckel den Zugang zu meinen eigentlichen Gefühlen versperrt, und ich rüttle und rüttle, und er rückt keinen Zentimeter.

Daß ich nicht schreien kann, daß ich kühl und beherrscht bin. Ja, es ist gut, daß ich es bin, daß ich diesen Scheißverein in Rottenburg nicht anspucke, aber es ist auch schlimm, denn es ist doch da, und ich fühl' mich manchmal am Zerreißen. Und er – wenn ich wütend, verzweifelt hämmere, klopfe, rüttle – sagt: »Wir werden es schon noch schaffen.« Das »Wir« tut so unendlich gut.

Ach ja. Und nun bin ich arbeitslos, aber ich arbeite – an der Dissertation.

Die Idee vom Bordell für Bischöfe habe ich doch aufgegeben. Der Verein kotzt mich zu sehr an.

Und so träume ich von meinem Therapeuten – und bleibe ansonsten abstinent.

8.9.2014

Na ja … da gab es auch noch Jürgen … Das war ein Lieber. Die Affäre hatte Jahre zuvor in Würzburg begonnen und wurde dann in Stuttgart – kurz – fortgesetzt. Jürgen hatte mich zu Beginn meines Studiums zum Studenten-Abonnement der Frankfurter Rundschau animiert und damit einen nicht unwesentlichen Beitrag zu meiner Entwicklung von einer Rechtskonservativen zu einer Linksliberalen geleistet. Er und sein Freund Peter S. waren Jurastudenten und bei unseren gemeinsamen abendlichen Spaziergängen diskutierten sie Fälle, wobei mir die Rolle des »gesunden Volksempfindens« zukam, was als eine Mischung zwischen »laienhaften Vorstellungen« und »gesundem Menschenverstand« zu verstehen ist. Damals lernte ich: »Auch der beschuhte Fuß ist eine Waffe« und Sprüche wie »Bräutigam ist sehr verwundert, Ex-Braut klagt auf 1300«. Dahinter verbarg sich der Anspruch auf finanzielle Entschädigung wegen Wertminderung, wenn der Bräutigam nach vollzogener Entjungferung die Verlobung löste. Der »Kranzgeldparagraf« – ich habe nachgeschaut – wurde 1998 aus dem Verkehr gezogen. Man glaubt es nicht.

6.4.1975

... Donnerstag schreibt Müller. Einen Brief, der mich nun wirklich an den Rand des Nervenzusammenbruchs brachte. Dem Vorschulbereich sei kaum wiedergutzumachender Schaden zugefügt worden (von wem? – von mir natürlich). Mehr oder minder die Unterstellung, ich würde Unwahres über ihn behaupten ...
Ich rief Neumann an. Ich weinte. Er versuchte zu trösten. »Ach, wenn ich Sie nicht hätte«, sagte ich. – »Was wäre dann?« – »Dann würde ich in einem Meer von Tränen ersaufen.« Ich würde jetzt eine Beruhigungstablette nehmen, und dann sei ich den ganzen Nachmittag high. »Das tun Sie nicht«, meinte er. »Gehen Sie jetzt ins Bett und träumen Sie.« – »Von Ihnen«, sage ich. »Seien Sie nicht so bös«, sagt er. – »Das ist nicht bös, das ist lieb. Aber das wissen Sie nicht. – Doch, das wissen Sie ganz genau.«
Und weil ich mir aufgrund eines graduellen Nervenzusammenbruchs eh alles erlauben durfte, sagte ich: »Ach, ich mag Sie einfach.« – »Und Sie wissen ja auch, daß ich Sie mag.« – »Ja, ich glaube, im Grunde wissen wir das beide.«
Danach hatte ich den Brief von Müller noch mal durchgelesen und entdeckte nach der Haßtirade ein Angebot, für ein paar Monate im Schulreferat zu arbeiten. Das hatte ich zunächst übersehen. Ich rief Neumann gleich noch mal an, ich sei eine Gans. Er verstieg sich zu der Behauptung, daß ich in ein paar Jahren über alles lachen würde und Oberstudienrätin oder glückliche Mutter sei, was ich (besonders auf letzteres bezogen) empört quittierte: »Da würde ich lieber zum Caritasverband gehen.«

9.9.2014

... und vier Jahre später war ich schwanger. Mit voller Absicht und von Johannes.
Bis 1978 blieb ich also im kirchlichen Dienst. Amüsant für mich war, dass dann ich am längeren Hebel saß: Das Ordinariat hätte mir liebend gerne schon früher gekündigt, musste sich aber in Geduld fassen. Denn auch wenn man von meiner Liaison mit Johannes wusste (wie genau, wusste allerdings ich lange nicht), offiziell war das unbekannt. Und deshalb gab es keinen Kündigungsgrund.

In jenen Wochen 1975 aber machte ich Nägel mit Köpfen. Ich hatte drei Gespräche mit verschiedenen Analytikern, um als Ausbildungskandidatin aufgenommen zu werden. Der erste fragte, warum ich nicht Medizin statt Psychologie studieren wolle, worauf ich nur entsetzt abwehrte: *»Das dauert ja noch länger!«* Den zweiten nannte ich im Nachhinein *»einen dummen Pavian«* (er war auch wirklich recht schräg, wie ich während meiner Ausbildung feststellte). Er fragte, wie es um meine Übertragungsneurose (bei Klöß) bestellt sei. Ja, was soll man denn da sagen? Der dritte wollte Auskunft über meine Ängste und Phobien haben, was mich etwas ratlos dreinschauen ließ. Darauf zählte er mir einige Möglichkeiten auf. Ich – recht unbedarft damals – dachte: »Was es nicht alles gibt!«

Ich erhielt die Zulassung zur Ausbildung, wobei ich wegen meines Theologiestudiums das Bonbon bekam, schon nach dem Vordiplom beginnen zu können.

Mit 28 Jahren einen kompletten und durchaus riskanten Neuanfang zu machen, das ist etwas, was meine armen Patienten und Patientinnen immer mal wieder zu hören kriegen: »Gib deinem Leben eine Wende! Wenn du merkst, das, was du machst, ist nicht das Richtige, trau dich zum Neuanfang.«

Es hat lange gedauert, bis ich begriff, dass das nicht allen Menschen so leicht fällt wie mir. Mir bleibt konstitutionell erspart, zu grübeln und erst eine Entscheidung zu wagen, wenn alle Zweifel beseitigt sind (was ohnehin unmöglich ist). Falsche Entscheidungen werden mit »shit happpens« abgehakt und außerdem sind sie meistens reversibel oder man kann damit leben. Aber – wie gesagt – nicht alle Leute sind so gestrickt, und so manches Mal sitze ich auf Kohlen, wenn ein Patient, eine Patientin kostbare Lebenszeit vergeudet aus lauter Angst vor einer falschen Entscheidung. Die irrige Annahme ist, keine Entscheidung zu treffen sei keine Entscheidung. Auf alle Fälle sei man dann nicht für die Folgen verantwortlich. Aber die Verantwortung für das, was man unterlassen hat, ist nicht geringer als die Verantwortung für das Handeln.

Zugegeben: Ich hatte damals mit meinem Neuanfang unverschämtes Glück. Ein Semester später gab es so gut wie keine Genehmigungen für ein Zweitstudium. »Der Neumann« schrieb mir ein Gutachten, dass ich wegen angeblicher Absicht, im sozialen Bereich der Erwachsenenbildung tätig zu werden, noch ein Psychologiestudium auf das Theologiestudium setzen müsse ... oder irgendwie so ähnlich ...

Dieser Schritt war Emanzipation. Auch wenn das Psychologiestudium das genaue Gegenteil der Förderung von Selbstständigkeit und eigenständigem Denken war: In den wenigen Jahren, die zwischen meinem ersten und zweiten Studium lagen, hatte eine Verschulung stattgefunden: Vorgekautes musste nachgebetet werden, es war kaum Raum da, um rechts und links des Weges zu schauen. So eigenartig es klingt: Das Theologiestudium war viel liberaler als das Psychologiestudium.

Ich habe noch keinen Moment bereut, Theologie studiert zu haben. Es hat mir geholfen, dass ich – anders als meine direkt vom Abitur kommenden Kolleginnen und Kollegen – eher durchschauen konnte, wie viel Ideologie sich in der Psychologie hinter sogenannter Wissenschaftlichkeit verbarg.

Das Psychologiestudium war für mich nichts als eine Eintrittskarte zur psychotherapeutischen Ausbildung. Mein Ehrgeiz beschränkte sich darauf, diese Eintrittskarte so billig wie möglich zu bekommen. Dabei hatte ich sorgfältig zu verbergen, dass ich eine analytische Ausbildung machen würde / machte. Denn das galt an der Uni bestenfalls als Ketzerei, eher als Esoterik. Verhaltenstherapie war die reine Lehre, war »Wissenschaft«.

Später in der analytischen Ausbildung begriff ich andererseits, dass ein Zitat vom heiligen Sigmund dieselbe Funktion haben konnte, »Abweichler« zum Verstummen zu bringen, wie ein Bibel- oder Dogmenzitat in der Kirche. Das war ernüchternd. Die Erfahrung mit Theologie und Kirche hatte mich geimpft gegen das Ansinnen, »rechtgläubig« sein zu müssen.

Johannes, der mir mit seinem Gutachten den Weg zum Psychologiestudium geebnet hatte, unterschrieb 1981 am Ende mein Psychologie-Diplom in Vertretung des Dekans. So schloss sich der Kreis auf schöne Weise.

Irgendwann in jenem Frühjahr 1975 hatte er gesagt: »*Suchen Sie sich endlich einen anständigen Beruf.*« – »*Das sagen Sie!*« – »*Das habe ich immer gesagt.*«
Wir haben es beide getan.

Wenn ich lese, was ich in jenem Frühjahr 1975 geschrieben habe, und nicht wüsste, wie es weitergegangen ist, würde ich wetten, dass mein Analytiker und ich in Kürze ein Verhältnis beginnen würden. Es lief auf Johannes oder Klöß zu. Man kann natürlich deuten, dass ich partout einen Vater suchte. Und wenn? Wenn es klappt, ist doch gut!

Das »Fest der Arbeit«, von dem gleich die Rede ist, war eine wirkliche Danksagung an alle, die mir in den beruflichen Verwicklungen vom Winter und Frühjahr 74/75 beigestanden hatten. Aber ... es war natürlich auch Vorwand, Neumann einzuladen ... Und Klöß. Der nicht kam. »Neumann« aber kam. Und bis zuletzt haben wir den Jahrestag des 13.6.1975 begangen. Dieser Tag brachte die Entscheidung, auch wenn mir das nicht unmittelbar klar war.

15.6.1975
Letzten Dienstag begann ich: »Am Freitag ist der 13.« Pause. »Dunkel ist deiner Rede Sinn.« – »Am 13. Juni ist mein ›Fest der Arbeit‹, wollen Sie nicht doch kommen?« – »Und Sie haben erwartet, daß ich das noch weiß?« –»Aber selbstverständlich«, meinte ich und meinte es teilweise tatsächlich. »Es gibt einen Haufen triftiger Gründe, daß Sie kommen sollten.« Langes Schweigen. »Welche?« – »Erstens habe ich ein neues schönes, langes Kleid – zweitens gibt es viele gute Sachen zum Essen, drittens bestreiten Leute, daß das hier eine Analyse sei, und Sie sagen selber, daß wir nicht orthodox seien – also kommt es auf diesen Abstinenzbruch auch nicht mehr an. Und außerdem kommt ein Haufen netter Leute, und Sie passen dazu.« – »Ein verlockendes Angebot«, meinte er zögernd, und schon allein diese Aussage tat gut. »Aber ich komme trotzdem besser nicht ... grad wegen dem langen Kleid. Ich könnte in Ihnen dann etwas anderes sehen. Die Gastgeberin, die Ursula Schweickhardt.« Ich war so gebannt, daß ich gar nicht darauf kam zu fragen, als was er mich denn jetzt sähe. ...
  Eine Weile schwieg ich, um das auszukosten, dann sagte ich, tief befriedigt und ihn nicht zwingen wollend: »Gut.« Nach einer Pause: »Mir ist die Therapie auch wichtig, sehr wichtig, und ich will sie zu Ende kriegen.«
  ... ...

Am Freitag das Fest …
Am nächsten Tag rief Neumann an, dem ich berichtete, welch positiven Eindruck er auf Dorle gemacht habe, daß sie ihn höchst attraktiv fände und mir meine Zuneigung für einen beträchtlich älteren Mann verzeihe. Er genoß das und erwiderte, er könne das Kompliment nur zurückgeben (nicht etwa an sie, sondern an mich): Ich hätte an dem Abend so apart ausgesehen wie selten.
Und darum schrieb ich Klöß ein Kärtchen:
»Sie haben (mir) gefehlt.
b.w.
Und daß Sie es nur wissen: Neumann meinte, in besagtem Kleid hätte ich ›so apart ausgesehen wie selten‹.«

11.9.2014
Gestern hatte ich eine Hohlstunde und räumte endlich mal eine Schublade meines Praxis-Schreibtischs auf. Dabei fiel mir das erste Geschenk in die Hände, das ich von Johannes erhalten hatte (sieht man von dem Parfum zu meiner Verabschiedung ab), und zwar an jenem 13.6.1975: ein Brieföffner und eine Papierschere in einem Etui. Die Schere ist seit ein paar Jahren kaputt. Aber ich werde sie nie, nie wegwerfen.

Dann fand ich noch eine zertifizierte Internet-Fortbildung »Atypische Parkinson-Syndrome«, die ich Ende 2008 oder Anfang 2009 gemacht hatte. Sarkastisch könnte ich sagen: Unangenehmes mit dem Nützlichen verbinden. Wie oft habe ich in den folgenden Jahren den Teil über die Kortikobasale Degeneration gelesen. Wobei diese Diagnose erst 2010 definitiv feststand. Da wusste ich dann, was kommen würde. Ach nein, ich wusste es natürlich nicht. Drei Fortbildungspunkte brachte der Artikel.

Es fand sich noch einiges andere, vor allem eine Postkarte von der Sixtina vom 6.7.1975 mit schönen Briefmarken aus dem Vatikan. Von Starz. Mitunterzeichner waren Domdekan Weitmann, Domkapitular Müller und Bischof Moser. Er hatte also die ganze Blase, die meine Kündigung betrieben hatte, zur Unterschrift genötigt. Möchte nicht wissen, wie viele Flaschen Frascati dem vorausgegangen waren! An diese Karte hatte ich keinerlei Erinnerung mehr, was mich wieder darin bestätigte, dass man gut daran tut, mit dem Wegwerfen vorsichtig zu sein.

Zurück zu Johannes. Es gab schon ein, zwei amtliche Briefchen von 1971 an das »liebe Fräulein Streif«, aber der Briefwechsel unserer Beziehung datiert von seiner Seite auf den 1.7.1975

1.7.1975

Liebe Frau Schweickhardt,
anbei das kleine Gutachten; hoffentlich ist es hilfreich!
Vor allem aber Dank für das »explosive« Kästchen. Warum haben Sie nicht geläutet? Sie können aber diesen Umweg sparen und solches od. anderes im Seminar abgeben. – Aber eigentlich ist alles ›zweck‹-los, da ich ganz bestimmt nicht auf die Couch gehe! …
J. Neumann

12.9.2014
Das Gutachten wird wohl die erwähnte Stellungnahme für das Psychologiestudium gewesen sein. Das Kästchen war eine russische Lackarbeit, aber keine Ahnung, was daran explosiv gewesen sein soll. Sicher aber weiß ich, dass Johannes gute drei Wochen später zwar nicht auf meiner Couch (die ich nicht hatte), aber in meinem Bett lag. Weshalb ich ihm am 31.8. schreiben konnte: »*PS: Gestern stieß ich auf die Karte vom 1.7. des Inhalts, daß alles zwecklos sei. …Gepriesen sei Deine Inkonsequenz! Und meine Konsequenz!*«

13.9.2014
Heute mache ich mich mit gemischten Gefühlen ans Schreiben. Einerseits habe ich richtig Lust, denn jetzt kommen die unser Leben entscheidenden Tage (wobei noch viele entscheidende Tage folgen werden). Aber ich sehe auch, dass Arbeit vor mir liegt, Tagebuch und Briefe in eine gute Form zu bringen. Je mehr ich von uns lese, umso sicherer werde ich mir: Das ist nicht nur eine schöne, aufregende und glückliche Geschichte, die wir gelebt haben, sondern wir haben sie auch im wörtlichen wie im übertragenen Sinn gut geschrieben, sodass sie Besseres verdient hat, als zum Altpapier zu kommen.

14.9.2014

Gestern habe ich keinen Faden mehr gefunden sondern stattdessen ein harmloses Filmchen angeschaut.

Ursula Stahlbusch, mit der ich ein paar Jahre die Zeitschrift unseres Psycho-Berufsverbandes gemacht habe (hat viel Spaß gemacht und wir haben viel gelernt), nannte solche Zeiten »Brutphase«: Man kommt nicht weiter, ist ärgerlich auf sich, weil nur Löcher in die Luft gestarrt werden. Aber dann, mit einem Mal macht es »klick« und das Küken schlüpft. So heute am frühen Morgen: Da war mir klar, wie ich die Juli-Wochen 1975 mit ihren verschiedenen Fäden auf eine gute Reihe bekomme. Gerade ist es mir wieder etwas weniger klar, aber: wird schon.

Die Analysestunden zwischen Mitte Juni und Mitte Juli wirken heute auf mich wie eine abschließende und versöhnliche Klärung unserer Beziehung. Ich bin froh darum. Ich bin froh, dass Klöß – aus welchen Gründen immer – standhaft geblieben ist. Denn ich brauchte ihn in der Folgezeit nur zu dringend als Therapeuten, der mich begleitete und Ordnung in das Chaos brachte, das 1976 beginnen sollte und mit Marthas Suizid 1977 keineswegs zu Ende war. Und ich brauchte ihn als Therapeuten für Johannes. Auch das reichlich unorthodox, solche Konstellationen (und weit harmlosere) lehne ich in meiner Praxis strikt ab. Trotzdem: Er hat gut daran getan. Er war uns unentbehrlich.

Gebrannte Kinder »fallen in Liebe«

24.6.1975

Wenn der Tag damit beginnt, daß der Frauenarzt einem ein Päckchen Pillen in die Hand drückt und einen schönen Sommer wünscht ...

Zunächst Analyse. Es roch nach Rauch (wo er sich doch das Rauchen abgewöhnt hat). Er ließ mich nach einer Weile allein im Zimmer, ich stand am Fenster, als er reinkam, und stellte fest: »Es riecht nach Rauch.« – »Ja, dann ist das ganze Zimmer verraucht.« Mich auf die Couch begebend, stellte ich fest: »Das ist keine Antwort auf meine Frage.« –»Sie wollen hören, daß ich geraucht habe. Ja, ich habe geraucht.« – »Dann muß es Ihnen aber schlecht gehen?!« –»Ja.« Ich hätte ihn gern gefragt, warum und wieso, er solle es mir erzählen.

Aber diszipliniert sprachen wir vom Geld, von meinem Vater, von meinem Traum. Er war unruhig. Ich sagte es anschließend: »Man merkt, daß Sie Kummer oder Ärger haben.« Ob das eine Rüge sei? Nein, es mache mir Kummer, daß er Kummer habe, und ich würde mich jetzt lieber mit ihm beschäftigen, aber ich wisse, das gehöre nicht hierher.

Ich hätte ja auch mit der Karte wieder eine andere Ebene angesprochen. Eine Ebene, wo ich etwas anderes von ihm wolle und er etwas anderes von mir. Warum? – Ich hätte Sehnsucht nach ihm, und ich wollte mir nicht nehmen lassen, ihm das ab und zu zu sagen. Aber ich wolle die Therapie, und ich wolle sie ordentlich zu einem Ende bringen. Und ich würde ihm vertrauen, daß, wenn er sagen würde, das oder jenes ginge nicht, daß das dann richtig sei. Er sei da der Boß, und ich wolle kein Durcheinander. – Aber ab und zu bräuchte ich das von der anderen Ebene.

Irgendwann beschrieb er mich, meine Situation, Verletzungen. Ich lag still da, und es traf mich. Die Männer, die mich hätten zappeln lassen. Er sagte »zappeln lassen«, und es störte mich wahnsinnig, aber es stimmte – die mich im Stich gelassen hätten, bei der Kirche geblieben wären, wenn es zum Schwur gekommen wäre. ›Und er?‹ dachte ich, sagte aber nichts.

Und da, sagte ich, sei auch mein »Alle Männer sind dumm« zu verstehen. Das ist doppelgesichtig: Einerseits, sie sind nur begrenzt tauglich, gut, man benutzt sie. «Für das Sexuelle?« fragt er. »Ja, ab und zu etwas weiter«, meinte ich, «aber wenn man sich gepflegt unterhalten will, richtig gepflegt unterhalten will ...« Dann könne man das nur mit Frauen. Und andererseits eine tiefe Enttäuschung. Resignation. Sich-Abfinden: Sie sind eben tatsächlich nur begrenzt brauchbar.

Was denn »wahre Liebe« sei? »Kaffee kochen und Kinder kriegen. Man wird gefressen ...«

... Ob er auch zu den »dummen Männern« gehöre? – Ja, auch wenn er – wie gesagt – für einen Mann recht intelligent sei. Er habe vorhin bei dem Hängenlassen sich vergessen. Da hieße es (anstatt »Kirche«) ja auch »Ihre Therapie« bzw. »meine« (ich meinte es ironisch). Gut, ich würde es akzeptieren, daß bestimmte Dinge in der Therapie nicht gingen. Aber manchmal würde ich (überlegen) grinsen: O Gott, wie umständlich!!! – und wie enttäuschend. Warum springt er nicht über seinen Schatten!

25.6.1975

Er sagte, daß es eben in der Therapie so sei, daß der Therapeut nichts bekommt außer dem vereinbarten Honorar. Beim Abschied. Ich stand nahe bei der Tür, er mehr im Zimmer. Einen Augenblick Zögern auf beiden Seiten. Er sagt: »Auf Wiedersehen.« Ich sage nichts und gehe.

27.6.1975

An dieser Stelle geriet ich ins Nachdenken und dann in eine unheimliche Wut:
Bitte, wenn er nur das vereinbarte Honorar kriegt, dann schick' ich ihm das nächsten Dienstag, und er kann sich alleine vergnügen!

17.7.1975

Ich bin damals in die Analyse gegangen, habe aber gesagt, wie <u>unverschämt</u> und <u>verlogen</u> ich ihn fände, und daß ich beinahe nicht gekommen wäre und nur gekommen sei, weil ich spüren würde, daß die Sache nicht nur mit ihm zu tun habe, und weil – wenn ich einmal wegbliebe – ich wieder den Anfang machen müsse.

Er konnte sich gar nicht mehr genau an den Satz erinnern, bat mich, ihn zu wiederholen, gab sehr schnell zu, daß alles gegenseitig sei, und meinte dann, vielleicht habe er es deswegen so betont, weil er es sich selber gegenüber immer so betonen müsse, daß er nichts von mir wollen dürfe. ...

14.9.2014

Frauen, die den Kaffee kochen ... Als ich das las, kamen mir Bilder aus meiner Kindheit vor Augen: mein Vater am Tisch, die leere Tasse vor sich und die Kaffeekanne in Griffnähe. Eine Handbewegung, die meine Mutter zum Einschenken aufforderte, und sie schenkte ein. Kein Wort, kein »Bitte« ... so sind sie, die Männer. Auch wenn das für mich damals ganz normal war (ich kannte ja nichts anderes), eine solche Frau wollte ich nicht sein und nicht eine Frau für solche Männer.

Das Zappeln-Lassen. Sicher, da kann ein Quäntchen Wahrheit drin sein: Ihr habt mich zappeln lassen, jetzt lasse ich euch zappeln. Macht ja Sinn, denkt die Analytikerin. Wendung von der Passivität in die Aktivität. Ich kann nicht in die tiefsten Tiefen meines Unbewussten vordringen. Aber ich glaube, darum ging es mir nicht bei meiner Männerriege. Sonst hätte ich deren Sehnsucht viel mehr provoziert und ausgekostet. Aber es war ja gar nicht selten so, dass ich mich verpflichtet fühlte, weil ich nur zu gut wusste, wie Sehnsucht schmeckt. Meine Flucht in Pillenpausen war Notwehr und kein aggressiver Akt.

Ich gab jenen Männern genau so viel, wie ich jeweils empfand. Ich genoss es, nicht mehr in meinen Gefühlen gefangen zu sein. Es hätte keinen Mehrwert gebracht, sie »zappeln« zu lassen. Dann hätte ich nur ein schlechtes Gewissen und Mitgefühl bekommen.

Damals schrieb ich über eine Analysestunde:

... Schließlich fing ich mit Jürgen an. Ich gab ein etwas schiefes Bild von dieser Beziehung, weil ich beim Erzählen zunehmend mißgelaunt auf Jürgen wurde, ihn zunehmend als Belastung empfand. Daß er sich schon Stunden vorher und nachher freut ... Und daß mich das erschlägt, wenn er soviel Emotionen investiert. Ich sei unabhängiger. Ja – aber doch auch wieder nicht, denn ich könne ja nicht mal sagen: Ich will nicht mit dir schlafen, sondern ich mußte sagen: Ich habe die Pille abgesetzt.

Jürgen würde sich mehr einlassen, meinte Klöß fast vorwurfsvoll.
Ich hasse es, wenn jemand sich so einläßt.
Ich gebe zu: Wie soll man da durchsteigen? Aber ich weiß, ich fand mich damals absolut klar und stringent.

15.9.2014
Wie kann ich ohne ihn weiterleben? Ich rufe mich zur Ordnung: Du willst den Johannes von damals zurück, du willst dich von damals zurück, du willst die Zeit von damals zurück. Weißt du nicht mehr, wie dein Johannes in den letzten Jahren war? Weißt du nicht mehr, wie das Ergebnis des Tests 2009 oder 2010 war, den der Parkinson-Arzt angeordnet hatte, wie du schockiert warst: 80 Prozent der geistigen Leistung eines durchschnittlichen 80-Jährigen? Ja, du hast ihn trotzdem geliebt und es gab noch manche sehr gute, viele gute oder wenigstens passable Stunden. Aber: Er war nicht mehr der von damals. Du magst vielleicht noch mehr die sein, die du damals warst. Aber schau dich doch an: Du bist es nicht mehr! Die Zeit ist vorbei. Für immer, immer, immer.
Ich weine.

16.9.2014
Heute Nacht hatte ich Herzschmerzen. Was wäre, wenn du jetzt einen Infarkt hättest? »Wäre mir gerade recht«, sagte die eine Stimme, »aber das Buch möchte ich eigentlich noch fertigschreiben.« – »Ja, ja«, spottete die andere Stimme, »ich bin jeden Tag bereit zum Sterben. Nur nicht grad heut.«

Kurz bevor dann die Liebesgeschichte mit Johannes wirklich wirklich anfing, gab es noch mal Aufregung mit Heinz, ich war ja immer noch mit ihm verheiratet. Heute verstehe ich nicht, wieso ich nicht gleich in die Scheidung eingewilligt habe, denn nach katholischem Kirchenrecht gibt es durchaus eine »Trennung von Tisch und Bett«. Kritisch wird es erst, wenn man erneut heiraten will. Egal wie es sich damit verhielt. Heinz hatte offenbar tatsächlich sein Abschlussexamen bestanden, nachdem er zuvor durch ziemlich jede Prüfung gefallen war, die sich ihm in den Weg stellte. Er behauptete, er würde nur in den evangelischen Kirchendienst übernommen, wenn er geschieden sei. Im Sinn von »klaren Verhältnissen« wohl. Lassen wir es dahingestellt sein, inwieweit er das provoziert hatte, weil er die Scheidung wollte.

Auch hier holte Johannes für mich die Kastanien aus dem Feuer.

19.7.1975

... Es war ziemlich grauenhaft. ... Heinz tobte, als ich sagte, so schnell willigte ich nicht in eine Scheidung ein. Ich wolle ihm sein Leben verderben, und ich hätte ihn immer unterdrückt, und ich würde es jetzt machen wie immer. Schließlich gestand er mir zu, selbst noch mal mit dem OKR [Oberkirchenrat] *zu reden.*

Ich rief also den Koller an und bekam von dem noch Vorwürfe, daß ich meiner Kirche gegenüber nicht offen sei. Ich betonte (aber leicht eingeschüchtert) meine Schwierigkeiten, sagte, ich wolle zunächst Neumann fragen. Tat das, er war ambivalent, er meinte, es gäbe sicher Schwierigkeiten, und das sei blöd, andererseits fände er es auch nicht schlecht, wenn ich die ganze Sache hinter mir hätte ...

Am andern Morgen rief ich Heinz an, sagte, daß ich entschlossen sei, vorläufig nicht so einfach in eine Scheidung einzuwilligen. Er tobte, es war ganz, ganz schlimm. ... Er riefe Neumann an und ginge nach Rottenburg. Wenn er letzteres täte, wäre ich zu keiner Diskussion mehr bereit. Mich ergriff panische Angst, daß Heinz tatsächlich nach Rottenburg geht, dann könnte ich gleich einpacken ...

Sonntag rief Neumann dann an, ob er mich trösten solle. Nein, das sei nicht nötig. Ganz kurz drauf legte er auf, um eine Stunde später wieder anzurufen. Er wolle mir nur sagen, wie tapfer er mich fände, daß ich das alles so ertrage, das sei bewundernswert (und verbreitete sich des längeren über dieses Thema), und daß ich jetzt arbeitete, das sei sehr gut, usw. usw. Und außerdem wolle er mir noch sagen, er habe bereits mit dem evangelischen Landesbischof gesprochen. »Sind Sie wahnsinnig?« sagte ich, und daß ich das nicht gewollt hätte, und genierte mich sehr. Nein, er sei nicht zu ihm hin oder so, sondern er habe ihn zufällig getroffen und habe ihm gesagt: »Was seid denn ihr für ein Laden?« Und er würde die Angelegenheit prüfen, und selbst wenn es

schiefginge, würde die Sache von Bischof zu Bischof geregelt, und ich bräuchte keine Angst zu haben.
... Anderntags rief Heinz an. Ich dachte, ich spinne. Voll Sanftheit. Schließlich teilte er mir mit, daß er mit Neumann gesprochen hatte, und der muß es fertiggebracht haben, ihn zu überzeugen, daß mit mir Gott weiß was passieren würde, wenn ich mich scheiden lassen müßte (er hat wohl sehr geschickt den Zorn gegen meine »Tyrannei« auf die kirchlichen »Tyrannen« gelenkt) ...
Einige Zeit später rief Neumann an. Wie er das bloß fertiggebracht habe, fragte ich, der Heinz sei total umgedreht gewesen, so sanft hätte ich ihn die letzten Jahre nicht erlebt. Ja, meinte er – nicht ohne Stolz –, das habe er im Umgang mit seiner Katze gelernt. Ich solle mir auch eine Katze anschaffen, dann könne ich mir die ganze Lehranalyse sparen.

Mein Brief vom 15.7. war der letzte aus der Serie, von der er später schrieb:
Schon früher hatten mich Deine Briefe immer <u>fasziniert</u> – vielleicht habe ich manchmal etwas kühl geantwortet –, auch weil Martha diese Faszination Deiner Worte nicht entging! ... Aber schon früher habe ich die zunächst förmlich u. lässig beiseite gelegten Briefe immer wieder gelesen ...
Mehr noch, er hat alles, selbst kleine Notizen von mir aufgehoben. Während er immer förmlich blieb, war ich schon ein wenig frech und ein wenig die Form ... nun, nicht verletzend, aber sie ganz gewiss nicht wahrend.
Am 28.6.1974, als ich noch bei ihm angestellt war, hatte ich geschrieben:
Wenn ein Professor behauptet, er würde extra nach München fahren, um Anzüge zu kaufen, die nicht modern sind, gleichzeitig aber seiner Assistentin eines schönen Sonntags in weißen Jeans und weißem Hemd entgegentritt, so daß selbige nicht weiß, wovon sie jetzt eigentlich geblendet ist, so schließt der psychologisch geschulte Verstand ebendieser Assistentin, daß der Herr Professor mit seinem Konservativismus kokettiert, er im Grunde seines Herzens aber <u>erschreckend</u> revolutionär ist. Aber merke Er sich, Er ist durchschaut.
Wenigstens in diesem Punkt waren Ratzinger und ich auf ähnlicher Linie: Dieser nannte Johannes (aufgrund seines Lammfellmantels) einen Wolf im Schafspelz.

Nun der Brief vom 15.7.1975:

15.7.1975
Lieber Herr Professor Neumann,
... Heute ist der Schlußtermin in Dortmund, deswegen nochmals herzlichen Dank für Ihr prachtvolles Gutachten (mir kamen die Tränen, aber da ich allmählich weiß, <u>wie gut</u> Sie schwindeln können – nur noch nicht immer genau, <u>wann</u> Sie schwindeln und <u>wann nicht</u> –, hat sich mein Erstaunen in Grenzen gehalten).
... Was die andere Geschichte betrifft, so war mir das <u>ganz furchtbar peinlich</u>. ... Ihre Fähigkeiten in angewandter Psychologie sind überwältigend. Mein Mann war so beeindruckt, daß er fast bereit war, sich selbstlos auf dem Altar für seine ungeliebte Frau zu opfern ... Danach erscheint es mir tatsächlich ein überlegenswerter Weg, eine katzenorientierte Psychotherapie zu entwickeln.
... Daß Sie mich – wie Sie am Sonntag sagten – gerade in dieser Angelegenheit tapfer fänden, hat mich etwas verwirrt. Sicher ist dieser Ärger höchst unerwünscht, und ich bin letzte Woche schon manchmal am Rand hysterischer Panik oder panischer Hysterie gewesen, trotzdem bin ich, wenn ich so alle meine Lebensumstände abwäge, keineswegs unglücklich. Eigentlich im Gegenteil, ich wollte mit niemandem tauschen (höchstens mit Neumanns Katze) ...
Im übrigen danken Sie Gott jeden Abend für die weise Fürsorge und Liebe unserer Mutter Kirche, die Sie zur Freiheit des Zölibats berufen hat!

19.7.1975
Und schließlich fragte er, ob ich nächsten Dienstag um halb drei kommen könne??!!!! Ob ich kommen könne und würde, auch wenn er vermutlich meine Arbeit noch nicht angeschaut hätte??!!!! Und bin seither gespannt, ob er mich dann verführen wird. Ich habe immer noch Angst und Zweifel, obwohl das eigentlich ganz eindeutig ist.

Einen Tag vor diesem Eintrag schrieb Johannes an den Akademiedirektor Starz (wegen einer geplanten Tagung mit Offizieren des Bundesgrenzschutzes!!):

18.7.1975
... Wie ich von Ursula Schweickhardt hörte, waren Sie in Rom und haben ihr gemeinsam mit dem Bischof sogar eine Karte geschickt. Das ist nett von Ihnen, denn sie hat im Augenblick geistlichen Beistand nötig ...«
Wie das wohl gemeint war??

17.9.2014
Sein Tagebuch – von ihm 1975 »Arbeitskontrollbuch« genannt – war aus naheliegenden Gründen sehr knapp gehalten. Über Gefühle, Hoffnungen und Ängste verrät es nichts.
Am 22. Juli steht »*14–15.30 Fr. U. Sch.*« und ohne Zeitangabe abends »*sehr elend, Fieber*«. Unter Freitag, 25.7., steht: »*Stuttg. bei Kloesels*« (die Familie seiner Schwester). Außer einem dicken roten Kringel und gelbem Marker um das Datum – nichts. Aber dieser rote Kringel galt sicher nicht dem Jahrestag seiner Primiz, die an diesem Tag stattgefunden hatte.

Der 25.7. ist überhaupt überdeterminiert: Primiz, Beginn unserer Beziehung und 1979 Geburt von Joachim. Als Joachim geboren wurde, erhielt Johannes von irgendeiner frommen Weinhandlung, die nicht ganz auf dem Laufenden war, ein paar Flaschen als Geschenk zum Jubiläum seiner Primiz. Das war hübsch.

25.7.1975
Nicht Tiffany. Aber fast.
 Oh, bin ich glücklich!
 Ich habe mit ihm (wem »ihm«? – Ihm, Neumann natürlich!) geschlafen.
 ... Letzten Dienstag (22.7.) ... Ich hatte Angst, war teils sicher (ich hatte mich vorher stundenlang gepflegt und zurechtgemacht) ... Und da war ich dann nun.
 Frau Woll war nicht da. Kaffee und Schokolade standen auf dem Tisch und meine Arbeit.
 Ich packte meine Durchschläge vorsichtshalber auch aus. Er verkündete, er sei noch nicht zum Lesen gekommen, und ich bemühte mich krampfhaft, irgendwelche bedeutsamen Fragen in den Raum zu stellen, die unbeantwortet blieben.

Irgendwie kam ich zu ihm auf die Couch, und ich küßte ihn – er wehrte zunächst kurz ab, küßte sehr zögernd, sehr zurückhaltend wieder ...

Ich lag auf seinem Schoß, spürte, wie er zitterte, wie sein Herz schlug. Erstaunt, eher unwillig – daß ihn so ein bißchen Küssen so verwirren sollte. Ich fragte ihn. »Ja, wenn man so geküßt wird.« Außerdem habe er bereits vier Tassen Kaffee getrunken. Nach einer Weile sage ich: »Wenn Sie nicht schon vier Tassen Kaffee getrunken hätten, würde ich versuchen, Sie zu verführen. Sind Sie verführbar?« – »Sind <u>Sie</u> denn verführbar?« – »Ich? Sicher! – Und Sie?« Er schüttelte den Kopf. »Nicht so viel?« zeige ich mit den Fingern. Er schüttelte immer noch den Kopf. Ich verkleinere den Abstand. –»So viel«, billigte er zu.

Ich war – wegen seines Zitterns – zurückhaltender geworden. Ich wollte ihn gar nicht verführen, nicht mit der Tür ins Haus fallen. Es machte mir etwas Angst, dieses Zittern. Irgendwie paßte es nicht in mein Bild von ihm. Sollte ich hier erst noch Entwicklungshilfe leisten müssen?

Warum ich ihn liebe? Nun, er sei – wie Dorothea sehr richtig bemerkt habe – attraktiv. Und dazu intelligent ... nicht von einer intelligenten Intelligenz, aber von einer politischen und pastoralen Intelligenz. Und er sei absolut integer.

Und ich? Ja, wenn er Sonntag gesagt habe, er bewundere meine Tapferkeit, so sei das ernst gewesen. Vielleicht sei das fast die größte Liebeserklärung, die er machen könne. Und für eine Frau sei ich recht intelligent.

Ich dachte an Klöß. Klöß? Wer war das doch gleich?

Verwirrtheit. »Jetzt wird zuerst mal was geschafft«, sagte ich und bemühte mich vergeblich um Sachlichkeit. Schließlich – und es war sehr gut, sehr gut so – sagte ich, daß es jetzt notwendig sei, daß ich ginge.

... Wir umarmen uns. Er preßt sich an mich. Nicht sehr erotisch geübt, wie ich finde.

Ich fahre nach Tübingen zu Dorle.

Vorher rufe ich ihn an. Falls ich es vergessen hätte zu sagen: Ich hätte ihn sehr lieb. Nein, ich hätte nicht vergessen, es zu sagen. Aber er wisse nicht, wohin das führen solle. Ach nein, das wußte er schon vorher nicht. Er wolle meinem Glück nicht im Wege stehen, meinte er schon in Kusterdingen. Und Glück verlange »tiefe, tiefe Ewigkeit«, zitierte er Gott weiß wen – worauf ich bei der letzten Umarmung sagte, daß angesichts dieses Glückes ewiges Glück einfach zuviel sei.

Also ... und er wiederholte zum soundsovielten Male, daß er meinem Lebensglück nicht im Wege stehen wolle. Und ich wurde allmählich fuchtig. Er möge sich nicht in meine Angelegenheiten mischen. Ich würde mir ja auch keine Gedanken darüber machen, wie er diesen Nachmittag mit dem Zölibat vereinbare. Also möge er mich auch meine Angelegenheiten selbständig regeln lassen. Der Zölibat sei für ihn immer nur ein formales Versprechen gewesen. Aber das sei nicht das eigentliche Problem. Das eigentliche Problem sei, daß er einem Menschen, der auch viele liebenswerte Eigenschaften besitze, nicht weh tun wolle.

Das sei in der Tat ein Problem.

Je nun. Wie er schon in Kusterdingen gesagt hatte – zu meiner großen Überraschung und Freude (und er sagte es sehr nüchtern und geschäftsmäßig), man müsse dergleichen dann bereden, wenn er – was sowieso notwendig sei – in den nächsten Tagen mal nach Stuttgart käme.

Ich kaufte Sekt (roten) und Schokolade und, und, und. Und ging zu Dorle. Wir feierten. Ich lud sie zum Eiskaffee ein und kaufte ihr eine rote Rose.

Und ich rief Peter an. Der mir mitteilte, Neumann habe soeben angerufen, er sei furchtbar krank, könne nichts arbeiten.

Ich lachte furchtbar.

Johannes schrieb mir noch an jenem 22.7. auf etlichen Notizzetteln. Heute lächle ich: Nehmen wir da eine gewisse Uneindeutigkeit wahr?

Er wollte nach Stuttgart kommen, um mir zu erklären, warum das mit uns nichts werden könne – und Briefe solle ich bitte schön ins Seminar schicken ...

Dienstag, 22.7.1975, 17 Uhr

Liebste U.

... sei nicht böse, daß auch diesmal unsere Begegnung so kurz war. Vielleicht aber war es besser, wenn diese »Besprechung« so kurz war, daß Dein Hiersein nicht weiter registriert wurde. Siehst Du, da liegt das eigentliche Problem: Ich darf ja einen Menschen, der sich – wohl um seiner Kinder willen – an

mich gewandt hat u. mir vertraut, nicht hintergehen u. enttäuschen: Er hat ja sein ganzes Leben auf mich gesetzt. Und da zeigt sich ein weiteres: Wir wissen so gar nichts voneinander – außer das wenige, was wir heute ganz kurz angesprochen haben: Es war das Unwesentliche. Und dann wissen wir noch das rein Äußerliche unseres gemeinsamen Studienbetriebes seit allerdings immerhin sechs Jahren!

Und in vielem denkst, fühlst u. handelst Du wohl ganz anders als ich! Siehst Du, mir geht es gegen mein ganzes Wesen, wenn unser bislang »korrektes« Verhalten nun so in den Bereich der Geheimnistuerei gerät. Aber ich kann u. will nicht, daß Deinet- u. meinetwegen ein anderer Mensch, der sehr viele liebenswerte u. herzensgute Eigenschaften hat, leidet. – Ob Du das verstehst?

Und ob Du erst den Widerspruch verstehst, wenn ich Dir gestehe, daß Du mich heute vollends fasziniert hast? Du hast wunderschöne Augen u. ein ganz liebes Gesicht u. wundersame ... Und einen ganz zauberhaften Mund!

Aber sieh, ich sag's noch mal – und ich bin darin so »altmodisch«: Liebevoll will ich Deinen Weg begleiten, bis Du »Deinen« Menschen findest, der jung, schön, gescheit, treu u. liebesstark ist, mit dem Du – wenn Du magst – Kinder haben kannst.

... Sobald ich wieder gesund bin, darf ich dann mal zu Dir kommen, um darüber zu sprechen?

... Da fällt mir noch eine Bitte ein: Bitte schicke private Briefe ohne Absender ins Seminar. Deine lieb gemeinten Briefe haben mir schon manchen Kummer gemacht! Denn auch jemand anders verstand sie durchaus, vielleicht sogar manchmal besser als ich selber!!

Du siehst, es geht schon ganz schön dumm an! Dabei sind mir Heimlichkeiten verhaßt!

Andererseits mag ich Deine Art, Deine Bestimmtheit wie Deine Zärtlichkeit sehr! Vielleicht zu sehr?

Und sei auch nicht böse, sollte ich mal am Telefon recht »förmlich« sein! Ich bin dann nicht allein im Raum. Habe nicht gleich die Sorge, ich sei verstimmt!

Lebe wohl! »Kleines«, »Mädchen«, »Kindchen« darf ich ja nicht sagen! Aber vielleicht »Kätzchen«? – Aber weißt Du auch, was das im Französischen meint? – Mit ganz liebem Gruß, D. J.

28.7.1975
Und Peter kriegte einen Wutanfall, als ich sage, er habe auf mich einen recht gesunden Eindruck gemacht, und sich entsprechend verhalten. Er fand <u>diese</u> Schwindelei von Neumann böse ... Je nun. Abends holte ich ihn ab. Ich war mir recht unsicher, was tun. Ich wollte ihn nicht »abservieren«.

Wir gingen bei der Wurmlinger Kapelle spazieren. Mindestens eine halbe Stunde schweigend durch teilweise entsetzlich dunklen Wald. Ich spürte, er wollte mich ängstigen. Ich sagte nichts, ich wollte abwarten. Schließlich löste es sich. Wir sprachen gut zusammen.

Als ich am folgenden Tag nach Hause kam, rief es gleich an, Neumann. Ich weiß nicht mehr, was er sagte, außer daß er (tatsächlich) krank sei und das Herzklopfen <u>auch</u> vom Fieber gekommen wäre (wie desillusionierend). Und er habe mir geschrieben. Und ich sagte, wenn ich nicht anriefe, sei das nicht mangelndes Interesse, sondern ich wolle niemandem weh tun. Ja, wenn sie das erführe, dann hätte er die Hölle. Die Formulierung machte mich stutzig. Er begann wieder laut nachzudenken, daß er meinem Glück im Wege stünde ... und er überlege sich, was das jetzt alles zu bedeuten habe, am 20. Jahrestag seiner Ordination – und das möge ich für mich behalten –, die er schon so oft verflucht habe. Ich sei so etwas wie ein Urerlebnis für ihn. Die erste Frau, die sich nicht an ihn klammere. Er könne das noch gar nicht glauben ... Und Freitag wolle er nach Stuttgart kommen.

Ich war nicht sicher, keineswegs sicher, was sich am Freitag ereignen würde ...

17.9.2014
Gut, es war Nietzsche – und es war nicht das Glück, das angeblich tiefe, tiefe Ewigkeit will, sondern die Lust. Sei's drum.

Für eine Frau recht intelligent. Waren das nicht so ähnlich meine eigenen Worte gewesen? Die erste wechselseitige Begründung unserer Liebe liest sich schon speziell: Er bescheinigt mir Tapferkeit und Intelligenz. Ich ihm – immerhin – Attraktivität sowie politische und pastorale Intelligenz und Integrität. Trotzdem: So verkehrt ist das nicht. Das sind Eigenschaften, derentwegen wir uns den Rest unseres Leben schätzen würden. Warum ich Johannes keine »intelligente Intelligenz« zubilligte, womit ich wohl theoretische, philosophische Intelligenz meinte, so wie z. B. Peter sie hatte?

Was der dachte, war mir oft zu hoch. Dass ich da nicht mitkam, machte mir jahrelang zu schaffen, weil ich meinte, dies sei die wirklich richtige Intelligenz. Inzwischen ist es mir gleichgültig: Wenn ich was nicht kapiere, wird es schon nicht so wichtig sein.

18.9.2014
Zufall oder nicht, gerade jetzt, wo ich über den leidenschaftlichen und glücklichen Beginn unserer Beziehung lese und schreibe, nahm ich heute Morgen Johannes' Briefe der letzten Jahre zur Hand. Ich fühle mich angeklagt und klage mich an. Und verteidige mich. Mir ist schlecht.

19.9.2014
Die letzten Jahre mit Johannes. Inzwischen war seine Handschrift krakelig, aber er schrieb sowieso keine Briefe mehr von Hand. Ab 2009 wurde es auch mit dem Tippen schwierig und er bekam ein Spracherkennungsprogramm, das erstaunlich gut funktionierte.

Er schrieb mir mehr als ich ihm. Schon allein das macht mir ein schlechtes Gewissen. Ich lese, wie er mich umwarb, wie er um mein Begehren bat, gerade um mein Begehren. Ich blieb stumm. Sicher nicht völlig. Aber ich zog mich zurück.

Die eine Stimme sagt: Wie konntest du das tun? Wie konntest du ihm das antun? Er hatte solche Sehnsucht!

Die andere will schreien und sagt: Begehre mal einen Mann, dem du ein Riesenlätzchen gekauft hast, weil er so kleckert. Begehre mal einen Mann, der – egal, ob Besuch da ist oder nicht – mit den Fingern in die Salatschüssel greift. Begehre mal einen Mann, der am PC alle naselang seine Aufzeichnungen löscht oder Gott weiß wo abspeichert, und wenn ich sie nicht wiederfinden konnte, dann kam der PC-Mensch, zuckte schließlich mit den Schultern und schaute dich an. Und du wusstest, was er denkt! Begehr mal einen Mann, der nachts aufs Klo muss, und du überlegst, schafft er es alleine, sollst du lieber Licht anmachen und ihm helfen? Aber er wollte mich nicht stören und er schämte sich seiner Unsicherheit. Du hörst auf die Schritte, meistens klappte es, aber du weißt auch: Manchmal fällt er hin, und wie kriegst du ihn dann wieder hoch?

Du redest zu viel, sagt die erste Stimme. Qui s'excuse, s'accuse. War er nur begehrenswert, als er kräftig, gesund, der gescheite, eloquente Professor war? Wie gemein! Er war krank und das war nicht seine Schuld. Du wusstest, dass all die Dinge, die du aufzählst, zu seinem Krankheitsbild gehören.

Gibt es ein Recht auf Begehrt-Werden?, erwidere ich.

Er hat es sich so gewünscht!

Ich weiß, ja, aber ich konnte nicht.

Konnte ich wirklich nicht? Dem Kranken billigt man zu, dass er etwas nicht kann. Bei mir, die ich gesund war, ist es anders. Da fragt man, da frage ich mich: Hättest du dich nicht mehr bemühen können?

Es ist müßig zu fragen, ob er sich nicht auch hätte mehr bemühen können in vielen Dingen, die für mich so schlimm waren. Zum einen lese ich, wie oft er schreibt, er bemühe sich, wolle sich bemühen. Zum andern weiß ich, wie unbeantwortbar in diesem Krankheitsprozess die Frage ist: Konnte er sich da und dort nicht mehr bemühen oder wollte er es nicht?

Das macht es ja so besonders schwer: Im einen Moment ist ihm etwas möglich und im nächsten nicht. Wenn Patientinnen von ihren dement werdenden Eltern, Verwandten berichten, kann ich ihnen das erklären. Das <u>ist</u> so: Von einer Sekunde auf die andere. Gerade noch voll präsent, im nächsten Augenblick voll daneben. Und ich sage auch, dass das die schlimmste Zeit ist. Später, wenn es eindeutig ist, ist es anders. Aber in diesem verwirrenden Übergang kann es einen rasend machen.

Du redest zu viel, beharrt die erste Stimme. Hättest du dich nicht mehr bemühen können?

Ich bin nicht im Frieden mit mir. Ja, ich habe vieles gut gemacht. Ich war ihm eine treue Frau. Das war leicht. Anderes war weniger leicht und ich habe es doch geschafft, selbstverständlich durchgehalten. Trotzdem. Ich spüre seine Sehnsucht. Seine verzweifelte Sehnsucht nach mir, nach Erotik, nach Sexualität.

5.12.2009

Liebstes Herz,
vor mir liegt Dein lieber Brief zu meinem Geburtstag mit der schönen Rose. Ich habe Dich von ganzem Herzen lieb! Und ich kann mir überhaupt nicht

erklären, wieso wir uns immer wieder mißverstehen und einander Falsches unterstellen.

Der Nikolaus hat bei mir ein kleines Päckchen abgegeben; er ist sich nicht ganz sicher, ob er Dir damit eine Freude bereitet. Ich meine jedoch, Deine wunderschönen Beine haben es verdient, in schönstem Material eingehüllt zu sein. Und der Beschreibung nach dürfte die Strumpfhose aus edlem Material sein und Deine Beine angemessen schmücken. Bevor Du aber mit mir haderst, geben wir sie zurück. Dann habe ich gar nichts für Dich an diesem Nikolaus.

Aber glaube bitte, daß ich Dich liebhabe und heute noch mehr als 1975, Deine Haut, Deine schönen Beine, Deine Stimme und Deine zärtlichen Finger, die ich über alles liebe. Und was Du manchmal als unangemessen empfindest, ist oftmals nichts anderes als Unbeholfenheit. Und ich werde immer unbeholfener. Das tut mir leid, und ich will dich nie und nimmer kränken oder Dir unnötig lästig fallen. Ich gebe mir alle Mühe, Dich nicht zu ärgern.

Ich kann mir gar nicht vorstellen, wie schwer Du es mit mir hast; denn bis auf den Gebrauch der rechten Hand und die Tatsache, daß ich manchmal beim Essen etwas den Mund voll nehme und etwas Rückenschmerzen habe, fühle ich mich gesund und wohl!

Laß Dich umfangen, herzen und streicheln von Deinem
Johannes-Mann

Meine Beine sind anerkanntermaßen zu kurz geraten und zu dick sind sie auch, waren sie schon immer. In der Schule rief mir mal ein Junge hinterher »Füß wie Würscht« (die badischen »Füße« reichen hoch, bis es sehr intim wird). Er hatte so unrecht nicht. Als Johannes diesen Brief schrieb, waren noch eine Menge hässlicher Krampfadern dazugekommen. Mag sein, dass er das anders sah. Aber ich wusste es besser.

31.7.1975
Und dann kam er am Freitag.
Er kam recht früh, schon so halb zehn oder so ...
Er wiederholte, ich sei irgendwie ein Urerlebnis für ihn – eine Frau, die sich nicht anklammere. Noch traue er dem Frieden nicht. Er vermutete, daß sich die Frauen oft so verhielten, bis ... »sie sich eingeschlichen haben« ...

»Du sagst es.« Ich meinte, daß ich selbst und Freundinnen von mir genau die umgekehrte Erfahrung gemacht hätten. Daß die Männer versuchen würden, sich anzuklammern. Ich könne nicht mehr tun, als ihn ausprobieren zu lassen, ob es bei mir auch so sei.

Er glaube (er sprach von Frau Woll im besonderen), das sei die Rache der Frauen: Sie gingen ganz im Haushalt auf, dafür wickelten sie einen aber ein wie eine Mumie, daß man sich nicht mehr rühren könne.

Mit der Zeit befand ich, daß man sich genauso auf dem Bett unterhalten könne ...

Von Dienstag her hatte ich nicht unbeträchtliche Angst. Das Herzklopfen schien darauf hinzudeuten, daß er dergleichen nicht gewohnt war, und ich hatte keine Lust, »Entwicklungshilfe« zu leisten. Es hätte nicht in mein Bild gepaßt. Umgekehrt war die Vorstellung doch eigenartig und angstbesetzt, mit dem Professor, dem »Altrektor« ins Bett zu gehen. Und überhaupt das erste Mal.

Aber es war anders. Gott sei Dank!

Nachdem die Pillenfrage zur allgemeinen Befriedigung geklärt war: »Nimmst du sie aus Prinzip oder vorbeugend?« – »Aus Prinzip vorbeugend« –, begannen wir (ich einmal mehr feststellend, ob man mir erklären könne, wie es dazu komme, daß immer zuerst die Frau ausgezogen sei).

Er war erfahren, meine Unsicherheit schwach, ich begehrte ihn von Sekunde zu Sekunde mehr.

... Ja – es ist ja auch Liebe, es ist ganz tiefe, langersehnte Liebe.

... Nachmittags, als wir – auf ausgebreiteten Matratzen – nebeneinanderlagen, beide, nachdem der erste Schritt getan war, schon sehr selbstverständlich, und wieder zärtlich wurden und uns in die Zärtlichkeit hineinsteigerten ... Jetzt habe ich den Satz falsch angefangen, na ja, und ich geniere mich auch ein bißchen, es so zu schreiben. Also gut: Ich bekam ganz einfach, ganz selbstverständlich meinen Orgasmus. Ich fing an zu weinen vor Glück. Und ich war ihm dankbar, und ich war stolz, und ich genoß es, wenn er meinen Körper bewunderte.

Und dann schliefen wir ... Ich wachte auf und merkte, daß er mich schon eine Weile betrachtet hatte.

Das ist Glück.

Er ging erst gegen 17 Uhr. Und wir sprachen vorher noch eine Weile über Politik (ich zog ihn mit seiner seltsamen Partei auf). Ich weiß ja, daß wir im Grunde gar nicht weit auseinander sind, aber er weiß es noch nicht ... er ist unsicher, weil er meint, daß wir sowenig voneinander wissen, aber wieviel wissen wir voneinander! Und das Gespräch tut ihm gut.

Er rief noch mal vom Bahnhof an, wo er jemanden abholte, und befand, daß wir wohl »über den Parteien« stünden.

20.9.2014

Non! Rien de rien ...
Non! Je ne regrette rien
Ni le bien qu'on m'a fait
Ni le mal, tout ça m'est bien égal!
J'ai payé, balayé, oublié
Je me fous du passé!

Avec mes souvenirs
J'ai allumé le feu
Mes chagrins, mes plaisirs
Je n'ai plus besoin d'eux!
Balayés mes amours
Et tous leurs trémolos
Balayés pour toujours
Je repars à zéro ...
Car ma vie, car mes joies
Aujourd'hui, ça commence avec toi!

Ich wüsste nichts, was besser als dieses Chanson beschreibt, was am 25.7.1975 mit mir geschah. Ich hatte die »wahre Liebe« gefunden, über die ich gespottet, die ich auf alle Fälle nicht gesucht habe.

Auch dafür, für das Misstrauen und die Angst vor der Liebe, vor dem Lieben, gibt es ein Lied, das ich bis heute mag: »I am a rock« mit Simon and Garfunkel:

Don't talk of love,
But I've heard the words before,
It's sleeping in my memory.
I won't disturb the slumber of feelings that have died.
If I never loved I never would have cried.
I am a rock,
I am an island.

I have my books
And my poetry to protect me,
I am shielded in my armor,
Hiding in my room, safe within my womb.
I touch no one and no one touches me.
I am a rock,
I am an island.

And a rock feels no pain,
And an island never cries.

Rainer – mit dem ich nun wirklich nichts hatte, der aber ein guter Freund war, ein stiller, warmherziger Mensch – besaß das Album von Simon and Garfunkel, und außerdem hatte er einen Schaukelstuhl, was ich als ungeheuren Luxus empfand. Manchmal nach den Vorlesungen oder Seminaren in Würzburg ging ich zu ihm und hörte »Sound of Silence«, »Cecilia«, »El Condor pasa« und eben auch »I am a rock«.

Nein, ich habe mein Männerkränzchen nicht kaltschnäuzig abserviert. Mindestens habe ich mich bemüht (bei Peter hatte ich den Anfang gemacht), so rücksichtsvoll wie möglich zu erklären, dass es zu Ende ist. Es war mir nicht, nie, gleichgültig, wie es ihnen mit mir ging.

Vom 25.7.1975 an war ich Johannes treu ohne Wenn und Aber. Das war ganz einfach, denn es hat nie mehr jemanden gegeben, der mich in Versuchung geführt hätte.

Auch wenn ich die ganze Zeit gewusst hatte, dass »Klöß und Neumann« von anderem Kaliber für mich waren als die anderen, im Traum hätte ich nicht daran gedacht, dass es einen Mann gibt, der so absolut und ausschließlich »mein Mann« sein sollte.

Trotzdem war die Zeit davor kein Irrtum und kein Irrweg. Ich hatte eine Unabhängigkeit erworben, die bis zur vorwurfsfreien Akzeptanz reichte, wenn Johannes unsere Beziehung beenden wollte. Das war mehr als einmal der Fall. Was 1976 und 1977 geschah, erforderte von meiner Seite innere Klarheit und Klarheit ihm gegenüber: »Ich will mit dir leben, aber ich kann dich gehen lassen. Und wenn du mit mir leben willst, dann musst du die Voraussetzungen schaffen.«

Das war genau das, was Johannes brauchte nach all den »Klammererfahrungen«, von denen ich zu jener Zeit noch nichts wusste.

12.8.1975

Ja, ich glaube, ich bin glücklich.

Es sind jetzt drei Wochen oder so. Viel Erstaunliches.

Seine Verliebtheit. Ein wenig macht sie mir angst. Tage, an denen er fünf-, sechsmal anrief ... ich kann mir schon vorstellen, wie die Beziehung zu Martha so geworden ist, wie sie ist. Das überraschende, fast vollständige Sich-auf-mich-Konzentrieren. Es ist so konträr zu dem disziplinierten Professor ... Er schickt mir sein Bild. Ohne meine Bitte, ohne ein Wort von mir. Ich glaube, das ist es, was neu für mich ist. Bis jetzt nur: beeindruckende Männer, die ich bitten mußte, oder beeindruckte Männer, die baten. Er ist beides.

Seine Zärtlichkeit ...

Er nennt mich »weise«! Ja, und er hat recht. Ich bin auf einem Gebiet souverän, in das er erst langsam (langsam?) dringt.

Er schaut ab und zu nach: Ist die Falle zu? Ist da doch eine Falle? Das ist keine Falle? Wirklich? Gibt es das?

Zuerst: Er will meinem Glück nicht im Wege stehen. Ich akzeptiere diese Definition von Glück nicht. Er zeigt: er akzeptiert sie ja auch nicht ... »Wahres Glück braucht tiefe, tiefe Ewigkeit« – Die hast du nun mit deiner Martha, bin ich manchmal versucht, ihm spöttisch zu sagen. Er überlegt: Kommt das nicht automatisch so: Wird sie nicht auch mit mir zusammenleben wollen? Wird sie mich nicht auch fressen?

Sie frißt nicht.

Ich bin so glücklich, daß ich das kann. Ohne Anstrengung. Ich bin sehr skeptisch, was das Gelingen von Dingen angeht, die man sich »vornimmt«. Ich brauch' mir nichts vorzunehmen. Ich bin so. Ich bin nicht eifersüchtig, ich möchte meinen eigenen Bereich haben. (Natürlich heißt das nicht, daß es nicht Augenblicke gäbe, wo man sich anstrengen muß. Wo man gern anrufen würde, und es geht nicht. Aber das Befreiende ist: Im eigentlichen stimme ich mit mir überein.)

... Und dazwischen. Seine tiefe Traurigkeit. Irgendwo seine Zerbrochenheit. Sie hätte nie gedacht, daß er so feindselig gegen die Kirche ist.

»Im Grunde seines Herzens Revolutionär«, hatte sie einmal vor langer Zeit geschrieben. Sie lernt jetzt erst die Wahrheit kennen.

Sie weiß, sie könnte ihn zu allem Möglichen bringen. Er appelliert manchmal förmlich. Sie geht nicht darauf ein. Wer klammert sich?

Er ist zärtlich. Er bewundert.

Diese Beziehung ist für sie die sexuell befriedigendste. Sie begehrt ihn. Sie sagt es immer wieder: Ich begehre dich. Er sagt ihr, das sei zum ersten Mal, daß er dieses Wort so höre. Er liebt es.

20.9.2014

Der erste Liebesbrief, den ich von Johannes habe, datiert vom 17.8.1975. Das wundert mich ein bisschen, sind da welche verloren gegangen? Unwahrscheinlich.

17.8.1975, 11.25 Uhr

Du mein geliebter Mensch,

... Dazu kommt, daß – schon rein äußerlich betrachtet – die erste Stelle, die ein anderer Mensch in meinem Leben einnehmen kann, bereits durch Martha besetzt ist. So schwierig u. leidvoll dieses Verhältnis auch ist. Aber sie hat es nicht verdient, von diesem Platz verdrängt zu werden. Deshalb könnte ich es nie tun od. zulassen.

Andererseits bist Du ein so kostbarer Mensch, der das »Recht« beanspruchen kann, ganz, ausschließlich und auf immer geliebt zu werden. Gerade weil ich Dich von ganzem Herzen liebe, möchte ich Dir die Belastung der Unbehaustheit, der Begrenztheit und des Geteiltseins ersparen. Ich glaube, dieses Stück

Verantwortung muß ich schon auf mich nehmen (dürfen). ... es ist Deiner nicht würdig, mal auf ein »Schäferstündchen« besucht zu werden! Du hättest und hast ja ein »Recht«, jederzeit und immer zu sagen: »Komm, <u>jetzt</u> will ich mit dir reden, <u>jetzt</u> brauche ich deinen Trost«, und: »Jetzt will ich mit dir schlafen.« Und eben das geht nicht. ... Du weißt nicht, geliebte Ursula, worauf Du Dich eingelassen hast! – Bitte, Liebste, versteh das nicht falsch: Ich will Dich nicht »los sein«, weil es unbequem, schmerzlich od. sonst etwas sein könnte! Ich will nur, daß Dein Leben »gelingt«. Wenn immer wieder nach inniger Umarmung der rasche Abschied folgt, dann ist das auf die Dauer eine Belastung, die auch die stärkste, liebesstarke und vernünftigste Ursula nicht ohne Wehmut, Schmerzen, Ärger und schließlich Enttäuschung auszuhalten vermag ...

15 Uhr
Liebste, nur schwer lösen sich meine Gedanken von Dir, um sich der Arbeit zuzuwenden – heute habe ich nun endlich den Teil C über das Lehrbeanstandungsverfahren bei der Dt. Bischofskonferenz fertig diktiert. Hoffentlich schaffe ich heute den zusammenfassenden Schluß für das ganze Buch u. morgen Vorwort und Einleitung. ...
  Du bist die erste Frau, die jünger ist als ich und die ich zu lieben wage. Ich habe mich seinerzeit lange dagegen gewehrt, Dich als Mitarbeiterin zu nehmen, denn ich fürchtete damals schon, daß ich Dich streicheln könnte. Aber Deine Ehe und Deine Dienststellung waren gute Schützer. – Als ich dann damals in Rottenburg bei Müller war, wollte ich Dir nachher im Auto einen Kuß geben. Doch ich wollte Deine Notlage nicht ausnützen. Darum danke ich Dir für Deinen Namenstagskuß, geliebte Französin!
  ... Wie wird es weitergehen? Nach all dem, was ich Dir hier geschildert habe, muß ich gestehen, ich bin ratlos, ja, ich habe Angst ...

21.9.2014
Im August 1975 konnte ich mir nicht vorstellen, dass ich selbst es sein würde, die wenige Monate später die Entscheidung wollte: Martha oder ich. Johannes sah klarer. Ich selbst war wirklich überzeugt, es sei mir auf Dauer wurscht, ob er mit Martha zusammenlebe, Hauptsache, wir hätten unsere Liebe. Als ich begriff, dass ich eine andere Beziehung brauchte, hatte ich kein

schlechtes Gewissen, das zu fordern. Denn ich war nicht arglistig gewesen, ich hatte ihm nichts vorgemacht, sondern hatte mich geirrt, in mir geirrt.

So musste neu verhandelt werden. Ich hatte aber nicht vergessen, dass »meine Konditionen« anfangs andere waren, und deshalb hätte ich es klaglos getragen (nun ja, nicht klaglos, aber klaglos ihm gegenüber), wenn er sich geweigert hätte und damit die Trennung unausweichlich geworden wäre. Johannes hat mich niemals auf meine – wenn man so will – »Zusagen des Anfangs« festgenagelt, er hat darüber kein Wort verloren, höchstens im entgegengesetzten Sinn: Es hätte nicht zu mir gepasst, wenn ich nicht »klare Verhältnisse« gefordert hätte.

Wohingegen mich die »kirchliche Seite des Problems« noch lange Zeit weit weniger tangierte als ihn. »Priesterliebchen« zu sein – das habe ich mir sehr lange Zeit als dauerhafte Möglichkeit vorstellen können. Er dagegen sagte schon recht früh: Wenn er sich noch mal auf eine Beziehung einlasse, dann mit einem radikalen Schnitt. Ich sah das zunächst anders, meine Kirchenkritik war massiv, aber nicht fundamental. Viel später als er begriff ich die Notwendigkeit der Gretchenfrage. Ihn hat es verunsichert, dass ich weniger radikal dachte, weil er fürchtete, ich könne mich am Ende ähnlich bigott entwickeln wie Martha.

Martha.

Wer war sie? Ich weiß wenig. Sie war ein paar Jahre älter als Johannes, wohl ursprünglich »beim Theater«, keine Ahnung, wie oder wo. Geschieden, drei damals schon erwachsene Kinder, 1943 zum Katholizismus konvertiert, hatte eine Ausbildung zur Katechetin gemacht und war damals bei Johannes als Schreibkraft am Lehrstuhl beschäftigt. Tauchte aber nie im Seminar auf und machte sich auch sonst in keiner Weise bemerkbar. Klingt böse. Ist auch so gemeint.

Ich war also die erste jüngere Frau im Leben von Johannes. Was aber seinem üblichen Muster entsprach: Er hat nie um eine Frau geworben, sondern er ließ sich erobern, verführen. Natürlich hat er kräftig mitkonstelliert, nicht nur bei mir. Aber nie hat er als Erster gesagt: »Ich will dich.« Da kann man drüber spekulieren, ob er Zurückweisung vermeiden wollte oder die Verantwortung lieber den Frauen überließ.

Wie war das mit seiner Treue? Das war bei ihm nicht anders als bei mir. Dafür lege ich meine Hand ins Feuer. Aber natürlich nicht in diesen ersten Monaten. Da schlief er noch mit Martha. Als er meinte, es mir gestehen zu müssen, fand ich es amüsant, denn es war mir klar. Heute amüsiert mich mehr, wie er es in einem Brief formulierte: »*Es darf Dir einfach nicht zugemutet werden, Dir vorstellen zu müssen, daß mich eine andere Frau in ihre Arme zieht.*« Ach, Johannes! Der vergewaltigte Mann!

20.8.1975

Geliebter, zärtlicher Johannes,
  ich habe Deine Briefe gelesen, mehrmals gelesen, und ich hätte Dir viel zu sagen. Ein paar Dinge, die mir sehr wichtig sind, will ich Dir schreiben ... Ich wollte Dich jetzt umarmen und spüren lassen, daß alles viel einfacher ist, als Du denkst. Du hast vielleicht eine Ahnung bekommen, wie glücklich es mich gemacht hat, daß ich Dir etwas geben kann. Fast möchte ich sagen (oder ist das vermessen?): ein wenig Luft zum Atmen. Das kann ich Dir deshalb geben, weil ich Dich nicht festhalten muß. Ich kann ganz wahrhaftig sagen: es ist schön, wenn Du da bist, aber mein Leben ist auch gut, wenn Du nicht da bist ... Nicht wahr, das ist eine zwiespältige Aussage. Denn man hat doch gelernt, daß man nicht ohne den andern leben kann, wenn man liebt, daß Zeit ohne ihn verlorene Zeit ist.
  Ja, und so gesehen muß ich bekennen: Ich brauche Dich nicht, ich kann ohne Dich leben.
  Obwohl ich mir ganz sicher bin, daß gerade das die Voraussetzung ist, um lieben zu können, schreibe ich es nicht ohne schlechtes Gewissen. Ich habe Angst, es könnte Dich verletzen. Wenn ich sage, daß ich keinen Gedanken darauf verwende, wie es wäre, wenn das, was Du den »ersten Platz« nennst, nicht besetzt wäre, wenn ich sage, es berührt mich nicht, wenn Du mit jemand anderem schläfst, wirst Du Dich dann nicht fragen: Liebt sie mich denn? Bedeute ich ihr überhaupt etwas?
  Doch, sie liebt Dich, Du bist ihr wichtig, Du bedeutest ihr sehr viel. ...
  Ich küsse Dich.
  Deine Ursula

PS: Ich kann mir eine böse Bemerkung doch nicht verkneifen. Du schreibst, es sei meiner nicht würdig, mal auf ein »Schäferstündchen« besucht zu werden. Es würde mich interessieren, ob Du im anderen Fall auch darüber nachdenken würdest, ob es meiner würdig wäre, Dir die Wäsche zu waschen, die Socken zu stopfen, das Mittagessen zu kochen und die Wohnung zu putzen???? Also <u>ich</u> finde, meine »Würde« ist bei der »Schäferstündchen«-Alternative besser gewahrt.

21.9.2014

Wie schade, dass wir nie auf die Idee gekommen sind, unsere Briefe noch mal hervorzukramen und sie einander vorzulesen. Oder gerade in den letzten Jahren, als Johannes nicht mehr vorlesen konnte, wäre es so schön und gut gewesen, wenn ich es getan hätte. Verpasste Chance.

Ich fühle beides: Johannes ganz nah bei mir. Johannes ganz fern von mir.

22.9.2014

Im Frühjahr traf ich bei der Giordano-Bruno-Stiftung Uta Ranke-Heinemann, die sich vor ein paar Jahrzehnten mit der katholischen Kirche angelegt hatte; die Lehrbefugnis wurde ihr in den 80er-Jahren wegen laut geäußerter Zweifel am Dogma der Jungfrauengeburt entzogen. Wat et nit all jit! Frau Ranke-Heinemann, auch verwitwet, beharrte im privaten Gespräch darauf, dass sie ihren Mann wiedersehen würde. Ich hörte zu. Schließlich fragte sie mich: »Sie glauben doch auch, dass Sie Ihren Mann wiedersehen?« – »Nein«, meinte ich. Sie wollte mit mir diskutieren, das könne doch gar nicht sein (weder dass es kein Wiedersehen gebe noch dass ich nicht daran glaubte). Schließlich sagte ich leicht genervt: »Wir können ja wetten«.

Nein, ich glaube nicht, dass ich Johannes irgendwie, irgendwo wiedersehe. Aus und vorbei ... Schön wäre es ja ... Aus und vorbei.

Der ganze Tag heute war schwer, Sehnsucht nach seiner Berührung, seiner Umarmung, Sehnsucht nach seiner Stimme. »Hör auf zu flennen, du Gans«, sagt die Stimme. »Fändest du es besser, du würdest heute auf Jahrzehnte einer mittelmäßigen oder schlechten Beziehung zurückblicken?

Oder wäre es dir lieber, es hätte die Zeit mit Johannes gar nicht gegeben, du hättest ihn nicht kennengelernt? Gestern sind 70 000 Kurden aus Syrien geflohen, heute schreiben sie von 130 000. Deine Sorgen möchte ich haben! Deine Sorgen möchten die haben!« Fast verstumme ich. Aber dann sage ich trotzig: »Ich bin aber trotzdem traurig!«

Dabei ist es keineswegs so, dass ich bei Johannes' Briefen uneingeschränkt dahinschmolz. Er hatte manchmal einen Stil, bei dem ich fast peinlich berührt den Mund verzog. Ein wenig démodé schon damals: wenn er »*wonnesam*« schrieb oder mich »*Menschlein*« nannte oder mich »*innig umfangen*« wollte oder mich »*zartgliedrig*« nannte, was genauso wenig mit der Realität zu tun hatte wie meine langen bzw. schönen Beine.

Aber das sind Petitessen. Das Eigentliche war gerade in den ersten Monaten das Überwältigende, das wir uns immer wieder bestätigen mussten: Beide hatten wir nie im Leben geglaubt, dass es das geben könnte, was wir miteinander erlebten. Und beide blieben wir skeptisch.

Ende September 1975 schrieb er: »*Du, ich weiß gar nicht, wie ich es genau sagen soll (u. kann), aber Du hast mein Leben tief u. umwälzend verwandelt! Hoffentlich zu unser beider Bestem! – Ich liebe Dich sehr, Ursula!*« Und ich schrieb in mein Tagebuch: »*... Es ist wirklich eine neue Dimension mit Johannes. Es ist – es ist irgendwo überwältigend. ... Ich staune, wie sehr ich geliebt werde. Sicher, er überschätzt mich. Und doch. Ich weiß, daß ich für ihn passe, daß ich ihn ergänze, daß ich gleich mit ihm klinge ...*«

Daneben Frivolitäten oder auch nicht: Handschriftlicher Hinweis »*Der pornographische Teil beginnt Seite 2 unten*« – »*Mein Lieber. Wenn Du jetzt da wärst und ich ein Mann wäre, könntest Du <u>ganz deutlich</u> sehen, was ich jetzt gern täte. Da ersteres leider und das zweite Gott sei Dank (denn dann wolltest Du ja nichts von mir wissen) nicht der Fall ist, muß ich es Dir schreiben.*« – Tiefgründige Erörterungen, was der Unterschied zwischen einem Bratkartoffel- und einem Salzkartoffelverhältnis sei (»*PS: Deine Liebe zu Salzkartoffeln dämpft meine Zuneigung allerdings sehr, muß ich gestehen.*«) Bei ihm stellte sich umgekehrt die Grundsatzfrage angesichts meiner Mickymaus-Hefte im Bad. Wenn ich es jetzt bedenke, war ich es, die in beiden Fällen nachgegeben hat: Ich stellte den Kauf der Hefte ein und berichte bereits am 29.8.1975: »*Heute habe ich nach einem Spezialkochbuch für Kartoffeln gesucht. So lieb ich Dich!!!!!*«

Aber auch nüchterne oder nicht ganz so nüchterne Berichte über unsere Arbeit:

»*Heute abend hatte ich mit 6 (sechs) Professoren ein überdisziplinäres Seminar (Fortsetzung) für das kommende Semester vorzubereiten. Die ersten 2 Stunden waren wie in einem Flohzirkus: einer gegen alle, alle gegen einen. Dann führte ich einen Kleinkrieg: gegen jeden einzelnen ... Schließlich um 23 Uhr hatte ich sie dort, wo ich sie haben wollte: ein Programm fürs Wintersemester. Hätte ich nie zu hoffen gewagt. Mein Tribut: Ich muß das Seminar leiten, von dessen Thematik (Wissenschaftstheorie) ich <u>absolut nichts</u> verstehe! Der scharfsichtigste Kollege am Schluß: Herr N., Sie sind ein raffinierter Politiker u. geschickter Diplomat! – Meine Gegenfrage: Herr X, haben Sie mich je für einen Wissenschaftler gehalten?*«

23.9.2014

Dieser Kollege hatte recht (und Johannes' Gegenfrage kommt auch nicht so ganz von ungefähr). Es war genau das, was ich (auch) an Johannes liebte und es waren nicht zuletzt diese Momente, die mich ihn so begehren ließen: Sein souveränes, zielsicheres Agieren, mit dem er fast immer ehrlich makelte und nicht sich in den Vordergrund spielte, bei dem er aber auch – wenn notwendig – bereit war, die andern in den Sack zu stecken. Die Lässigkeit dabei und das Wissen um diese Stärke waren etwas, was ihn nicht nur faszinierend für mich machte, sondern erotisierend wirkte. Vermutlich nicht nur bei mir.

Ich denke, das hat mit seiner Geschichte zu tun. Eine Jugend, die ihm zu früh Souveränität abzwang, die ihm nicht die angemessene Zeit gab, um reif zu werden. Dieses »Zu früh« erklärt auch die andere Seite: der verzagte Johannes, der zaudernde, ausweichende. Dieser Seite sollte ich 1976 und 1977 sehr oft begegnen. Ich liebte auch den verzagten Johannes, ganz ohne Frage. Da war ich dann diejenige, die den Kopf oben behielt, die klarer sah.

In der Anfangszeit erzählte er mir von seinen Wurzeln und seiner Entwurzelung.

Johannes, 1929 in Königsberg geboren, mit sehr großem Abstand jüngstes Kind von fünf. Sein von ihm verehrter Vater kam aus dem rheinisch-liberalen Katholizismus und hat schon vor 100 Jahren seiner Frau täglich das Frühstück ans Bett gebracht. Ein Brauch, von dem ich auch profitieren sollte, solange es Johannes möglich war. Der Vater war ein Nazi-Gegner, das aber auf eine naive Weise, mit der er wenig bewirkte und seine Familie in Gefahr brachte. So verlangte er die Entfernung eines Schildes »In diesem Betrieb sind alle Mitglieder der Deutschen Arbeitsfront«. Er sei nämlich nicht Mitglied. Wer entfernt wurde, war er: Er wurde entlassen. Vielleicht bedeutete diese Erfahrung für Johannes, dass man nicht nur »arglos wie die Tauben«, sondern auch »listig wie die Schlangen« sein muss.

Wenn ich seine Mutter »Hexe« nannte, nahm er sie immer in Schutz. Aber ich glaube, er gab mir in einer Ecke seines Herzens recht. Sie war eine bigotte und oft sehr harte Frau.

Als der Krieg ausbrach, war er zehn, als der Krieg zu Ende ging, 15, 16. Aus seiner Klasse überlebten zwei den Krieg. Er und einer, »*aber der war halb blind*«. Alle anderen wurden zum Volkssturm eingezogen und verheizt. Johannes entzog sich – mal durch ein Sprung aus dem Klofenster (als er schneller als die andern begriff, dass die angekündigte Ausgabe von Essensmarken in der Aula nur den Zweck hatte, die Herde zusammen zur Volkssturm-Schlachtbank zu führen), mehrmals dadurch, dass ihn der Gestellungsbefehl nicht erreichte, weil er sich bei seiner Schwester in Angerburg aufhielt und er, als die Post schließlich dort eintraf – leider, leider –, wieder nach Königsberg zurückgefahren war.

Das Haus, in dem seine Familie wohnte, wurde 1944 zerbombt. Er schilderte, wie er ein, zwei Tage danach mit seiner Schwester nach Königsberg zurückkehrte und sie voller Bangen und mit wenig Hoffnung durch die Straßen gingen – und dann vor den Trümmern standen.

Vor mir liegt eine vergilbte Zeitungsseite:
»Sie gaben ihr Leben für Großdeutschland
Bei den ruchlosen englischen Terrorangriffen auf Königsberg in den Nächten zum 27. u. 30. August 1944 fielen ...« Und dann folgt Namen auf Namen. Darunter: »*Ihr Tod schließt uns nur noch fester zusammen und verpflichtet uns*

zum stärksten Einsatz für die Zukunft unseres Volkes. Erich Koch, Gauleiter und Oberpräsident.«

Diese Zeitungsseite aus dem Nachlass der Eltern von Johannes begleitete diese bei der Flucht aus Königsberg nach Thüringen, von dort nach Berlin, begleitete sie bei ihrer Verschleppung nach Russland und wurde sieben Jahre später von Johannes' Mutter nach Deutschland zurückgebracht.

Im Januar 1945 fuhr Johannes allein nach Berlin, wo sein Bruder Theo als Ingenieur arbeitete. Immer wieder erzählte er, dass er bei dieser Fahrt ein ganzes Abteil für sich gehabt hatte – wenige Wochen oder vielleicht nur wenige Tage später sah das anders aus. Sein Spruch (der mir beim hundertsten Mal etwas auf die Nerven ging): *»Wenn man damals zum Bahnhof ging, war nicht der Zug, sondern der Bahnhof weg«*, deutete all das Grauen, die Angst an. Angriffe von Tieffliegern auf freiem Feld, plötzliche Begegnung mit toten oder lebenden russischen Soldaten, wobei ich nicht weiß, was schlimmer war.

Irgendwann traf er seine Eltern wieder bei seiner ältesten Schwester. Es ist mir ein Rätsel, wie die Kommunikation damals funktionierte. Im Krieg. Ohne Handy, ohne Google … Seine Eltern und er kamen schließlich in Thüringen in der Gegend von Plauen unter. Johannes – wohlgemerkt 16 Jahre alt – beschwor seine Eltern, in den wenige Kilometer entfernten amerikanischen Sektor zu fliehen. Aber sein Vater, müde und zu vertrauensselig, meinte, man habe jetzt wieder Matratzen und Kochgeschirr und die Alliierten würden das Land gemeinsam verwalten, da sei es egal, in welchem Sektor man sei. Johannes entschloss sich, allein nach Bayern zu gehen. Der Vater (das ist ebenso erstaunlich, wie es ihm hoch anzurechnen ist) ließ ihn ziehen. Die Eltern schlugen sich irgendwie zum ältesten Bruder nach Berlin durch, dessen Frau bei der Geburt des dritten Kindes (das nicht überlebt hatte) gestorben war. Theo hatte als Ingenieur in Peenemünde gearbeitet, deshalb interessierten sich die Russen für ihn und »luden ihn ein«, Gast der Sowjetunion zu sein. Theo meinte, wenn er auf diese Einladung nicht reagiere, sei die Geschichte erledigt. Die Russen erwiesen sich als großzügige Gastgeber: Nicht nur Theo und sein Sohn (die Tochter Dorothea war gerade bei Verwandten in Berlin), sondern auch die Eltern wurden nach Russland verbracht. Der Vater starb dort, was Johannes nie verschmerzt hat. Die anderen kamen 1953 zurück.

Der 16-Jährige schlug sich nach Bayern durch, versehen mit Adressen von Pfarrern, irgendwelchen Bekannten, die ihn weitervermittelten. Einmal musste er mit Koffer und Rucksack von Kochel am See bis nach Schlehdorf laufen. Ich begreife nicht, wie er – so wie Millionen Menschen – all diese Wege mit der ganzen Habe schaffte, ohne zusammenzubrechen, ohne aufzugeben. In seinem Rucksack war ein Fotoalbum mit Familienbildern. Das Album existiert noch heute.
Ich kannte diesen Weg. Ein Dutzend Jahre später hatte ich mit meinen Eltern dort »Ferien auf dem Bauernhof« gemacht. Wie verschieden doch die Situationen waren!
In Schlehdorf beschied ihm der dortige Pfarrer (wenn ich mich recht erinnere: Gugelhupf essend), er könne nicht bleiben, solle nach München. Er kam dann in Pasing in ein Schülerheim, machte Abitur und begann, Theologie zu studieren. Er war unsicher.

27.8.1975
Geliebter Geliebter!
… Weißt Du, was ich wollte? Ich wollte Dein Land kennenlernen. Es ist wohl ein ernstes, tiefes, ruhiges Land. Ich stelle mir vor, daß der Himmel blauer ist als hier, die Wälder dunkler – fast wollte ich sagen »erhabener«, wenn das nicht kitschig wäre. Die Seen, die damit ausgefüllt sind, See zu sein, und bei denen ich es mir fast störend vorstelle, wenn der Johannes reinhopst. Und sicher ist der Rhythmus der Wellen der Ostsee etwas langsamer als anderswo, aber die Wellen sind kräftig und regelmäßig … So stell' ich mir das vor. Ein dunkles, klares Land.
Jetzt habe ich eine Stunde vor mich hinträumend auf dem Bett gelegen, wohlig, zufrieden, mehr als zufrieden, viel mehr als zufrieden: glücklich … Als ich aufstand, sah ich zwei Kaffeetassen am Boden, und es war ein Gefühl großer Vertrautheit mit Dir. Ich war glücklich, heute in Deinen Armen zu liegen (ach, Du weißt gar nicht, was das heißt, denn Du bist noch nie in Deinen Armen gelegen!), Dir lange zuzuhören, fasziniert, immer Neues an Dir entdeckend,

und dabei ganz tief geborgen zu sein ... Ja, es ist schon Mit-Leiden, wenn Du erzählst von Deiner zerbrechlichen, brüchigen, zerbrochenen Welt. Manchmal hatte ich das Bild, da springt einer von Eisscholle zu Eisscholle, es gibt höchstens einen Augenblick zum Atemholen, dann knirscht es ... Und als Du erzähltest, wie Du wußtest, daß Du zum letzten Mal durch dieses Land fuhrst, da fuhr ich mit Dir und bekam Heimweh ...

28.8.1975

Gestern. Was für ein Morgen!
    Er kam schon um acht Uhr. Ich hatte verschlafen, war gerade im Begriff, unter die Dusche zu gehen. Umarmte ihn – ging doch duschen. Kam verschlafen zurück. Kuschelte mich an ihn: »Soll ich mich jetzt anziehen, um mich wieder auszuziehen, oder kann ich mir das sparen?« Ich durfte es mir sparen.
    In seinen Armen. Wir schliefen zusammen, ich kann es nicht erwarten, dränge mich an ihn, bin ungeduldig. Und danach liegen wir zusammen, zugedeckt.
    Er hat mir Kaffee gemacht und erzählt. Seine Geschichte. Eigentlich ist es widersprüchlich. Ich liege da, einerseits tief geborgen, wohlig, seine Worte durch Streicheln begleitend. Küsse unterbrechen. Und die Geschichte selbst voll von »Unbehaustheit«. Ich glaube, eine tiefe Gemeinsamkeit zwischen uns ist das »Funktionieren-Müssen« und die Freude am »Funktionieren-Können«. Wobei dieses Funktionieren bei ihm aber viel, viel radikaler, existentieller, eine Frage auf Leben und Tod war. Wenn ich es so an mir vorbeiziehen lasse, ist es ein Albtraum, wie in einem Horrorfilm, wo man mit letzter Kraft die Tür vor irgendwas Schrecklichem zugemacht hat, um sich entsetzt einer neuen Bedrohung gegenüberzusehen.
    Nicht, daß er es so erzählt hätte. Im Gegenteil. Es war Understatement, bei dem aber die Freude darüber, clever gewesen zu sein, zu spüren war ... Dabei sind seine Bilder plastisch vor mir. Ich sehe ihn, wie er sieht, daß es keinen Kirchturm mehr gibt, und »unser Haus hatte auch einen Turm, den sah man auch nicht. Da wußte ich ...«
    Ein eigenartiger Wechsel in der Erzählung, wie in seinem Stil, als er seine erste Freundin beschreibt. Aus dem souveränen Jungen, der sich mit 16 von den Eltern trennt, schon vorher, erst recht nachher Entscheidungen fällt, Übersicht

zeigt, der da absolut erwachsen ist – mit Anflügen von »Indianer-Spielen«, der erscheint jetzt passiv, verführt, fremdbestimmt, hörig.

Wir umarmen uns. Ich begehre ihn. Ich mache ihn mich begehren. Und lange, unendlich lange lieben wir uns.

Nachdem ich zum dritten Mal an diesem Morgen geduscht hatte, mache ich das Mittagessen fertig. Ob er helfen könne? Auf dem Schreibtisch liege ein Buch, ob er Päckchen packen könne? Ja, könne er. Gut, da seien Geschenkpapier und Schleifchen. Er macht sich ans Werk. Als er fertig ist, kommt er, überreicht es und fragt: »Ist das für den Klöß zur Versöhnung?« – »Nein, das ist für dich«, sage ich. Er schmeißt fast mit dem Buch nach mir.

… Als er weg war, fiel irgendwann mein Blick auf die zwei Kaffeetassen, die noch nebeneinander neben dem Bett standen. Ich empfand eine tiefe Wärme. Ich bin reich.

31.8.1975

Lieber Johannes,
so viele Briefe habe ich seit einer Ewigkeit nicht mehr geschrieben. Dorle fragte vorhin am Telefon, wie es uns geht, und als ich ihr sagte, wir schrieben uns Briefe, seufzte sie neidisch und meinte, das sei bei ihr seit »Rolands Zeiten« (das war ihr Erster) nicht mehr passiert, und sie schloß richtig, ich müsse wohl sehr glücklich sein.

Ich bin gestern mit gemischten Gefühlen nach Kusterdingen gefahren. Diese Situation finde ich irgendwo nicht fair: Zwei wissen was, und einer weiß nichts, und die zwei spielen was vor. Sowenig es an mein Gewissen rührt (und ich habe sehr wohl eins), mit Dir zu schlafen, weil ich nicht erkennen kann, wodurch Martha dadurch ein Unrecht geschieht (ich weiß, sie sähe das ganz anders, und ich nehme darauf auch Rücksicht und akzeptiere das insoweit, als daß ich alles vermeiden werde, daß sie es erfährt), so unglücklich fühle ich mich in dieser »Rolle«.

Und ich kann mir gut vorstellen, daß dieses Spielen für Dich erst recht belastend ist. Es gibt ja Situationen, da bereitet es ausgesprochenes Vergnügen, jemanden an der Nase herumzuführen, aber diese gehört weiß Gott nicht dazu.

Ja, so war das also, als ich nach Kusterdingen fuhr. Und dann in Deinem Zimmer: Ich, zunächst eifrig bemüht, dann aber tatsächlich ernsthaft sachlich, erkläre Dir bedeutsame Dinge über den Liberalismus. Und plötzlich sehe ich, daß Du mich anschaust und denkst: ›Meine Liebe, das ist ja wirklich alles recht hübsch, aber ich möchte jetzt was ganz anderes.‹ Dabei ist es keineswegs so, daß Du nur gerade vor Dich hinträumst, aber so tust, als seist Du bei der Sache! Nein, Du willst mich ganz offensichtlich, ganz bewußt verführen. Gib's nur zu: Du weißt ganz genau, wie verlockend Du dabei bist und daß ich mich ziemlich heftig an meiner Mappe festhalten muß, um nicht aufzustehen und zu Dir zu gehen.

Jetzt sitz' ich seit drei Minuten da und hab' die Szene vor Augen. Warte nur, bis ich Dich mal wieder zu fassen kriege! (Hängt weiteren fünf Minuten sehr frivolen und unter die Zensur fallenden Gedanken nach.) …

1.9.1975, 22.30 Uhr

Liebste Ursula!

Eigentlich gehörte ich ins Bett, denn mir fallen die Augen zu. Nur mit äußerster Mühe habe ich noch die ersten Punkte meines Vortrags »Kirche u. Ehe – Recht u. Reform« zu Papier gebracht. – Aber ist es nicht arg, daß ich die Frechheit besitze, über solche Dinge zu reden und dabei 1. in keiner »rechtmäßigen« Ehe lebe, weil a) die Frau eine Geschiedene ist und b) ich ein »ehenfähiger« Kleriker bin und 2. mit einer ebenfalls noch »rite« verheirateten Frau »verkehre« und durch sie inspiriert allen Ernstes am Sinn eines allgemeinen Gebotes der Ehe und ihrer Unauflöslichkeit im besonderen zweifle? – Ich bin diesbezüglich mit mir noch längst nicht im klaren! Aber so verkommt man, wenn man einer ideologischen Institution dient. Dabei kommt mir – bei aller Verkommen- u. Verlogenheit – die kath. Kirche noch einigermaßen vernünftig u. freiheitlich vor. Am schlimmsten sind jene Ideologen, die alle »befreien« wollen!

… Den Briefanfang von gestern – Sonntag – habe ich zerrissen und heruntergespült. Er war wohl etwas zu frivol – die Zensur ließ ihn nicht durch! – Sieh an, was die zwei für Hemmungen haben! Total verklemmt! …

2.9.1975

… Er ist in seiner Liebe wieder souveräner geworden. Es ist nicht mehr – was zwischendurch mal zu spüren war – dieses sehr, sehr Depressive, Traurige, Klammernde. Er ist frivoler, selbstbewußter – ja, das ist es. Er hat wohl begriffen,

wie tief ich ihn liebe und wie anziehend er ist. Und er ist überwältigend anziehend. Auch wenn er sich seiner Ausstrahlung nicht <u>bewußt</u> ist, <u>unbewußt</u> ist er es. Und er setzt sie ein. Schamlos!!! Dazu seine Weichheit, Zärtlichkeit, Dankbarkeit, manchmal seine lyrische Art, die mich lächeln macht (er sagte gestern, ich sei »distanziert leidenschaftlich«).

... Mein erster Traum (von ihm), nachdem ich mit ihm geschlafen hatte, war, daß er unheilbar krank sei, nur noch 17 Tage zu leben habe. Ich dachte im Traum: ›Lieber Gott, nur das nicht, bitte nicht.‹ Ja, und ein Leben ohne ihn wäre tatsächlich traurig. Obwohl – heute mittag habe ich darüber nachgedacht: Ein Bruch dieser Beziehung würde mich keineswegs so belasten wie früher.

... Es ist so, wie ich ihm schrieb. Ich kann ohne ihn leben. Und werde das immer können. Andererseits ist er weit, weit mehr als eine »hübsche Zugabe«. Konstitutiv für mein Leben, aber nicht lebensnotwendig? Seltsam.

30.9.1975

Was ist das?

Wahre Liebe? Ich kann es nicht fassen, es ist so, so, so, so überwältigend, so unglaubhaft.

Gestern hatten wir bis heute morgen Zeit füreinander (was für eine Formulierung!) Er hatte einen Vortrag (über Ehe und Recht) in Ulm und konnte schon um vier Uhr kommen ... In Ulm Abendessen. Ich höre zu. Er sieht mich an. Mir steigen die Tränen hoch – ich kann alles nicht fassen. Irgendwann sieht es auch so aus, als würde er fast weinen.

Der Vortrag. Sowohl als auch – teils, teils. Wenn er doch bloß da so reden würde, wie er sonst redet. Ich meine das nicht inhaltlich. Ich meine nicht die Schizophrenie, unter der er tief leidet. Sicher, ich wünschte mir, er würde manches weniger verklausuliert sagen. Daß es eindeutig ist. Als ich ihn auf der Rückfahrt zunächst anmotzte, weil er auf einen ebenso drängenden wie ausgezeichneten Appell eines alten Pfarrers mit historischen Ausführungen geantwortet hatte (oh, ich hätte ihn schütteln mögen!), sagte er, ich habe eben nun mal mehr pädagogisches Talent als er, da sagte ich, dem sei nicht zu widersprechen ...

... wir kamen nach Stuttgart. Die roten Betten wurden zur »Stätte der Lust«. Wir tranken den besten Wein, den ich aus Dijon mitgebracht hatte. Es ging alles ineinander über und durcheinander. Geborgenheit, Begehren, Lust,

dumme Sprüche, Gelächter. Und dann plötzlich bricht es aus ihm heraus: Das Leiden unter der Schizophrenie (»über Ehe reden, Martha anrufen, mit dir schlafen«). Oh, diese Kirche: »Sie macht mich noch fertig.« Er weinte. Ich konnte ihn nur behutsam umarmen, nichts sagen. ...

Als ich heute wieder allein war: plötzlich eine entsetzliche Traurigkeit und Angst. Das war so köstlich ... Das kann doch gar nicht von Dauer sein. Da kommt doch der Alltag. Streit. Das geht doch so wie immer ... Was soll dann alles? Hättest du mich diese Süßigkeit nie schmecken lassen?! Diese Zerbrechlichkeit. Was kann ich tun, um es heil zu halten? Ich möchte es so gern heil behalten.

»Liebst du mich noch?« frage ich. »Wieso?« sagt er. »Ich fang' doch grad erst an.«

24.9.2014

Gestern berichtete Frau Streif, meine und vorher unsere Haushaltshilfe seit bald 25 Jahren, sie habe beim Herbsten (ich mag diesen Ausdruck lieber als »Weinlese«) einen jungen Mann aus der Nähe von Posen getroffen, der sei bereit, die Sachen für Jakub mitzunehmen, die dieser hier gelassen hatte. Ich mailte Jakub und keine Stunde später rief er an – aus der Nähe von Frankfurt, wo er eine demente Frau betreut.

Jakub, unser Krankenpfleger für 15 Monate. Von Ende Januar 2012 bis zum Tod von Johannes im Mai 2013. Am 7.12.11 war erstmals der Pflegedienst gekommen. Es gibt Daten, die vergesse ich nicht. Frau Streif und ich schafften es schon einfach körperlich nicht mehr, Johannes hochzuheben, zu duschen. Er konnte immer weniger mithelfen. Die Monate zuvor hatten wir uns so beholfen, dass sie kam, wenn ich morgens und nachmittags in der Praxis war. Die Nachtschicht und die restliche Zeit war ich gefragt. Am Wochenende kam meist eins von den Kindern. Ich habe die Praxis nicht reduziert, was wohl nicht alle verstanden haben. Aber es war richtig so. Auch wenn es Arbeit war, war es eine Zeit, in der sich meine Aufmerksamkeit auf etwas anderes richtete – und das tat gut.

Ich erinnere mich, wie ich Jakub vom Offenburger Bahnhof abholte. Beide waren wir gespannt, angespannt, was auf uns zukam. Johannes sicher auch. Ich hatte zur Begrüßung eine Hühnersuppe gemacht, das weiß ich noch.

Er war ein Glücksfall. Ohne ihn wäre es nicht zu leisten gewesen. Anfangs hatte er Schwierigkeiten, dann hat er sich immer besser auf Johannes einstellen können und mochte ihn. Johannes war ihm dankbar und schätzte ihn. Meistens. Trotzdem: Eineinviertel Jahre eine fremde Person im Haus. Es brauchte später eine ganze Weile, bis ich wieder selbstverständlich im Nachthemd durchs Haus ging.

Zunächst konnte Johannes tagsüber noch mit Treppenlift nach unten kommen und war dann im Rollstuhl. Nachts schlief er im Pflegebett im Schlafzimmer. Ich war in Hannahs Zimmer gezogen. Die Zeit zwischen 21 und 22 Uhr dort empfand ich als kostbare Stunde der Privatheit. Als Johannes vollständig bettlägerig war, zog ich in unser Schlafzimmer zurück: Wir hatten sein wunderschönes Arbeitszimmer mit dem weiten, weiten Blick über die Weinberge bis zum Schwarzwald als Krankenzimmer gerichtet. So eingeschränkt sein Leben auch war, er hatte den sich ständig ändernden Blick auf Himmel und Landschaft vor Augen. Hier ist er auch gestorben und hier sitze jetzt ich und schreibe.

Wie war das wohl für ihn? Die letzte Nacht im Ehebett, die letzte Nacht im Schlafzimmer? Das Arbeitszimmer, aus dem die Bücher und die zahllosen Ordner weggeräumt wurden? Er wusste, er würde nie mehr hier arbeiten, und er wusste: Wenn es gut geht, werde ich hier sterben. Zu Hause.

Haben wir darüber gesprochen? Habe ich es angesprochen, genügend angesprochen, wo doch mein Beruf ist, die Dinge anzusprechen? Sicher, ich kann sagen: Das war schon zu einer Zeit, wo er meist gar nicht mehr redete, nicht mehr reden konnte. Aber ich auf andere Weise eben auch nicht: Was sollte ich denn sagen? Es hätte keinen Trost gegeben. Für ihn nicht und für mich nicht. Aber heute meine ich: Es wäre gut gewesen, wir hätten beide darüber weinen können. Es tut mir leid, Johannes, dass ich glaubte, mich schützen zu müssen.

26.9.2014

Anfang September 1975 begann mein Lehrauftrag in Stuttgart-Feuerbach. Ich hatte einen sehr netten Konrektor, der mir ab dem zweiten Jahr einen perfekten Plan machte, sodass ich nur an zwei Tagen Unterricht hatte. Jeweils sechs Stunden. Dazu noch einige Stunden im Schulreferat in Rottenburg, bei einer ebenfalls netten Chefin, Gabriele Miller, in Briefen »die Millerin« genannt. Dann noch das Praktikum in der Psychologischen Beratungsstelle (was aber halb so wild war) und die Arbeit an der Dissertation über den deutschen liberalen Katholizismus im 19. Jahrhundert. Aus der Dissertation wurde am Ende nichts, was Johannes mehr schmerzte als mich. So ganz verstehe ich nicht, warum ich mich damals so schwer mit dem Schreiben getan habe. Eine Schreibhemmung, von der meine Briefe nichts ahnen lassen. In einem insgesamt 13 Seiten langen Brief vom 9.9.1975 (was dann allerdings auch eine Erklärung für die den langsamen Fortgang der Dissertation ist) hatte ich eine Vision, die heute Realität sind: »*Derzeit exzerpiere ich. Das ist stumpfsinnig und zeitraubend, und eigentlich sollte es dafür eine Maschine geben (verbunden mit einem automatischen Stichwortkatalog: Jede Aussage, die exzerpiert gehört, wird automatisch unter die entsprechenden Stichwörter eingereiht!).*«

Damals aber hieß es: In den unendlichen Karteikästen der Universitätsbibliothek das gesuchte Buch finden, einen Leihzettel ausfüllen; wenn man Glück hatte, bekam man das Buch noch am selben Tag, oft war es ausgeliehen oder nur per Fernleihe zu haben, das dauerte Tage oder Wochen. Dann las man. Was man wichtig fand (ich fand vieles wichtig), musste (in der Regel von Hand) rausgeschrieben und irgendwie geordnet werden, damit man es später wiederfand.

Wenn ich heute in diesem Text nach einer Passage suche, gebe ich im Suchprogramm einen Begriff ein, der dort vorkommen müsste, und schwuppdiwupp erhalte ich das komplette Angebot. Damals blätterte man und blätterte. Das ist nur 30, 40 Jahre später schon so fern wie Füllfederhalter, über die ein Junge seine Mutter aufklärte: »Weißt du, Mama, damit haben die alten Ritter geschrieben.«

Im Oktober begann dann mein erstes Psychologiesemester. Es dürfte nicht viele geben, die von sich sagen können, dass sie während ihres Studiums nicht eine einzige Vorlesung besucht haben. Aber das Psychologiestudium war für mich eben nur die Vorbedingung zur analytischen Ausbildung. Richtig stolz bin ich noch heute, wie ich die beiden Statistikscheine machte. Wozu man wissen muss, dass ich im Abitur eine Fünf in Mathe hatte – und zwar gnadenhalber.

Statistik brachte ich mir also im Selbststudium bei und zum Schluss machte es mir richtig Spaß. Was mir die Prüfung erleichterte: Ich entdeckte, dass es einen neuen Taschenrechner gab, der auf Tastendruck (man kann es kaum glauben!) Korrelationen ausrechnete. Er war stinketeuer, etwa 120 DM (was gut zehn Prozent meines Monatseinkommens entsprach) und von Texas Instruments, das weiß ich noch. Aber das brachte mir in der Prüfung einen beträchtlichen Vorteil: Ich sparte Zeit und vermied Rechenfehler. Nach der ersten Prüfung schaute ich am schwarzen Brett, wann denn Statistik II geprüft würde, und mich traf der Schlag: Es war zwei Wochen später. Ich hab's geschafft. Zwei, drei Tage ließ ich mich krankschreiben, ich gebe es ja zu.

Dann hatte ich auch Hilfe von Kommilitoninnen, die mir netterweise Mitschriften von Vorlesungen usw. lieferten. Vor allem aber half mir Dorle. Sie hatte schon ein paar Jahre früher mit dem Zweitstudium der Psychologie begonnen. Später machten wir gemeinsam die analytische Ausbildung. Aus unserem mit Sekt begossenen Plan, irgendwann ein Buch »Die Revolution der Psychoanalyse« zu schreiben, ist bis heute nichts geworden. Schade. Dorle verdanke ich unendlich viel Material. Insbesondere für die Zwischenprüfung. Ein merkwürdiger Zufall wollte, dass ich in allen Fächern genau dasselbe Thema für das Kurzreferat im jeweiligen Spezialgebiet gewählt hatte wie sie. Wir wollen das nicht weiter vertiefen, sonst wird mir am Ende meiner Tage noch das Diplom entzogen, wie Guttenberg oder Schavan der Doktortitel.

Genauso wie Johannes von seiner Arbeit berichtete, erzählte ich ihm von meiner. Ich war gern Religionslehrerin, denn – wenigstens damals – hatte man in diesem Fach sehr viel Freiheit, es gab Zeit und Raum für Themen, die sonst unter den Tisch fielen. Weil ich die einzige katholische Religionslehrerin an der Schule war und auch von nirgendwoher Kontrolle drohte (Religion als Abiturfach war noch weit), konnte ich mir Freiheiten im Umgang mit dem Lehrplan leisten wie sonst kaum jemand an der Schule. An Lehrbücher habe ich mich nicht gehalten, ich hatte gar keins, sondern ich habe unendlich viele Matrizen (das weiß heute auch niemand mehr, was das ist) mit eigenen oder zusammengesuchten Texten beschrieben und vor Schulbeginn gekurbelt und Abzüge gemacht. Mag sein, dass manche Schülerinnen und Schüler Religion als »Schwafelfach« nicht ernst nahmen, aber man bekam einiges von mir geboten, und ich denke, ich war keine schlechte Lehrerin. Ich habe immer noch einen Zettel von Frank (keine Ahnung mehr, wer das war, aber einer aus der Oberstufe), der 1978 zum Abschied schrieb: »*Ciao, Sie waren echt 'ne dufte Lehrerin!*«

Johannes also erzähle ich z. B.: »*Neunte Klasse, Thema: Formen der Sexualität. Ich hatte etwas abgezogen, die Schüler lasen, plötzlich fragt eine:* ›*Was ist das – O-na-nie???*‹ *Ich schlucke, denn so was läßt sich leichter hinschreiben als vor der Klasse erklären, und gebe dann unfreiwillig, aber treffend die Erklärung:* ›*Wenn man das, was man sonst mit einem Partner macht, eigenhändig tut.*‹ *Ein Hauch von Grinsen war die Folge. Ich hatte gefragt, ob dergleichen Tun schlecht sei, und manche meinten ja, konnten das aber nicht begründen. Eine meinte entschuldigend, vielleicht käme das daher, weil in ihrer Klasse so etwas nicht vorkäme. Jetzt lachte ich. Und das löst die Unsicherheit etwas, einer der Jungen meint, er habe gelesen, daß 90 Prozent ... Wir zählen ab (einschließlich der Frau Lehrerin sind wir gerade zehn).*«

Oder – die Antworten der Schülerinnen und Schüler einer fünften Klasse, die ich für Johannes (samt Rechtschreibfehlern) aufgeschrieben hatte: »*Du weißt – oder weißt nicht mehr, die Geschichte, wo der Werner die Ute verhauen wollte und die Ute den Alex mochte und sich genierte, als sie das zugegeben hatte. Da hab ich etwas gemacht, was man hochtrabend als* ›*Lernzielkontrolle*‹ *bezeichnen könnte: Ich habe alle schriftlich antworten lassen, was sie aus der dreistündigen Diskussion gelernt hätten und was ihnen wichtig sei; es gab eine ganze Reihe von Antworten, die mich richtig glücklich gemacht haben, z. B.:* ›*Mir war wichtig, das wir darüber geschprochen haben und das fast alle etwas wahres gefragt und gesagt haben! Ich habe das in meinem Leben nur ein parmal erlebt. Ich habe daraus gelernt wie mutig man überhaupt sein kann. Ich fand das von Ute sehr gut. Als sie zugegeben hat! Das sie den Alex nett findet. Und daß noch vor allen.*‹ *Oder:* ›*Ich will mir die Geschichte merken. Ich will mir merken, daß Ute den Mut aufbrachte und zugab daß ihr Alex sümpatisch ist. Ich habe daraus gelernt, daß man nicht lachen darf wenn sich zwei mögen, den da ist man dann meistens neidisch!*‹«

Was wohl aus diesen Kindern, Jugendlichen von damals geworden sein mag? Meine Gedanken gehen hin zu ihnen ...

Das Kontrastprogramm war die Lehrplankommission zur Oberstufenreform, in die ich wegen meiner Arbeit im Ordinariat reingeraten war. Meistens um Protokoll zu führen (einer der erlesenen Herren fragte mich: »Können Sie das denn?« Das weiß ich bis heute, weil es so grotesk war):

Freiburg war dann (was die Lehrplankommission betrifft) für mich ebenso desillusionierend wie bedrückend. (Andererseits, da ich in der Sache nicht eigentlich engagiert bin, auch wieder amüsant.) Eine Verhandlungsführung, daß Gott erbarm'. Konzentrierte Arbeitsatmosphäre spürte ich nur einmal: beim Ausfüllen der Anträge für die Reisekostenerstattungen.

Und dumm sind die Leute. Also manchmal staune ich schon, wie dumm man sein kann und es doch zu etwas bringt ... Die Freiburger Gruppe (zumindest ihr klerikaler Teil) meint, das Abendland retten zu müssen und das am besten dadurch zu tun, daß man Scholastik treibt, z. B.:

1. *Naturwissenschaft kann nur das Meßbare erfassen.*
2. *Liebe, Schönheit, Wahrheit usw. sind nicht meßbar.*
3. *Deswegen hat die Naturwissenschaft dazu nichts zu sagen.*
4. *Liebe, Schönheit, Wahrheit usw. weisen über den Menschen hinaus. (Der Zuhörer fragt sich gespannt, wohin wohl?)*
5. *Sie weisen auf ein Absolutes hin.*
6. *Dieses Absolute nennen wir, ach was: Dieses Absolute ist der Dreieinige Gott.*
7. *Und wenn du was dagegen sagst, beweist das, daß du dumm bist und deswegen in Religion eine Sechs verdienst.*

Als ich bei dieser Argumentation meine Stimme erstmals erhob (und zwar noch etwas aggressiver als notwendig, um gleichzeitig darauf zu verweisen, daß die einzige Dame keine Verzierung männlicher Intelligenz ist) und meinte, diese Definition von Naturwissenschaft sei reichlich antiquiert, wurde mir entgegengehalten, daß alle bedeutenden Wissenschaftler zugäben, daß es Dinge gebe, die die Naturwissenschaft nicht erfassen könne. Es wurden auch Namen genannt (!!!): Weizsäcker, Rief und Küng (!!!!). (Ich gebe zu, es waren noch zwei Naturwissenschaftler dabei.)

Aber das ganze Projekt ist verheerend und ich fürchte sehr, daß die Chance, die der Religionsunterricht hat, damit gründlich vertan wird.

28.9.2014

Gestern habe ich alle meine Briefe von 1975 bis 1977 geordnet, gelocht und dann kommen sie in einen Ordner.

Natürlich bin ich immer wieder mal hängen geblieben … es gibt so vieles, was ich nicht mehr wusste. Zum Beispiel, dass ich schon damals »Non, je ne regrette rien« als das Lied meiner Beziehung zu Johannes benannt und zitiert habe. Mit einigen Schreibfehlern, denn damals konnte man nicht einfach Texte googeln.

Was ich von der Lehrplankommission geschrieben habe, macht deutlich, dass ich zwar einerseits kritisch war, aber »das System« selbst nicht infrage stellte.

Im Eheberaterkurs (wir waren ein durchaus aufgewecktes Häufchen) sahen wir uns spätestens beim Praktikum mit Schicksalen konfrontiert, bei denen sich Mitmenschlichkeit und gesunder Menschenverstand sträubten, der offiziellen Doktrin zu folgen. Es gibt darüber einen hübschen Brief vom 10.9.1975, in dem ich schildere, wie wir den Ordinariatsrat Linus Roth in die Ecke trieben:

Der schwatzte zunächst dummes Zeug über das hehre Gebot der Unauflöslichkeit der Ehe, über den Wert und das unverzichtbare Recht des werdenden Lebens. Als wir dann recht massiv fragten, was er dann in diesem oder jenem Fall tun würde, meinte er, diese Dinge müsse man eben auf seine »pastorale Kappe« nehmen (und seither ist das Wort von der »pastoralen Kappe« bei uns zum geflügelten geworden). Als ich ihn fragte, ob bei einer derartigen Häufung begründeter Ausnahmen nicht die Regel überprüft werden müsse, wies er dies entschieden zurück: Das eine sei Moral, das andere pastoral; aber das Letztere auf das Erste auswirken lassen, Gott behüte! (In diesem Fall schien es mir, daß die Schizophrenie so vollständig verinnerlicht worden war, daß sein Unverständnis wirklich aufrichtig war.)

So hat man Freud im Kopf, die kirchlichen Vorgesetzten im Rücken, das Amtsblatt in der Schublade, den Geist Gottes über sich, Angst im Herzen, Wut im Bauch und den Klienten vor sich ... »Liebe und tu, was du willst.«
  Aber ganz bestimmt. Und jetzt wollen wir gleich mal den Anfang machen: Bei Dir.

Meine Kritik blieb auf halber Strecke stecken. Das ist nicht ungewöhnlich, sondern ubiquitär. Gestern hörte ich zum ersten Mal von Anfang bis Ende das Lied »Die Partei, die Partei hat immer recht«. Das ist so ein Stuss, aber es war keineswegs nur die realistische Angst vor Sanktionen und vor Exkommunikation, die mitsingen ließ. Es ist – im einen wie im andern Fall – die tiefe kindliche Angst, von der Mutter verlassen, verstoßen zu werden, weil der Wunsch nach Autonomie böse ist. Auch die Partei wird in dem Lied »Mutter« genannt, wie die Mutter Kirche. Es gibt nur ein Entweder-oder, die Entscheidung zwischen Geliebtwerden, Dazugehören oder Autonomie.

In meiner Biografie kam hinzu: das Erlebnis des Zweiten Vatikanischen Konzils, des »Aggiornamento«-Papstes Johannes XXIII. Was das für ein Aufbruch war, lässt sich heute kaum nachvollziehen. Vielleicht so ähnlich wie 1989 Gorbatschow. Und jetzt haben wir Putin. Johannes war viel hellsichtiger, er blieb skeptisch und wusste schon die ersten Zeichen richtig einzuordnen, als die gerade erst geöffneten Fenster wieder geschlossen wurden. (Johannes XXIII. war auf die Frage eines Journalisten, was »aggiornamento« bedeute, zum Fenster gegangen und hatte es weit aufgestoßen.) Küng, der nun ohnehin unter Allmachtsfantasien litt, erklärte Johannes zu Zeiten des Konzils großspurig, was er jetzt alles umzuwälzen gedachte. Johannes fand das nur komisch. Das wurde ihm als Kleinmut ausgelegt. Bei mir wie bei vielen anderen hielt dieser »konziliare« Schwung, diese Begeisterung noch an, als die Rolle rückwärts längst im Gang war.

Aber – und davon gehe ich nicht ab: Das Theologiestudium war liberaler als das Psychologiestudium. Es hat mir viel mehr – auch viel mehr an Wissenschaftlichkeit – vermittelt als die Tübinger Psychologie, die mir wie ein engstirniges Glaubenssystem unter dem Deckmantel der »Wissenschaftlichkeit« vorkam und zudem oft von einer staunenswerten Banalität war.

Egal: Johannes war – meistens – radikaler, fundamentaler. Er stellte die

Systemfrage und war irritiert, dass ich es so wenig tat. Seine Angst hielt lange an, ich könnte vielleicht ein bisschen intelligenter. aber nicht grundsätzlich anders als Martha sein und irgendwann anfangen, die Keule des *sacrificium intellectus* zu schwingen.

Ich dagegen glaubte, meine Autonomie dadurch zu beweisen, dass ich mich »im System« nicht darum scherte, was man mir gebot zu glauben und zu tun, egal ob es um meinen Religionsunterricht ging oder darum, dass ich nach kirchlichen Maßstäben in reichlich schrägen Verhältnissen lebte. Tatsächlich hatte das aber mit Autonomie nichts zu tun, das war pubertär, halbstark, heimliches Rauchen oder so.

Schizophrenie bleibt Schizophrenie. Aber manchmal bleibt einem nur das Leben in der Schizophrenie als kleineres Übel. Michael Kohlhaas ist kein Modell und nicht jeder hat die Chance, relativ gefahrlos den eigenen Weg konsequent zu Ende zu denken und zu gehen. Wir hatten diese Chance und wir hatten Glück. Unser Verdienst dabei ist lediglich, dass wir unsere Chance nutzten.

Jetzt wird es heute nichts mehr mit dem Ordnen der Briefe von Johannes. Und morgen fahre ich in Urlaub. Irgendwo irgendwie nach Norditalien. Naheliegend wäre die Strecke über Chur, St. Moritz, Meran. Aber die werde ich meiden. Weil die Gefahr besteht, ich könnte da aus Versehen einen Abhang runterfallen. Denn das war der Weg in unseren ersten Urlaub im Januar 1976.

30.9.2014

Es ist alles andere als einfach, an den Gardasee zu kommen, ohne mit Orten der Erinnerung konfrontiert zu werden, genauer: Es ist unmöglich. Es war eine Fahrt in großer Traurigkeit. Südtirol habe ich gemieden. Aber auch die Schweiz ist voller Plätze, die mir das Herz schwer machten. So viele Wegweiser nach Chur – das war damals, in den ersten Januartagen des Jahres 1976, unser Weg nach Südtirol … Mit Sommerreifen und dem naiven Glauben, dass in St. Moritz um diese Zeit schon noch ein Bett für uns frei wäre. Chur, das war auch auf dem Weg nach »Cha pitschna«, dem Ferienhaus von Ludwig Kaufmann in Valbella. Ludwig Kaufmann, blitzgescheiter Jesuit, bei dem man nie wusste, ob seine Naivität echt oder Camouflage war. In all den Jahren war er der Einzige, den Johannes seinen Freund genannt hat. Er gehörte wie der Moraltheologe Alfons Auer zu denen, die »im System« blieben, aber die ich als innerlich unabhängig und aufrecht empfand.

Ich fuhr über den Lukmanierpass. Disentis war ein heikler Ort, das wusste ich: Hier hatten wir mehrmals aus Südtirol kommend eine Pause eingelegt. Dass wir dann anfangs der 80er-Jahre auch mal – mindestens mit Joachim, vielleicht auch schon mit beiden Kindern – dort übernachtet hatten, wurde mir erst bewusst, als ich vom Oberalppass auf Disentis zufuhr. Das Gedächtnis ist etwas Merkwürdiges. Einerseits fällt mir auf Wegen, die ich täglich fahre, immer mal wieder etwas auf, was ich vorher »noch nie« gesehen habe. Umgekehrt ging es mir vor Disentis so, dass ich mit einem Mal dachte: »Hier in der Nähe waren wir doch« – und dann sah ich das »Sporthotel Bauer«: Dort hatte der kleine Joachim mit Schwung einen Löffel nach einem Weinglas geworfen, der Stil zerbrach. Johannes entschuldigte sich beim Kellner und bat, das Glas auf die Rechnung zu setzen. Der souveräne Ober: »Aber nein, Sie sehen doch, das ist eine ganz schlechte Qualität, wenn es so einen Wurf nicht aushält.«

Um die Klosterkirche von Disentis flogen noch die Schwalben. Ich werde immer ganz hibbelig, wenn ich um diese Zeit noch Schwalben auf der Alpennordseite sehe. Die haben Ende September da nichts mehr verloren. Aber als ich am Gardasee ankam, waren sie auch da, und ich war richtig erleichtert.

Am Ende des Lukmanierpasses fiel mir bei Olivone ein: Auch hier war ich schon mal. Richtig: Bei Aquarossa bin ich ausgestiegen und nach Leontica gelaufen. Es war sehr steil und ich verstand erstmals, warum in der Schweiz die Wanderwegweiser nicht die Kilometer angeben, sondern die benötigte Zeit. Bei einer kleinen Kirche traf ich einen italienischen Wanderer. Wir unterhielten uns oder versuchten es zumindest. Zum Abschied wünschte er mir: »Tanti auguri!« Was für ein schöner Gruß!

Nach Leontica kam ich, weil Johannes mit Rainer Funk eine Tagung zu Erich Fromm in der Nähe von Lugano hatte. Rainer – auch so ein »*entlaufenes Priesterlein*« (wie Johannes sich und seinesgleichen nannte) hatte bei Alfons Auer über Erich Fromm promoviert, war viele Monate bei ihm in Locarno und wurde Herausgeber von Fromms gesammelten Werken.

Irgendwann früher war er mit seiner Freundin Renate nach Frankreich in Urlaub gefahren. Nach seiner Rückkehr wurde er gefragt, wie es war. Er – ganz stolz über seine Fortschritte in der französischen Sprache – meinte, er könne jetzt schon perfekt »Deux cafés au lait« sagen. »Wieso ›deux‹?«, wurde er gefragt. Tja. Hm.

Rainer gründete die Erich-Fromm-Gesellschaft, Johannes war Gründungsmitglied. Ich selbst habe es nicht so mit Erich Fromm gehabt, mindestens nicht mit dem späteren. Deshalb bin ich bei jener Tagung auch lieber mit dem Swiss-Pass in der Gegend herumgefahren.

Erich Fromm – Dorle brachte es auf den Punkt, als sie nach dem Referat eines Dozenten in der analytischen Ausbildung den Unterschied zwischen Fromm und Freud formulierte: »Aha, Solidarität statt Sexualität«. Wobei … Fromms Büchlein *Die Kunst des Liebens* soll dem Vernehmen nach in einer Münsteraner Buchhandlung unter »Erotica« gestanden haben.

Eine weitere Erinnerung tauchte auf: Ich fuhr mit Johannes im Glacier-Express oder irgendwo in Graubünden. Eine alte Dame mit kleinem Rucksack suchte das Gespräch mit uns. Sie würde jetzt noch mal die Verlobungsreise machen, die sie vor Jahrzehnten mit ihrem Mann gemacht habe. Jetzt sei sie 90. Sie heischte Bewunderung. Kindheit und Alter treffen sich: Das Kind sagt: »Schau, was ich schon kann!«, das Alter sagt: »Schau, was ich noch kann!« Ich weiß, wovon ich rede, denn ich ertappe mich selbst schon dabei … Mit 90 fahre ich vielleicht auch noch mal nach Südtirol. Jetzt nicht.

6.10.2014

Gestern habe ich nun wirklich die Briefe und Notizen von Johannes gelocht. Dann fand ich drei kleine Notizzettel vom 18.7.1976, die Johannes auf dem Weg ins Schwyzer Hüsli geschrieben hatte: »*Als ich vor 32½ Jahren aus Ostpreußen fortfuhr, war es eine Fahrt voll ähnlicher Wehmut wie heute: Das letzte Mal bin ich am 1. Januar große Teile dieses Weges mit Dir gefahren. Heute warst Du ›nur‹ in meinem Herzen, aber Du saßest nicht neben mir … Von Bregenz fuhr ich über Feldkirch-Vaduz, um einen neuen Weg zu fahren. Dann von Sargans bis Chur die Autobahn, die <u>Du</u> gefahren bist. Dann in*

Chur der Parkplatz an der Seilbahn, wo wir das Steuer wechselten. Ich meinte, ich müsse schreien, Dich herbeirufen, herbeibrüllen ...« Ja, genau. Genauso ging es mir auf meiner Fahrt 38 Jahre später. Aber der Unterschied: Der letzte Satz auf dem Notizzettel ist: *»Liebling, jetzt habe ich Deine Stimme gehört!«* Er konnte mich damals anrufen. Ich nie mehr.

11.10.2014

Ab und zu erzähle ich Hannah ein wenig »aus meiner Vergangenheit« vor Johannes. Sie hebt den Blick himmelwärts und sagt: »Sodom und Gomorrha.« Ich kichere und weiß nicht genau, wie ich das finden soll, dass die Tochter sittsamer ist, als die Mutter es war.

Vor ein paar Wochen fragte sie mich, was das Besondere an unserer Beziehung gewesen sei. Ich hörte mich sagen: »Die Friedlichkeit.« Das genau war es: eine unangestrengte Friedlichkeit.
   Im November 1975 schrieb ich: *»Er sagte, er genieße es so, daß es mit mir so friedlich sei, und zwar <u>ohne Anstrengung</u> friedlich. Er müsse sich bei mir nicht zusammenreißen, und es sei für ihn so gut zu erfahren, daß er <u>so</u> sein könne. Daß es nicht zu ihm gehöre, streitsüchtig und dergleichen zu sein. – Wie konnte ich ihm das nachfühlen.«*
   Am Anfang unserer Beziehung konnten wir dem kaum trauen.

25.9.1975

Geliebter, zärtlicher Johannes,
   ... ich möchte noch was schreiben wegen meines Satzes, daß ich noch nie jemanden so sehr geliebt habe wie Dich: Das ist wirklich wahr. Ich habe zwar durchaus schon größere Sehnsucht nach jemandem gehabt als nach Dir, ich kenne auch das Gefühl, daß man glaubt, ohne den andern nicht leben zu können (und wie ich Dir schrieb, hab ich's bei Dir nicht). Aber all das scheint mir heute eben gerade nicht als Ausdruck einer »wahren Liebe«, sondern eher einer Un-selbst-ständigkeit, aus der heraus man den andern braucht und ihn gegebenenfalls frißt. Jemand hat mal treffend diese Art von Sehnsucht als »Entzugserscheinungen« deklariert, und ich glaube tatsächlich, daß das früher irgendwas mit Sucht zu tun hatte.

Und eben das ist es bei Dir nicht ... Ich habe auch die Hoffnung, daß diese Liebe nicht – wie bei mir bis jetzt eigentlich immer – ganz eng mit Streit, Wehtun, Bösartigkeit verbunden wird. Weißt Du, ich habe eigentlich nie was anderes kennengelernt, als daß eine intime Beziehung mit Krach zu tun hat. Ob das mein Vater oder mein Mann war. Ich habe auch geglaubt, daß ich streitsüchtig, böse, verletzend vom Wesen her bin, weil ich mich tatsächlich immer so benahm. Inzwischen habe ich gelernt, daß ich eigentlich sehr gut ohne Streit leben kann (es war für mich eine erstaunliche Entdeckung, als ich realisierte, daß ich mit Dorle und Astrid über Jahre hin eng befreundet bin, ohne auch nur ein einziges Mal Streit gehabt zu haben).

30.9.1975

Geliebter!

Fast gar nichts erinnert mehr an die letzten Stunden, vielleicht noch die Blumen und die ungewöhnlich vielen Trauben und die »relative Ordnung«.

Ich sitze da, voll von einer hilflosen, ängstlichen, verzagten Traurigkeit: Es ist mir, als würde mit der Kostbarkeit die Zerbrechlichkeit dieser Beziehung wachsen, wenigstens aber das Bewußtsein der Zerbrechlichkeit.

Es ist für mich viel, viel, viel zu schön, um wahr zu sein. Ja, irgendwo getraue ich mich nicht, es zu fassen, im zweifachen Sinn. Das soll für mich sein? Das kann nicht für mich sein! So etwas gibt es? So etwas kann es gar nicht geben. Bitte, bitte, lieber Gott, laß es so bleiben. – Kann gar nicht so bleiben.

Du wirst dich mit ihm streiten. Um Gottes willen, nicht, bitte nicht. Ich will nicht streiten, nie. Du wirst. Es ist immer so gegangen. Ihr werdet euch auf die Nerven gehen, es wird alltäglich werden. – Das wäre die Hölle, jetzt nachdem ich erlebt habe, wie es sein kann.

Ich sitze da und weine. Ich hab' solche Angst. Was kann ich tun, daß es so bleibt? Oder kann man da nichts tun, geht das immer mit tödlicher Sicherheit gleich aus?

Wann gehen einem eigentlich die Augen auf?

So wie heute nacht, da ich Dich besser erkannte als jemals zuvor, als ich so viel an Dir sah, begriff, Dich fühlte. Dich verstand und von alldem überwältigt war. Oder dann, wenn ich Dich anödend, unausstehlich, häßlich, gemein erleben würde. Nicht, daß ich mir das jetzt vorstellen könnte. Aber wie oft hat man sich das nicht vorstellen können. Was ist realistisch? Darauf zu vertrauen, daß es auch anders geht, oder sicher zu sein, daß es nie anders geht? Sind die Hoffenden Dummköpfe oder die Skeptiker, die mit ihrer Skepsis die Möglichkeit zerstören, daß es anders wird?

»Jetzt habe ich dein wahres Gesicht kennengelernt«, sagt man seltsamerweise, wenn das Gesicht des andern verzerrt ist. Ich bin doch mehr Ich, wenn ich gut, freundlich, zärtlich, aufmerksam, geduldig, liebevoll bin ... Muß ich denn wirklich immer wieder im eigentlichen Sinn »außer mir geraten«?

Bitte, halte mich. Nimm mich ganz fest in Deine Arme. Mach mich sicher mit Deinem Lachen, Deiner Zartheit, Deiner Behutsamkeit, Deiner Wärme, Deiner Güte.

Ich lieb' Dich so sehr. Das ist jetzt so unendlich viel mehr als Anziehung. Irgendwo, irgendwie ist da ein Hauch Absolutheit spürbar. Und davor haben schon ganz andere Leute Angst gekriegt. Davor oder davor, ihn zu verlieren? Wer es fassen kann, der fasse es.

Könne ich es doch nur fassen und halten, halten, halten.

Ursula

Mittwoch, 1.10.1975, 17.45 Uhr

Liebste Ursula!

... Ich glaube, es muß nicht so sein, daß stets und immer alles Menschliche zerbricht! Vielleicht besteht das am Dauerhaftesten, was wir Menschen nicht begründen und »verbrämen« mit dem Anspruch der Dauerhaftigkeit, sondern was wir als zerbrechlich u. gefährdet anerkennen. Was man sicher zu besitzen glaubt, braucht man nicht zu pflegen. Dasjenige aber, von dem man weiß, daß man darauf keinen »Rechtsanspruch« hat, daß es vielmehr frei gewährte, ungeschuldete »Gnade« ist, um das man Angst hat und bangen muß, vielleicht, vielleicht hat das Bestand.

Ich habe gestern abend über diesen Zeilen geweint, und ich kann jetzt vor Tränen – warum eigentlich dieses Weinen? – nichts sehen.

Aber laß Dir das eine sagen: Ja, ich halte Dich und umfange Dich – mit meiner »absoluten« Gebrechlichkeit u. Ohnmacht und gleichzeitig mit der ganzen Wildheit meiner Leidenschaft u. aller behutsamen Zärtlichkeit meiner

Liebe zu Dir. Und vielleicht noch das eine – denn letztlich kann man ja nur von sich selber reden: An Dir, mit Dir u. durch Dich sind mir ganz neue Dimensionen des menschlichen Daseins, der Liebe und des Geistes aufgegangen. Warum sollte das nicht nur der Anfang sein?!
   Laß Dich bergend umfangen, zärtlich liebkosen und innig küssen
   von Deinem Johannes,
   der von Dir »neues Leben« empfangen hat, der von Dir trank »Ströme lebendigen Wassers«.
   Hab Dank!

11.10.2014

Und als PS steht unmittelbar drunter: »*Briefumschlag zur Materialkostenersparung zum Zwecke der Wiederverwendung zurück!*« – »So isch no au wieder«, hätte der Schwabe gesagt. Immerhin erklärt dieser praktische Hinweis, wie das mit den Daten der Briefe zustande kam: Anscheinend habe ich meinen Brief zwar frankiert, aber dann eigenhändig ins Seminar gebracht, und so konnte Johannes am 1.10. schreiben, dass er »gestern« über meinen am 30.9. geschriebenen Brief geweint hat.

Ich finde es schön, dass in unseren Briefen Tiefes und Banales, Ernstes und Spielerisches nahtlos ineinander übergehen konnten.
   So berichte ich:
   … Und eigentlich muß ich für morgen die Schule vorbereiten.
   Erste Stunde: »Sinn des Lebens«. (Immer noch nicht gefunden. Erübrigt sich auch, wenn man Dich hat. Das kann ich aber der Klasse nicht sagen.)
   Zweite Stunde: »Ich spiele verschiedene Rollen«. (Wie wahr, wie wahr!) (In der letzten Stunde haben wir – aufgrund eines spontanen Schülereinfalls, die Rollen getauscht, und die Schülerin Ursula Schweickhardt hat die Klasse auf einige Späße gebracht, die sie nicht kannte. Das Kollegium wird's mir danken.) …

Johannes wiederum:
   Liebste, noch immer sitze ich am Anfang meines Vortrags über »christl. Erziehung«. Mir fällt nichts Vernünftiges ein – und schon gar nichts, was

ich sagen kann, erst recht nicht vor diesem Sch.-Publikum. Aber das ist in sich schon wieder überheblich, denn: Auch Christen, selbst Katholiken, sind Menschen! Wenn man sich auch nicht dazu aufraffen kann, sie zu lieben, sollte man sie wenigstens tolerieren ...

Dann, überraschend früh, kommt die Fantasie, ein Kind zu haben. Surprise, surprise!

Wir erzählen uns unsere »sexuelle Entwicklung«. Ich allerdings unter Aussparung von Peter und Starz. Johannes – so glaube ich – ohne etwas zurückzuhalten.

9.10.1975
Geliebter!
... Ja, also, dann kam Eberhard, und das war dann wirklich so eine halb sublimierte Liebe. Und in einer Pfingstmontagnacht, morgens um halb drei oder so, standen wir auf der Straße und umarmten uns, und er sagte (deswegen habe ich das Tagebuch rausgeholt): »Wenn wir uns fünf Jahre früher kennengelernt hätten, hätten wir vielleicht jetzt schon ein Kind.«

... Du lieber Gott, wenn mir das heute jemand sagen würde, ich würde laut kreischend die Beine in die Hand nehmen. Nein, ich will ganz ehrlich sein: Wenn Du wolltest – und das ist das erste Mal seit langen Jahren, daß ich das sage –, würde ich ein Kind von Dir kriegen, <u>unter der Bedingung, daß Du es aufziehst.</u> – <u>Ich</u> hab nämlich zu arbeiten.

Diese Aussage wäre auch heute noch nicht »normal«. Aber damals war es schlicht undenkbar, dass eine Frau sagt, sie habe »zu arbeiten«, statt sich ihrer vornehmsten Pflicht – der Aufzucht der Kinder – zu widmen. »*Sklavinnen eines Unabhängigkeitskomplexes*«, »*individualitäts-egoistisch*«, »*oberflächlich*« nannte man Frauen, die berufstätig waren, obwohl sie es »eigentlich nicht mussten«.

Keine Ahnung, wieso es bei mir in dieser Frage seit meiner Schulzeit kein Vertun gab, denn eigentlich war ich tief im konservativen Denken verwurzelt. Aber ich wollte seit jeher berufstätig sein, und zwar nicht als die, die »was dazuverdient«.

Ich war tatsächlich immer voll berufstätig, die Babypause dauerte jeweils nur wenige Wochen. Für Johannes war das selbstverständlich. Das wusste ich zu schätzen. Die Widmung für mein Büchlein aus den 90er-Jahren »Ohne Jeans und Pille« lautete: »*Für Johannes, einen der wenigen neuen Männer, von denen das Land so viele bräuchte*«.

Johannes und ich wären noch heute was Besonderes, stelle ich kopfschüttelnd fest: Am 17.12.2016 brachte die Süddeutsche Zeitung zwei Artikel zu dem Thema. Fazit: »*Sobald ein Paar zusätzliche Verpflichtungen eingehen muss, also beispielsweise Kinder betreuen, trifft es geschlechtsspezifische Absprachen*«, wird da die Soziologin Grunow zitiert. Und diese Absprachen »*fallen in der Regel traditionell aus. Das heißt, die Frau bleibt daheim oder geht in Teilzeit.*« (Ich zahle, Schatz, SZ vom 17./18.12.2016, S. 61)

Gut, in dem Brief vom 9.10.1975 war das sicher nicht so todernst von mir gemeint, aber es war ein Signal.

10.10.1975

Herzallerliebste Ursula,
… Du, rein gefühlsmäßig hätte ich furchtbar gern von und mit Dir ein Kind! Das müßte goldig aussehen. Aber die Dinge sind ja – leider – nicht so! Und Gott sei Dank gibt es die Pille und, noch mal Gott sei Dank, verträgst Du sie. Auch bin ich jetzt zu alt, um noch Vater zu werden. Ich habe sehr darunter gelitten, daß ich keine Kinder zeugen durfte! – Ich weiß, ich bin selber doof! …

In meinem Brief vom 9.10. war es nicht nur ums Kinderkriegen, sondern auch ums Heiraten gegangen. Johannes hatte mir erzählt, dass Martha »eigentlich« rite geheiratet werden wollte und ihm gram war, dass er es nicht tat. Was ich zu Marthas Wunsch meinte, galt genauso für meine Beziehung zu Johannes:

… Wenn Du sie geheiratet hättest (oder heiraten würdest), hättest Du Dir den Ast abgesägt, auf dem Du (beruflich) sitzt. Und das sollte man nur tun, wenn man dafür gesorgt hat, daß man weich fällt. Ich halte es auch heute noch für illusorisch zu glauben, wenn man sich laisieren läßt, könnte man auch nur einen annähernd ähnlichen Status behalten wie bisher. Du würdest zunächst bestimmt mal im Spiegel ausführlich erwähnt und im Stern auch

und wo weiß ich sonst noch, und nach ein paar Wochen wäre Schluß. Du bekämst – da Beamter – eventuell irgendeinen exotischen Lehrstuhl oder eine Pension. In der Kirche wärst Du einfach einer von denen, die man nicht mehr ernst nehmen müßte, weil sie »fahnenflüchtig« geworden sind. Und wenn man noch irgendein Interesse an der Kirche hat, so leicht sollte man es ihr nicht machen und noch die wenigen feurigen Kohlen von ihrem Haupt eigenhändig entfernen.

Die Antwort von Johannes vom 11.10. war eine grundsätzliche Bestandsaufnahme, bei der es genau nicht ums Heiraten ging, sondern darum, wo er sich verortete:

Natürlich stimmen die von Dir angesprochenen Motive, die mich u. a. veranlaßt haben, nicht »aus der Kutte zu springen«. Allerdings glaube ich nicht, daß man <u>diese</u> Kirche verbessern kann! Sie hat nur einen Sinn: die Botschaft von Jesus und den ›guten Sinn‹ des Schöpfers durch die Geschichte zu tradieren! Aber weil sie ihren Bruder Abel, das erstgeborene Israel, ermordet, geschändet und verleumdet hat, weil sie die Wurzel schmähte, aus der sie lebte, ist sie selber dem Bösen anheimgefallen! Luther u. andere Reformer hatten so unrecht nicht, wenn sie das Papsttum als Antichrist brandmarkten (wenngleich sie selber – vor allem Luther – einem grauenhaften Antijudaismus verfallen waren.)

Die Kirche hat sich durch ihre Hingabe an Glanz, Reichtum u. Macht zur Hure gemacht. Und dennoch: Wahrscheinlich hätte sich die unscheinbare gute Botschaft von Jesus gar nicht durch die Geschichte erhalten können, wenn nicht im Gewand der Religion ... Glaube vergiftet die wahre Liebe und macht Freiheit unmöglich! Und andererseits ist ohne das numinose Heiligtum, ohne den wolkenumhüllten Sinai und ohne die Rauchwolke über dem Heiligtum auch wiederum keine Philosophie, kein Fortschritt des Denkens und keine Humanität möglich! Aber bloße Philosophie und antiquarischer Humanismus führt mit zur Unmenschlichkeit, führt nach Auschwitz und Treblinka! Und steckte da nicht auch wieder bösartiges religiöses Erbe dahinter? Irgendwann (1938?) hat Hitler den dt. Bischöfen auf ihren Vorwurf, daß er die Juden verfolge, geantwortet, er setze nur das jahrhundertealte Erbe der Kirche fort. Wie wahr! ... Es bedrückt mich unsagbar, daß ich als Deutscher dem Volk *entstamme, das sechs Millionen Juden ermordet hat. Aber es ist mir noch furchtbarer, daß ich als »Christ« – der ich längst nicht mehr bin – zu jener ruchlosen Gesellschaft gehöre, die, seit sie es durfte, brennend u. mordend durch die Geschichte zog, Heiden u. Ketzer schlachtete, um Jesu Botschaft zu propagieren. Es übersteigt eigentlich alle menschliche Phantasie, daß eine so milde, so barmherzige, so emanzipatorische Botschaft der Liebe so pervertiert werden konnte. Sicher, dieser Jesus ist für mich weder »Sohn Gottes« im strengen Sinn u. schon gar nicht von einer »Jungfrau« geboren; vielleicht eher vom Gegenteil? ... Aber er ist eine ungemein liebenswürdige und verehrungsgebietende Gestalt! Ein <u>Mensch</u>, den ich ehrfürchtig u. hoffend verehre ... Aber Jesus selber war zutiefst ein säkularisierter Mensch: »Ihr werdet Gott anbeten im Geist und in der Wirklichkeit (αλήθεια).« Da ist weder Dogma noch Kult, weder Gesetzesfrömmigkeit noch Wallfahrt zum Tempel sondern Güte, Verzeihung, Leben ohne Gier und Haß, Shalom = Friede!*

Ach, Kind, was schreibe ich Dir alles aus meiner aufgewühlten Seele? Warum scheibe ich es Dir bloß – und bedrohe so den Rest Deines Glaubens, den letzten Funken Deiner »Kirchlichkeit«?! So entlarvt sich einer, der Lehrer ist in Israel! Aber verzeih mir – und glaube, ich sage es nur, weil ich so leide unter dieser bösen Geschichte dieses unheiligen Volkes Gottes! Und weil dieses Volk – wie ich selber – so unheilig ist, deshalb frage ich, ob es <u>diesen</u> Gott gibt! ...«

Das »Kind« war keineswegs verwirrt. Ich vermute, es hat »aha« gesagt, registriert und gemäß dem heiligen Paulus alles geprüft und was gut ist, behalten. Das war anfangs vielleicht nur ein Teil, später ein größerer Teil, nie alles. Wobei auch Johannes diese Zeilen von 1975 später nicht mehr alle unterschrieben hätte: Dass »religionsfreier« Humanismus nach Auschwitz führe, erkannte er als ein Totschlagargument »der Religiösen«, das keiner Überprüfung – weder einer philosophischen noch einer historischen – standhielt.

Auch wenn ich 1975 »weltanschaulich«, hinsichtlich meiner Einstellung zu Religion, Katholizismus und Kirche, keineswegs in allem Johannes' Sicht teilte, sie wahrscheinlich zum Teil nicht mal ganz begriff (was last not least daran lag, dass ich nicht so viel nachgedacht und gelesen hatte wie er), so fühlte er sich doch von mir verstanden, mindestens aber akzeptiert.

Dieser Faden wurde fallen gelassen und erst im Dezember wieder aufgenommen. Jetzt trat zunächst in den Vordergrund, was wir uns bedeuteten und bedeuten wollten – und welche Angst wir hatten, wir könnten uns in uns selbst und im andern täuschen.

18.10.1975, 10 Uhr

Liebste Ursula,

... Wie nahe verwandt wir im Denken sind, merkte ich gestern abend, als ich mit Martha von meinem Vortrag in Böblingen zurückfuhr ... obwohl Martha selber kanon. Eherecht am eigenen Leib erfahren hat u. erfährt, ist so gut wie kein Verständnis vorhanden für eine differenzierte Problemsicht. Früher gab es an solchen Stellen immer großen Krach; jetzt bin ich nur noch etwas traurig, daß ich dieses Gespräch nicht mit Dir führen kann. Es bleibt wehmütige Resignation ...

19.10.1975

... Montag früh: Natürlich habe ich nicht geschlafen, sondern weiter gedacht über uns beide. Und es stimmt, was ich gestern nacht schrieb: Du bist mein Mensch! – Weißt Du, gerade deshalb ist alles so belastend, auch mit Martha u. ihr gegenüber.

Ich hatte ja, wie ich Dir schrieb, bis vor etwa einem Jahr (seit drei Jahren) eine Ärztin zur »Freundin«. Mit der konnte man Pferde stehlen, sie ist gescheit, spritzig, hilfsbereit, freundlich und ein sexueller »Dauerbrenner«. Sie kommt noch öfters, u. wir verkehren nett und freundschaftlich miteinander, aber die erotisch-sexuelle Beziehung war, schon bevor Du kamst, etwas eingeschlafen. Wir haben uns in diesen mehr als drei Jahren nicht ein einziges Mal gestritten, es hat nie auch nur ein böses Wort gegeben, aber das Ganze war von Anfang an nie auf »die große Liebe« angelegt! Sie hat Martha problemlos hintergangen, ich hatte einen Menschen, mit dem ich reden konnte. Und wenn wir miteinander schliefen, war es ein vergnügliches Zusammensein, das Spaß machte, aber kaum unter die Haut ging. Sie wollte mir expressis verbis »kein Süppchen kochen«, sie wollte weiter in ihrem Beruf leben. Das führte schließlich auch wieder dazu, daß wir »keine Zeit« mehr füreinander hatten, außer wenn sie mal zum Abendessen kommt. Dann sitzen wir zu dritt da! – Martha war

zwar immer wahnsinnig eifersüchtig und wütend, doch hat dieses »Verhältnis« meine Beziehung zu Martha eher entkrampft als belastet! – Mit Dir aber ist es nun doch sehr viel anders, tiefer u. radikaler geworden. Du bist für mich nicht bloß eine menschl. Bereicherung, nicht nur eine intellektuelle Freude und ein schönes sexuelles Vergnügen, sondern Du bist <u>die</u> Grund- u. Urerfahrung meines Lebens ... Du, ich habe Dich sehr lieb!
Dein Johannes-Mann

25.10.1975
Liebster,
  auch wenn ich es immer noch etwas ironisch sage: Das mit uns ist wohl schon die »wahre Liebe«!
  ... Mir hat nichts gefehlt im letzten Jahr. Ich genoß meine Unabhängigkeit und Selbständigkeit, hatte durchaus gute Beziehungen, die Gott sei Dank nicht mit dieser idiotischen Sehnsucht, bei der man sich nur als halber Mensch vorkommt, oder mit bösen Worten, Streit, Kränkungen verbunden waren. Mir erschien das als Nonplusultra. Mir scheint fast, daß Deine Beziehung zu Ruth auf derselben Ebene liegt. Das wohltuend <u>Spielerische</u>, wenn einem das <u>Todernste</u> zum Hals raushängt. ... Und dann Du! Mir war klar, daß das mit Dir »ernster« würde – aber ich ahnte nicht, welche Türen sich mir auftun würden. Mir scheint, ich habe nur die Alternative gesehen: entweder das zufriedenstellende, heitere, freundliche Spiel oder ein intensives Engagement, in dem dann das Intensivste die Einschnürung, der Schmerz ist.
  Du läßt mich, und ich glaube, das ist erstmals in meinem Leben, unbedingte Geborgenheit, Zuverlässigkeit, Angenommensein spüren – trotz aller Zweifel, trotz allem Auf-der-Hut-Seins (da muß doch ein Haken dran sein, wo steckt er denn?), die einem die Erfahrung eingebleut hat (warum schreibt man einbleuen mit e? Das ist doch nicht logisch!) ... Ich spüre zunehmend, daß die Angst schwindet, der erste Krach oder irgend so was könnte alles zerschlagen, oder es könnte mit der Zeit eben doch so werden, wie man es ja schon kennt.
  Ich mache mir aber Sorgen über meine Zuverlässigkeit, nicht so, ob meine Gefühle Dir gegenüber von Dauer sein werden ... Ich meine damit vielmehr, ob ich nicht doch eines Tages heiraten will (Dich, Du Kamel, wen sonst???), was jetzt <u>bestimmt</u> nicht der Fall ist), Kinder in die Welt setzen will usw.

Zwar empfinde ich es als Vorteil, daß ich nicht doktrinär bin, daß ich jetzt, weil Du und meine Beziehung zu Dir etwas Neues sind, ohne große Hemmungen meine Ansichten revidieren kann ... ich stehe zu meiner Gesinnungsänderung. Aber andererseits fühle ich dabei doch immer die Frage der Zuverlässigkeit, mir selbst, aber auch Dir gegenüber. ... Es könnte der Augenblick kommen, wo Du mich erinnerst: »Aber du hast doch gesagt ...«, und ich eingestehen muß: »Das stimmt schon. Aber jetzt ist es eben anders.«

Ich möchte, daß Du Dich auf mich verlassen kannst, wie ich möchte, daß ich mich auf Dich verlassen kann ...

Montag, 27.10.1975, 15.20 Uhr

Liebste Ursula,

... Wenn mich Dein letzter Brief auch etwas beunruhigt, so hat er mich doch auch tief beglückt. Auch ich möchte Dich dauernd u. für immer bei mir und um mich haben! Wie ich auch Deinen stillen Wunsch nach einem Kind verstehe; er macht mich einerseits <u>sehr</u> froh, aber wenn das Kind 20 Jahre alt wäre, bin ich mindestens 67! Das ist zu alt! Und dann überkommt mich wieder die Angst, ich könnte Dein Leben in die falsche Richtung lenken und Dich abhalten, einen zu Dir passenden (Ehe-)Mann und habituellen Erzeuger (Vater) zu finden. Vielleicht ist meine Liebe zu Dir nur die Sucht egoistischer Selbstbestätigung. Und Du zahlst dann die Zeche! – Vielleicht kann ich gar nicht treu sein ...

Du!
Immer Dein
Johannes-Mann

28.10.1975

Geliebter Johannes!

Also doch! Als ich den letzten Brief schrieb, hatte ich die Ahnung, daß er Dich beunruhigen müsse.

Etwas in der Richtung (und mir ging's ja nicht anders): Es fängt also an, wer weiß, wenn noch weitere drei Monate rum sind, zetert sie, daß sie geheiratet werden will, und liegt mir in den Ohren, wie wundervoll sich ein kleiner Johannes bzw. eine kleine Johanna machen würde.

... Das mit dem Kind ... ist nicht deshalb illusorisch, weil Du zu alt wärst, sondern – mir scheint es wenigstens so – weil wir beide nicht wüßten, wohin damit. Ein Kind, das sind eben nicht nur ein, zwei Stunden Arbeit am Tag, sondern das sind 24 Stunden, und das auf eine Ewigkeit von 20, 25 Jahren. Und davor schütze mich Gott!

Wenn man drei, vier Leben hätte, dann würde es sich lohnen, eins darauf zu verwenden, aber so scheint mir das, was uns überdauern soll, doch besser ein gemeinsames Buch zu sein.

Aber weißt Du, daß mir überhaupt der Gedanke an ein Kind kommt, scheint mir etwas für mich ganz Wichtiges zu zeigen: Ich glaube, Du gibst mir in solchem Maß existentielle Sicherheit, daß ich dem Leben und der Zukunft zu vertrauen vermag ... Und ich meine fast, daß ich Dir nichts Schöneres sagen kann als dies: Du hast mir wirklichen Mut zum Leben, Urvertrauen, Boden unter den Füßen, Heimat, einen Namen gegeben ...

Mach Dir keine solchen Sorgen, daß ich die Zeche Deines Egoismus bezahlen müßte ... Ich bin nicht der Typ, der da unbesehen »Weichenstellungen« von andern folgt und sich hinterher beschwert, daß das nicht das sei, was er gewollt habe. Zweitens ist das Gerücht Deines Egoismus und Deiner Unbeständigkeit offensichtlich eins, an dem Du zäh festhältst, es ist aber doch nur ein Gerücht, und ich werde versuchen, es Dir auszutreiben, und wenn es dadurch sein sollte, daß Du in 20 Jahren bekümmert feststellen mußt, daß Du mich immer noch liebst.

Ich begleite Dich in Gedanken bei all dem Unsinn, den Du heute tun mußt, und hoffe, daß es sich wenigstens finanziell lohnt. Solche Tage sind zum Kotzen ...

Deine Ursula

14.10.2014

Seit zwei Monaten (und zwei Tagen, um genau zu sein) schreibe ich an diesem Erinnerungsbuch. Für mich hat sich viel verändert. Es ist das gelungen, was ich wollte: <u>Mein</u> Johannes ist wieder präsent, mein Johannes, der erotische, potente, der souveräne, der strategisch denkende, der geistreiche, der ängstliche, ja auch: der kitschige ... Und der andere? Der sieche, nach Worten suchende und sie nicht findende, der armselige, hilflose, war das nicht auch mein Johannes? Doch. Doch! Trotzdem: Ich bin so froh, dass es sich umgekehrt hat: Jetzt muss ich mich nicht mehr anstrengen, mir den faszinierenden Johannes ins Gedächtnis zu rufen, jetzt muss ich mich anstrengen, mich an den Johannes zu erinnern, der hier in diesem Raum lag. Zum Schluss mit Atemgerät, voll mit Morphin, geschlossenen Augen. Die Stäbchen zur Mundbefeuchtung habe ich in ganz besonders guten Rotwein getaucht ... Niemand konnte wissen, was er noch spürt und wahrnimmt. Die Verbindung war zerrissen.

Ich erinnere mich an all das und ich will es nicht vergessen. Aber die Erinnerung an den jungen Johannes (den ich ja streng genommen nie »jung« kennenlernte) zerreißt das Herz viel grausamer als das Mitleid mit dem Sterbenden.

Neben den – wenn man so will – »existenziellen« Gesprächen in unseren Briefen gab es lange, lange Passagen mit unseren erotischen Wünschen, Gedanken. Die behalte ich für mich. Kann sich jeder und jede selber ausdenken. Dann wieder foppten wir uns. Ihm war bange vor der nächsten Telefonrechnung (die übrigens früher deutlich höher ausfiel als heute): *»Ich fürchte, daß ich die Engel werde singen hören, wenn die Telefonrechnung kommt.«* Darauf ich: *»... wenn Du Dich ruiniert hast und mir nur noch wöchentlich einmal eine Postkarte schreiben kannst, werde ich Dich verlassen (so sind nämlich die Frauen), und Du wirst Dir eine Kugel durch den Kopf schießen (so sind nämlich die Männer).«*

Ich hatte ihm anscheinend von einem verfänglichen Traum mit Herbert Wehner berichtet und er gab zurück: *»Du mit Deinem Wehner! – Ich habe doch auch noch nie von Renate Laurien geträumt! ... Du bist klüger als manch eine »ältere Frau«. Natürlich nicht auf dem polit. Feld, aber dort haben die Frauen auch nicht ihre Begabungsdominanz.«*

Ich hatte Johannes schon längst vor Beginn unserer Beziehung anlässlich seines CDU-Parteieintritts geschrieben, mir sei unverständlich, was er als denkender Mensch in der CDU verloren hätte. Aber damals war es wohl für ihn noch die einzig mögliche Partei. Mit der Ostpolitik Willy Brandts war er immer d'accord, aber sonst waren ihm »die Sozis« suspekt, er steckte noch fest in einem konservativen Denken, das sich angesichts von linken Bestrebungen nach *Basisdemokratie*, angesichts von *Sit-ins* und *Go-ins* ängstlich verfestigte. Trotzdem war meine Einschätzung richtig: Die CDU war nicht seine Partei.

Dass er überhaupt in eine Partei eintrat, resultierte aus seinem Willen, etwas zu bewirken. *»Wer sich nicht organisiert, existiert nicht«*, war ein Satz von ihm. Daneben war die Politik für ihn eine Option, der Theologie zu entkommen. Das stand gerade 1975/76 zur Debatte. Der damalige Kultusminister Hahn hielt große Stücke auf ihn. Inwieweit es Überlegungen gab, Johannes als seinen Nachfolger aufzubauen, oder ob das eher ein Wunschdenken war, weiß ich nicht genau, aber immerhin gab es etliche Treffen zwischen ihm, Filbinger, Hahn, Anton Pfeifer (dem früheren persönlichen Referenten von Hahn und damaligen Bundestagsabgeordneten) und Manfred Rommel (zu jener Zeit persönlicher Referent Filbingers).

Meine Vorstellung – als wir Ende 75, Anfang 76 über solche Möglichkeiten sprachen – beschränkte sich darauf, mir auszumalen, mit Johannes bei der Eröffnung des Presseballs zu den Klängen von Lehars »Gold und Silber« zu tanzen. Wenn ich diesen Walzer höre, denke ich immer daran. Vielleicht hatte Johannes wirklich recht damit, dass das politische Feld nicht die Stärke der Frauen ist?

Meine eigenen politischen Ambitionen waren demgegenüber bescheiden, aber immerhin bin ich mit etwa 20 Jahren mal in die SPD eingetreten. Zum Entsetzen meiner Eltern. Es war Willy Brandts Zeit, die für mich Aufatmen, frische Luft im Mief bedeutete. Damals in Würzburg kam ein Genosse vierteljährlich vorbei und kassierte den Beitrag. Irgendwann kam er nicht mehr und ich habe keine Beiträge mehr gezahlt. Ebenso »irgendwann« ist Johannes aus der CDU raus, ich glaube aber, er hat – im Gegensatz zu mir – sogar eine richtige Austrittserklärung abgegeben.

Wie distanziert ich dem kirchlichen Treiben doch gegenüberstand, zeigt ein Brief Ende 1975. Ich sollte die Predigt in der katholischen Kirche in Stuttgart-Sillenbuch halten. Um mich zu orientieren, ging ich die Woche zuvor in den Gottesdienst. Davon berichtete ich Johannes:

»Wegen dem blöden Gottesdienst [handschriftlich von mir am Rand: *deutsch!*] *habe ich früh aufstehen müssen, eine Menge Zeit verplempert und*

bin jetzt so müde, daß es mich nicht wundern sollte, wenn ich bald nach dort zurückkehre, von wo ich ausgegangen bin. Die Predigt war zu meiner tiefen Befriedigung nicht gut und entsetzlich lang, da brauch' ich mich nächsten Sonntag nicht so anzustrengen, um mich positiv davon abzuheben. In diesem Fall habe ich es als Frau zudem einfach. Es genügt eigentlich schon, wenn ich auf die Kanzel steige, dann freuen sich die Leute, ohne daß ich was sagen muß, weil (abgesehen davon, daß ich ein erfreulicher Anblick bin) (etwa nicht???) sie dann stolz sind auf sich und ihre Kirche, in der so Sensationelles möglich ist.

Natürlich war der Gottesdienst auch sonst »modern«. Es sang ein kastrierter Männerchor Spirituals, und im Credo hieß es, daß Gott auch der Gott der Kernspaltung sei. Vielleicht bin ich überempfindlich, aber ich meinte immer zu spüren, ›jetzt machen wir mal einen modernen Gottesdienst‹ ... von der Opferung an beschäftigte ich mich mit der Frage, ob zu Champignonsuppe Hühnerfrikassee paßt. Eigentlich schon, bin aber doch davon abgekommen.«

Ironische Distanz – das war eher mein Part als der von Johannes. In meinem Unterricht vertrat ich dagegen den Schülerinnen und Schülern gegenüber etwas wie respektvolle Partnerschaftlichkeit:

In der letzten Stunde hatte ich's dann eben wieder mit den »Formen der Sexualität«, und es war recht geglückt. Es gelang ziemlich weitgehend, die normale Unterrichtssituation aufzuheben und ein recht offenes Gespräch zu führen. Zu meiner <u>großen</u> Überraschung und – ich gesteh's ja – zu meiner nicht geringen Freude hatten die von der offiziellen katholischen Sexualmoral echt keine Ahnung. Die machten ganz große Augen, als ich ihnen sagte, nach der »dürfte« man erst in verheiratetem Zustand. Hatten sie noch nie gehört, sagten sie. Ganz dunkel erinnerten sich zwei, daß es da doch auch irgendwas gegeben habe gegen Verhütungsmittel oder so.

... Die Schüler hörten sich das, was ich ihnen erzählte, dann so an wie den Bericht aus einem exotischen Land oder »seltsame Gebräuche vergangener Kulturen«; ... da muß sich unser Herr Jesus doch mal auf den Weg machen und das Schaf, das sich verlaufen hat (nämlich die Kirche), zur Herde zurückholen.

Der Eheberaterkurs und der ganze psychotherapeutische Kruscht haben mich dazu gebracht, eine neue Unterrichtstechnik auszuprobieren, wo ich viel eher die Rolle des konzentrierten, aufmerksamen Zuhörers übernehme als die von jemandem, der was beibringen will. Im Glauben daran, daß dem andern *mehr damit gedient ist, wenn ich ihm helfe, <u>seinen</u> Weg zu finden, als ihn auf den allerbesten zu führen. ...«*

18.10.2014

Bis fast drei Uhr war ich in Straßburg. Oma kauft für Enkel Geburtstagsgeschenke. Und Käse natürlich auch, Unmengen. Der Verkäuferin versuchte ich zu erklären, dass ich den Käse erst am Dienstag brauchte. Sie schlug vor, ihn zu vakuumieren. Ich bedankte mich für die Lösung des Problems und wurde unsicher über den Artikel: »<u>Le</u> problème?« – »Oui«, schaltete sich der Chef ein, der einen gezwirbelten Schnurrbart hat, für den er sicher Haar- oder Bartfestiger braucht, »<u>le</u> problème et <u>la</u> solution«. – »Comme toujours: les problèmes sont masculins et les solutions sont féminines«, meinte ich. »Mais: pas de problèmes, pas de solutions«, gab er zurück. Auch wieder wahr.

Die Luft war mild und die Sonne stand so, dass ich viele Straßenzüge wortwörtlich »in neuem Licht« sah. Ich entdeckte eine neue Bäckerei. Vor mir war ein älteres, ein altes Ehepaar. Sie lachten miteinander, ein Wort gab das andere. Beide waren stattlich, nicht vom Alter gebeugt, der Mann erinnerte mich von der Statur an Johannes und ich dachte: Das könnten wir sein! Mit Wehmut, aber ohne Neid beobachtete ich die beiden. Ich hätte gern gesagt: »Wissen Sie, Sie sehen glücklich aus. Mein Mann ist letztes Jahr gestorben. Wir waren auch glücklich.«

Danach achtete ich auf die Leute, die mir entgegenkamen. Ich sah nur noch ein einziges Paar, das zusammen lachte. Wie oft haben Johannes und ich zusammen gelacht? Oft. Aber zu wenig.

Nach Straßburg führte einer unserer ersten gemeinsamen Ausflüge. Wahrscheinlich hatte er mir mal wieder erklärt, dass er zu alt für mich sei und ich mir einen »*Jüngeren, Schöneren, Reicheren*« (so seine Redewendung) suchen solle. Da packte ich ihn am Arm und krähte laut: »Paaaaapa! Ich will ein Eis!« Außer den Japanern verstehen in Straßburg alle Deutsch und Johannes genierte sich furchtbar.

Irgendwann im November 1975 hatte Johannes einen Vortrag in Freiburg, zu dem ich ihn begleitete. An jenem Tag wollte er mir einen Ring kaufen. Wir waren beide von Herzen großzügig. Wobei ich mich wundere, wie ich damals angesichts meines doch begrenzten Budgets manche Ausgaben stemmte. Aber ich war und bin sorglos in diesen Dingen und meine Überzeugung, »das Geld kommt irgendwie immer wieder rein«, hat sich bestätigt. Bis heute.

Warum ich an jenem Novembertag doch keinen Ring bekam, aber trotzdem glücklich war, wird gleich klar werden.

14.11.1975
Was will ich eigentlich schreiben? Fast ist es eine Pflichtübung, damit ich in ein paar Jahren mal mehr habe als Briefe und Erinnerungen. Erinnerungen an die ersten Monate der »wahren Liebe«?? Erinnerung daran, wie wir in Freiburg einen Ring kaufen wollten? Es war schon sechs Uhr, als wir ankamen. Er wollte einen Rubin oder Smaragd. Ich sah die Preise von 800 DM aufwärts. Mir wurde flau. Zur Hälfte wegen des Geldes, zur Hälfte, weil es wirklich eine bedeutsame Situation war. Ich sagte, mir sei das jetzt zu kurzfristig, so was gehöre gründlich überlegt. Er war dankbar, daß ich ihn nicht in Unkosten gestürzt hatte, aber auch, daß mir das mit dem Ring wirklich soviel bedeutete. Später sagte er, wenn das mit Martha nicht wäre, hätte ihn nichts daran gehindert, drei Ringe zu kaufen. Ich hörte es gern, einfach als Phantasie!

… Sein Vortrag in Freiburg – nicht unbedingt in seiner Gänze überwältigend, dazu war er zu offensichtlich zusammengestoppelt. Aber es gab brillante Partien, besonders in der Diskussion. Es war ein ästhetisches Vergnügen, zuzuhören aus der Sicherheit eines Zuschauers heraus, der weiß, daß der Schauspieler souverän ist … Das macht glücklich. Die Befriedigung, daß er gut ist, <u>und</u> das Bewußtsein, daß man ein guter Gesprächspartner ist. Er hatte einen wunderhübsch raffinierten Ansatz gebracht, um die Zulassung von Frauen und verheirateten Männern zum Amt zu begründen, nämlich vom anerkannten »Grundrecht« auf Versorgung mit Liturgie usw. Ich fand das herrlich elegant und sagte das auch. Er strahlte: »Ja damit knackt man das Ganze!«

Die »Eleganz«, das war etwas, was ich an Johannes unendlich liebte. Ich neigte eher zum Säbel als zum Florett. Umso mehr beneidete ich ihn. Dass es wie bei jeder guten Eigenschaft auch eine Schattenseite gab und manche »Eleganz« mit »Durchlavieren« zu tun hatte, wird zwar im nächsten Brief von mir bestritten, aber schon wenige Monate später konnte ich die Augen nicht mehr verschließen: Auch das war ein Teil von ihm. Ein Teil.

13.11.1975
... Zunächst mal fand ich es immer wohltuend an Dir, daß Du kein Küngsches Wilhelm-Tell-Gebaren hast. Ich <u>liebe</u> gerade Deine »politische Art«, und in meinen Augen hat das überhaupt nichts mit feigem Durchlavieren und Zweideutigkeit ... zu tun. Und ich zweifle auch keinen Augenblick dran, daß dieses politische Handeln nicht in einer Weise Deine Natur ist, daß Du unfähig wärst, im Ernstfall klare Fronten zu setzen und mit der Faust auf den Tisch zu schlagen. Aber eben bitte, bitte: im Ernstfall. Manchmal scheint es mir zwar so, daß Du geradezu darauf hoffst, daß irgendwas passieren möchte, das Dich den Krempel hinschmeißen läßt – und zwar mit Aplomb –, aber ich möchte nicht, daß hier zwei Probleme vermischt werden: <u>Es kann sein</u>, daß Du Deine Arbeit in der Kirche als sinnlos ansiehst und daß Du wirklich nicht mehr in und mit der Kirche arbeiten kannst und willst. Das hat aber nichts mit mir zu tun.

Einen Monat später nahmen wir den Faden wieder auf (nachdem sich Johannes zuvor gewünscht hatte, mit mir im ersten gemeinsamen Urlaub über *»Jesus als Atheisten«* zu diskutieren). Nebenbei: Was er nachstehend über die Provokation seines Doktorvaters Mörsdorf schreibt, bestätigt meine Vermutung, dass er vermied, als Agierender erkennbar zu sein – obwohl er es eben durchaus war ... in diesem Bereich wie bei den Frauen.

9.12.1975, 21.45 Uhr
Liebste Ursula,
... Du weißt gar nicht, wie dankbar ich Dir bin, daß ich so »ungeschützt« mit Dir reden kann, wissend, daß ich auch einmal Törichtes und Unausgegorenes sagen darf ... Und ich muß nicht immer gleich fürchten, bei Dir die »heiligsten Güter« zu beleidigen, wenn ich wehen Herzens etwas rausplatze!
Du fragst, ob ich meinen Beruf schon immer so ungern getan habe. Ja und nein! – Anfangs habe ich sehr abstrahiert zwischen dem guten, in Jesus

erschienenen Gott und der menschlichen Kirche. Ihm glaubte ich dienen zu müssen, sie aber verändern zu können. Ich wollte in die Seelsorge, den Menschen dienend helfen ...

Als ich Martha 1962 näher kennenlernte, war innerlich eigentlich alles schon entschieden, doch wollte ich es nicht recht wahrhaben! Dissertation und Habilitation waren eigentlich nur Stufen auf der Pyramide. Dabei forderte ich sowohl bei der Dissertation wie bei der Habilitation Mörsdorf einmal formal und das andere Mal thematisch heraus. Er aber machte daraus keinen Konflikt, sondern gab mir nach. So lief ich meinen Weg, ohne daß ich recht wollte, weiter.

Die Zeit meines Rektorates hat mich für soziologische Zusammenhänge spüriger gemacht und wohl auch erschreckt. Die Zeit danach war von noch emsigerem Arbeiten bestimmt und von immer tiefer bohrenden Fragen nach der Welt, ihrem Sinn und dem Göttlichen. Der Fragen wurden immer mehr! Die Distanz zur Kirche wurde immer größer, obwohl ich weiß, daß der Mensch Religion und auch religiöse Gemeinschaft braucht. Nicht als Opium des Volkes, sondern zur Erfüllung seiner selbst! – Aber die konkrete Gestalt dieser Jesus-Religion mit ihrer verlogenen Keuschheitskirche erfüllt mich mit Widerwillen. Sie hat die revolutionären Impulse Jesu zur »reinen« Lehre, zur »lauteren« Wahrheit pervertiert. Dabei kann ich von mir nicht einmal sagen, ich sei ungläubig. Es gibt vieles, was mich aus Überzeugung bindet. Ich bleibe »dabei«, nicht nur, weil ich sonst nichts Besseres zu tun weiß. Aber eigentlich dürfte ich nicht dabeibleiben ...

18.10.2014

Einen Ring hat Johannes mir wenige Wochen später tatsächlich gekauft und schrieb am 22.11.1975: »*Nimm es als Geburtstagsgabe u. Weihnachtsgeschenk.*« Ach ja, mein sparsam-pragmatischer Johannes. Dass der nächste Satz lautete: »*Nimm es zugleich als kleines Brautgeschenk*«, hatte aber nichts mit Sparsamkeit zu tun.

6.12.1975

Ich trage seinen Ring. Wer hätte gedacht, daß ich je wieder einen Ring trage? Und dazu einen Ring von ihm? Ich bin sicher, er wird nicht durchs Zimmer geschmissen werden wie bei Heinz (dazu sitzt er auch zu fest!) ... Ein Ring und ein Modellkleid in einer Woche. ... Ich lerne zögernd und mit Hemmungen, mich beschenken zu lassen. Nicht mehr darauf bedacht zu sein, für jede Leistung eine entsprechende Gegenleistung (+ 10 %) parat zu haben. Festzustellen, wie ich geliebt werde, festzustellen, wie liebenswert ich bin.

21.12.1975

Die Geschichte vom Modellkleid:
Als er in Stuttgart für Martha das Lama-Jäckchen kaufte, wollten wir an und für sich noch etwas für mich erstehen. Das Jäckchen hatte 520 DM gekostet. Als ich sagte, ich wolle keine Lederjacke, das sei zu teuer, meinte er: »Du glaubst doch nicht, daß du mir unter dem wegkommst, was ich für Martha ausgegeben habe!« ... Auf dem Rückweg zum Auto blieb er noch mal vor einem Schaufenster stehen und besah sich ein Kleid, aber ich zerrte ihn weiter.
Einen Tag später fuhr ich nach Bietigheim (Vortrag) und ging auf dem Rückweg ins Breuningerland. Die Geschichte, die jetzt folgt, habe ich Johannes geschrieben, und ich hoffe, der Brief bleibt erhalten, weil es etwas ganz Wesentliches für mich war ...

Der Brief blieb erhalten:

4.12.1975

Liebster!
Gerade habe ich mich 5 Minuten vor dem Spiegel bewundert ... Ich habe noch nie ein so schönes Kleid besessen. Ich glaube, in dem schmücke ich Dich, und Du kannst Dich mit mir beim Kultusminister, Filbinger, Döpfner (Bischofskonferenz inklusive) und Papst sehen lassen.
Der Anfang des Briefes ist viel zu fad, er drückt überhaupt nicht aus, was ich fühle.
Du, das ist mein erstes Modellkleid!!!!!
Also, es kam so: Als ich von meinem Vortrag in Bietigheim zurückfuhr, machte ich bei Breuningerland (bei Tamm) halt. Ich hatte keine Idee, was ich kaufen wollte, ob ich was kaufen wollte und wieviel es kosten sollte. ...
Auf alle Fälle kam ich ins »Exquisit«, und da hing gleich vorn ein Kleid.

Hmmm. Das erste Preisschild entzifferte ich mit 290 DM, dann stieß ich auf ein zweites: 420 DM. Welcher Preis denn gelte, frage ich. Der Pulli koste 29 DM und das Kleid 420 DM. Das sei ja wunderschön, aber nicht meine Preisklasse. Wehmütig nahm ich Abschied. 420 DM für ein Kleid. Das ist gesponnen. Dafür kann man – wahlweise einzusetzen – 4 Kleider, 8 Röcke, 10 Blusen, 1½ Wintermäntel, 7 Paar Schuhe bekommen.

Ich nehme immer noch wehmütig Abschied. Ob ich mal reinschlüpfen könnte (nur so zum Abschied)? Die Verkäuferin meinte skeptisch: »Wenn Sie's doch nicht kaufen wollen?« – »Ich überleg mir's«, sage ich, fest entschlossen, es absolut nicht zu überlegen. Aber ich wollte die Beruhigung haben, daß mir das Ding überhaupt nicht steht und daß ich mich deshalb nicht zu grämen brauche. Also, ich probiere. Es steht mir nicht nicht. Es steht mir im Gegenteil ausgesprochen. Und es gefällt mir. Der Verkäuferin auch, aber das gehört zu ihrem Beruf. Ich beginne zu schwanken. Dann ziehe ich es aus und sage – und es war eigentlich als Abgesang und faule Ausrede gedacht –, ich würde mich jetzt noch mal bei den Felljacken umsehen, und wenn ich da nichts fände, käme ich zurück.

Sie nimmt das Kleid mit, und ich ziehe mich ganz, ganz langsam wieder an. Dann bleibe ich vor der Kabine stehen. »Fällt der Entschluß schwer?« fragt die Verkäuferin. »Mhm ... Ach, wissen Sie was, ich nehm's.« Dann probierte ich das Ganze noch mal mit Pullover, schon in dem Bewußtsein: Das gehört jetzt mir. Es war überwältigend, wenngleich noch keine ungetrübte Freude. (Dafür hätte man ... siehe oben. Das ist gesponnen!)

Aber während ich dann zurückfahre, bricht es plötzlich durch. Ich fange an zu weinen vor Glück. Und ich hatte auch die Fantasie, daß es für Dich und mich schön sein müßte, wenn ich mich damit in der Schweiz oder so zeigen kann. Das will ich auch. Ich möchte, daß Du mich mit Stolz »vorführen« kannst. Daß, wenn die Leute uns anschauen, ein wenig Triumph bei Dir ist: Ja, das ist meine Geliebte. Ätsch.

... Bisher war es eigentlich immer so, daß ich die Finanzkräftigere, wenigstens aber die war, die mehr schenkte. Auf alle Fälle war es bisher einfach gar nicht möglich (und wurde auch nie von mir erwartet), daß ich so verwöhnt werde.

... Vielleicht ist es für mich in bestimmter Hinsicht auch einfacher, Gebende als Nehmende zu sein, weil ich zu Hause wohl ganz selten »bedingungslos« etwas

geschenkt bekommen habe und jetzt vielleicht immer noch Verpflichtungen, Auflagen, Pferdefüße oder auch nur die »Was haben wir nicht alles für dich getan«-Miene erwarte.
Aber jetzt auf der Rückfahrt, da hat sich wirklich etwas gelöst, ist etwas ins Rollen gekommen. Die Erkenntnis: So ist das, wenn man geliebt wird. Und so handelt jemand, der einen liebt.
Du, ich bin Dir so dankbar. Du bist wunder-voll ...
Deine Geliebte.

21.12.1975
... Aber die Pointe der Geschichte kommt erst noch: Als ich etwa zwei Wochen später wieder in die Stadt ging und an dem Schaufenster vorbeikam, an dem Johannes stehengeblieben war, dachte ich, mich trifft der Schlag: Das war mein Kleid! (nur 19 DM teurer!) Ich hatte keine Ahnung mehr gehabt. Als ich meins Johannes beschrieben hatte, hatte er zwar gefragt, ob das das Kosakenkleid sei, auf das er mich aufmerksam gemacht habe, und ich sagte ohne echte Erinnerung: Kann schon sein.
Natürlich erzählte ich Klöß die Geschichte. Er sagte: »Alles unter dem Zeichen der Einheit«, und meinte es nicht mal spöttisch. Wir hatten eine gute Stunde. Es war noch mal eine Reflexion über das vergangene Jahr ... Wir sprachen über unsere Beziehung und ihre Veränderung, Er, daß es eine Versuchung gewesen sei, mein Angebot anzunehmen, »Sonntags-Geliebte« zu sein. Aber daß er gewußt habe, das würde nicht stimmen, und daß er jetzt den Eindruck habe, es sei zwar eine andere Qualität (und er nahm das Wort vom »Abschied« auf), aber es sei eben echt und wahr und unverwechselbar – was nicht ausschlösse, wie er – ich gestehe es – zu meinem Trost meinte, daß nicht immer mal wieder was anderes reinspielen dürfe. Es war eine tief-friedliche, »einige« Stimmung ...
Ganz zum Schluß – ich war schon draußen – ging die Tür noch mal auf, und er sagte: »Wenn Sie wollen ... aber nur wenn Sie wollen, sagen Sie dem Herrn Professor Neumann unbekannterweise einen schönen Gruß.«

18.10.2014
Das Kleid gibt es noch. Heute hat es Hannah. Ich hoffe, sie hält es in Ehren. Ich finde es immer noch schön, sehr schlicht, zeitlos.

Was Klöß betrifft, so sollte das »*Unbekannterweise*« bald ein Ende haben. Mir scheint, dass wir unsere Beziehung einschließlich meiner und seiner Enttäuschung und Gekränktheit gerade noch rechtzeitig wirklich in Ordnung gebracht haben. Ich bin ihm dankbar. Die Tatsache, dass nicht alles 100 % nach Vorschrift gelaufen ist, lehrte mich, dass Regeln wichtig sind, Ausnahmen aber auch. Wobei ich schon um die Versuchung weiß, genau den eigenen Fall, die eigene Situation zur berechtigten Ausnahme von der Regel zu erklären.

Zu dem, was Johannes mir schenkte, gehört auch mein allererster Flug am 29.12.1975 nach Hamburg. Dort hatte er eine Fernsehsendung. Erst am 7.1.1976 kam ich zum Nachtragen.

7.1.1976

Hamburg und Südtirol hinter mir, hinter uns.
Zunächst Hamburg. Mein erster Flug. Ich könnte mich dran gewöhnen. Das Wundervollste: der Start. Wenn man auf dem Boden immer schneller, schneller wird ... und plötzlich ...
Wir landeten 17 Uhr in Hamburg, fuhren zum Hotel. Er trug ein: Prof. Neumann und Frau Ursula. Wir wurden um 19 Uhr von dem Fernsehmenschen abgeholt zum Essen und zur Vorbesprechung ... Essen in einem feinen Restaurant am Fischmarkt. Es war wunderbar. Johannes verschlang einen ungeheuren Steinbutt, ich vertilgte Unmengen von Fischragout ... Ich verhielt mich meist still und kleckerte das Tischtuch voll.
Johannes sagte hinterher, es habe ihm so gefallen, das sei das erste Mal, daß er sich mit jemandem habe unterhalten können, ohne daß »die Frau« sich ausgeschlossen gefühlt oder dummes Zeug geredet hätte ... Und dann kehrten Prof. Neumann und Frau Ursula zurück und taten ihre eheliche Pflicht ...

15.1.1976

... Ich brauchte noch Stiefel, und außerdem brauchte er noch eine Krawatte fürs Fernsehen. Ich schenkte ihm die Krawatte, er mir die Stiefel ... Abends Fernsehen. Ich schaute mir das im Zimmer eines Redakteurs an. Es war furchtbar. Wahrscheinlich war's gar nicht so furchtbar, aber Johannes hatte auf alle Fälle nicht seine Sternstunde ... und das hatte ich ja gewollt. ...

Am andern Morgen beim Frühstück stellten wir voll Freude fest, daß Johannes nicht der einzige Teilnehmer der Sendung vom Vortag war, der in diesem Hotel übernachtete. Johannes wünschte der gnädigen Frau Staatssekretärin eine gute Heimreise. (Und behauptete, die Frau Staatssekretärin sei gar keine, weil sie keinen Polizeischutz hatte).
Wir flogen zurück. Etwas, wie gesagt, woran ich mich gewöhnen könnte.

19.10.2014

Das Hotel hieß »Smolka«, das Restaurant »Fischereihafen Restaurant« (vom einen habe ich einen Prospekt und vom andern ein leeres Streichholzbriefchen. Ich weiß nicht, wie ich meine Sammelwut finden soll.). Das mit dem fehlenden Polizeischutz für die tatsächliche oder angebliche Staatssekretärin erklärt sich aus den damaligen RAF-Zeiten, in denen hinter jedem Baum ein Polizist oder ein Terrorist stand.

Martha und Fragen der Moral

6.10.1975

*H*eute habe ich das Gefühl, viele Jahre meines Lebens mit dem sinnlosen Bemühen um eine falsche Keuschheit gequält und unfrei gelebt zu haben. Das hatte sich erst mit Martha geändert, weil wir beide uns auf den – richtigen – Standpunkt stellten, daß wir »vor Gott« verheiratet sind.

Daraus entstanden dann andere quälende Probleme: eben Marthas Angst vor dem »Entdecktwerden«. Darunter leidet sie mindestens soviel wie unter der Tatsache, nach außen nicht die Frau Prof. zu sein. Und ich leide darunter, daß sie so leidet! – Stelle jetzt bitte nicht die Frage, warum ich sie dann nicht »nach außen hin« heirate!

Eigentlich war sonst alles wie in einer gewöhnlichen Ehe geworden: Sie warf mir vor, daß ich sie an ihrer Entfaltung gehindert hätte u. sie mir »nachgefolgt« sei. Und ich hegte den Groll gegen sie, daß sie nichts Positives und Geistiges in mein Leben einbringe. – Manchmal war man das vorwurfsvolle Nebeneinander leid, dann »vögelte« »man«, um am nächsten Morgen Angst zu haben vor dem Krach, der todsicher kommen würde. Und der kam u. kommt! ...

9.10.1975

... Ich habe die Vermutung, daß, wenn Du geheiratet hättest, die Fronten nur andersrum verliefen: Du könntest Martha aufzählen, was <u>Du</u> alles für sie geopfert hast. Das ist unter Umständen sogar die wesentlich angenehmere Position. Aber es wäre nicht weniger falsch als das, was Martha jetzt glaubt: Sicher, hier ist bestimmt einiges um Deinetwillen aufgegeben worden ... Hast Du ihr versprochen, sie zu heiraten? Wenn nicht, muß man eben auch sehen, daß es nicht Dir vorzuwerfen ist, wenn sie die Situation nicht realistisch eingeschätzt hat, wenn sie ihre Kraft, <u>so</u> mit Dir zu leben, überschätzt oder wenn sie geglaubt hat, das ließe sich mit der Zeit doch in ihrem Sinne regeln ...

Hoffentlich habe ich es richtig gemacht, daß ich das geschrieben habe. Weißt Du, weil ich in dieser Sache Partei bin, habe ich eine ausgeprägte Abneigung zur Stellungnahme. Man kann ja nie ganz sicher sein, ob nicht doch irgendwo egoistische, eifersüchtige Motive mit reinspielen ... Auf der anderen Seite werde ich das Gefühl nicht los, daß man Dich hier in die Enge treibt und Du fast geneigt bist, die Rolle des bösen, herzlosen Mannes anzunehmen.

16.10.1975, 22.45 Uhr
... Ich muß mich natürlich immer kritisch fragen, ob ich Dir nicht unverantwortlich »den Kopf verdrehe« ... Dennoch bleibt, was ich Dir schon – vor Beginn unserer intensiven Liebesbeziehung – sagte: daß <u>Du</u> nämlich letztlich frei sein sollst, Dir – eines Tages – einen Mann zum Heiraten zu erwählen. Denn ich bin menschlich für Martha verantwortlich. Ich muß auch ihr gegenüber verläßlich sein; wenigstens was den äußeren Rahmen anbelangt.

18.10.1975
Liebster!
... Du hast recht, es ist oft schwer für uns und wird oft bitter für uns sein, uns in dieser Weise beschränken zu müssen oder beschränkt zu werden ... Es ist auch nicht so, daß ich bestreiten würde, daß Du irgendeine Verantwortung für mich hast – wie ich für Dich nicht weniger; wenn ich aber immer wieder auf meine Eigenverantwortung abhebe, so deshalb, um die Zuständigkeiten klarzulegen: Du hast Dir nicht meinen Kopf zu zerbrechen, für mich darfst Du schon denken, aber nicht anstatt. Du weißt den richtigen Weg nicht, und ich weiß ihn auch nicht. Und es kann natürlich sein, daß Du meinem Lebensglück im Wege stehst, so ironisch ich das jetzt hinschreibe, genauso wie es sein kann, daß ich hier womöglich einen Vaterkomplex spazierenführe, genauso wie es sein kann, daß Du eine jüngere Frau zur Selbstbestätigung brauchst, genauso wie es sein kann, daß das Reich Gottes ein Schwindel ist, Jesus ein Spinner und der liebe Gott ein guter Mann. Das ist alles nicht so abwegig, daß man es mit einer Handbewegung beiseite schieben könnte.

19.10.1975
... Als ich vor 13½ Jahren Martha mit sehr viel Inbrunst (und Brunst) liebte, waren zwei Motive bestimmend: 1. der Wille, von Mia loszukommen, u. 2.

Martha wegen ihrer Kinder zu helfen. – Jetzt aber wollte ich von Martha nicht fort. Es gab (und gibt) keinen Weg. – Und <u>Du</u> bist nicht bedürftig; Du brauchst meine Hilfe nicht!

25.10.1975

… Wenn ich mir vorstelle – nein, ich stelle es mir nicht vor – aber es könnte ja immerhin sein –, daß wir bald 14 Tage für uns haben! 14 Tage und Nächte … Nein. Ich freue mich nicht drauf. Noch nicht. Noch nicht. Erst wenn ich mit Dir im Auto sitze …

9.11.1975

Liebster!
… Klöß riet mir letzten Freitag ab, jetzt unter den gegebenen Umständen mit Dir in die Ferien zu fahren …, seine Gründe – auch wenn ich sie für das Ferienprojekt nicht für überzeugend halte – sind so, daß wir uns darüber Gedanken machen sollten. Er hatte die Vision, wir zwei beim Frühstück, und plötzlich kommt unangemeldeter Besuch. Dann würde uns, insbesondere aber Dir (wie er sich überhaupt letztes Mal sehr besorgt um Dich zeigte) das Gesetz des Handelns entrissen, und wir wären in der sehr miesen Position, ängstlich abwarten zu müssen und nur noch reagieren zu können … Du würdest zwischen zwei Frauen hin und her gerissen und könntest gar nicht anders, als irgendwo das Gefühl zu entwickeln: Die reißen mich in Stücke. Auf alle Fälle wäre es um Deine Freiheit armselig bestellt, und das ginge auf Kosten unserer Beziehung, auch wenn man sich noch so sehr rational klarmachen könnte, daß es nicht meine Schuld ist.
Langer Rede kurzer Sinn: Auch wenn das mit den Ferien eine übertriebene Befürchtung ist, scheint es mir doch zunehmend wichtig zu sein, daß klare »Notstandspläne« für einen möglichen Tag X – der nie zu kommen braucht, der aber jeden Tag kommen kann – bestehen.
Mir scheint, daß es dabei nicht so sehr um mich geht. Abgesehen von der unangenehmen Situation ist mir nicht viel anzuhaben, da meine Zukunft eh nicht in der Kirche liegt und ich juristisch so weit abgesichert bin, daß solch eine Sache auch in Bezug auf meine Scheidung keinen Einfluß mehr hat … Aber wie steht's mit Dir? Ist es denkbar, daß Martha aus dem Gefühl tiefsten

Verletztseins heraus beispielsweise dem Bischof dieses oder jenes kundtut, und ist es denkbar, daß dem Bischof das nicht gefällt?

… Was mir Klöß (zu Recht, wie ich meine) klargemacht hat, ist, daß wir nicht so weit in den Tag hineinleben dürfen, daß wir vom Schlag gerührt sind, wenn etwas eintritt, was so unwahrscheinlich weiß Gott nicht ist …

13.11.1975

Liebster Johannes!

… Während ich ohne emotionale Belastung akzeptieren kann, daß Du »verheiratet« bist, wird sie nie akzeptieren können, daß Du eine Geliebte hast. Diese Ehe zu dritt ist nur so lange möglich, solange sie nichts davon weiß. Wenn das aber der Fall ist, dann mußt Du entscheiden. … sowenig mir vor einer Auseinandersetzung mit Martha bange wäre, sowenig würde ich mich aber auch für einen Damenringkampf in Fortsetzungen bereitfinden …

Jetzt habe ich gesagt, was ich nicht will, aber Du weißt noch nicht, was ich mir <u>wünsche</u>.

… Ich könnte mir – im Gegensatz zu früheren Aussagen – recht gut vorstellen, mit Dir zusammenzuleben. Ich glaube, das könnte sehr schön sein. Allerdings würde ich meine Berufstätigkeit um keinen Preis aufgeben, das heißt auch: Ich bügle nicht, und ich stopfe keine Socken (kann ich auch tatsächlich nicht), kochen würde ich mit Vergnügen für eine Abordnung der Deutschen Bischofskonferenz (5 Gänge), aber um Dein Mittagessen wäre es schlecht bestellt. Du könntest andererseits sicher sein, daß meine Selbständigkeit Dir Deine Selbständigkeit garantiert.

Also, das kann ich mir – inzwischen sogar recht gut – vorstellen. Es ist aber nicht so, daß ich es <u>dringend</u> wünsche. Was für mich sehr schön wäre, wäre (deutsch!!), daß ich im normalen Rahmen (also nicht zu jeder beliebigen Stunde) bei Dir anrufen, zu Dir kommen, Ferien mit Dir verbringen könnte, mit Dir arbeiten könnte usw. usw. …

Für mich ist unsere Beziehung auf Dauer, ich will (noch) nicht sagen: auf ein ganzes Leben angelegt. Ich denke nicht mehr in Monaten, ich denke in <u>sehr, sehr langen</u> Jahren. Ich wünsche mir, daß Du mich lieb behältst und daß wir in irgendeiner Form (hier bin ich, glaub' ich, recht variabel) ein gemeinsames Leben haben. Und: Ich wünsche es mir nicht nur, ich glaube von Tag zu Tag fester dran.

22.10.2014

Die Briefe aus dem Herbst 1975 erscheinen mir wie eine Exposition dessen, was kommen sollte: der zerrissene Johannes, zögerlich, zweifelnd, sehnsüchtig, aber aufgrund seiner Erfahrung voller Skepsis. Auch der passive Johannes, von dem Klöß später einmal ärgerlich sagte: »*Er will wohl die Geschichte ›Es waren zwei Königskinder, die hatten einander so lieb … aber das Wasser war viel zu tief‹ reinszenieren.*« Oder wollte er, dass »die Frauen« den Konflikt für ihn lösen?

Ohne Schuldigwerden ging es nicht. Es gab keine Lösung, die allen gerecht wird. Auch ein Verzicht auf unsere Beziehung wäre keine gute Lösung gewesen: Das eigene Glück, die eigene Zukunft zu opfern, damit eine unglückliche Beziehung weiterbesteht, das ist keineswegs moralisch.

Damals war meine große Stärke, dass ich klar war, ich wage zu sagen: klarer als Johannes. Peter hat mich den pragmatischen Schweizer Spruch gelehrt: »Mer cha nüt's Weckli und es Feiferli ha.« Unsere Beziehung hatte einen Preis. Nicht immer war klar, ob Johannes diesen Preis zahlen wollte. Ich war bereit, das zu akzeptieren und auf ihn zu verzichten. Das habe ich konsequent durchgehalten. Ich glaube, darauf kann ich stolz sein. Aber er wollte mich und zahlte den Preis, so wie ich auch. C'est payé …

Samstag, 22.11.1975, 10 Uhr

Liebste Ursula!

… Gestern abend sagte Martha, daß die anderen Menschen mich immer für sehr sensibel, zart und freundlich halten würden, und nur sie wüßte, wie kühl, distanziert und verstandesmäßig ich reagieren und wie kalt ich urteilen könnte. Und das möchte ich Dir ersparen! – Freilich, der Streit, der gestern abend mit ungehemmter Wut von ihrer Seite ausbrach, hatte eine ganz banale Ursache … Ich hatte wirklich keine Lust, dieses sinn- und fruchtlose Gespräch zu führen … Ich räumte meinen Schreibtisch auf, während sie im Wohnzimmer saß und monologisierte. Als ich schließlich, als sie ausfällig wurde, die Tür zumachte, kam sie durch die andere Tür und setzte sich weiterredend auf die Couch. Als ich dann ins Bett ging, kam sie hinterher und redete weiter; ich hielt mir im Bett die Ohren zu und bin dann auch irgendwann (mit einer Tablette)

eingeschlafen ... Ich habe Dir das Ganze nicht geschrieben, um zu jammern, sondern um Dir zu zeigen, daß ich dem mir räumlich nächsten Menschen sehr kühl u. abweisend gegenüber sein kann: Ich schweige! Mein Schweigen sei böse und barbarisch, meint sie oft! ... All das habe ich Dir geschrieben, um Dir zu zeigen, wie auch eine große Liebe denaturieren kann: Ich habe vor mehr als 10 Jahren wirklich geglaubt, daß es keine vollkommenere Frau, von Leiden geläutertere Frau geben könne. Und alle Fragwürdigkeiten habe ich bewußt verdrängt. Und umgekehrt ist es Martha vielleicht genauso gegangen. Und davor eben habe ich Angst: einmal, daß ich Dich in die Wirrnis meiner Biographie hineinziehen könnte, u. zum anderen, daß Du Dich in mir genauso täuschst, wie sich Martha in mir getäuscht hat.

Aber Du darfst sicher sein: Ich schicke Dich nicht fort! Nie! ...

... Du bist zwar in einer mir unerklärlichen Weise und aus einem mir unerfindlichen Grund in mich »verliebt«, aber doch auf eine so freundschaftlich nüchterne Art und mit so viel sachlicher Distanz, daß auch ich Dich von ganzem Herzen zu lieben wage: Schau, ich habe es ja die Jahre hindurch nicht gewagt, wegen Martha und um Deinetwillen!

Nun aber möchte ich Dich behalten ... Du hast mir ein neues Verhältnis zu mir selber, zu meinem Dasein und auch zu meiner Sexualität erschlossen. Wenn es nicht so banal klingen würde, möchte ich sagen: Du hast mich in der Tiefenschicht meines Daseins erst zum »Mann« gemacht.

22.10.2014

Als ich diesen Brief nach Jahrzehnten wieder gelesen habe, war ich verärgert. Moment mal! Da klagt einer sein Leid über seine unglückliche Beziehung, in der er steckt, und mit einem Mal kommt die Selbstbezichtigung: ›Ich warne dich vor mir! Ich will dich nicht unglücklich machen, aber ich schicke dich nicht fort. Aber wenn du trotzdem bleibst, kann ich nichts dafür, beklag dich bloß nicht!‹ Sicher nicht bewusst, aber trotzdem ein wenig manipulativ wäscht Johannes seine Hände in Unschuld und delegiert die Verantwortung.

Wie ging ich nun mit seinem »Angebot« um, mich wahlweise als Retterin zu profilieren oder mich in die Rolle des Königskindes zu fügen, für welches das Wasser viel zu tief ist? An seinem 46. Geburtstag schrieb ich:

23.11.1975

Mein lieber Johannes,

zwar hätte ich anderes – wenn auch nicht Besseres – zu tun, aber ich möchte Dir doch auf Deinen Brief antworten ... Du weißt, daß ich mich formal (denn faktisch bin ich ja mittendrin) aus Deinen Beziehungen zu Martha raushalten will, die Gründe dafür sind vielfältig: Wissen, daß man Partei ist, auch wenn man noch so sehr objektiv sein möchte; nicht unsere Beziehung mit einer andern vermischen wollen; nicht an Dir rumzerren wollen usw. Nach dem, was Du aber jetzt geschrieben hast, möchte ich doch einiges dazu sagen ... Was Du da schreibst, ist so entsetzlich, beschreibt etwas ganz Unerträgliches und Untragbares.

Es ist gleichgültig, wer daran schuld hat, daß diese »Beziehung« so wurde, wie sie jetzt ist. Ob das Reden von Martha der verzweifelte Versuch ist, mit jemandem Kontakt zu bekommen, der sich verschließt, so wie man mit den Fäusten verzweifelt an eine verschlossene Tür hämmert, oder ob Dein Schweigen die letzte Rettung vor dem Zu-Tode-geredet-Werden oder Resignation ist, daß Du Dich ihr doch nicht verständlich machen kannst. Die Schuldfrage kann anläßlich des Jüngsten Gerichts geklärt werden, hilft aber ansonsten nicht weiter.

Worauf es aber jetzt ankommt, ist doch wohl: Willst und <u>kannst</u> Du das noch weitere 10, 20, 30 Jahre aushalten? Wenn nicht, muß man überlegen, wie sich etwas ändern läßt.

Zunächst einmal: Läßt sich Deine Beziehung zu Martha wieder so heilen, daß man sie ehrlich als Beziehung bezeichnen kann? Das hängt nicht zuerst vom guten Willen ab. Ich glaube, daß die Frage eher ist: Was möchte Martha von Dir, und kannst Du es ihr geben? Und was möchtest Du von Martha, und kann sie es Dir geben? Angenommen, sie bräuchte eine umfassende ausschließliche Liebe von Dir, und Du könntest ihr beim <u>besten Willen</u> nur kameradschaftliche Gefühle geben, so wird es immer wieder zu solchen Szenen wie der von Dir beschriebenen kommen ... Es wäre ein Irrtum, wenn Du glaubtest, Du würdest weniger schuldig an ihr, wenn Du wenigstens das gibst, was Du kannst. Du nährst damit nur Tag für Tag eine Illusion, die Du grausam ebenso Tag für Tag zerstören mußt. Du gibst ihr auf diese Weise keine Chance, die Wirklichkeit zu sehen und sich realistisch zu verhalten ... Es ist *auch nicht unverständlich, daß sie sich mit Händen und Füßen dagegen wehrt, die Wahrheit (die sie ja längst spürt) zu erfahren. Das ist schmerzhaft, das ist furchtbar – und es ist kein Wunder, wenn sie Dir signalisiert: Rühr nicht dran, oder es wird – auch für Dich – fürchterlich (»Wenn du mich nicht mehr liebst, erschlag' ich dich mit dem Beil.« – »Wenn du mich nicht mehr liebst, stürz mich doch in den Abgrund« = Daß du's nur weißt: Wenn du mich verläßt, tötest du mich.« – »Laß mich wenigstens so lange da, bis ich das Pensionsalter erreicht habe, dann kannst du mich ja ins Altersheim abschieben« = »Du bist ein infamer Egoist, aber ich erdulde alles. Aber das Gefühl, mich ermordet, mich abgeschoben zu haben, ein gefühlloser Rohling zu sein, das erspar ich dir nicht ... und wenn du vor den Leuten als solcher offenbar wirst, geschieht dir das recht«).*

... Mir fällt auf, daß Du z. B. (und es ist wirklich nur ein Beispiel, denn diese Tendenz spüre ich bei Dir öfters) schreibst: »Und davor eben habe ich Angst: ... daß Du Dich in mir genauso täuschst, wie sich Martha offenbar getäuscht hat.« Für mich wäre der Satz logisch weitergegangen: »... daß ich mich in Dir genauso täusche, wie ich mich in Martha getäuscht habe.«

... Um zum Anfang zurückzukommen: Es kann sein, daß Du jetzt meinst: Das ist zwar alles wenig erfreulich mit Martha, aber ich sehe keine Schwierigkeit, das so noch auf Jahre und Jahrzehnte zu leben. Dann ist es gut, dann braucht darüber nicht weiter gesprochen werden. Wenn nicht, hielte ich es (das ist jetzt keine Mode von mir) für hilfreich, wenn Du das irgendwann mit einem ausgebildeten Berater mal durchdenken würdest. Ich sehe Dich innerlich die Nase rümpfen ... Ich meine das deshalb: Eine gute Beratung hilft einem, das, was man will, und das, was machbar und wie es machbar ist, deutlicher zu sehen, und bedeutet darüber hinaus eine Stütze, einen Rückhalt. Es wird einem nichts abgenommen, aber man wird fähiger, seine Probleme in Angriff zu nehmen.

... So. Ich möchte, daß Du nur auf diesen Brief zurückkommst, wenn Du es wirklich willst. Wenn nicht, betrachte ich ihn als nie geschrieben. Ich war beim Schreiben wieder in dem Dilemma, den Eindruck zu haben: Das ist unerträglich, so kann er nicht weiterleben, ich muß ihm das schreiben – andererseits zu wünschen, Dich zu nichts zu drängen, wozu Du nicht willens bist oder wozu die Zeit nicht reif ist.

23.10.2014
»Mit dem Beil erschlagen«, »in den Abgrund stoßen«, »ins Altersheim abschieben« – das waren Zitate von Episoden, die mir Johannes über Martha berichtet hat. Leichen würden keine auf dem Schlachtfeld bleiben, schrieb ich damals – das war keine leichtfertige Prognose, sondern so wäre es normal gewesen. Aber dies war keine normale Geschichte. Vielleicht hätte sich das Mörderische schon an den Äußerungen über Beil und Abgrund erahnen lassen?

Ich habe gestern und heute viel nachgedacht über »Johannes und die Frauen« und »Johannes im Beruf, in der Öffentlichkeit«. Das ist solch ein Unterschied! Wenn er später öfter mal seinen Kirchenrechtslehrer Mörsdorf zitierte mit: »Neumann, Sie gehören nicht in die Linie, Sie gehören in den Stab«, so war dieser Einschätzung nicht zu widersprechen. Ich hatte mich ja in den Kirchenrechtsprofessor verliebt: frei dozierend, souverän, selbstsicher. Der gefragte Theologe, der nicht tollkühn, aber mutig Unerhörtes dachte und auszusprechen wagte. Der Homo politicus, dem man eine Karriere jenseits der beschränkten und beschränkenden Mauern der Theologie und Kirche zutraute. Er besaß Ehrgeiz und Verhandlungsgeschick, war ein gewiefter Taktiker, verbunden aber mit Großzügigkeit und Toleranz.

Auch mit Zivilcourage. Irgendwo muss es bei der Südwestpresse in Tübingen noch eine Karikatur geben, die den Rektor mit Eisenketten zeigt. Hintergrund: Während eines Streiks hatten Studenten einen Eingang mit Ketten verschlossen, um »Streikbrecher« am Besuch von Vorlesungen zu hindern. Der Rektor höchstselbst blaffte die Gruppe an, sie solle umgehend wieder aufschließen. Sie taten es. So sieht Autorität aus. Dass er dann – wie die Karikatur vorgab – kettenrasselnd abzog, glaube ich allerdings nicht.

Ganz anders war es bei Johannes und den Frauen. Soweit ich weiß, und ich glaube, dass ich eigentlich alles weiß, gab es keine Beziehung, in der nicht er sich hätte erobern lassen. Der Zölibat spielte auch mit, aber nur am Rande. Er versteckte sich auch nicht hinter dem Zölibat. Im Unterschied zu nicht wenigen Priestern, die munter Beziehungen pfleg(t)en und dann – wenn es ernst oder lästig wird – sagen: »Tut mir leid, aber ich will meiner Kirche treu sein.«

Was für eine Psycho-Logik steckt dahinter, wenn er mich vor sich warnt, signalisiert: »Du musst doch einsehen: Es hat keinen Zweck«?, ist das nun depressive Resignation oder soll es mich anstacheln, ihm das Gegenteil zu beweisen? Meine Bezeichnung »*Damenringkampf*« ist nicht unpassend: Frauen prügeln sich um ihn und er kann nichts dafür. Aber ich glaube, es kommt noch was dazu: Gertrud von le Fort, Paul Claudel und andere Vertreter der katholischen Lust-am-Leiden-Moral waren tief in ihn eingedrungen, auch wenn er bewusst darüber spottete.

Keine Frage, das ist ein moralisches Problem: Wie verantwortlich bin ich für eine Partnerin, auch wenn die Beziehung kaputt ist? Keine Frage, es ist eine berechtigte Sorge: Was garantiert, dass die neue Beziehung nicht lediglich eine Wiederholung der alten wird? Aber unter der Hand macht er daraus die Konzeption eines Dramas, bei dem es wie in einer griechischen Tragödie nur Schicksal und keinen Handlungsspielraum gibt.

Am 25.11. schrieb Johannes wieder einen Brief, in dem er Szenen einer Ehe mit Martha schilderte, und schloss: »*Jetzt habe ich es Dir geklagt – und nun tut es auch nicht mehr weh!*« Aber wie ging es mir?

26.11.1975

Lieber Johannes!

… Ich hielte mich auch für schizophren, wenn ich dadurch eine entlastende Funktion übernähme und die Dauer einer Beziehung, die nur noch vegetativ lebt, künstlich verlängerte, indem ich Dir zuhörte, Dich tröstete, Dir Rat gäbe. Darin sehe ich weder etwas Sinnvolles, noch liegt es in meinem Interesse. … Ich mag hier keine Rollenkonfusion, ich bin Deine Geliebte, und das mit Haut und Haaren, aber ich mag nicht Frau Beraterin in einer Sache sein, in der ich so stark mitbetroffen bin. Du bist mein Geliebter (ich denke auch: mit Haut und Haaren) und nicht mein Klient. Mich hat überrascht, und ich war recht froh darüber, daß Du die Idee mit der Beratung nicht sofort weit von Dir gewiesen hast. Vielleicht hast Du recht, daß das nur zu zweit Zweck hätte. …

25.10.2014
Diese Passagen zum Thema »Beratung« hatte ich nicht mehr in Erinnerung. Ich meinte, ich hätte Johannes quasi mit vorgehaltener Pistole gezwungen, selbst eine Analyse zu machen, und mir sei das Herz in die Hose gerutscht, als Klöß, der nicht nur Analytiker, sondern auch der evangelische Leiter der ökumenischen psychologischen Beratungsstelle war, verlangte, dass beide kommen sollten.

Richtig war, dass ich mich nicht verwickeln lassen durfte, aber auch, dass das ein Fall für Experten war. Mit der Konsequenz, dass ich Möglichkeiten der Einflussnahme aus der Hand gab. Hätte ja sein können, dass Johannes und Martha auf diesem Weg wieder zueinanderfinden und ich am Ende von beiden einen Blumenstrauß bekomme als Dankeschön für die Rettung ihrer Beziehung.

In diesem Frühjahr 2014 rief mich Klaus von Beyme an, in den 70er-Jahren der Gegenkandidat bei der Wahl zum Rektor. Das erste Mal gewann er, dann musste die Wahl wiederholt werden, nachdem irgendwer listig einen Formfehler herausgefunden hatte. Diesmal gewann Johannes.
 Klaus von Beyme wechselte kurz danach nach Heidelberg. Dort hatte er nicht mitbekommen, dass Johannes gestorben war. Es war wie so oft: Er habe schon so lange anrufen wollen und dann von Johannes' Tod erfahren. Aber er wolle sich trotzdem melden. Er kam auch auf Martha zu sprechen und erzählte, dass seine Frau und er von dem Paar als »der Pfarrer und sin Fru« gesprochen hätten. Er entschuldigte sich für die Despektierlichkeit, ich erwiderte: »So war es aber.«

Dieser Eiertanz um den Zölibat! Ich habe keine Ahnung, was vor Jahrhunderten der vermeintliche Beweggrund seiner Einführung war, aber außer Frage steht, dass er ein vorzügliches Macht- und Disziplinierungsinstrument ist. Ich leugne nicht, dass es katholische Priester gibt, die sich – und die betroffenen Frauen! – damit quälen, dieses Gesetz einzuhalten. Aber ich weiß, dass das die Minderheit ist. Die Mehrheit lebt Sexualität, lebt Beziehung – verdeckt, verquer, verklemmt oder auch ziemlich offen. Die

Oberen wissen das, denn bei ihnen liegen die Dinge nicht anders. Solange das Dekorum halbwegs gewahrt bleibt, kümmert es niemanden. Aber weiß man's? Die Zölibatsbrecher leben in Angst. Diese Angst macht zahm und das ist nützlich und es wird genutzt. Ist jemand aufmüpfig, dann hilft der zarte Hinweis des Vorgesetzten, man wisse dies und jenes …

Eine Zeit lang hat mich diese Frage beschäftigt. Ich verstand nicht, wieso die Betroffenen so selten auf die Idee kommen, den Spieß umzudrehen, wieso sie im Konfliktfall nicht sagen: »Ja, ich habe eine Beziehung – so what?« Vor 60 Jahren vielleicht hätte es der Bischof wagen können, den Priester mit Schimpf und Schande aus dem Heiligtum zu jagen. Aber schon seit Jahrzehnten ist das Risiko für den Bischof größer als für den sündigen Priester. In Zeiten knapper Ressourcen empfiehlt sich ein sorgsamer Umgang mit dem Humankapital. Noch wichtiger als das: Der »Skandal« beschädigt die Kirche viel mehr als den betroffenen Priester. Und auf Zwangsmaßnahmen reagiert die Öffentlichkeit, auch die katholische, verständnislos.

In einem kleinen Artikel – ich glaube, er erschien in einem Blättchen für »Priesterfrauen« – schrieb ich irgendwann in den 80er-Jahren unter dem Titel *»Handreichungen für Zölibatsbrecher«*: *»Kurzum: Ihr Bischof wird Ihnen zutiefst dankbar sein, wenn Sie ihm die Chance lassen, Ihr Verhältnis übersehen zu können. Solange irgend möglich, wird er es als ›harmlos‹ interpretieren – nicht Ihretwegen, sondern im eigenen Interesse. Seine Angst vor dem Skandal ist nicht geringer als Ihre.«* Motto jenes Artikels war das nigerianische Sprichwort: »Die Stärke des Leoparden besteht in der Furcht vor dem Leoparden.« Ein Sprichwort, das inzwischen viele meiner Patienten und Patientinnen von mir zu hören bekommen haben. Angst hindert so viele Menschen, besser zu leben. Ich muss mich nicht selten ermahnen und daran erinnern, dass meine recht angstfreie Konstitution ein Glück ist. Ich habe dieses Glück – andere nicht. Es wäre nicht nur ungerecht, sondern dumm, wenn einer, der körperlich kräftig ist, Schwächere anblaffte, sie sollen sich nicht so anstellen und den Zentnersack heben. Trotzdem ist für mich dieser Umgang mit Ängsten, dieses Ausmalen, was alles passieren könnte, immer wieder eine Herausforderung. Aushalten scheint – aus welchen Gründen auch immer – vielen

Menschen ungefährlicher zu sein als Gestaltung. Natürlich weiß man erst hinterher oder nie, was richtig war. Im Leben kann man nicht wie im Film die Szene zweimal drehen. Aber so selten kommt es nicht vor, dass ich mir in Therapien ein rechthaberisches »Habe ich es Ihnen nicht schon vor Monaten gesagt?« verkneifen muss, wenn durch Zögerlichkeit an der falschen Stelle schließlich die – vorhersehbare – Katastrophe eingetreten ist.

Dorle fällt mir ein, die einmal in einer bedrohlichen Situation ihrem Kontrahenten erwiderte: »Nun, den Kopf wird's nicht kosten, und mit allem anderen werd' ich fertig.«

So ist es – aber diese Überzeugung, dass es nicht den Kopf kostet, muss man erst einmal haben.

Johannes war mutig und ängstlich. Warum er im einen Fall mutig und im anderen ängstlich und zögerlich war – genau kann ich es nicht erklären. Aber er hat seine Angst überwunden. Und er hat es nie bereut. Das weiß ich.

Montag, 1.12., 9.30 Uhr

… Hier ist wieder großer Krach im Hause. Aber ich will darüber nicht berichten! … Weißt Du, Liebes, ich bin zutiefst hoffnungslos. Ich wiederhole mich. Aber ich habe einfach Angst: Sieh, vor 12 Jahren, vor 10 Jahren haben M. u. ich uns auch glühende Liebesbriefe geschrieben. Freilich gab es damals bereits tiefgehende Unterschiede u. Fremdheiten, die ich aber nicht glaubte benennen zu sollen u. zu brauchen. Aber sie waren spürbar u. bewußt da! – Das ist bei Dir und mit Dir anders. Aber wird uns das vor einem ähnlichen Schicksal bewahren? Ich bin so müde geworden! Und zudem, wie soll alles gehen, wie soll es werden? …

<u>*Immer*</u> *Dein J.*

8.02 Uhr am 13.12.

… Im Augenblick habe ich etwas Sorge …, was Martha in bezug auf unseren Urlaub einfällt. Sie will mir jetzt Dagmar mitgeben. Ganz deutlich hat sie ihre Sorge ausgesprochen, ich könnte mit einer »anderen Frau« in die Berge fahren.

25.10.2014

Dagmar ist eine Tochter von Martha, und die Idee, sie Johannes als Aufpasserin im Urlaub mitzugeben, erschien mir reichlich schräg und die ganze Angelegenheit mit unserem Urlaub in den Weihnachtsferien begann mich zu ärgern. Die Enttäuschung, dass die ursprünglich geplanten 14 Tage auf eine Woche zusammengeschnurrt waren, hatte ich noch gelassen hinnehmen können.

16.12.1975

… Ich habe Dir gestern deshalb recht barsch zur Kenntnis gegeben, daß ich diese diversen Dagmar-Kapriolen nicht weiter mitmachen möchte. Ich verstehe, daß es Martha sehr schwer ankommt, Dich »allein« in Urlaub ziehen zu lassen, aber was sie damit treibt, kommt mir allmählich doch so vor, daß indirekt auch mir auf der Nase herumgetanzt wird. Und ich bin nicht willens, mich bis zum letzten Augenblick in Atem halten zu lassen. …

Es ist für mich keine Art, die Dinge zum 151. Mal in Revision gehen zu lassen und einen Instanzenweg zu installieren, wo nichts »rechtskräftig« werden kann. <u>Das</u> ist für mich untragbar … es wäre eine völlig andere Sache, wenn Du jetzt sagen würdest: <u>Mir</u> ist die Sache aus den und den Gründen doch zu gewagt, lassen wir's bleiben … Es ist nämlich exakt das gleiche, ob Du Martha zuliebe nicht fährst oder ob Du mir zuliebe fährst; wenn nicht Du dahinterstehst, wirst Du im einen wie im andern Fall unzufrieden sein.

Hier wird über kurz oder lang überhaupt der entscheidende Punkt sein … Deswegen auch mein Angebot, unsere Beziehung für eine Zeit zu suspendieren. Das könnte Dir hilfreich sein, in Ruhe in Dich hineinzuhorchen und abzuwägen … Ich schließe dabei nicht aus (obwohl ich es natürlich nicht hoffe), daß Du zu dem Ergebnis kommst, es sei besser, die Beziehung zu mir abzubrechen, weil Du Dich dem nicht gewachsen fühlst. Ich wäre auch dann sicher, daß Du nie gelogen hast, wenn Du gesagt oder geschrieben hast, daß Du mich liebst. Wie es äußere Grenzen für eine Liebe geben kann, die unüberwindbar sind, kann es innere geben …

Am selben Tag schrieb Johannes:

16.12.1975, 10.56 Uhr
Liebste Ursula!
… Nun ist die »Krise« eher da, als ich (wir) es gefürchtet hatten! Es ist keine Krise der Liebe, sondern eine Krise bedingt durch unsere Lebensfaktoren … ich sehe ein, daß Du (auf die Dauer) nichts davon hast, wenn ich sage und beteuere, Dich zu lieben, Dein Alltag sich aber nicht ändert und bei mir die Unklarheit zunimmt.
Klar sind mir nur zwei unvereinbare Positionen:
1. Ich habe erkannt, daß Du »mein Mensch« bist, mit dem mich volles und tiefstes Verstehen in allen menschlichen Bereichen unmittelbar und total verbindet. Ich weiß mich aufgehoben und verstanden, geliebt, und ich liebe wieder!
2. Ich habe vor 14 Jahren ja gesagt zu Martha, ihrem Leben und ihrer Art … An dieses Wort fühle ich mich so lange gebunden, bis sie es von sich aus widerrufen würde. Außerdem hat sie sich auch finanziell-wirtschaftl. so von mir abhängig gemacht und damit auch umgekehrt mich abhängig werden lassen, daß ich im Augenblick keinen Ausweg zu erkennen vermag.
Nun auf ein »Wunder« zu hoffen, ist unrealistisch …

26.10.2014
Ein rotes Auto kommt die Trottbergstraße entlanggefahren. Für den Bruchteil einer Sekunde denke ich: »Schön, Johannes kommt.« Bei der Erkenntnis »nie mehr« überfällt mich das Gefühl der Sinnlosigkeit. Ich habe oft aus dem Fenster geschaut, wenn ich ihn erwartete, oder ich habe gehört, wenn er die Auffahrt hochfuhr. Ich glaube, ich habe dabei nie gedacht: »Einmal wird es das letzte Mal sein.« Aber bei aller Sehnsucht ist mir auch klar, dass er mir Ende 1975 einiges zugemutet hat. Es sollte im Jahr darauf noch mehr werden.

Natürlich lässt man einen Menschen, an den man sich gebunden hat, nicht fallen wie eine heiße Kartoffel. Aber was ist das für eine Logik: Weil Martha sich von ihm finanziell abhängig gemacht hat, muss er bleiben, egal wie sich die Beziehung entwickelt. Das ist abstrus!

Auf einem anderen Blatt steht seine Skepsis, ob das mit mir nicht doch auf ein »semper idem« hinauslaufen würde. Diese Angst verstehe ich. Geteilt habe ich sie nicht mehr, nachdem unsere ersten Wochen vergangen waren. Ich war mir sicher, ob aus jugendlicher Blauäugigkeit oder aus besseren Gründen.

Die Briefe vom 16.12. scheinen die letzten des Jahres 1975 gewesen zu sein. Dann kam Hamburg, wo ich mal als »Mitarbeiterin«, mal als »Ehefrau« fungierte. Am 1.1.1976 wollten wir in die Schweiz fahren. Mein Satz vom 25.10.1975: »*Ich freue mich nicht drauf. Noch nicht. Noch nicht. Erst wenn ich mit Dir im Auto sitze ...*«, zeugt von Weitsicht:

15.1.1976

... Silvesterabend war Astrid da. Johannes rief mehrmals an, zunächst hatte er Gewissensbisse wegen Martha, in fortgeschrittenerem Zustand sagte er dann: »Wir fahren morgen. Das Weib hat mich so geärgert.«

Am 1.1. rief er um halb neun an, ob ich wach sei. Dann noch mal, kurz bevor ich losfahren wollte: »Du, ich glaub', ich kann nicht fahren, mir ist so übel.« – »... ...« – »Du sagst gar nichts.« – »Mhm ...« – »Jetzt denkst du sicher: Also doch!« – »Mhm.« ... »Also gut, wir fahren.« – »Gut«, sagte ich und legte den Hörer auf.

*Ich war zerschlagen. Damit hatte ich nicht gerechnet. Daß **sie** krank würde, daß sie Szenen machte, ja. Aber er?*

Sehr zwiespältig fuhr ich nach Tübingen. Er sah miserabel aus. Ich packte mein Gepäck um. Der erste Teil der Fahrt verlief recht bedrückt, schweigsam. Das sollte es also sein, worauf man so lange gewartet hatte? Ich sagte, daß mich das sehr betroffen gemacht habe, aber es gab kein böses Wort. In der Schweiz setzte ich mich – wenn auch nur kurz – ans Steuer. Es ging besser, als ich gefürchtet hatte. Für ihn war es das erste Mal, daß er in seinem Auto auf dem Beifahrersitz saß.

17.1.1976

In Chur, wo wir eigentlich geplant hatten zu übernachten, beschlossen wir weiterzufahren. Als wir schließlich irgendwo nach einem Zimmer fragten, wurde uns beschieden, vor St. Moritz gebe es nichts, aber dort sicher.

Einigermaßen ruhig fuhren wir durch die Dämmerung, das Weiß der Berge, der Himmel hellblau, dunkelblau, gelb, rosa. Und es war noch immer kein böses Wort gefallen.

In St. Moritz trabte er etwas unsystematisch-ratlos hin und her. Das Ganze paßte ihm nicht. Ich beschloß, die Sache in die Hand zu nehmen, wenigstens insoweit, daß ich – nahe am Umfallen – darauf bestand, in das nächste Café zu gehen, wie immer es aussehen sollte. Es sah voll aus. Aber mir ging es gleich besser, als ich meinen Kakao hatte.

Ein Blick zwischen uns, als eine St.-Moritz-Dame sich exaltiert von ihren Freunden verabschiedete. Wir waren uns einig: Das war nicht unser Stil. Trotzdem suchten wir weiter: zwei Hotels er, dann zwei Hotels ich. Fehlanzeige. Schließlich kamen wir zu der Ansicht, daß es auch in St. Moritz kein Bett mehr für uns gebe. Wir fuhren das Tal hinab. Fragten – alles besetzt. Schließlich sehe ich ein Schild: Zimmer frei.

Natürlich war kein Zimmer frei, aber immerhin wußte der Inhaber eins und telefonierte gleich noch dahin ... Ich mußte grinsen, als ich an die Bedingungen dachte, die Johannes gestellt hatte (mit Bad, Hallenbad usw.). Es gab noch nicht mal fließendes Wasser. Aber wir waren selig ... Die Tatsache, daß Johannes nicht bei offenem Fenster schlafen kann, förderte zutage, daß an einer Wand des Zimmers die Heizungsrohre für das ganze Haus verliefen. Es war tropisch.

Andertags Entschluß: Wir fahren nach Südtirol. Schönes Wetter, und Johannes taut auf, er erzählt und wird immer witziger. Und ich taue nicht weniger auf. Ich rede nicht viel, aber ich bin fröhlich, glücklich. In Müstair zeigt er mir eine Kirche. Nach und nach erfahre ich, daß er Südtirol sehr gut kennt und seit 10 Jahren nicht mehr da war.

Das strahlende Land. Auch im Winter ist es strahlend. Das ist gar kein Winter. Das ist eine freundliche Jahreszeit.

Meran. Er sucht seinen gewohnten Parkplatz auf. Wir gehen Mittag essen. Ich endlich wieder Pasta asciutta. Und einen Muskateller. Friedlich, heiter, vergnügt. Ach Gott, wie ist das alles schön!

Sollen wir nach Schenna oder Tirol? Ich lose: Tirol. Wir fahren Richtung Tirol. Da sehen wir Schenna in der Sonne liegen. Ob wir nicht doch lieber ...? Wir fahren nach Schenna. Zum Fremdenverkehrsbüro. Unzählige Zimmer frei ... Zum Hotel Ifinger. Johannes geht rein. Ein paar Minuten, und er kommt strahlend, aufgeregt wie ein kleiner Junge raus: Das könne er nicht entscheiden, das müsse ich mir selbst anschauen. Zwei Zimmer. Welches ist schöner, besser? Sie waren beide wundervoll. Schließlich nahmen wir Nr. 55, direkt beim Hallenbad. Mit Balkon, vom Bett aus sah man die Berge. Mit Bad. So schön habe ich noch nie gewohnt.

Wir umarmten uns, liebten uns. Mein Gott, wie oft haben wir uns in diesen Tagen geliebt. Und Johannes in Angst wegen seiner alternden Potenz! Du lieber Himmel! So oft hab ich noch nie in so kurzer Zeit mit jemand geschlafen. ... Draußen ein Spatz, der auf einem Spalier an der Mauer sitzt, aufgeplustert, läßt sich von der Morgensonne bescheinen. Das war ich – das war er ...

25.1.1976

Ob ich jemals mit meinem Ferienbericht fertig werde? ... Zurück zum Ifinger. Das ist fast zu einem Synonym für Glück geworden ... Nach dem Frühstück fuhren wir Richtung Bozen bis zu einer Seilbahnstation. Er kannte sich aus, denn er war oben (es war bei Mölten) schon in Urlaub gewesen. Ein strahlender, ruhiger Tag. Jetzt im Rückblick erscheint es mir wie damals in dem Hochhaus in Paris. Ruhe, tiefe Ruhe. Wir allein. Redend. Die Berge betrachtend. Er so zärtlich, er will mich spüren und ich ihn auch. In Mölten aßen wir zu Mittag. Ganz einfach. Fleisch, Knödel, Wein ... der fröhlich macht des Menschen Herz. In einer Umgebung, die uns noch ursprünglich scheint ... Ist sie es noch?

Anschließend ein gutes, tiefes Gespräch über seine berufliche Zukunft. Was will er? Politik? Professorale Freiheit? München? Tübingen? Ich konnte ihm helfen, sich klarer zu werden ...

Wir fuhren also zurück nach Meran, er rief seine Martha an, und dann legten wir uns ins Bett. Lasen, schmusten, plauderten ... Wie oft habe ich das Wort »plaudern« gesagt, seit ich ihn kenne! Vorher nie ... Glücklich sein, weil man neben einem Menschen einschläft und weiß, daß man neben ihm aufwacht?

... Ich spüre ganz leise, daß irgend etwas nicht stimmt. Spät nachmittags sagt er, was ich davon hielte, wenn wir schon früher zurückführen. Er habe einen Artikel noch nicht fertig, den er schon am 24.12. hätte fertig haben müssen, und außerdem habe er Angst, Martha könne doch dahinterkommen. Er sagt es in dem Bewußtsein, daß es jetzt gleich Krach gibt.

Ich bin ärgerlich. Fühle keine Wahlmöglichkeit, die er mir »scheinbar« zugesteht. Sage, daß er den Artikel hätte fertigmachen müssen, hätte er schon früher gewußt, und auch, daß die Martha schwierig sei. Aber jetzt könne ich nicht mehr drauf bestehen, daß wir bis zum Ende blieben, das ginge jetzt nicht mehr. Wir würden fahren, aber das sei das erste und letzte Mal, daß das so ginge. Nächstes Mal solle er gefälligst vorher überlegen.

Er sagt, jetzt habe er mir die Ferien verdorben, jetzt habe er alles kaputtgemacht. Nein. Und wir sprechen ruhig, wir können ruhig miteinander sprechen. Er sagt hinterher, daß es da nicht zum Krach gekommen sei, sei mein Verdienst gewesen. So ist es nicht. Sicher habe ich da ein Verdienst, aber es ist bei ihm auch so einfach.

Trauer in unseren Herzen, Angst in seinem – er glaubt noch nicht, daß ich ihm nicht böse bin, aber ich weiß, das kann ich. Wir fahren schon am nächsten Tag.

27.10.2014

Als ich gestern die Südtirol-Passage aus meinem Tagebuch abschrieb, dachte ich: Müstair ist falsch geschrieben. Ich google. Stimmt! Ich korrigiere. Wie hat man das eigentlich früher gemacht? Vor gerade 40 Jahren.

Hannah erklärt einem 14-Jährigen die Funktion von Telefonhäuschen: Die seien aus der Zeit, als es noch keine Handys gab. »Und wieso sind die nicht im Krieg zerstört worden?«, fragt er. Graue Vorzeit.

Es ist so vieles leichter geworden. Bloß wundere ich mich, dass das weder als Zeitersparnis noch als Qualitätssteigerung zu Buche schlägt.

Ich google »Ifinger«. Gibt es noch. Ungefähr dreimal so groß wie damals – und natürlich online buchbar. Johannes und ich waren viel, viel später noch einmal in Südtirol und sind nach Mölten gefahren – das ging inzwischen mit dem Auto. Oben, wo wir 1975 einsam spazieren gegangen waren, gab es nun gefühlte zwei Autobahnen. Das war nicht mehr unser Südtirol.

Unser Südtirol, unser Ifinger – »*Synonym für Glück*«, das ist so verkehrt nicht. Das Gespräch oberhalb von Mölten war für Johannes eine Weichenstellung. Er wog ab: politische Karriere – an der Uni bleiben. Ich assistierte. Schließlich war ihm klar: nicht in die Politik, obwohl ihn schon manches gereizt hätte und obwohl er damit den ganzen Ärger mit der Kirche los gewesen wäre, selbst in einer christlichen Partei. Und ich musste Abschied von meinem Traum nehmen, den Landespresseball zu den Klängen von »Gold und Silber« mit Johannes zu eröffnen. Aber er konnte sowieso nicht tanzen …

Tübingen oder München. Es ging darum, dass sein Lehrer Mörsdorf in ein, zwei Jahren emeritiert werden würde und Johannes sich Chancen auf seine Nachfolge ausrechnete. Damit wäre er nicht nur automatisch Chef des kanonistischen Instituts geworden, sondern München war »seine« Stadt, nach der er sich immer zurückgesehnt hatte.

1.2.1976

… In Stuttgart wartete ich. Wartete, daß er anruft. Und so gewohnt es mir hätte sein müssen, so unerträglich war es jetzt, nachdem all das hinter uns lag: das gemeinsame Einschlafen, das gemeinsame Aufwachen. Die beständige, gute, reiche Kommunikation.

Jetzt plötzlich spürte ich: So geht das nicht weiter. Das geht einfach nicht. Und als er anrief, konnte er nur einen Satz sagen und legte gleich wieder auf.

Ich dachte nach. Es war ein Konglomerat von Gedanken. Einmal schienen mir die vergangenen Tage den Beweis geliefert zu haben – erstaunte es mich noch? –, daß wir zusammenpassen. Zum andern war Ärger in mir: Ich wollte nicht, daß nur er bestimmte (bzw. sich diktieren ließ), wann und wie lange wir uns sehen und sprechen können. Es war das Gefühl, an einem Scheideweg zu stehen.

… Ich sagte ihm am anderen Tag, daß ich 14 Tage Klausur wolle. Ich sagte ihm die Gründe. Er sah es ein – tat zumindest so, nein, ich glaube, er sah es tatsächlich ein.

Es fiel mir nicht leicht, aber leichter, als ich gedacht hatte, und daß ich doch unabhängig war, das machte mich froh. Ich kam auch wirklich zum Nachdenken. Mir wurde klar, daß über kurz oder lang Martha weg mußte. Und ich war mir klar, daß ich diese Entscheidung nicht herbeidrängen wollte, aber sie mußte kommen. Ich wünschte fast nichts so sehnlich, wie daß er eine Therapie oder Beratung machen würde. Schließlich kristallisierte es sich bei mir fast so heraus, daß Beratung das einzige wäre, was ich von ihm verlangen würde.

Weil ich glaubte, daraus würde alles Weitere resultieren. Nun waren mir aber beileibe nicht 14 mal 24 Stunden beschieden. Schon nach einem Tag rief er an. Ich glaube, er wollte mir nur sagen, daß er mich noch liebe. Abends rief er wieder an. Es sei alles so hoffnungslos. Er liebe mich zwar, aber er könne Martha nicht wegschicken.

Wenn das das Ergebnis sei, müsse man eben die Konsequenzen ziehen, meinte ich. Ich war angespannt und kühl. Und dann – ich war recht hilflos – sagte ich ihm, was ich morgens in der Analyse gedacht und »geprobt« hatte. Daß ich ihn zwar liebe, aber nicht brauche. Daß es ihm nicht helfe, wenn ich für ihn Entscheidungen fälle ... – Es sei so hoffnungslos. – Wenn es das sei (ich glaube das nicht), dann müsse man sich entsprechend verhalten. Wenn etwas nicht gehe, dann gehe es nicht. Und er könne sich frei entscheiden. Ich würde es verkraften. Jede Entscheidung würde ich verkraften. Wünschen würde ich mir zwar, daß wir uns wirklich lieben könnten, aber ich würde es auch anders durchstehen.

Am Samstag rief er wieder an. Und zum ersten Mal, während er vorher total fertig, resigniert, nach Aufgeben, demütig klang, war ein Hauch von Ärger zu spüren. »Es gibt Leute, die hängen sich lieber im Gefängnis auf, als daß sie versuchen rauszukommen.«

Sonntag zwei Gespräche. Die Wende. Ich weiß es nicht mehr so genau. Aber er hatte sich entschlossen. Er habe begriffen (am eigenen Leib verspürt, wie Klöß meinte), daß das ein unerträglicher Zustand sei, warten zu müssen, bis man angerufen wird ... Ich sei »sein Mensch«. Das sei ihm klar. Und er würde mir schreiben, wie er sich eine Lösung vorstellen könnte. Ich fühlte es und <u>wußte</u> es: Das war eine Wende.

27.10.2014

Eine Wende, aber noch keineswegs die Wende. »*Johannes Cunctator*«, Johannes, der Zauderer, war in jenen Monaten eine korrekte Selbstbeschreibung. Südtirol aber hatte uns beide sicherer gemacht: Unsere Liebe hat Hand und Fuß. Aber nicht nur das. Die Reise hatte auch das Bild korrigiert, das jeder von sich selbst gehabt hatte.

Retardierendes Moment

15.1.1976, 15.20 Uhr

*L*iebste Ursula!
... Heute vor 2 Wochen waren wir um diese Zeit in der Schweiz; in der Gegend von Chur. Für mich ist gerade an diesem ersten Tag so faszinierend, daß ich – der ich sonst so unbeherrscht bin – trotz allem Streß und bei aller Ungewißheit nicht bösartig geworden bin wie sonst! Ich muß also noch sehr »verliebt« sein – oder aber Du weckst in mir »gute« Seiten, die bisher »schlummerten«. Deshalb waren die gemeinsamen Tage in Hamburg, in der Schweiz und Südtirol für mich nicht nur schön und liebevoll, sondern ungeheuer aufschlußreich über mich selbst! Alle meine Klischees über mich selber haben sich nicht bestätigt ...

Gerade sagte Eicher am Telefon, daß jetzt die Sexual-Enzyklika veröffentlicht ist. Sex darf und kann es nur in der Ehe geben. Und Masturbation ist böse! Merk Dir das! ... – Mir stellt sich wieder die Frage, kann und darf ich einer solchen Gesellschaft dienen? Darf ich von diesen Perversionen »um meiner köstlichen Professorenfreiheit willen« absehen und »Wissenschaft« unter dem Gesichtspunkt meines Interesses betreiben? Kann man einer solchen Institution – auch auf Distanz – noch dienen?

Ich bin doch wieder unsicher geworden, obwohl ich wußte, daß dieses Papier kommt, und auch wußte, was in etwa drinsteht! Man kann ja kaum noch einem denkenden Zeitgenossen ins Gesicht schauen, ohne rot zu werden. Vielleicht kann man wirklich nur noch »rot« werden!

Sei Du nur froh, daß Du noch jung u. stark genug bist, ein anderes Fach zu studieren! Lerne Deine Biologie gut! Das ist vernünftiger, als nur eine Zeile eines päpstlichen Dokumentes zu lesen! ...

27.10.2014

Ach ja, der Pillen-Paul und Humanae Vitae von 1968 mit dem Verbot »unnatürlicher« Verhütungsmittel und 1975/76 die Fortschreibung dieser Enzyklika mit der »Erklärung zu einigen Fragen der Sexualethik« von Kardinal Seper, dem Präfekten der Glaubenskongregation. Da fällt mir ein, von dem habe ich auch noch ein Autogramm ... das bringt aber sicher nicht mehr als 20 Euro. (Während ich an Ratzinger 450 Euro verdient habe. Es wären noch 50 Euro mehr gewesen, wenn Johannes bei den beiden Ansichtskarten nicht die Briefmarken ausgeschnitten hätte. Aber wer denkt denn auch so weit!)

Inzwischen ist Pillen-Paul selig- oder heiliggesprochen. Ist mir zu blöd, das genau zu googeln. Auf alle Fälle sind diese Akte heute wieder genauso inflationär wie im Mittelalter, als jeder Papst, Bischof, Kaiser und König heiliggesprochen wurde, falls er es nicht gar zu schlimm trieb. Wobei »schlimm treiben« nicht Krieg, Mord und Totschlag meinte, sondern »das eine«.

16.1.1976

Liebster!

Das ist eine ganz wunderschöne Liebeserklärung, wenn Du schreibst, ich würde möglicherweise schlummernde gute Seiten in Dir wecken. Ich habe Dich ja zwar immer nur liebenswürdig, freundlich, diszipliniert, ausgeglichen gekannt (von einer einzigen Explosion im Seminar abgesehen ...) ... Mir ist inzwischen auch nicht mehr so bang vor dem ersten Krach, der kommen wird, weil ich nicht mehr glaube, daß das der Anfang vom Ende ist, sondern Ausdruck eines begrenzten Konflikts ...

Mir ist aber nicht Deine Friedfertigkeit in den Ferien aufgefallen, sondern was ich gestern mit »auftauen« meinte: Von Tag zu Tag sprachst Du einen Dialekt mehr ... und ich werde nie vergessen, wie Du als jugoslawischer Kellner von dem schlechten Wetter in Germania berichtetest. Es ist vielleicht nicht wichtig, aber ich find's wunderschön. Und in meinem eigenen Interesse (damit ich was zu lachen habe) möchte ich Dir, wenn ich kann, diesen Spiel-raum geben ...

Die Enzyklika, oder was das sein soll, finde ich nicht so wichtig. Ich glaub', man muß sich wegen ihr nicht schämen, sondern nur genieren, weil man einer Institution angehört, deren Meister meisterhaft unfreiwillige Komik liefert. Das wird eine Stilblütensammlung, aber die Zeiten sind vorbei – im großen und ganzen wenigstens –, wo so etwas unmenschliche Wirkungen hatte.

Ich küsse Dich außerehelich und treibe – leider nur in Gedanken – noch viel Verwerflicheres mit Dir,
Deine Ursula

20.1.1976

Liebste Ursula,
... Auf der andern Seite ist es bei mir so, daß mein Affekt gegen die Kirche so groß ist, daß ich sie dann in meinem (wissenschaftl.?) Arbeiten viel zu gut wegkommen lasse, weil ich fürchte, sonst unobjektiv, ungerecht u. unwissenschaftlich zu sein. Wut und Verachtung (oder gar Haß) auf der einen Seite streiten mit wissenschaftl. Redlichkeit. Von daher gesehen versteh, wenn ich oft Deine rationale Klarsicht lobe ... Ich weiß, daß Du mir hilfst, meine ekklesiale Schizophrenie zu überwinden – so ich dazu überhaupt noch fähig bin!
... ... Vorhin rief der SWF an, ob ich meinen Ehevortrag schon fertig habe. Dabei saß ich gerade dran. Und ich komme mir dann irgendwie verlogen vor, wenn ich anderen »Ehe« ›predige‹, selber aber eine Liebe lebe, die von andern als äußeren Rechtssätzen geprägt ist. – Zu Beginn meines Vortrags versuche ich der »gesetzesfreien« Liebe Lebens<u>recht</u> zu schaffen. Behutsam. Zu behutsam?

Mittwoch, 21.1., 10 Uhr
Ich wäre zu gerne hinuntergekommen, um Dir das erste Exemplar »Menschenrechte – auch in der Kirche?« zu geben. Das Paket mit den Vorausexemplaren kam vorhin. Und nun bin ich aufgeregt, was aus diesem »Kind« wohl wird, ob die Leser es annehmen und die Fachkritik es grundsätzlich akzeptiert. Ich muß gestehen, ich habe etwas Angst! ...

16 Uhr
Soeben habe ich abtelefonieren lassen, daß ich heute abend – Mittwoch – nicht zum Treffen mit Herrn Filbinger gehe. Was soll ich da? Was ich F. zu sagen hatte, habe ich ihm im November gesagt. Zum »Politiker« fehlt mir die ideologische Leidenschaft und kompromißlose Härte. Ein Politiker darf nicht soviel denken, das irritiert.
Ich habe das Büchlein über Menschenrechte für Dich fertig gemacht und eingepackt. Du bist der <u>erste</u> Mensch, dem ich es mit Widmung geben werde ...

Die Widmung in dem Büchlein lautet: »Meiner lieben Ursula! Johannes 25.1.1976 (25.7.1975)«.

Auch wenn es manchmal so scheint, dass wir in diesen Monaten nichts anderes taten, als Briefe zu schreiben, zu telefonieren und uns manchmal zu sehen, so hatte auch ich ein straffes Programm: Schule, Schulreferat, Eheberatungskurs, Dissertation, ab und zu noch Vorträge, die Geld brachten, Studium. Bei Letzterem nahte die erste Prüfung in Biologie.

1.2.1976

Brmpbfffff. Niemand liebt mich. Du sagst, ich soll weiterlernen. Und ich hab mal geglaubt, Du würdest mich lieben! Alles Schwindel. Weißt Du, was ich jetzt könnte? Wenn Du mich liebtest – aber Du liebst mich ja nicht, denn Du sagst, ich soll weiterlernen, und außerdem drängst Du mich <u>dauernd</u>, ich solle aufhören zu telefonieren. Mit fadenscheinigen Vorwänden. Teure Telefonrechnung!! ... Denn obwohl (siehe oben) Du mich nicht liebst, liebe ich Dich. Und das ist nämlich wahre Liebe. Liebe, die nicht erwidert wird, die sich verströmt und ausläuft wie eine angestochene Leberwurst. (Was am osmotischen Druck liegt, wie ich Dir nach meinen heute gewonnen Erkenntnissen mitteilen kann. Hast Du Dich eigentlich noch nie gewundert, daß Du nicht ausläufst? Siehst Du! Dafür hast Du Deine Osmoregulatoren. Hast sie, benutzt sie und weißt nichts davon. Typisch!)

Freitag fragte Dorle, ob ich gar eventuell bereit wäre, mit Dir nicht nur das Bett, sondern auch eine Wohnung zu teilen (im Frühsommer hatte ich dergleichen Vorstellungen als letzte Perversion und Relikt aus der Entstehungszeit des Menschen zurückgewiesen). Ich senkte den Kopf und errötete leicht. Sie kreischte vor Vergnügen. »Rührend«, meinte sie.

Ich belehrte sie dann dahingehend, daß es sich um eine völlig neue Situation handle, da dieses ja nachgewiesenermaßen die wahre Liebe sei. Und ein eventuelles Zusammenwohnen von Dir und mir aus diesem Grunde auch nicht im entferntesten mit den üblichen Formen des Zusammenlebens zu vergleichen wäre.

Jetzt <u>beruhige</u> Dich, um Gottes willen. Ich habe ja nicht gesagt, daß es mein Lebensziel ist, eine Wohnung mit Dir zu haben, ich habe nur gesagt, daß ich mir nicht abartig dabei vorkäme.

... Allmählich muß ich die Millerin dann doch aufklären wegen meiner Scheidung. Ich wäre schon froh, wenn ich das hinter mir hätte (obwohl ich, als mein lieber Mann neulich meinte, so eine Scheidung sei halt doch noch eine

seelische Belastung, in <u>tiefster</u> Naivität fragte: »Wieso? Das versteh ich nicht!«). Aber die Vorstellung des Gezerfs vor Gericht und wenn ich im Ordinariat Farbe bekennen muß ... Der Paulus hat schon recht, daß es besser ist, nicht zu heiraten.

... Deine Idee, mal eine Fete mit Dorle und Astrid zu machen, find' ich prima. Ich lieb' nämlich Euch alle. ... Hast Du denn – ich hab' Dich das schon mal gefragt – keine ähnlichen Freundschaften wie ich? Ich finde das <u>schade</u>. Niemand, dem Du alles mögliche ..., <u>alles</u> mögliche erzählen kannst? ... Jetzt küsse ich Dich und trinke meinen Sekt alleine (eine kleine Flasche hab ich nämlich). Seit ein namhafter Kirchenrechtler schriftlich geäußert hat, er könne nicht alle Formen des Hand-an-sich-Legens als egoistisch verurteilen, bin ich diesbezüglich allerdings gehemmt (!!!!) ... Nein, ich hab vorher auch nicht ..., fast nie ..., wenigstens nur ganz selten. Du, übrigens (Ablenkungsmanöver): Die Besprechung im Publik Forum ist doch wirklich erfreulich und <u>sehr</u> solide. Ich hatte wirklich nicht das Gefühl, daß man Dich für böse linke Zwecke ausschlachtet. Daß Du im Grunde auch dieser Ansicht bist, bewies mir die große Zahl von Fotokopien, die Du von den zwei Seiten gemacht hast. Pfui, was bin ich doch spitz! Unbefriedigte Frau. Eben.

Deine Geliebte

28.10.2014

Klingt heiter. Aber heute, als ich meine und seine Briefe bis zum Mai 1976 gelesen habe, war ich traurig und schockiert darüber, was mir Johannes in dieser Zeit zugemutet hat. Das war nicht fair. Während ich das schreibe, denke ich: Was würde er sagen? Wie sieht das aus seiner Sicht aus? Es ist sicher auch nicht fair, dass ich das letzte Wort habe. Schon wahr. Trotzdem empört mich sein Wegducken, dieses »Lassen-wir-es-mal-so-laufen«.

Er hatte im Januar gesagt, er wolle den Kampf aufnehmen, hatte mir am 12.1.1976 geschrieben, wie er sich seine und unsere Lebensplanung bis 1977/78 vorstellte, wie er sich aus der Beziehung mit Martha lösen wollte. Das wäre zu korrigieren gewesen, er hätte sagen können: »Ich kann, ich will dazu nicht mehr stehen.« Aber er hat auf ein Wunder gehofft oder was weiß ich. Er war nicht Manns genug, von sich aus zu sagen: »Ich habe meine Meinung geändert.« Das wäre seine Bringschuld gewesen.

Später habe ich manchmal gedacht, ich sei damals zu ungeduldig, rigoros und hart gewesen. Aber wenn ich all das nach Jahrzehnten lese, denke ich: Nein, ich war schafsgeduldig.

Äußerlich sah es also zwischen Januar und März 1976 so aus, als wäre alles harmonisch. Wir versicherten uns unserer Liebe, unseres Begehrens, unserer gegenseitigen Bewunderung, unseres Glückes miteinander. Wir erörterten, ob Mutter Teresa, die von der Katholisch-Theologischen Fakultät den Ehrendoktor kriegen sollte (was ich damals wie heute für eine Schnapsidee halte, während ich die spätere Verleihung an meine Ex-Chefin Gabriele Miller voll gerechtfertigt finde), wohl in der Business Class anreisen würde und ob beim Empfang schwarzer Anzug vorgeschrieben wäre. Ich erzählte Anekdoten aus der Lehrplankommission, einer in der Tat bemerkenswerten Versammlung, gab an mit neu erlernten Statistikbegriffen wie Z-Score und bivariable Häufigkeitsverteilung, die mir heute genauso wenig sagen wie ihm damals, und ließ mich von einem *»gewissen Heinz Schweickhardt«* scheiden – mit anderen Worten: Es sah alles aus wie business as usual.

Aber dazwischen schlich sich anderes ein: Johannes gestand, dass Martha nach wie vor, wie ich es formulierte, *»sein Bett besiedelt«*. Ich bin zwar sicher, dass er nicht mehr mit ihr schlief, aber die Tatsache kränkte mich: »*... Es kränkt mich nicht aus Eifersucht, sondern weil ich ihn da schwach empfinde, da müßte er um seiner Integrität willen Klarheit schaffen. Wenn ich mir vorstelle, ich würd' noch mit Heinz in einem Bett liegen!! Da kann ich nur eine Gänsehaut kriegen ...«*

Immerhin, ich behielt die Kränkung nicht für mich, sondern schrieb ihm am 22. Februar: »*... daß es mich kränkt – auch wenn ich mir sage, daß um der Taktik willen gar nichts anderes übrigbleibt ... Darum muß die Frage gestellt werden – nicht nur: Was macht Martha mit Dir, was mache ich mit Dir, was macht Martha mit mir, was mache ich mit Martha, sondern auch: Was machst Du mit uns?«* Der Brief schließt mit dem Satz: »*Ich könnte weinen vor innerer Müdigkeit.«*

Am 26.2. kam Johannes darauf zurück und ebenfalls auf sein vertrautes Argumentationsmuster: »*... Dabei bin ich tatsächlich ›gespalten‹ ... Ich* *bin für Dich wie ein Geliebter im Nebel, der manchmal auftaucht, meistens aber verschwunden ist. Und ich bin auf der andern Seite M.s Forderungen ausgeliefert, die auf <u>alte</u> ›Rechte‹ und gemeinsames Besitztum pocht. (Nicht, daß ich mit ihr schlafe, wenn ich auch neben ihr liege! Aber Bei-lage ist noch längst kein Beischlaf!)*« Kurz gesagt: Er versuchte, auf beiden Schultern Wasser zu tragen.

Kein »Weiter so!«

30.10.2014

Es knirscht. Eine Zeit lang ließ sich das überspielen, eine Zeit lang mochten wir uns noch glücklich miteinander fühlen. Aber das konnte nicht mehr lange so weitergehen. Am 3.3. bricht er die Beziehung ab. Nicht zum letzten Mal.

4.3.1976, 11.27 Uhr
... Genau 24 Stunden sind es nun her, da ich Dich am alten Friedhof aus dem Auto steigen und gehen ließ! Ob diese Zeilen Dich je erreichen, und wenn, ob Du sie lesen wirst, weiß ich nicht. Auch in mir dürfte es genauso leer sein wie in Dir ... Und dennoch glaube ich, daß unsere Trennung sein mußte. <u>Jetzt</u> sein mußte: Ich bin zu alt, mich noch wesentlich zu ändern, ein neues Leben mit einem neuen, wahrhaft geliebten Menschen zu beginnen. Und wie lange wird es dauern, bis mir dies und das »auf die Nerven fällt«. – Nein, es ist besser, Du läßt Dich mit mir nicht ein. Ich kenne <u>meine</u> wankelmütige Ortlosigkeit besser als Du!

17.03 Uhr
Immer sehe ich Dich weinend über die Straße gehen. Mir bricht das Herz. Aber es ist besser so für Dich. Ich war unglücklich mit Mia, ich bin es mit Martha, und ich würde es sehr bald – wenn vielleicht auch aus anderen Gründen – mit Dir sein. Und dann hatte ich auch mit einem Mal Angst vor Dir, vor Deiner Eindeutigkeit, Deinen Erwartungen, Deiner Energie, Deinem Insistieren auf der »Beratung«, Deinem Schweigen! Auch ich bin tief verzweifelt.

Es war ein kurzes Ende. Ich weiß nicht, was in den vier Tagen dazwischen geschehen war. Aber sicher weiß ich: Die Initiative zu einem Treffen bei mir in Stuttgart ging nicht von mir aus. Da war ich eisern.

Mainz, 8.3., 11.18 Uhr

Liebstes Herz,
... Ich weiß, ich brauche Hilfe »von außen«, denn ich allein sehe keinen Ausweg. Ich weiß ja nicht einmal, wie ich jetzt wegkommen soll. – Und dann frage ich mich, ob nicht alles nur die Folge meiner Treulosigkeit ist. Vielleicht hat nicht Martha alles kaputtgemacht, sondern die Umwelt, insbes. unsere »liebe Mutter«, die einen guten Rahmen nicht zuließ! Jedenfalls, ich bin arg verzagt und innerlich ganz müde ... Dabei möchte ich das Leben so genießen: wie in Schenna! Und mit Dir reden und scherzen, Probleme wälzen und lachen ...

9.3.1976

Lieber Johannes,
die Rosen sind wunderschön, nur schade, daß sie kaum jemand sieht. ... Ich meine auch, daß Dir im Augenblick eine Hilfe von außen guttäte. Als Hilfe zur Selbsthilfe. Ich habe Dir schon oft meine »Impotenz« in diesem Punkt erklärt: Auf diese Weise kann ich nicht bei Dir sein. Solche Ängste wie am Mittwoch, daß ich es vielleicht nur etwas raffinierter anstelle, um Dich zu beherrschen, müssen bei Dir immer da sein (ich bin nicht gekränkt, daß Du mir »so was« zutraust, sondern finde es naheliegend), und ich könnte da reden, wie ich wollte, das Gefühl würdest Du nicht los.
Mir scheint auch ..., daß Du in bestimmter Weise den andern aufforderst, Dich zu »beherrschen«, und wenn er darauf eingeht, dann siehst Du Dich in Deiner Angst, beherrscht zu werden, bestätigt: Auf mich (und sicher auf andere genauso) wirkt es sehr appellativ, wenn Du depressiv bist und große Zweifel an Dir äußerst und sagst, Du wüßtest nicht, wie es weitergehen soll ... Das löst ganz starke Impulse bei mir aus, ich will Dir beweisen, daß Du Dich verkehrt siehst, will Dir helfen, wollte am liebsten – angesichts Deines Kummers – hier und jetzt alle Deine Probleme eigenhändig lösen. Ich versuche zwar, mich nicht darauf einzulassen, ... aber so ganz geht das doch nicht: Ich mache Vorschläge, rate Dir dieses und jenes, äußere – wenn auch vorsichtig –, Du solltest dieses und jenes tun usw. Sobald ich das aber tue, wirst Du hellhörig, weil das ein ganz empfindlicher Punkt ist. Für Dich klingt es so, als wolle (auch wenn Du mir guten Willen konzedierst) jemand über Dich bestimmen ...

Umgekehrt ist es auch für mich eine vertrackte Situation: Ich habe es schon am Mittwoch gesagt, daß auch in mir Ängste wach werden. Da ruft jemand um Hilfe, und ich lasse – bildlich gesprochen – alles stehen und liegen, verausgabe mich mit intelligenten Rettungsgedanken und kriege eine Ohrfeige nach der andern, indem ich stereotyp zu hören kriege, was Du für ein unfähiger Mensch bist. In meinen Ohren klingt das dann so: Was muß <u>ich</u> für ein unfähiger Mensch sein, daß ich dem Johannes einfach nicht helfen kann. In mir kommt die Angst hoch, daß es Dir gar nicht ernst ist, daß Du gar keine Veränderung willst. Daß Dir das Spielchen mit Martha und mir vielleicht sogar ganz gut gefällt ... Aber sei sicher: Ich hab Dich lieb, wie ich noch niemanden liebgehabt habe, und ich möchte, wenn es menschenmöglich ist, bei Dir bleiben, weil ich mit Dir glücklich, ganz tief glücklich bin.
Deine Ursula

2.11.2014

Donnerstag habe ich geweint. Es hat mir weh getan nach vielen Jahren, in denen ich nur noch holzschnittartige Erinnerungen hatte, zu sehen, wie Johannes damals mit mir umgegangen ist.

Bei Johannes häuften sich – zunächst in seinem Kalender – Formulierungen wie »*ratlos*«, »*elend*«, »*hoffnungslos*«, »*kraftlos*«. Er hatte ständig Magenbeschwerden, sodass Ruth, seine Ex-Nebengeliebte und Hausärztin, die zunehmend wieder ins Spiel kommen sollte, irgendwann ein Magengeschwür diagnostizierte. Das war zwar eine Fehldiagnose, aber ich kannte Johannes in jener Zeit nur Tabletten futternd.

Meine Briefe, nun selten »richtige« Liebesbriefe, werden lang und länger. Ich argumentiere, versuche zu überzeugen – jemanden, der nicht überzeugt werden wollte. Vieles, was ich schrieb, war überflüssig. Phasen des Kontakts – auch des wirklich guten Kontakts – wechselten mit Phasen des Schweigens. Mein Telefon vergraben unter der Schmutzwäsche in meiner Küche ist legendär: Um nicht schwach zu werden, um kein Klingeln zu hören, steckte ich es unter einen mehr oder weniger großen Berg von schmutziger Wäsche und hielt die Küchentür geschlossen. Damals gab es weder einen Anrufbeantworter noch eine Anzeige der entgangenen Anrufe.

Johannes empfand meine Konsequenz als Härte. Aber auch heute weiß ich nicht, wie mehr Verbindlichkeit hätte aussehen sollen. Mr cha nüt's Weckli und äs Feiferli ha. Ich war die Überbringerin dieser Botschaft, nicht ihre Ursache. Am 20.3. versuchte ich Johannes zu erklären, wie sich das für mich anfühlt, wenn seine Versprechen stillschweigend unter den Tisch fallen. Es war ein Alarmbrief, den er aber nicht als solchen verstanden zu haben scheint. Oder er glaubte, nicht anders handeln zu können.

20.3.1976

Mein liebster Johannes,
... Es ist neun Uhr – ich habe bereits »Kehrwoche« gemacht, damit ist für heute genug an körperlicher Betätigung. Jetzt fände ich es schön, wenn Du uns Kaffee kochen würdest, ich würde Dir Dein Haferbreichen machen, und wir würden erst mal richtig frühstücken.
Manchmal glaube ich, diese Dinge – ganz harmlos, normal und unaufregend – sind mir in unserer Beziehung fast wertvoller als das Miteinanderschlafen. Manchmal glaube ich das aber auch nicht.
Was ich Dir gestern sagte, daß ich es oft bei meinem Vater erlebt hätte, daß er mit mir gespielt hat und daß ich deshalb in diesem Punkt das Gras wachsen höre, darfst Du Dir nicht zu dramatisch vorstellen. Es ist mehr so gewesen, daß immer und immer wieder auf die kindliche Vergeßlichkeit spekuliert wurde, daß man die Erfüllung von Versprochenem so lange hinauszögerte, bis es zu spät war. (»Ich spiel' später mit dir ... Jetzt mußt du einsehen, daß es zu spät ist, jetzt kommt gleich Besuch.« Oder wenn ich dann permanent drängelte, man solle doch mit mir spielen, schließlich habe er es ja versprochen: »Wenn du nicht so wüst gedrängelt hättest, hätte ich mit dir gespielt, aber so nicht!«) ... Es wurde nie – und vielleicht ist das das wirklich Schlimme – gesagt: »Gut, ich hab's versprochen, aber jetzt habe ich keine Lust.«
... Und auf der Rückfahrt vom Elsaß war ich dann wohl alarmiert. Sollte ich mal wieder klammheimlich vertröstet werden, so lange, bis ein Zeitpunkt da war, wo ich dann »einsehen muß« ...

Auf dieser Fahrt hatte ich ihn angesprochen, wie das jetzt mit der Beratung sei. Er reagierte ausweichend. Ebenso, als ich ihn an seinen Brief vom

Januar erinnerte, in dem er einen Zeitplan für die Trennung von Martha aufgestellt hatte.

In seinem Kalender ist am 24.3. die Eintragung: »*Bei U. Es war wie mit einem Schlag. Das letzte Mal! Unfaßlich.*« Was sich genau abgespielt hatte, weiß ich nicht mehr, auf alle Fälle schrieb ich am 26.3. so ziemlich den einzigen Brief, von dem es eine Kopie gibt:

Stuttgart, den 26.3.1976

Lieber Johannes!

Es ist nicht einfach, diesen Brief zu beginnen. Wenn ich an die vergangene Zeit zurückdenke, schmerzt es mich, und wenn ich an die Zeit denke, die jetzt vor mir liegt, so habe ich Angst. Trotzdem ist in mir eine ganz ruhige Sicherheit, daß der Weg, den ich jetzt gehe, die einzige Möglichkeit ist. Neben mir liegt Dein Brief vom 12.1.1976. Du schreibst ihn, nachdem ich festgestellt hatte, daß unsere Beziehung sich so entwickelt hat, daß die Rolle der Gelegenheitsgeliebten (eine Rolle, die ich in einem anderen Fall durchaus angemessen gefunden hätte) einfach nicht mehr paßte und auf Dauer nicht tragbar war. Die Frage war: Martha oder ich?

Du hast in Deinem Brief damals einen Plan aufgestellt, dessen Ziel sein sollte, die Beziehung zu Martha zu beenden. Unter dieser Voraussetzung war ich gewillt, den bisherigen Zustand als offen so deklariertes »Zwischenstadium« fortzusetzen. Unter dieser Voraussetzung wäre das für mich auch leistbar gewesen. Nun macht sich aber bei mir immer drängender das Gefühl breit, daß von Deiner Seite – wobei ich Dir keinen bösen Willen unterstelle – eine »schleichende Aushöhlung der Verträge« erfolgt. ...

Es kommt hinzu, daß Du in letzter Zeit immer häufiger zu erkennen gibst, daß Dir die Situation ausweglos erscheint. Die Frage für mich ist nicht, ob Du mit mir leben <u>möchtest</u> – ich bin mir sicher, daß Du mich ernsthaft und aufrichtig liebst –, sondern ob Du die Voraussetzungen schaffen <u>kannst</u> und <u>willst</u>, um dieser Liebe den Rahmen zu geben, der ihr gehört (so schriebst Du, glaube ich, mal).

... Ich könnte jetzt vielleicht noch einige Monate so weiterleben wie bisher, wir könnten noch einige schöne, gute Stunden verbringen, aber es würde immer schwieriger für mich; die Enttäuschung, die ich jetzt fühle, würde zur

Bitterkeit werden, und es käme zu den Szenen, die wir beide so hassen und die uns so vertraut sind. Schließlich müßte doch der Augenblick kommen, wo wir Farbe bekennen müßten. Und da meine ich: lieber jetzt, wo noch keine Risse sind, wo noch jeder von uns aufrichtig sagen kann: Das war eine schöne, gute, reiche, wertvolle, unvergeßliche Zeit.

Deshalb habe ich mich entschlossen, unsere Beziehung zu suspendieren. Wenn Marthas Platz frei ist, kannst Du mich rufen. Und wie gern würde ich kommen! Sonst muß ich mir, auch wenn es schwer werden wird, meinen eigenen Weg ohne Dich suchen ...

Laß mich Dir zum Schluß sagen, daß alles wahr ist, was ich Dir geschrieben und gesagt habe: daß ich durch Dich neue Dimensionen der Liebe kennengelernt habe, daß ich mit Dir so glücklich war, wie ich es vorher noch nicht mal zu träumen gewagt habe. Und Du kannst sicher sein – egal wie es weitergeht (und ich habe wenig Hoffnung): Ich werde es nie bereuen. Aber unsere Liebe ist mir zu schade, um im Sand zu verlaufen oder im Gezänk zu ersticken.

In Liebe!
Deine Ursula

29.3.1976

Brief von U. kam! Am Nachmittag habe ich geschrieben, ich werde sie und nur sie liebbehalten; aber ich habe nicht die Kraft, meine eigene Geschichte zu verändern. Ich habe sie immer über alles lieb! Nur sie.

29.3.1976

Meine sehr liebe Ursula!

Ich weiß nicht, ob ich heute angemessen auf Deinen erschütternden und so vernünftigen Brief antworten kann. Was Du fühlst und denkst, ahnte ich. Dabei wollte ich keine »schleichende Aushöhlung der Verträge«, doch Du mußtest es so empfinden, denn tatsächlich war es ja auch so etwas Ähnliches.

Doch gerade die Zuspitzung, die ich nicht nur verstehe und akzeptiere, sondern die auch allein menschenwürdig ist – Martha oder Du –, überfordert mich! <u>Einerseits</u> bist Du mir die Frau, wie ich sie mir immer erträumt habe ...
<u>Andererseits</u> kann ich jetzt nach 14 Jahren nicht einfach brechen. Wie immer

sie sich verhalten haben mag, ich käme mir einfach schlecht vor. Und ich meine, Du hättest dann auch keine Sicherheit an mir!

Ich stehe fassungslos vor meinem Unvermögen, unserer Liebe jenen Raum zu schaffen, worin sie gedeihen kann! Aber ich sehe ein, daß für Dich dieser qualvolle (auch für mich) »Status quo« nicht als »Dauerzustand« akzeptabel ist.

Du mußt aber auch mir glauben, daß ich Dich liebe – nicht geliebt habe –, wie ich noch nie jemanden geliebt habe. Die Stunden mit Dir waren die schönsten, die mir in meinem Leben widerfahren sind. Deshalb sind die gegenwärtigen auch die schwersten! – Aber Du hast recht, diese unsere liebende Erfahrung ist »zu schade, um im Sand zu verlaufen oder im Gezänk zu ersticken«.

… Ich wage nicht zu hoffen, daß es irgendwie »weitergeht«. Ich bin zu schwach, zu feige, aus dem Bisherigen auszubrechen. Das einzige, was ich tief bereue, daß ich Dir durch meine Unbedachtheit die Hoffnung vorgaukelte, ich sei stark und mutig …

In dankbarer Liebe
Immer Dein Johannes

3.4.1976

»Ja, du tust mir weh!« – Das war alles, was sie sagt! Sie muß sehr leiden, daß sie so reagiert. Mein armes Kind.

4.4.1976

Vor drei Monaten waren wir beide in Schl. und sehr glücklich, und nun? Alles zu Ende … Und ich habe Angst auch um mein Kind; ich habe sie sehr, sehr lieb. Aber ich weiß keinen Weg, denn ich kann Martha, die mir nichts Schlimmes getan hat, nicht fortschicken. Ich bin sehr verzweifelt.

5.4.1976

Ich habe Sorge um mein Kind … Vielleicht leidet sie gar nicht so sehr? War alles nur ein Spiel?

10.4.1976

Heute erfahren, daß Muzzl am 1.4. überfahren worden ist. In diesem Frühjahr ist einfach alles für mich zusammengebrochen. Erst mein geliebtes Kind und dann mein liebes »Kerlchen«: einfach totgefahren! – Und das an dem Tag, da ich mit Martha versuchte, einen neuen Anfang zu machen. Ich komme von meinem Kind nicht los; ich habe sie sehr, sehr lieb; ich weiß keinen Ausweg. Mein Leben ist ohne Sinn und Weg ...

13.4.1976
Ich glaube, nun muß ich die Dinge wieder in die Hand nehmen. Ich habe keine Kraft, aber die kommt wieder! Und dann muß ich mich entscheiden! Ich verstehe U. gut, und ich verstehe sie gar nicht! Ich muß mit ihr reden!

Dienstag, 13.4.1976, 8.30 Uhr
Liebste Ursula,
... Ich will Dir nur sagen, daß die Tage mit Dir die einzig wirklich schönen waren, daß Du der einzige Mensch warst, bist u. bleiben wirst, den ich wirklich geliebt habe und der mich vielleicht verstanden hat.
Eines verstehst Du nicht – und daran scheitert unsere Liebe –, daß ich Martha nicht davonjagen kann. Und nachdem ich jetzt erfahre, was es heißt, allein gelassen zu werden, ... ist es mir noch weniger möglich. Denn das, was ich jetzt durchmache, möchte ich nicht einmal ihr antun. (Natürlich werde ich es ihr ungesagt den ganzen Rest meines Lebens immer vorwerfen.) Laß uns, ich flehe Dich an, doch wenigstens den Zustand herstellen, wie er vor dem 25.7.1975 bestand. Daß wir uns mal sprechen und sehen können, daß man wissen darf, was der andere tut, wo er ist, was ihn schmerzt, was ihn freut. Aber dieses totale, finstere Schweigen! Ich halte es nicht aus ...

»Daß ich Martha nicht davonjagen kann« – ein archetypisches Bild, das in Variationen öfter auftaucht. Ein Bild, das wirkmächtig ist: Man sieht einen Mann an der Haustür, eine gramgebeugte Frau geht stumm, verzweifelt davon. Vielleicht schmeißt er ihr noch ein Bündel nach, auf alle Fälle schimpft er hinter ihr her. Im Hintergrund sieht man die spöttisch-triumphierende Rivalin ... Nein, solch ein Schwein will man nicht sein, darf man nicht sein!
Dieses Bild suggeriert Herrschaftsverhältnisse: der Mann, der über das Schicksal der Frau bestimmt. Wer sich so wie Johannes zum Täter aufschwingt, sitzt in der Falle und ist Opfer.

14.4.1976
... Ich muß wissen, was ich will und wen ich mehr liebe bzw. was ich mir und den Menschen zumuten kann. Ich weiß nicht, ob ich das alleine schaffe ..., weiß nicht, wie es weitergehen soll! Ich bin auseinander. Nach dem Essen wollte ich zu ihr fahren, in Waldenbuch warf ich nur den Brief ein und fuhr zurück. Und dann rief ich Klöß an und meldete mich an ...

3.11.2014
Zwischen dem 16.2. und dem 19.5.1976 gibt es keinen Tagebucheintrag von mir. Wir waren verschieden. Ich verstumme im Schmerz. Immer. Erst am 19.5. versuchte ich, im Tagebuch auf den aktuellen Stand zu kommen.

19.5.1976
Ich weiß nicht, ob ich je die letzten drei Monate »nachtragen« werde. Den Monat voller Trauer, Leid, als ich ihn vor die Alternative stellte: Martha oder ich – nachdem so alles, was er im Januar versprochen hatte, allmählich im Sande verlief ... In 29 Jahren begegnet einem so etwas einmal. Wird es wieder 29 Jahre dauern?
  Wie sollte es weitergehen? Und doch wußte ich in jedem Augenblick, daß ich um keinen Preis etwas von den Erfahrungen missen wollte und daß ich um nichts in der Welt in die Zeit »ante Johannem« zurückgehen konnte und wollte. Dankbarkeit trotz allem. Nicht einmal »trotz allem«.
  Und dann: nacheinander Statistikklausur, er spricht mit Dorle, Scheidung (meine, von einem gewissen Heinz Schweickhardt), ein verzweifelter Brief von ihm ... Klöß anrufen. »Sie können nicht sein Therapeut sein. Er will da wohl – nicht bewußt – eine griechische Tragödie organisieren.«
  Eine Stunde später ruft er an. Er habe mit Klöß gesprochen, einen Termin vereinbart. (Und Klöß, der Schlingel, alles wissend, hatte mich zappeln lassen). Er wisse, daß er nicht ohne mich leben könne. ... Klöß wollte Paarberatung – mit Martha. Nach dem ersten Schock (und wenn die zwei wieder zusammenkommen?!) war ich froh: Das bedeutet ein Stück Klarheit.

Im Krieg und in der Liebe ... (Teil 1)

Am 1.2.1976 hatte ich in mein Tagebuch geschrieben, was das Dreiecksverhältnis anginge, sei ich mir klar geworden, »*daß die Beratung das einzige sei, was ich von ihm verlangen würde*«. Diese Bedingung hatte er erfüllt, weswegen ich nur zu gern die »Kontaktsperre« aufheben konnte.
Vom 23.4. bis 25.4 war Johannes mit seiner Fakultät in Budapest.

Samstag, 24.4.1976

Liebster!
... Mag Dich jetzt bei mir haben, mag mich jetzt – angesichts des Schnees draußen – eng an Dich schmiegen, Dich bitten: »Sag was auf ostpreußisch!« ... Und Du befändest, daß man »Brüste« nicht auf ostpreußisch sagen könnte, das heißt, sagen könnte man's schon, aber es wäre absolut unerotisch. Du würdest bestimmte Teile dieser Brüste zum Sprießen bringen – und ich andere Teile bei Dir.
Wahrscheinlich redest oder schweigst Du jetzt über Gott und Atheismus. Ich hoffe so, daß Du die Tage genießen kannst. Im Reisewetterbericht hieß es, daß an der Schwarzmeerküste die Temperatur 25 bis 30 Grad betragen würde. Ungarn ist zwar keine Schwarzmeerküste, aber vielleicht ist das Wetter genauso schön wie die Frauen dort, und hoffentlich verhindert der Sozialismus nicht, daß Du Essen und Trinken richtig balkanisch genießen kannst. ... Ich werde heute abend Dein Kleid ausführen: Ich geh' ins Theater – wie es einer künftigen Psychotherapeutin angemessen ist, in »Ödipus« ...
Deine Geliebte

24.4.1976, 0.37 Uhr

Liebste Ursula!
Ob Du all das gesehen hast, was ich Dir zeigte? Hast Du gespürt, wie ich aus der Luft um 12.56 Uhr zum Fernsehturm hinübergrüßte? Wie wir in München im Schneesturm starteten und in Wien wie eine gedemütigte Horde von Polarhunden in die jämmerlichen Maschinen der Austrian Airlines getrieben wurden? Und in Budapest konnten wir 1 Stunde warten,

bis uns die sozialistischen Brüder an der Paßkontrolle abfertigten ... Dann war von 19 bis 22 Uhr Abendessen mit Zigeunermusik. Dann fuhren wir zu einem Kollegen. Dort erschütterndes Erlebnis: ein heftiger gruppendynamischer Prozeß, man hatte Angst voreinander! (Und zwar die Tübinger untereinander!) Ich bin <u>sehr</u> betroffen, wie tief das Mißtrauen reicht! Es ist abgrundtief!

24.4.1976, 18.05 Uhr
Liebste! – Um 8.30 Uhr (!!!) begann das Kolloquium mit Vortrag von Küng zum Atheismusproblem. Natürlich war kein Atheist dabei. So konnte man naiv darüber reden. Seit diesem Gespräch werde ich mich mit Atheismus beschäftigen. Da ich das sog. »Urvertrauen« (Küng) nicht habe, bin ich zum Atheismus verurteilt. Diese schlichte psycholog. Pseudotheol. erklärt vieles!

24.4.1976, 23.55 Uhr
Liebste Ursula!
... Es ging zum Abendessen mit dem Leiter des Außenamtes d. Bischofskonferenz (!). Die Hierarchie empfängt uns nicht und versuchte wohl auch über die staatl. Organe unser Kommen zu verhindern! Dann saßen wir (Küng, Auer, Oeing-Hanoff, Greinacher und ich und 2 Ungarn) noch zusammen, wo Küng und ich aufeinanderprallten. Nicht schlimm; wir mögen uns, aber wir verstehen uns nicht.

Sonntag, 25.4., 8.06 Uhr
Liebste, ich bin sehr früh aufgewacht ... Meine Gedanken suchen Dich ... Ich habe unendliche Sehnsucht nach Dir. – Letztlich ist alles leer und freudlos, wenn Du nicht dabei bist. In Hamburg war es <u>viel</u> schöner ...
Ganz Dein Johannes

4.11.2014

Es ist merkwürdig. Wahrscheinlich zur selben Minute, als Johannes an jenem 25.4.1976 in Budapest an mich schrieb, klingelte bei mir das Telefon. Was sich ereignete, trug ich erst im Mai nach:

19.5.1976

»... Drei Tage danach, meine ich wenigstens, es war am 25.4., rief Martha morgens in aller Frühe an, Johannes war in Budapest. Sie wisse alles ... Ach Gott, ich muß das doch detailliert schreiben. Aber nicht jetzt, jetzt bin ich müde und blau und glücklich. Mein Johannes!

22.5.1976

... Vor einem Monat – um den Bericht fortzusetzen, fragte ich: »Was wissen Sie alles?« – »Das mit Ihnen und Johannes.« – »Was?« – »Er hat mir alles gesagt.« Und ich, im Dämmerdussel, nahm das als bare Münze hin – jetzt bin ich froh um den Dämmerdussel, denn wenn ich richtig wach und wie verabredet reagiert hätte, hätte ich weiter geleugnet, was ich im Grunde eigentlich gar nicht wollte. Ich sagte nichts von mir aus, nur dementierte ich ihre Sätze nicht, daß ich viel mit ihm telefoniere, daß das seit Juli (!) gehe usw. »All das, was er jetzt Ihnen sagt, hat er mir gesagt.« Daß er auch ihr Stöße von Briefen geschrieben habe usw. Ich vergaß den Anfang des Gesprächs: Zuerst sagte sie, ich hätte mal gesagt, wir Frauen müßten solidarisch sein. Und jetzt müsse ich solidarisch mit ihr sein. Und was sie jetzt sage, müsse ich unter dem Siegel der Verschwiegenheit halten – etwas, was ich nicht versprach. Als ihr das später im Gespräch zum Bewußtsein kam, sagte sie: »Sie behalten das also nicht für sich?« Ich lachte: »Natürlich nicht.«

Sie wollte mir klarmachen, daß wir nicht in einer Zweizimmerwohnung hausen könnten, daß ihr die Hälfte vom Haus gehöre und daß sie nicht daran denke zu gehen. So leicht gebe sie ihn nicht auf, sie würde mit allen Mitteln kämpfen.

»Das ist eine Drohung«, konstatierte ich. »Wieso?« Sie war erstaunt, meinte dann, bei mir müsse man wohl die Worte auf die Goldwaage legen. Schließlich wollte sie mir klarmachen, daß er innerlich »so zerrissen« sei – er könne sich nicht entscheiden. Ich solle eben auf ihn verzichten, er könne nicht mehr arbeiten usw. usw. Als ich kühl sagte, das sei sein Problem, da könne ich ihm nicht helfen, er müsse sich entscheiden (etwas, was sie ihm gegenüber dann so darstellte, als hätte ich gesagt, er habe die Sache angefangen, jetzt müsse er sie auch ausbaden), jammerte sie weiter rum, er sei zu schwach, sich zu entscheiden (also: Wir müssen über ihn entscheiden!). Schließlich kam sie drauf, daß

diese Geschichten ja in der Literatur häufig seien, deutete leise Selbstmordabsichten an und daß das für sie die Hölle sein würde. Sie habe nie jemandem den Mann weggenommen – und wie das dann bei Mia gewesen sei, lag mir auf der Zunge, ich verkniff es mir aber. Als sie schließlich sagte, sie habe nie etwas gegen mich getan, nie intrigiert, platzte ich kurz, da hätte ich andere Informationen. – Was denn? – Ich wolle nicht darüber sprechen. – Das sei ungerecht, ich müsse ihr die Gelegenheit geben, sich zu verteidigen. – Nein, ich wolle nicht. – Sie rief deswegen später noch mal an; als ich dann sagte, ich würde den Vorwurf des Intrigantentums mit dem Ausdruck größten Bedauerns zurücknehmen, verstand sie die Ironie gar nicht, sondern sagte, das gefiele ihr jetzt an mir.

Als sie realisiert hatte, daß ich nicht schweigen würde, sagte sie, dann würde sie abends, wenn Johannes aus Budapest zurückkäme, mit ihm sprechen. Das sei wohl das beste, meinte ich.

»Schützen Sie seinen Ruf«, sagte sie mehrmals, und ich erklärte mehrmals, daß ich nicht daran dächte, mich irgendwie anders als in diesem Sinn zu verhalten.

Ob ich es denn überstehen würde, wenn er mich verließe. Ich lachte wieder. Ganz ruhig und selbstverständlich, auf dem Fundament der Erfahrung des vergangenen Monats sicher ruhend, sagte ich: »Selbstverständlich würde ich das überleben.«

... Der Tag wurde entsetzlich lang. Wen würde er zuerst anrufen ...? Kurz vor acht rief er an: »Schätzele«, begann er. »Ich schließe daraus, daß Du noch nicht informiert bist«, sagte ich. Und erzählte ihm kurz alles.

5.11.2014

Heute vor eineinhalb Jahren ist Johannes gestorben. Wenn es halbwegs gut geht, werde ich in seiner Todesminute im Auto sein und vom Qualitätszirkel der Renchtäler Ärzteschaft zurückfahren. Ich werde ein Referat gehalten haben. Über Suizid.

Heute sehe ich, dass es entgegen meiner Erinnerung für Marthas Suizid durchaus Warnhinweise gab. Der erste war 1975 bei ihrem gemeinsamen Urlaub in der Schweiz, als sie beim Anblick einer Axt drohte, ihn zu erschlagen, wenn er sie verließe, und andererseits am Rande eines Abgrunds meinte, er solle sie doch gleich da hinunterstoßen. Da war viel Mörderisches und Selbstmörderisches in ihr. Aber es berührt mich nicht sonderlich, dass ich diese Indizien nicht wahrgenommen habe. Es gab auch nicht einen Augenblick, in dem ich Schuldgefühle wegen ihres Todes gehabt hätte. Dazu war der Krieg, der in den folgenden Monaten von ihr geführt wurde, zu bedrohlich, zu gefährlich für mich und für Johannes. Wer bereit ist, die Situation auf ein existenzielles »Ich oder Du« zuzuspitzen, muss die Konsequenzen tragen. Suizid war schließlich die letzte ihr verbliebene Möglichkeit, uns und unsere Beziehung zu vernichten. Um ein Haar wäre das gelungen. Kurz gesagt: Es ist mir unmöglich, hinter dem grenzen- und maßlosen Vernichtungswillen noch die Frau zu sehen, die litt, die Angst um ihre Zukunft hatte, die entsetzlich gekränkt war. Das mögen andere tun. Mein Job ist das nicht.

Natürlich ist es alles andere als erfreulich, wenn der Mann, auf den man gebaut hat, fremdgeht. Selbstverständlich ist für mich die Wut, der Hass auf die neue Frau. Wobei ich immer wieder erstaunt bin, dass betrogene Frauen fast immer wütender auf die Rivalin sind als auf ihren betrügerischen Partner. Dabei ist es doch dieser, der ein implizit oder explizit gegebenes Versprechen gebrochen hat, nicht die »neue Frau«. Aber offensichtlich muss der Partner (bzw. die eigenen Gefühle für ihn) geschützt werden, indem man »die andere« zur allein Verantwortlichen macht. Eigentlich liegt darin eine Herabwürdigung des Partners zum »armen Verführten«. Nicht eben schmeichelhaft!

Aber: Es gibt keinen Zweifel, dass die betrogene Frau das Recht hat, mit harten Bandagen zu kämpfen. Und keine Frage: Es gibt moralischere Handlungen, als seiner Frau untreu zu werden oder einer anderen Frau den Mann wegzunehmen. Aber es gibt bei diesem Kampf Grenzen der Kriegsführung. Fast immer werden sie respektiert.

Irgendwann, als manches, was sie getan hatte, ans Tageslicht gekommen war, meinte Martha zur Rechtfertigung, sie habe Johannes vor sich selbst schützen müssen. Der berechtigte Kampf für die eigenen Interessen wurde umgemünzt in aufopfernde Fürsorge. Letztlich sollte ihr Tod in diesem Sinn als ein Opfertod verstanden werden. Er fand nicht zufällig an Ostern statt.

Ohne den religiös-kirchlichen Hintergrund hätte ihre Inszenierung der kommenden Monate nicht stattfinden können, zumindest nicht so. Dass ein Mann seine Frau zugunsten einer jüngeren verlässt, ist ein Ereignis, das insbesondere keinen Arbeitgeber interessieren würde. Bei Johannes war das anders. Er war als Priester zur Ehelosigkeit verpflichtet. Dass Martha sich andererseits »vor Gott« verheiratet fühlte und den Bischof aufgefordert hat, dieser müsse den »Ehebruch« bestrafen und die alte Ordnung wiederherstellen, ist zwar ein Bruch in der Logik, aber egal: Hier war Erpressungspotenzial, und zwar sowohl vonseiten Marthas als auch vonseiten der Kirche. Martha konnte die kirchliche Hierarchie instrumentalisieren und sie wurde selbst instrumentalisiert. Wobei ich überzeugt bin, dass der Rottenburger Bischof Moser nicht scharf war auf die ihm zugedachte Rolle des Kämpfers für Sitte und Ordnung. Aber wenn es nun einmal so war, dann konnte er die Situation wenigstens dahingehend nutzen, den Kirchenrechtsprofessor mit seinen arg liberalen Anschauungen zu größerer Zurückhaltung zu animieren – und andere Professoren gleich mit.

Was mich betrifft, so war ich, wie schon erwähnt, wegen meiner Anstellung im Kirchendienst unbesorgt. Denn bevor Johannes nicht von kirchlicher Seite offiziell des Konkubinats, also des Verstoßes gegen den Zölibat, bezichtigt wurde, konnte man mir nichts anhaben.

Man laufe nicht »*jeder sehr billig zu habenden Verdächtigung*« in diesem Bereich nach, erklärte 1989 Walter Kasper, der Nachfolger von Bischof Moser und vormaliger Tübinger Kollege von Johannes. Diese scheinbar weltmännische Großzügigkeit dient dem eigenen Schutz und nicht dem Schutz denunzierter Priester. Es ist die Bitte: Seid so nett und zwingt uns nicht, aktiv zu werden. Wir wollen selbst entscheiden können, wann wir von unserem Wissen über den Lebenswandel unserer Leute Gebrauch machen.

Ich erinnere mich immer noch mit Vergnügen – und das Vergnügen war in jenen Monaten dünn gesät – an eine Szene in Rottenburg im Spätherbst 1976, anlässlich der Einweihung des neuen Schulreferats mit drei Bischöfen und allem Pipapo. Ich – im Modellkleid, denn Johannes hatte Wert darauf gelegt, dass ich mich auch ja rausputze – saß auf dem Schreibtisch und schwatzte mit meiner Chefin Gabriele Miller. Da kam Bischof Moser herein, und ich rutschte mehr oder weniger elegant vom Schreibtisch herunter. Er schäkerte zunächst mit ihr, stürzte dann auf mich zu und fragte: »Und wer ist das?« Ich wurde vorgestellt. »Ah, Sie sind also die Frau Schweickhardt«, meinte der Bischof. »Ja, ich bin _die_ Frau Schweickhardt«, erwiderte ich mit Betonung. Meiner Chefin erschloss sich der tiefere Sinn dieses Dialogs nicht, sie war ahnungslos. Bischof Moser meinte später zu Johannes, er habe mich den ganzen Abend beobachtet und ich sei so anders gewesen, als er gedacht habe: so zurückhaltend. Aha!

6.11.2014

Das Suizidreferat liegt hinter mir, ich denke, es war ganz gut. Auf alle Fälle verabschiedete ich mich gestern um 22 Uhr, packte mein Manuskript in die hübsche schmale Ledermappe, in die Johannes immer seine Manuskripte getan hatte, und fuhr in heftigem Regen heim. So hatte ich die Minute, in der Johannes vor eineinhalb Jahren gestorben war, für mich allein.

In dem Anruf von Martha an jenem 25.4.1976 war bereits angelegt, was uns die nächsten Monate erwarten sollte. Das, was bei mir nicht geklappt hat, nämlich mich zum Schweigen zu vergattern, hat bei einer ganzen Reihe anderer Personen gut funktioniert. Angefangen bei Bischof Moser bis zu etlichen Münchner und Tübinger Kollegen von Johannes, einschließlich seinem »Freund« Hans Küng.

Dass sie mich beschwor, den Ruf von Johannes zu schützen, ist leicht als Drohung zu übersetzen: Ich werde seinen Ruf zerstören. Einen Vorgeschmack hatte es schon gegeben. Wenn ich in dem Telefonat angedeutet hatte, dass ich sie für intrigant halte, so bezog sich das auf Folgendes: Sie hatte Anfang 1976 zu Peter Eicher gesagt, Johannes beabsichtige, mich wieder als Assistentin einzustellen und ihm zu kündigen. Weder Johannes noch ich hatten je einen solchen Gedanken gehabt. Das wäre auch einfach dumm gewesen – und keine Art gegenüber Peter.

Mit Peter war das eine heikle Geschichte. Er wusste, dass sein Chef etwas mit mir hatte. Aber sein Chef wusste nicht, dass er es wusste, und erst recht nichts von unserer früheren Beziehung. (Wann Peter von Johannes über uns »informiert« worden ist, weiß nun wiederum ich nicht.) Keine Ahnung, ob Peter die Aussage Marthas für bare Münze genommen hat, auf alle Fälle hat er Johannes darauf angesprochen. Zum Glück. Der konnte die Sache klarstellen. Ob Peter das überzeugt hat, weiß ich nicht. Es war dann auch nicht mehr wichtig, denn im Laufe des Jahres bewarb er sich auf einen Lehrstuhl in Paderborn, den er auch bekam.

Donnerstag, 29.4.1976

Liebling,

gestern abend um 22.45 Uhr kam es dann von ihrer Seite wieder zu heftigen »Entladungen« ... Dabei kam heraus: 1. Sie hat Teile Deiner Entwürfe zur Dissertation gelesen, »um zu sehen, ob die Arbeit so gut ist, daß sie dich fasziniert«. 2. Sie hat offenbar am Karfreitag Teile unseres (unserer?) Telefongesprächs (-gespräche) irgendwie mitgehört. Es ist offenbar doch nicht alles nur das Ergebnis scharfen Nachdenkens. ... Ich solle sie lieber gleich ermorden; denn was ich jetzt mit ihr treibe, sei Mord auf Raten. Noch vor 1 Woche hätte mich das umgeworfen. Heute trifft es mich zwar noch, aber doch nicht mehr so unmittelbar. Sie fährt jetzt mit in die Vorlesung(!!).

6.11.2014

»*Sie fährt jetzt mit in die Vorlesung.*« Das heißt: Sie steigt in sein Auto, er lässt sie in sein Auto steigen und er fährt sie von Kusterdingen nach Tübingen. Soll mich das nicht erbosen? Damals tat es das offenbar nicht so sehr.

Klöß hatte zunächst ein oder zwei Einzelgespräche mit Martha, sie hatte das gewünscht. Wie viele Paargespräche folgten, weiß ich nicht. Martha erklärte bereits nach ihren Einzelgesprächen, Klöß habe gemeint, Paargespräche seien nicht nötig, aber sie sei bereit, obwohl es so teuer sei. Nach fruchtlosen Paargesprächen blieb Johannes übrig und machte schließlich eine Analyse. Ich weiß nicht, wie es ohne diesen Halt ausgegangen wäre. Klöß meinte, er schaffe es gut, unsere beiden Fälle getrennt zu halten. Ich glaube, dass das stimmte.

8.11.2014

Es ist ein wunderbarer Herbsttag, mehr Oktober als November. Bis vor wenigen Minuten leuchteten die Weinberge gelbgolden. Nicht so schön wie in manch anderen Jahren, aber immerhin. Jetzt verschwindet die Sonne so allmählich, nur noch einige Bäume strahlen. Ich erkenne das Windrad auf der Alexanderschanze. Es fühlt sich für mich so an, als sähe man von dort bereits Tübingen.

Gestern habe ich noch ziemlich weit vorausgelesen, Briefe, Tagebucheintragungen bis weit in den Herbst 1976. Ich begreife nicht, wie er die abstrusesten Erklärungen suchte, nur um nicht dem Naheliegenden ins Auge zu sehen. Eher unterstellte er mir Geschwätzigkeit, als dass er Martha zutraute, meine Briefe und seine Kalendereintragungen als Quelle ihrer Intrigen zu nutzen. Beim Spazierengehen haderte ich mit ihm. Da kam auf meinem iPod der langsame, warme zweite Satz des 5. Klavierkonzerts von Beethoven und ich war nach den ersten Tönen beschwichtigt, fühlte meine Zärtlichkeit für ihn. Zu Hause brachte ich ihm die letzte Rose aus unserem Garten.

1.5.1976

Liebster Johannes!
... Marthas Aussage von heute morgen, Klöß habe gesagt, eine Beratung sei nicht unbedingt nötig (oder so ähnlich), aber sie habe sich jetzt dazu entschlossen, obwohl es so teuer sei, ist ein typisches Beispiel ihrer tatsächlich bewunderungswürdigen Kunst des Intrigierens und der psychologischen Kriegsführung. ... Wenn wir dem Raum geben, dann sind wir verloren. Hier hilft nur der Kampf auf einer Ebene, auf der der absoluten Offenheit. Es ist ja bezeichnend, daß sie sowohl Eicher als auch mich (und ich bin sicher: auch andere) zu Stillschweigen verpflichten will ... Wenn ich am letzten Sonntag nach ihrem Wunsch mitgespielt hätte, dann wäre daraus eine Geschichte à la Traviata geworden, ich hätte den Kontakt mit Dir abgebrochen, und Du hättest nicht erfahren, warum und wieso ...
Manchmal – vor Angst und vor Sehnsucht – möchte ich sagen: Komm doch zu mir. Komm sofort. Aber ich will, daß Du frei, ganz frei zu mir kommst. ...

2.5.1976

Liebster!
... Was mich gestern noch beunruhigt hat – ich wollte das nur am Telefon nicht sagen –, war Deine Bemerkung, daß du gestern nahe daran gewesen wärst, das Handtuch zu schmeißen. Ich kam mir ein bißchen so vor wie jemand, der einen Gefangenen mit einem Boot von seiner Insel wegbringt, und man rudert und rudert, und mitten auf dem Meer sagt der Gefangene – und hört auf mitzurudern: Ich weiß nicht, ob ich nicht doch besser auf der Gefangeneninsel bleibe. Klar, ich <u>will</u> den ehemaligen Sträfling. Es ist auch mein Wunsch, daß er wegkommt und <u>mit mir</u> lebt. Aber zunächst muß es doch mal sein Wunsch sein. Und jetzt, wo man im gleichen Boot sitzt, vom andern gesagt zu kriegen, daß man womöglich doch lieber nicht rudern will, das darf es nicht, das darf es in keinem Augenblick geben. Hörst Du!!! Wir können scheitern, Schiffbruch erleiden, aber der Weg zurück ist Dir verschlossen, wenn ich Achtung vor Dir haben soll.

3.5.1976
Sehr elend. Herzschmerzen. Aufgeräumt. Fast nichts getan. Von ihr kam ein guter, helfender Brief.

8.11.2014
Diese Eintragung vom 3.5. war die letzte in jenem Kalender von 1976. Das war auch vernünftig so. Was weniger vernünftig war: Johannes hatte mir vorsichtshalber irgendwann meine Briefe zurückgegeben. Nun wollte er sie doch wieder bei sich haben.

Samstag, 8.5.1976, 11 Uhr

Liebste Ursula!
... Bringe mir doch bitte am Mittwoch, 12.5., wieder meine/Deine Briefe mit! Ich möchte sie nicht missen! Ein sicheres Versteck, so hoffe ich, wird sich finden.

Die Folge: Martha hat sich für das »*sichere Versteck*« einen Nachschlüssel machen lassen. Weitere Folge: Kopien meiner gesammelten Werke landeten beim Rottenburger Bischof und im Kultusministerium, ziemlich sicher bei

Ratzinger, möglicherweise auch bei Münchner und Tübinger Kollegen, ganz sicher bei Marthas Verwandten. Aber das war nicht das Schlimme, sondern: Meine Briefe wurden als Informationsquelle benutzt. »Anonyme Anrufer« konnten mit dem aus meinen Briefen erlangten Wissen kundtun, man habe uns da und dort gesehen und so weiter. Was allein schon ausreicht, um paranoid zu werden. Wirklich entsetzlich war jedoch: Dinge, die ich geschrieben hatte, waren nun Martha bekannt, die behauptete, sie wisse über unsere Gespräche, unser Tun und Treiben durch »Anrufe von Studenten«. Es entstand der Eindruck, ich schwätzte herum. Es kam mehr als einmal vor, dass Johannes mich der Indiskretion verdächtigte. Es ging noch weiter: Korrekte Informationen, die sie aus meinen Briefen hatte, wurden verknüpft mit frei Erfundenem. Ich stand nicht nur als Schwatzbase da, sondern es sah so aus, als triebe ich ein falsches Spiel, würde mich über Johannes lustig machen und mit meiner »Eroberung« angeben. Viel später, nämlich 1977, schrieb mir Gabriele Miller, ich sei »*in aller Interessierten Mund und daran wohl nicht ganz unschuldig*«. Wobei das noch eine der harmloseren Unterstellungen war.

Ich weiß, wie Desinformation geht. Ich weiß, dass jeder Mensch paranoid gemacht werden kann. Ich weiß, wie man als Gejagte jeden Menschen, mit dem man zu tun hat, daraufhin taxiert, ob er etwas weiß, ob er etwas gegen einen im Schilde führt. Auch auf die harmloseste Frage reagiert man misstrauisch. Ich weiß, wie man ständig im Rückspiegel die Autos im Auge behält mit der Frage: Seit wann fährt der hinter mir her? Ich weiß, wie man in der eigenen Wohnung Dinge so platziert, dass man eine Veränderung wahrnehmen würde. Irgendwann sagt man sich (hoffentlich!): Jetzt fängst du wirklich an zu spinnen.

Ich weiß, wie das ist, wenn man an sich selbst zweifelt: Hast du womöglich doch diese oder jene Bemerkung einem anderen gegenüber gemacht? Ich weiß, dass man nicht beweisen kann, etwas nicht gesagt zu haben. Dies alles weiß ich und rufe mir am Vortag des Gedenkens an den Fall der Berliner Mauer in Erinnerung: Wenn laienhaftes Vorgehen einen Menschen so weit bringt, wie dann erst professionelles?

Und Johannes – seine Schusseligkeit sei ihm verziehen, aber weit schwerer zu verzeihen ist, dass er lieber meinen Ex-Mann, lieber Freundinnen von mir, lieber einen eifernden konservativen Pfarrer verdächtigte, lieber an meiner Verschwiegenheit zweifelte, anstatt eins und eins zusammenzuzählen.

Samstag, 15.5.1976, 17.15 Uhr
Liebste Ursula!
Soeben haben wir mehrfach miteinander telefoniert. Du warst sehr lieb, aber meine Ängste über mich selber sitzen tief. Auch die Angst, daß ich M. doch nicht einfach »verabschieden« kann. Und andererseits rede ich Dir gegenüber vom Heiraten und über die Frage, ob wir lieber einen Jungen oder ein Mädchen hätten. Und dabei kann ich es mir gar nicht vorstellen, wie das wäre, wenn ich heute »aus dem Geschäft« wäre.
Ich wäre sicher die ersten Monate erleichtert, beruhigt und ganz glücklich mit Dir. Aber ob mir unstetem Geist das auf Dauer schmecken würde? Vor mir liegen die Bilder von Südtirol. »Mölten in der Sonne« an jenem verklärten 4.1.! Und das Schloß Schenna, der Blick von unserem Balkon! Wenn ich diese Bilder wieder sehe, dann weiß ich, daß es die friedvollsten Tage in meinem Leben waren ... Ich weiß – so dumm das klingen mag –, daß ich ohne Dich bislang nicht »gelebt« habe. Ich bin da zwar eine zweifelhafte Pyramide hinaufgeklettert: Abitur, Studium, Ordination, Lizentiat, Doktorat, Habilitation, Lehrstuhl, Dekan, Prorektor, Rektor – aber was war daran eigentlich <u>mein</u> Leben? Was war ich? Das waren die 2 Tage in Hamburg und die Tage in Südtirol mit Dir ...

15.5.1976
Liebster!
... Das mit dem Kind werden wir dann gründlich gemeinsam überlegen, wenn mal die andern Sachen (einschließlich Promotion) über die Bühne sind ... Ich habe einerseits wirklich Sehnsucht danach. Es ist erstaunlich, wenn ich meine Worte von vor einem Dreivierteljahr bedenke. (Dorle, der ich »gebeichtet« habe, versprach mir, sie würde mich nicht verstoßen, wenn ich mit Kind ankäme.) ...
Ich habe Dorle erzählt, daß Martha Dir erzählt, wen sie alles hätte heiraten können. Dorle darauf lapidar: »Es wäre interessanter, wenn sie erzählen würde,

wen sie jetzt alles heiraten kann.« Ich liebe sie ... Wenn ich bei ihr war, war ich nachher immer ein Stückchen heiterer. Ich glaube, es ist noch nie vorgekommen, daß wir uns gesehen haben, ohne über etwas gelacht zu haben ...

... Ich habe Dich sehr lieb, und ich denke schon, daß Du's schaffst ... Ich weiß schon, daß es ein Unterschied ist zwischen meinem – relativen – Parkettplatz und Deinem auf der Bühne.

Ob es für uns eine Zukunft gibt, hängt davon ab, ob Du dazu die Voraussetzungen schaffen willst und kannst. Bevor Du Dich nicht von Martha getrennt hast – ich wiederhole mich –, sind diese Voraussetzungen nicht gegeben. Ich habe Dir kein zeitliches Limit gesetzt, bis wann das geschehen sein muß; kann sein, daß ich noch in 20 Jahren bereit wäre, die Beziehung wieder aufzunehmen, kann sein, daß ich schon in vier Wochen zu erschöpft und enttäuscht bin, um es zu tun, ich weiß es nicht.

Was das vergangene Jahr betrifft ... Von den bald 30 Jahren meines Lebens ist es das wertvollste, und wenn ich eins behalten möchte, dann dieses ... Ich weiß nicht, ob es gut wird, aber ich weiß, daß es gut war. Ich bedaure nichts.

Ursula

PS: Es ist überflüssig, mich zu bitten, ich möge Dich nicht »verraten«, und mir zu versichern, daß Du es nicht tun wirst. Es gibt für uns beide ein Niveau, unter das wir nie gehen werden, dessen bin ich sicher. Und wenn die ganze Tübinger Fakultät ankäme und würde sagen, Du hättest meine Briefe am Schwarzen Brett ausgehängt, ich würde es nicht glauben. Diese Gewißheit kannst Du umgekehrt genauso haben.

17.6.1976

... Dorle kam gestern, wir aßen Spargel und Erdbeercreme und tranken Südtiroler Wein. Johannes rief zwei-, dreimal an, ich war leicht beschwipst, und wir befanden, er solle kommen. Natürlich kam er nicht. Aber heute morgen um halb acht klingelt das Telefon, ich solle die Tür aufschließen, er sei grad um die Ecke. Er war geflüchtet. Gestern abend hatte Martha ihm zunächst gedroht, einen Skandal zu machen, so daß ich meine Stelle verlöre, nicht promovieren könne, er ruiniert sei, wenn er sich von ihr trenne. Als er einwandte, das passe nicht so ganz zu ihrem bis gestern geäußerten Bitten, man

möge ihr die Schande vor ihren Geschwistern und Kindern nicht antun, sagte sie, das sei ihr dann alles egal ...

Und so kam er dann her. Ich führte ihn zunächst ins »große« Zimmer. Schließlich beschlossen wir, uns noch etwas hinzulegen. Dorle schlief. Er dachte zuerst nach, kam dann schließlich mutig nur mit Unterhose und Unterhemd auf meine Matratze, und wir streichelten uns, bis Dorle ihren Kopf hob und verschlafen murmelte: »Sind das jetzt zwei, oder sieht das nur so aus?« ...

Das Telefon klingelte. Es war die Millerin. In heller Aufregung, wirres Zeug redend (sie hatte Fieber). Johannes dachte zunächst, es sei Martha. Als ich ins Telefon sagte: »Was, Ihr <u>neuer Mercedes</u> muß schon zur Reparatur!«, hatte er kapiert ... Wie ich den Reden der Millerin mit der Zeit entnahm, war sie nicht – wie sie Johannes am Vortag gesagt hatte – umgehend nach Würzburg gefahren, sie hätte nämlich bei Neumann einen Artikel abgeholt, und Neumann würde sie totschlagen, wenn er wüßte, daß es doch nicht so geeilt hätte. Der Herr Neumann habe ja nun lange genug für diesen Artikel gebraucht, meinte ich. Nein, ich würde dem Herrn Neumann ganz bestimmt nichts sagen.

Der eigentliche Punkt ihres Anrufs war, daß sie und ein Haufen Papiere in Rottenburg anstatt in Würzburg seien. Sie sei halber krank, aber die Papiere müßten nach Würzburg ... Ob ich denn die Papiere in Rottenburg holen könne ... Ja, ja, ich würde zur Not auch nach Würzburg fahren ... Johannes schimpfte auf die Unehrlichkeit der Frauen ...

Zu unserem Ausflug über Pfingsten trug ich damals nach, *daß wir inzwischen in den Vosges (Gérardmer) waren, wo J. zu allen Leuten »à votre santé« sagte, weil er das für die korrekte Erwiderung auf »à votre service« hielt ..., daß ich dabei mit seinem Mercedes angeblich senkrecht die Berge hochgefahren bin und schließlich vor einem Bauernhof stehenblieb, weil der Weg definitiv zu Ende war ...*

Gérardmer. Das war der letzte halbwegs unbeschwerte Urlaub für lange Zeit. Nach unserer Rückkehr hieß es, »Studenten« hätten Martha mitgeteilt, wir seien »ans Meer« gefahren – was angesichts des Ortsnamens nahelag. Später wurde behauptet, eine Kindergärtnerin habe uns in Gérardmer gesehen.

Rufmord oder: Desinformation geht ganz einfach

29.6.1976

Über Mangel an Aufregungen in meinem Leben kann ich mich weiß Gott nicht beklagen. *Die ersten Anzeichen machten sich schon vor einer Woche breit, mit dem Besuch von Marcella in Tübingen. Sie deutete Geheimnisvolles an – von Post, die er aus Stuttgart bekäme, daß das Gerücht gehe, er wandle auf Freiersfüßen, daß er oft nach Stuttgart fahre ... und wenn er Kummer hätte, solle er es ihr sagen (wurmstichiges Madonnengesicht, sagte Johannes über sie).*

Ich nahm das Ganze noch nicht ernst, hielt es für allgemeinen Tratsch, obwohl ich natürlich wußte, daß mit »Stuttgart« faktisch nur ich gemeint sein konnte. Aber mir schien das ein lokaler Herd zu sein, Gerüchte einer verliebten katholisch-frustrierten Professorenanbeterin ... Wir vermuteten stark, daß Martha dahintersteckte, weil sie sich um Marcella »gekümmert« hatte, da der Herr Professor »keine Zeit« hatte ...

Nachts um dreiviertel eins rief er an. Küng habe ihn noch sprechen wollen. Er habe einen anonymen Anruf bekommen, daß man mit einer Veröffentlichung drohe, »wie man in Tübingen promoviert«. Er [Johannes] sei in Stuttgart gesehen worden, er werde seit einiger Zeit beobachtet, es sei bekannt, daß er bei mir übernachte und mit mir ins Ausland fahre. Das war zuerst der Punkt, wo mir eindeutig schien, daß es Martha war, denn es war gänzlich unwahrscheinlich, daß uns jemand von Stuttgart in die Vogesen gefolgt war ...

Das war die erste Nacht in meinem Leben, in der ich gar nicht schlief ... Es habe bereits ein wohl gesonnener Student bei ihm angerufen, er wolle ihn unbedingt sprechen. Andeutungen, die Sache habe im Carlo-Steeb-Heim ihre Quelle (Kindergärtnerin), versetzten mich in Panik. Sollte ich schuld sein? Ich zermarterte mir das Gehirn.

... Ich bat Johannes, mich noch mal anzurufen, bevor er Vorlesung und ich Analyse hätte ..., aber es kam nichts mehr. Ich war halb wahnsinnig vor Angst. Klöß brachte wenig, ich verstand nicht, was er wollte. Er sah die Situation noch ernster als ich ... Für ihn bestand kein Zweifel, daß Martha die Urheberin

war, er ließ sich in diesem Punkt noch nicht einmal auf eine Diskussion ein, ich war nämlich schwankend geworden. Zum Schluß sagte er, ich solle die Sache selber in die Hand bekommen, mich nicht treiben lassen.

In meinem Auto fand ich nicht den erhofften Brief von J. Angst, ob er zu mir halten würde. Ich rief an, ob es bei dem Treffen am Nachmittag bliebe. Ja. Ob es sehr schlimm sei. Ja. Ob er mich noch liebe. Ja.

... Er kam, ich stieg in sein Auto. Wir fuhren. Er sagte eine Weile nichts. Dann: Anlaß seien anscheinend einige Bemerkungen von mir gewesen aus meiner Assistentenzeit, mit dem Tenor »Mit Speck fängt man Mäuse«, oder ich hätte auf die Frage, warum ich in Kirchenrecht promovierte, gesagt, man müsse sich den Doktorvater raussuchen, der einem die Dissertation schreibe, und in letzter Zeit hätte ich mal gesagt, ich hätte keine Zeit an dem und dem Tag, da müsse ich auf meine Weise promovieren. Kurz und gut, Bemerkungen des Inhalts, ich wolle – und hätte das immer gewollt – die Dissertation im Bett machen.

Ich war zu betroffen, um richtig empört zu sein. Ich konnte nur weinend, hilflos sagen: »Das ist nicht wahr, das habe ich nie gesagt.«

Eine Kindergärtnerin habe mich in Gérardmer erkannt und geschlossen, daß J. nicht mein Mann sei. Und dann sein Vorschlag: Um unserer Verwirrung und meiner Dissertation willen ein Moratorium, kein Treffen. Ich hätte jetzt so sehr Geborgenheit gebraucht, das Gefühl, daß er zu mir hält. Hätte mir – ich weiß: völlig unvernünftig – gewünscht, daß er sagt: »Komm, laß uns heiraten.«

Ich fragte ihn: »Lässt Du mich im Stich?« Er versicherte immer wieder, zärtlich, überzeugend: Nein. Aber ich hatte Angst.

Anschließend fuhr ich zu Dorle ... Kaum war ich dort, rief er an. Er wolle mir nur noch mal sagen, wie sehr er mich liebe. Am Abend noch mal. Inzwischen hatte ich mich etwas gefangen und sagte, ich wünschte während des Moratoriums keine Anrufe. Ich wolle schweigen. Ich wollte vor allem nicht, daß er jetzt wieder anruft, wenn es ihm paßt, und ich habe die Belastung zu tragen.

Freitag dachte ich noch mal alles durch, ach was, ich dachte natürlich fortwährend alles durch. Da kam mir die Lösung. Es war ganz klar: Es mußte Martha sein, denn die ganze Aktion richtete sich in erster Linie gegen mich: Seltsamerweise wurden nur Äußerungen von mir kolportiert. Nichts von ihm, und wie leicht wäre es möglich, ihm da etwas zu unterlegen. Und was für Äußerungen waren das, die ich getan haben sollte: ich als kaltschnäuziges, *berechnendes Wesen, das in bösartiger Absicht verfährt und damit noch angibt. Die Wirkung dieser Taktik war ja bereits an J. spürbar. Er kam in der Affäre billig weg. Er war der Verführte.*

... Ich schrieb J. einen Brief mit der Begründung, warum ich ein absolutes Moratorium wolle: 1. weil es mich belaste, überhaupt etwas von ihm zu hören, wo ich ihn jetzt ganz bräuchte und er aus Vernunftgründen nicht »ganz« bei mir sein könne; 2. weil ich kein Verständnis hätte, daß er noch mit der Frau Nacht für Nacht unter einer Decke steckt, die meinen Rufmord betreibt; und 3. weil ich keine Kompromisse machen wolle: Ich lasse mich nicht durch Spitzel zu einem verlogenen, absurden, unwürdigen Verhalten zwingen. Entweder es geht so weiter wie bisher; wenn das in der Kirche nicht möglich ist, dann muß die Kirche oder ich muß auf ihn verzichten.

Mitten in den Brief platzte sein Anruf, Martha hätte auch einen anonymen Anruf gekriegt. Man habe uns am Vortag im Wald gesehen und ihn ansonsten nachts im Telefonhäuschen, wo er doch ein eigenes Telefon habe. Sie habe furchtbar aufgeregt reagiert und habe sich solidarisch gezeigt.

Ich explodierte, ich nannte ihn einen grenzenlos naiven Trottel, einen Idioten, der die Wahrheit nicht sehen wolle. Und er: »Aber ich kann sie doch nicht einfach so verdächtigen.«

Ich brüllte: »Nimm sie doch mal endlich ernst. Sie hat dir doch gedroht!« – Ja, aber sie hätte doch keinen Nutzen davon. Ich schäumte. Mit rationalen Methoden hier durchdringen zu wollen ... »Sie hat doch gesagt, daß ihr das dann egal sei, glaub ihr doch endlich!«

Nach diesem Gespräch wußte ich, daß jetzt die Grenze da war. Jetzt durfte nichts, nichts, nichts mehr kommen. Positives genausowenig wie Negatives. Ich hätte nur noch mit einem Schreikrampf reagieren können. Das Telefon kam in die Küche unter die schmutzige Wäsche. Es war echt eine Erleichterung, als es draußen war. ... Montag ging ich zum Arzt. Sie gab mir ein Beruhigungspräparat, das auf den sinnigen Namen Dogmatil hört. Aber es hilft ungeheuer. Ich schreibe das jetzt geradezu leicht vergnügt. Aber es kommt hinzu, daß J. heute geschrieben hat. Ich habe den Brief nicht geöffnet, aber ich konnte erkennen, daß er mich mit »liebste Ursula« anredet, daß das Wort »Ratlosigkeit« vorkommt, ein Satz »Auto stand an seinem Platz, aber ich traute mich nicht ...« oder so, woraus ich schloß, daß er nach Stuttgart gefahren war.

Ich schickte den Brief zurück, nur mit einer kurzen Notiz, es interessiere mich jetzt nicht, was er sage und schreibe, sondern was er tue. Ich schickte ihn nach Kusterdingen mit Einschreiben und Rückschein, und es bereitet mir ein – bescheidenes – Vergnügen, mir vorzustellen, daß Martha morgen womöglich meinen Brief und die Antwortkarte quittieren muß.
Ja. Wie geht es weiter? Ich habe noch 18 Tabletten, und ich habe mich.

9.11.2014

Gerade denke ich an einen Artikel über den Ukraine-Konflikt, in dem es um Desinformation geht. Putin sagt dies, Journalisten berichten das, andere das genaue Gegenteil, die Regierung in Kiew behauptet, sie sage die Wahrheit. Aber kocht sie vielleicht nur ihr eigenes Süppchen? Dann sind da noch Putins bezahlte Trolle, die im Internet für passende Meinungsbildung sorgen sollen – oder ist das eine Erfindung der Gegenseite?

Der Autor jenes Artikels geißelt das an sich ehrenwerte, aber in solchen Situationen unsinnnige Bestreben, zweifelsfreie Beweise haben zu wollen, damit niemand zu Unrecht beschuldigt wird. Das ist unmöglich, wenn – von welcher Seite immer – gezielt darauf hingearbeitet wird, Zweifel und Verwirrung zu säen. Hier auf hundertprozentigen Beweisen zu bestehen, heißt nichts anderes, als sich von den Intriganten einen Ring durch die Nase ziehen zu lassen.

Das schwante mir schon damals. Ich hatte Johannes am 25.6.1976 geschrieben: »*Für mich steht fest, daß Martha in irgendeiner Form hinter der Sache steht. Ich werfe hier mit einigem Widerwillen meine Vorsichtigkeit über Bord, jemanden zu beschuldigen, der nicht restlos überführt ist, aber es ist Krieg, und da geht man baden, wenn man meint, man könne nach der Prozeßordnung handeln.*«

Letzten Endes werden etliche Fragen in unserer Geschichte offen bleiben, auch wenn sich im Laufe der folgenden Monate vieles geklärt hat. Niemals werde ich etwa erfahren, ob Küng tatsächlich einen »anonymen« Anruf bekommen hat. Und wenn ja, ob ihm klar war, dass dieser fingiert war. Oder ob Martha direkt bei ihm anrief. Was ich allerdings inzwischen weiß: Martha war zu einem recht frühen Zeitpunkt bei ihm und hat ihn über uns informiert. Es ist auch wahrscheinlich, dass Martha durchblicken ließ, sie wisse einiges von ihm. Denn Küng hatte sich als Zölibatärer natürlich auch nicht comme il faut verhalten. Egal: Er hat sich zum Helfershelfer gemacht, weil er geschwiegen hat, als es darauf angekommen wäre. Das werde ich ihm nie verzeihen, fürchte aber, dass ihm das ziemlich wurscht ist.

Dass Martha bei Küng war, weiß ich, weil er schließlich einem Geständniszwang erlag. Er war nicht der Einzige. Aber alle, alle informierten Johannes erst, nachdem sie tot war. Wie vollständig, sei dahingestellt.

Auch hinter die Rolle von Marcella M. werde ich nie ganz kommen. Ich kannte sie oberflächlich aus meiner Studenten- oder Assistentenzeit. Zu meiner Überraschung gibt es sogar noch eine Karte von 1974 an mich. Sie siezt mich, das heißt, sehr viel hatten wir gewiss nicht miteinander zu tun.

Damals siezten sich die Studenten noch, erst nach einiger Zeit ging man zum Du über – oder auch nicht. Eigentlich finde ich diese Möglichkeit, unterschiedliche Nähe auszudrücken, immer noch angenehm. Im Psychologiestudium war dann das »Du« bereits ubiquitär.

Gestern war ich so wütend auf Marcella, dass ich ihr am liebsten alle Schande gesagt hätte. Denn ihre Verleumdungen waren besonders bösartig. Aber im Internet fand ich lediglich, dass sie über Mission in Schwarzafrika promoviert hat und – schau an! – von Bischof Tebartz van Elst zitiert wurde, jenem Bischof, der in Limburg eine Badewanne für zwei brauchte. Na ja, inzwischen habe ich mich wieder eingekriegt.

Und was war mit der Kindergärtnerin, die uns in Gérardmer gesehen haben soll? Heute ist mir das ziemlich klar: Im Frühjahr hatte ich Johannes ein religionspädagogisches »Osterprogramm« gegeben. Ich hatte es mit Erzieherinnen eines Tübinger Kindergartens entwickelt. Die Adresse jenes Kindergartens stand auf dem Deckblatt: Carlo-Steeb-Heim.

11.1.2015

Als ich die Zeilen oben schrieb, hatte ich keine Ahnung, dass Marcella an Johannes geschrieben hat, er hatte das nie erwähnt. Ich wusste nur von ein paar ihrer Verleumdungen, weil Johannes mich gefragt hat, ob es denn stimme, dass ich mich – wie sie behauptet habe – öffentlich über ihn lustig machen würde, ihn nur für die Dissertation benutze usw.

Ihren Brief fand ich heute. Er datiert vom 5.7.1976, deshalb wird er an dieser Stelle eingefügt. Es war ein Zufallsfund: Ich gehe gerade einer ganz anderen Frage nach, versuche zu verstehen, wieso Johannes nach Marthas Tod (wie auch zuvor öfter) so seltsam masochistisch reagierte. Mir war die Idee gekommen, in seinen ganz frühen Tagebüchern von 1946 ff. nachzuschauen, weil ich die Ursache seines Verhaltens in einer bestimmten katholischen Prägung vermutete. Als ich sein Tagebuch von 1949 aufschlug, lag darin die Kopie eines Briefes von Marcella Mathieu! Was ich jetzt las, brachte mich völlig aus der Fassung: Das ist Perfidie – und eine sehr begabte Perfidie. Dass Johannes mir gegenüber nicht offen war, zeigt, dass ihre Strategie der Verleumdung wenigstens zum Teil verfangen hatte. Mit wie viel Zweifeln wird er mich nach der Lektüre dieses Briefes in der Folgezeit beobachtet haben, wie oft hat er harmlose Bemerkungen von mir in einen anderen Kontext gestellt, einen Kontext, von dem ich nichts ahnte?

Warum verheimlichte er mir diesen Brief? Vielleicht war seine Befürchtung, dass ich nicht stillhalten würde. Ich hätte auch nicht stillhalten dürfen, denn das wäre einer Bestätigung der Vorwürfe bedenklich nahegekommen. Ich hätte eine Gegenüberstellung verlangen oder Strafanzeige stellen können. Wenn ich sehe, wie ich noch 40 Jahre später schäume, kann ich mir schon vorstellen, dass er Angst hatte, nicht mehr Herr des Verfahrens zu sein.

Wo steckt diese Frau jetzt? Wenn ich das wüsste – ich würde sie noch heute fertigmachen. Denn kein Wort ist wahr, nicht ein einziges! Ich bin Marcella nach der Studienzeit nie mehr begegnet, ich hatte keinen »Freund«, es hat niemals eine solche »Party« gegeben. Aber der Brief ist so detailliert, so glaubhaft geschrieben. Ich selbst würde denken, dass da schon etwas dran ist, wenn ich es nicht besser wüsste!

5.7.1976

Sehr geehrter Herr Neumann,
da Sie am Sonntag großen Wert darauf legten, möglichst viel und möglichst Genaues dieses »Party-Geschwätzes« zu hören, denke ich, ist es sinnvoll, Ihnen diesen Tagebucheintrag in entsprechender Umformulierung betreffs Anrede zu schreiben. ...

Frau Schweickart [sic!] *gab unumwunden zu verstehen, sie habe intime Beziehungen zu Ihnen; das zu erreichen, sei auch gar nicht schwierig gewesen; denn schließlich hätten sie Torschlußpanik am Anfang der Wechseljahre und suchten bei wesentlich jüngeren Frauen Bestätigung Ihrer Männlichkeit. Sie fühlten sich wie ein junger Gott, doch mitnichten: Sie seien ein Sammelsurium Molièrescher Antihelden von Tartuffe bis zum Eingebildeten Kranken! Auf Rückfrage meinte sie, ihr Freund (nach Andreas' Aussagen, der an der gleichen Schule ist, ein etwa 27- bis 28jähriger Dandy-Typ mit Hang zum etwas über die Lehrer-Verhältnisse gehenden Lebensstil) habe nichts gegen dieses Doppelverhältnis, im Gegenteil – meinte der Freund selbst bei der Party – mache es ihm Spaß, zu sehen, wie der »gescheite Prof« »verarscht« wird. Außerdem lasse man »Goldesel« ja auch nicht gern freiwillig ziehen. Das einzige, was ihm nicht passe, sei, daß sie (Frau S.) so oft für ihn nicht erreichbar sei, weil Sie sie soviel Zeit kosteten, zumal weil sie sich dann doch mit »Schonkost« zufriedengeben müsse. (Das blieb mir deshalb so im Gedächtnis haften, weil ich nicht sofort den Sinn kapierte.) Und dann, glaube ich, kam – zumindest in der Erzählung der beiden – die Frage, ob sie (Frau S.) denn nicht fürchte, daß Ihnen dieser ganze Quatsch zu Ohren käme, worauf sie meinte, im Ernstfall würden Sie <u>ihr</u> glauben, sie würde jedenfalls alles dementieren, und Sie würden ja ohnehin nach ihrer Pfeife tanzen, weil Sie ja so verschossen seien. Schließlich würden Sie ja auch bei Rendezvous keine großen Vorkehrungen treffen und sogar gemeinsame Spaziergänge im Schönbuch unternehmen, wo's von Tübingern wimmle. Sie habe ja sowieso bloß so lange Interesse an Ihnen, bis ihre Dissertation unter Dach sei und evtl. ein besserer, fester Job vermittelt sei, obwohl sie es mit Ihnen nicht gerade leicht habe! Denn außer Juristerei, Hochschulpolitik und Bettgeschichten hätten Sie nichts im Kopf; sie müsse oft Alleinunterhalter spielen! Eigentlich mache ihr die Sache jetzt keinen so großen Spaß mehr, so lustig sie's anfangs gefunden habe, die würdevolle Ex-Magnifizenz in den lächerlichsten Posituren erlebt zu haben; aber es dauere schon lange, wo sie doch gehofft habe, in der ersten Jahreshälfte mit der Arbeit fertig zu werden; schließlich mache es wirklich weniger Spaß, mit so einem »alten Bock« ins Bett zu steigen als mit ihrem jungen Freund. Dazu käme noch, daß es da so ein paar eifersüchtige Weiber gebe, die versuchten, ihr ins Gehege zu kommen, und das bringe für sie natürlich Mehrarbeit, aber bislang blieben Sie friedlich bei der Stange. Daran würde man doch merken,* *daß letztlich ein mittelmäßiger Denkapparat nicht das Ausschlaggebende sei bei so einem »pubertären Mannsbild« wie Ihnen, das gar nicht merkt, daß und wie mit ihm gespielt wird, sondern das sich einbildet, begehrenswert und heißgeliebt zu sein. In dem Zusammenhang, meine ich, fiel auch das Wort vom »Geck«, der meint, noch sein eigener Herr zu sein.*

Hoffentlich können Sie mit diesen widerlichen und scheußlichen Aussagen von Frau Schweickart etwas anfangen. Ich bin gern bereit zu Erklärungen, falls Sie noch Rückfragen haben!
Mit freundlichem Gruß
M. Mathieu

Johannes schrieb mir den folgenden Brief, nachdem er den von Marcella Mathieu bereits gelesen haben musste.

Sonntag, 17.7.1976, 16.30 Uhr
Liebste Ursula,
… Gestern, bei unserem kurzen Treffen, sagtest Du, Du habest mich lieb, aber nicht um jeden Preis. – Ich gebe zu, es hat mir weh getan, aber es ist vernünftig u. richtig. Würdest Du dann aber auch hinnehmen, wenn ich Dir eines Tages das gleiche sagen muß? Noch aber, und das bitte ich Dich, mir zu glauben, versuche ich aus dieser doppelten Gefangenschaft, mit M. u. mit den bösen Gerüchten, herauszukommen. Noch versuche ich, auf »meine Zukunft« hinzuleben, obwohl ich gar keine Zukunft mehr vor mir sehe, sondern nur einen dunklen Abgrund.

Aber jetzt werde ich erst einmal fortfahren, Berge sehen, die ich mit Dir gesehen habe, Straßen fahren, die ich mit Dir gefahren bin!!! – Und dann werde ich mit Klöß reden! …

Und noch eine Bitte: Was immer auch kommen mag, laß uns einander nie bloßstellen u. verraten. So wie bei mir niemand an die Briefe von Dir kommen kann, so gib auch meine nicht preis! Und laß uns im Herbst gemeinsam das »Party-Gerücht« töten. Ich will derweilen alles tun, was ich vermag, um »frei« zu werden und dann als Freier zu Dir kommen zu können! …
In Sehnsucht und Treue
Dein Johannes

10.11.2014

Wenige Tage später bekam Johannes wieder Post von Marcella, sie schickte die Kopie eines Briefes an »Ursel« mit, wobei es sich nicht um mich, sondern um die angebliche Freundin des angeblichen Andreas handeln sollte, der angeblich ein Kollege meines angeblichen Freundes sein sollte. Dieser »Andreas« schrieb dann am 15.8. ebenfalls einen Brief an Johannes. Entweder habe ich das vergessen oder Johannes hat es mir auch nicht erzählt. Am 9.9. schreibe ich im Tagebuch nur von dem, was mir Johannes von Marcellas »Partygerüchten« berichtet hat.

Wenn ich das alles lese, geht es mir noch heute so, dass ich schreien möchte: Lüge! Nie, nie, nie habe ich die Diskretion verletzt; wenn jemand verschwiegen war, dann ich. Und nie habe ich Schlechtes, Bösartiges über dich gesagt! Aber es ist unmöglich, das zu beweisen. Wo Rauch ist, ist Feuer, nicht wahr? – »Oder eine Fuhre Mist.« Leider weiß ich nicht, wer das gesagt hat, aber er sei bedankt!

Ich hatte nicht die besten Karten. Johannes weigerte sich, auch nur die Möglichkeit in Erwägung zu ziehen, dass Martha mit diesen Intrigen zu tun hatte, sie selbst initiiert hatte. Zum anderen gab es eben mehrere Quellen, die dem Ganzen Glaubwürdigkeit verliehen. Ich weiß bis heute nicht, welche Menschen real und welche erfunden waren. Andreas? Die Studenten? Die anonymen Anrufer? Es spricht einiges dafür, dass sie allesamt nicht existierten. Genauso wenig weiß ich, inwieweit Martha, Ruth und Marcella konspiriert haben, wer wen benutzt hat und wann jede dabei ihr eigenes Süppchen kochte.

Wäre eine solche Kampagne auch im nicht kirchlichen Raum möglich gewesen? Teils ja, teils nein. Ja, weil Rufmord kein Spezifikum der katholischen Kirche ist. Nein, weil mit der Zölibatsverpflichtung ein Erpressungsmittel besteht, das es sonst nicht gibt. Eine Dreiecksbeziehung, ein Fremdgehen, ein Verhältnis, eine Trennung – bei alldem wird auch woanders schmutzige Wäsche gewaschen, verleumdet, intrigiert. In den 70er-Jahren war dergleichen zudem noch skandalöser, wenngleich vermutlich nicht weniger häufig. Aber das Potenzial zur Vernichtung kommt durch den Zölibat. Das Schuldbewusstsein wird beim Kleriker zur Grundmelodie, denn wer kann sich freisprechen davon, sich gegen den Zölibat versündigt zu haben – in Gedanken, Worten oder Werken? Wer Dreck am Stecken hat, macht sich nicht mausig. Die Vermischung von Lebenswandel und dem, was einer sonst tut und sagt, ist systemimmanent. Nirgendwo sonst ist die Gefahr so allgegenwärtig, dass ein Verweis auf das sexuelle (Fehl-)Verhalten die berufliche und soziale Existenz vernichtet.

Wenn einem Fußballtrainer nachgesagt wird, er sei pädophil, so ist das verheerend, wenn es eine Verleumdung ist. Wenn es der Wahrheit entspricht, dann ist nur eine Konsequenz möglich: Er darf keine Kinder mehr trainieren. Mit der Zölibatsverpflichtung wird aber ein Zusammenhang hergestellt, der keiner ist: Was sagt die Häufigkeit des wöchentlichen Beischlafs über die seelsorgerliche Qualität von jemandem aus, was über die Richtigkeit seiner theologischen Aussagen? Nichts! Aber der Zusammenhang wird hergestellt. Nicht häufig, zugegeben. Da hätten die Hierarchen viel zu tun! Aber der Wink mit dem Zaunpfahl fehlte bei Johannes keineswegs, aller Jovialität zum Trotz, mit der gesagt wurde: Das ist doch kein Thema für uns!

München, 31.7.1976

Lieber Herr Neumann,

... Um in der anderen leidigen Sache weiterzukommen, habe ich Ursel einen Brief geschrieben, denn Andreas ist für mich nicht anders erreichbar. Eine Fotokopie davon lege ich bei. Ich glaube, es war wirklich ungeschickt, vielleicht auch etwas rücksichtslos, Sie in dieser nervenaufreibenden Lage auch noch mit »großen Eröffnungen« zu belästigen; bitte verübeln Sie mir die Kopflosigkeit nicht.

Alles Gute und herzliche Grüße
Ihre Marcella
Herzliche Grüße an Frau Woll!

München, 31.7.1976

Liebe Ursel,

leider konnte ich nicht wie vorgesehen an diesem Wochenende nach Tübingen kommen. Deshalb so kurz das Wichtigste: Du erinnerst Dich sicher an den Abend vor einigen Wochen, als Ihr, Du und Andreas, eine Nacht hier

Station gemacht habt, und an das Gespräch über die Behauptungen, die über Neumann bei einer Party verbreitet wurden. Da es mir wichtig schien, habe ich ihm davon erzählt, ohne Eure Namen zu nennen – wie versprochen. Verständlicherweise drängt er darauf, daß Ihr Euch bei ihm meldet, um ihm diese Begebenheit zu schildern. Mir selber wäre das auch sehr recht, weil ich diese Rolle als Bote mittlerweile gründlich satt habe! Denn letzten Endes sitzt man bei so was immer zwischen sämtlichen Stühlen, da man keine Beweise in der Hand hat!
Falls Du Neumanns Adresse nicht hast:
Jahnstr. 23, 7401 Kusterdingen, Tel.: 07071/32775
Rühr Dich gelegentlich mal wieder!
Noch eine gute schöne Ferienwoche und alles Gute für Dich,
Deine Marcella
Gruß an Andreas!

Stuttgart, den 15.8.1976
Sehr geehrter Herr Professor!
Nach reiflichen Überlegungen habe ich mich doch entschlossen, Ihnen auch im Namen Ursulas diesen Brief zu schreiben. Ich nehme an, daß Sie wissen, worum es geht, so daß ich mir einleitende Erklärungen ersparen kann. Wir versichern Ihnen, daß Frau Schweickhardt im Kreis von Kollegen von einer eindeutigen Verbindung zu Ihnen sprach und zusammen mit ihrem Freund peinliche Bemerkungen über Sie machte. Was Ihnen Ursulas Freundin [also Marcella] genau hinterbrachte, weiß ich nicht. Zu Ihrer Forderung an uns, uns direkt an Sie zu wenden: Ich sehe keinen Grund, an den Behauptungen Frau Schweickhardts zu zweifeln. Außerdem ist klar, daß sie bei Ihnen mit allen zur Verfügung stehenden Mitteln darauf hinarbeiten wird, jeden mundtot zu machen, der gegen sie spricht, und weil ihr Einfluß bei Ihnen nach ihren eigenen Angaben sehr groß ist, sehe ich bei direkter Konfrontation lediglich Unannehmlichkeiten auf mich zukommen! Grundsätzlich bin ich auch dagegen, mich in die Privatangelegenheiten fremder Leute einzumischen, so daß ich kein Interesse habe, mich mit dieser Sache weiter zu befassen!
Hochachtungsvoll
Andreas

18.1.2015

Ich unterbreche den chronologischen Verlauf nochmals für einen kurzen Einschub. Weder im Juli 1976 noch im November 2014 kannte ich den Brief Marcellas, in dem unter anderem von meinem angeblichen Spott über Johannes' Wechseljahr-Torschlusspanik die Rede ist. Deswegen kann ich erst heute Johannes' Reaktion auf einen Spiegel-Artikel über die Wechseljahre des Mannes besser verstehen. Das war mehr als die Suche nach dem Haar in der Suppe, wie ich damals meinte.

23.7.1976

Lieber Johannes!

… Was soll denn dieser Spiegel-Artikel? Daß unsere Beziehung durch Deine »Wechseljahre« und meinen »Vaterkomplex« mitbestimmt sein könnte, ist ein alter Hut. Es ist aber zweierlei, ob man ein mögliches Risiko nüchtern in Betracht zieht oder ob man mit der Lupe gierig nach jedem möglichen Haar in der Suppe fahndet und, wenn man eins gefunden zu haben meint, in eine Orgie der Selbstzerfleischung ausbricht. Ich denke nicht daran, den Spiegel zu kaufen, ich denke nicht daran, den Artikel zu lesen, ich denke nicht daran, mich mit Dir darüber zu unterhalten. Wenn Du der Meinung bist, ich sei eine Alterserscheinung von Dir, so zieh die Konsequenzen, aber laß mich in Frieden.

… Daß Du trotzdem in einer Situation, wo ich – wenn überhaupt jemals – dringend die Gewißheit bräuchte, daß Du zu mir hältst, anfragst, ob ich auch zwei Jahre warten würde (was unter den gegebenen Umständen auf »ewig« hinausläuft), ist schmerzhaft und demütigend: Das läßt nur den Schluß zu, daß Du bei Martha auf Granit beißt und jetzt bei mir das Terrain sondierst, ob ich großzügiger bin. Was heißt das anderes, als daß ein entscheidendes Kriterium für Dein Handeln derzeit »der Weg des geringsten Widerstandes« ist?

Und was für eine Konsequenz soll ich daraus für mich ziehen, wenn nicht die: mich innerlich und äußerlich so unabhängig wie möglich von Dir zu machen, um nicht Gefahr zu laufen, eines Tages noch beschämender als jetzt alleingelassen zu werden.

… Du kommst mir vor wie ein Mann, dessen Haus brennt. Ich sage Dir: »Dein Haus brennt.« Und Du sagst: »Ich muß noch das Geschirr spülen.« …

Und so spülst Du und spülst. Du läßt es bis zum Äußersten kommen. ... Alles ist Dir wichtiger: Der Artikel muß noch fertig geschrieben werden, ehe Du in den Urlaub gehst, zuerst mußt Du noch rauskriegen, wer alles in die Affäre verwickelt ist, ehe Du etwas anderes unternimmst. Zuerst muß über den Spiegel-Artikel geredet werden, zuerst muß meine Promotion fertig sein ..., zuerst muß alles mit Martha bis ins Detail geklärt sein, und solange sie nicht will, geht eh nichts ... Und wenn ich nicht mitspüle, dann sagst Du: »Jetzt läßt sie mich allein, wo ich so viel Geschirr zu spülen habe.« Du bist sogar imstande zu sagen: »Jetzt, wo mein Haus brennt, läßt sie mich das Geschirr alleine spülen.« Es ist keine Frage von Liebe oder Nicht-Liebe, ob ich unter diesen Umständen mit Dir im brennenden Haus bleibe, sondern es ist eine Frage von Vernunft und Unvernunft ...

31.7.1976, 22.15 Uhr

Liebste Ursula!

... Dann kamen am Ende drei Monate wachsender Qual, bis zur Unerträglichkeit. Und dann endlich in der vergangenen Woche der Mut, oder besser: der <u>Wille</u> zur Entscheidung! Noch ist der Weg dunkel und nicht sicher, ob die Kräfte ausreichen, aber ich weiß, was ich will: mein Leben mit Dir erfüllen, Dein Leben mit mir erfüllen. Vor einem Vierteljahr schon sagte ich Dir, Du seist meine »Zukunft«, aber ich wußte nicht, ob ich meine Zukunft zu wünschen wage. Heute weiß ich, daß ich es <u>will</u>! (Ob ich es kann, ist die andere bittere Frage!) ...

... Wir müssen <u>beide</u> prüfen, ob es geht, wenn ich nicht mehr der »gesuchte« J. N. bin, sondern – wenigstens für eine gewisse Zeit – der gemiedene, schief angeschaute. Ob Du mich dann noch magst? ... Wir müssen prüfen, wie unsere Liebe aussehen wird, wenn die Welt um uns sich gewandelt haben wird ... Deshalb ganz schlicht zunächst die Frage, ob Du einen »einfachen«, in den Windschatten gedrängten Johannes noch so liebhaben kannst, daß Du ihn heiraten möchtest.

Für mich wäre das <u>das</u> erstrebenswerte Ziel, die Möglichkeit, meine belastende Doppelrolle, treuer Kanonist seiner Kirche einerseits und Empörer gegen ihre Ideologie andererseits, abstreifen zu können. Dabei muß ich mir im klaren sein, daß ich dann innerhalb und außerhalb der Uni jeglichen Einfluß verliere, mein »Ansehen« reduziert ist. Ich muß mich prüfen, ob ich das will u. ob ich es verkraften kann.

Gleichzeitig bedeutet es auch eine weitgehende Exkommunikation aus meiner Familie und eine Zwangspause für meine Veröffentlichungen. Aber vielleicht kann ich dann endlich einmal etwas Wesentliches erarbeiten!

... Du darfst von einem ganz <u>sicher</u> ausgehen: Meine Worte und Briefe im letzten Jahr waren ganz ernst gemeint! Ich gebe zu, daß ich mich in der kritischen Situation wie der Geschirr spülende Mann im brennenden Haus verhalten habe. Das Motiv war ein doppeltes: Einmal war ich irritiert, und zum anderen wollte ich weder Unrecht tun noch ins Leere springen. Ich gebe zu, ich hatte/habe Angst vor dem Unbekannten und dem Niederträchtigen ...

2.8.1976

Lieber Johannes,

... Wenn sich tatsächlich als eine Alternative herausstellen sollte, daß Du Deinen Beruf aufgibst, dann fühle ich mich in einer sehr schweren Situation. Für mich selber (wenn ich mich jetzt ganz isoliert betrachte) wäre das sogar die angenehmste, bequemste Lösung, von Dir geheiratet zu werden. ...

Bei Dir dagegen sieht es ganz anders aus. Du würdest eine Menge aufgeben, Ansehen, Einfluß. Das sind sehr wichtige Dinge. Ich weiß nicht, ob Du auf anderen Gebieten auf ähnliche Weise Fuß fassen könntest und auch Spaß dran hättest. Du müßtest also einen hohen Preis zahlen, während ich – abgesehen von einigen Aufregungen und einigen schiefen Blicken – nur gewinnen könnte (denn ich gehe davon aus, daß ich mit Dir glücklich werden könnte). Kann ich Dir Ersatz sein für das, was Du möglicherweise durch mich verlieren würdest? Ich weiß es wirklich nicht. ... Aber – glaube mir bitte – wenn es eine andere tragbare Möglichkeit gibt, bei der man nicht alle paar Tage durch Anrufe, Briefe usw. geängstigt wird, dann ist mir das genügend. Nur das mache ich nicht mit: ein entwürdigendes Versteckspiel und das Verrückt-gemacht-Werden durch Verrückte.

Ich hab' Dich lieb!
Deine Ursula

3.8.1976, 16.30 Uhr

Liebste Ursula,
 ... Jetzt bin ich weder glücklich noch wahrhaftig, aber »geborgen« im Trott einer verlogenen Gesellschaft. Fragt sich, ob ich – wir – in der Lage sind, aus diesem Trott auszubrechen ... Wobei dieser »Trott« natürlich weit in meine eigentliche Arbeit hineinreicht: von der Lehre angefangen bis zur Herausgeberschaft der ThQ, meine Stellung in der Uni u. dgl. – Ich müßte mir ganz neue Startlöcher graben. Auch das könnte ja sehr gut sein ... Ich schreibe das eigentlich weniger Dir als mir, denn wenn man ein Haus bauen will, sollte man wissen, was es kostet ... Ich will Dir auch keine Luftschlösser malen, obwohl ich sehr glücklich bin, daß Du mich offensichtlich genauso gerne heiraten würdest wie ich Dich! Denn ich glaube auch, daß unser Leben gelingen könnte! Gut gelingen! ...

4.8.1976, 11 Uhr

Liebste Ursula,
 jetzt unterbreche ich meine Arbeit an dem Vortrag über »die Frauen und die Kirche«. Angesichts dieser Fülle von Unsinn, den die (kath.) Kirche produziert, wäre es leicht, zum Gegenangriff überzugehen. Das sähe dann so aus, daß ich Mitte März ... dem Bischof ein Schreiben übergebe, in dem ich ihm die Gründe theologisch-politischer Art aufzähle, die mich hindern, weiterhin in der Priesterausbildung tätig zu sein. Eine Kopie würde an den Minister gehen. Die Sache würde zum »theologischen« Skandal ... Dann würde die Schlacht dort ausgetragen, wo sie hingehört, nämlich im theologisch-kirchenpolitischen Feld! Die Heirat wäre dann hinterher <u>unsere</u> private Entscheidung ...
 Dem möglichen Psychoterror werden wir zu begegnen wissen: 1. dadurch, daß wir den Rest dieses Jahres unsere Kontakte reduzieren ..., 2. daß wir uns nicht treiben lassen, sie andererseits in Beweisnot kommen lassen! ...
 Ich habe unsagbare Sehnsucht nach Dir, Deiner Nähe ...
 Dein Johannes

4.8.1976, 15 Uhr

... Mit R. habe ich heute ein langes Gespräch gehabt. Sie ist bereit, in jeder Weise zu helfen, etwa durch Kauf des Hauses. Sie meinte, es sei toll, daß ich

jetzt den Willen hätte, mich zu »emanzipieren«, sie habe immer gemeint, ich würde nicht merken, wie M. mich beherrscht. – R. treibt, dessen bin ich sicher, kein falsches Spiel, sondern weiß nur um die »Kampfkraft« von M.

24.8.1976
... Fast meine ich, ich müßte einen Dreifrontenkrieg führen. Und ich habe keine Kraft mehr! Vielleicht hast Du auch keine Kraft mehr: Dann haben wir nach 13 Monaten nur einen Scherbenhaufen und einen Skandal und eine verlorene Hoffnung und eine enttäuschte Zukunft! Ach, wie ist das alles arg! ... Es kann und darf doch <u>so</u> nicht mit uns zu Ende gehen! Soll alles <u>aus</u> sein, nur weil wir, jeder auf seine Weise, keine Kraft mehr haben? Das kann doch nicht sein! ...

26.8.1976
Lieber Johannes!
... Wenn Du von Dreifrontenkrieg schreibst, meinst Du mit einer Front ja wohl mich. Zunächst einmal ist mir nicht erkennbar, daß <u>Du</u> irgendeinen Krieg <u>führst</u> ... Du schreibst zum Schluß: »Es kann und darf doch so nicht mit uns zu Ende gehen!« Warum nicht? Es wäre nicht das erste Mal, daß auf dieser Welt etwas gescheitert wäre. Was tust Du dazu, daß es nicht zu Ende geht? Was tust Du dazu, daß wir Boden unter die Füße bekommen? Die Antwort kann sein: Ich bin zu schwach, ich kann das nicht. Das ist zwar bitter, aber auch bittere Realitäten müssen akzeptiert werden. Ich habe nicht vor, mir hier etwas vorzumachen oder vormachen zu lassen. Wenn Du zu kraftlos bist, aus Deinen Verfilzungen und Verstrickungen herauszukommen, dann tut mir das für Dich und mich von Herzen weh, aber was bleibt denn dann übrig, als daß Du Dein Leben und ich mein Leben getrennt fortsetzen? ...

9.9.1976
... Die dritte große Pause – wenn ich richtig zähle.
Nachdem ich – im Bewußtsein, selbst gleich überzuschnappen, wenn ich nicht die Flucht ergreife – nach Villingen gefahren war, als er – eher als aggressive Reaktion denn ernst gemeint – gefragt hatte, ob ich denn tatsächlich all die Dinge über ihn gesagt hätte (»all die Dinge« – das stellte sich erst im

Lauf der Zeit raus, war, daß ich auf einer Party gegenüber einem »Andreas« und einer »Ursula« mit »meinem Freund« gesagt hätte, eigentlich hätte ich J. ja satt, aber er sei eine goldene Gans, und außerdem fände es der Freund von mir recht amüsant – wenn auch etwas lästig –, daß ich ein Verhältnis zu ihm hätte. Ich hätte gesagt, er würde sich was auf seine Potenz einbilden, aber damit sei nicht viel los, und ich hätte ihn überhaupt nachgeäfft usw.), also, nachdem ich dann nach Villingen geflohen war (weil ich schon so verrückt war, in meiner Schule anrufen zu wollen, wer denn »Andreas« hieße – es hatte nämlich geheißen, ich hätte das alles auf einem Schulfest oder so gegenüber dem Referendar Andreas gesagt), rief er zwei Tage später an, ich hätte ihn mehrmals kurz abgefertigt. Ceterum censeo … Solange Martha da ist.

12.11.2014

Wenn ich in dem Tempo weitermache, dann bin ich in einem weiteren Vierteljahr, längstens einem halben Jahr fertig mit dem Manuskript. Und dann? Dann werde ich in ein tiefes Loch fallen. Ob ich dann als alte Frau Tag für Tag vertieft in diese Aufzeichnungen sein werde, den Kontakt zur Gegenwart verliere und die Leute sich vielsagend anschauen, weil mit mir nicht mehr zu sprechen ist, oder ob ich mir die Trauer von der Seele geschrieben haben werde und sich etwas Neues auftun wird – man wird sehen.

Ich bin jetzt seit einem Tag 68 Jahre alt. In einem spontanen Einfall (eigentlich sollte es ein Arbeitstag wie jeder andere werden) bin ich an diesem trüben Tag in die Höhe gefahren, nachdem ich zunächst noch Wein und Wildlachs für Opa Karl gekauft hatte. Er ist der Partner meiner Mutter, mit dem sie seit weit mehr als 50 Jahren in wilder Ehe lebt und der am 17.11. Geburtstag hat. Meine Gefühle, meine Stimmung waren und blieben den ganzen Tag mehr die des tristen Novembertages, obwohl oben auf dem Schliffkopf die Sonne so schön schien und das Nebelmeer fotogen bis zu den Vogesen unter mir lag. Ich machte einen kurzen Spaziergang. Dachte daran, dass Johannes und ich im Schliffkopfhotel ab und zu Heidelbeerkuchen gegessen hatten, den die Seniorchefin selber buk – hach, endlich habe ich Gelegenheit, diese starke Imperfektform zu gebrauchen! Sie ist sicher schon seit Jahren tot. Auch sie.

Ich fuhr weiter über Freudenstadt, auf der Strecke, die Johannes so oft nach Tübingen gefahren war. Wenn es noch eines Beweises für den Klimawandel bedurft hätte, bei dieser Fahrt fand ich ihn: Mindestens drei Baustellen machten mir eine geordnete Weiterfahrt in meinem Sinne unmöglich. Zu meiner Zeit – wie locker mir das von den Lippen kommt: zu meiner Zeit! – hätte es das nicht gegeben: Straßenbauarbeiten im November! Trotzdem kam ich in time in Engen an. In time heißt auch: zu der Zeit, als ich vor 68 Jahren auf die Welt kam. Oma Hedwig meinte, sie habe eher mit dem Papst als mit mir gerechnet. Ich meinte: »Aber ich bin doch besser!« Was sie uneingeschränkt bejahte.

Sie erzählte von meiner Geburt. Der Geburt eines unehelichen Kindes, das sie weit entfernt von ihrem Wohnort zur Welt brachte. Wegen der Schande. Neu war mir ihr Geständnis, sie habe im Krankenhaus Läuse gehabt und dauernd versucht, sie mit einem Spezialkamm auszukämmen. Was natürlich nicht gelang. Aber es hat mir nicht geschadet. Glaube ich wenigstens.

15.11.2014

Es braucht nicht viel, schon gar nicht viele Leute, eine Intrige in Gang zu bringen. Vier, fünf Leute und ein Telefon reichten in unserem Fall, vermute ich. Martha und Marcella, dazu kam Ruth, die in dem Bad-guy-good guy-Spiel den Part des good guy übernahm. Wenn ich lese, dass Johannes am 30.7.1976 auf meine Mitteilung, mir sei Dogmatil verordnet worden, schrieb: »*R. meinte, Dogmatil sei ein <u>zu starkes</u> Mittel; sie will sich ein besseres überlegen, obwohl es »schwer« ist, eine Diagnose zu stellen, ohne den Patienten gesehen zu haben*«, dann kriege ich einen Herzkasper.

Die Hand im Feuer

22.11.2014

»... *dann kriege ich einen Herzkasper.*« Damit endete vor einer Woche meine Aufzeichnung. Jetzt, nur wenige Tage später, weiß ich, dass das Spiel nicht »bad guy – good guy« hieß, sondern »Wenn zwei sich streiten, freut sich die Dritte«.

Minuten, höchstens Stunden nach meinem letzten Eintrag wurde ich damit konfrontiert, dass Johannes mich verraten, auf übelste Weise verraten hatte: Ich hatte Hannah zuvor die ersten 180 oder 190 Seiten geschickt. Mit einer gewissen Zwiespältigkeit, denn es ist so eine Sache, das eigene Kind derart intim an der Geschichte seiner Eltern teilnehmen zu lassen. Eine Bemerkung von ihr brachte mich dazu, die knappen Aufzeichnungen in Johannes' Kalender genauer anzuschauen. Das bekannte Problem ist ja: Ich schreibe aus meiner Perspektive, meine Tagebuchaufzeichnungen sind recht ausführlich, bei den Briefen hält es sich die Waage, aber insgesamt besteht die Gefahr, dass die Sicht von Johannes zu kurz kommt. Ich wollte ihm gerecht werden.

Also nahm ich mir seine Kalender von 1976, 1977 und 1978 vor. Neben akribischen Vermerken, wie viel und was er gearbeitet hat, mit wem er telefoniert oder sich getroffen hat, enthalten sie jeweils kurze Notizen in seiner etwas eigenwilligen Stenoschrift. Aber die machte mir nur wenig Schwierigkeiten.

Der erste Schock war, dass Johannes sich nach dem Tod von Martha im April 1977 permanent mit Ruth getroffen hat, sie aßen zusammen zu Mittag, zu Abend, hatten lange Gespräche. Sie haben auch miteinander geschlafen. Das zu einer Zeit, als Johannes die Beziehung zu mir beendet hatte mit der Begründung, auf dem Tod eines Menschen könne man keine Beziehung aufbauen. Ich hatte das akzeptiert, hatte es akzeptieren müssen, aber nicht ohne zu schreiben: »*Dann hat sie doch erreicht, was sie wollte.*«

Seinen Entschluss revidierte er zwar wenige Wochen später, aber offensichtlich änderte das nicht viel an seinen Kontakten zu Ruth. Das war schlimm genug. Denn Johannes wusste um die dubiose Rolle von Ruth in der ganzen Verleumdungsaffäre, die sich in ihrem ersten Teil wesentlich mehr gegen mich gerichtet hatte als gegen ihn.

Es ist jetzt auch klar, dass es nicht nur meine mitgelesenen Briefe waren, sondern Johannes selbst hatte Informationen preisgegeben, die dann in die Intrige gegen mich und gegen ihn eingebaut wurden. Dass z. B. Dorle und Astrid mit hineingezogen wurden, erklärt sich zwanglos: Ruth hatte Johannes gefragt, die Studentengruppe, von der noch die Rede sein wird, habe diese Namen genannt, wer das denn sei? Johannes informierte sie offensichtlich bereitwillig.

Während Johannes mir in jener Zeit mehr als einmal unterstellte, ich hätte dumm geschwätzt, vertraute mir Dorle. Sie entwickelte Rachefantasien gegen Ruth, die darin gipfelten, einen Mohrenkopf am Außenspiegel ihres Autos zu applizieren.

Aber nicht genug damit, dass er mich mit Ruth betrogen hatte:

23.9.1977
Elisabeth kam morgens! … Sie hat wunderschöne Brüste! Und eine ganz weiche Haut!
14.30 Uhr abgef. und um 16.45 Uhr beim Kind. Kind zum Arzt! Gegen 18 Uhr fuhren wir zurück. R. V. klingelte an der Tür.

24.9.1977
… Kind hatte Mittag gemacht. Geschlafen und dann gut geredet, Kind dann 1 Std. spazieren. Aufgeräumt. Ich bin noch immer gebannt von der Begegnung mit Elisabeth! Abends Kind meinen Entwurf für »Abschiedsbrief« [Rückgabe des kirchlichen Lehrauftrags] vorgelesen. Sie war zu Recht nicht zufrieden!

30.9.1977
Mehrmals mit Kind telefon. Und Kind ging ins Ballett. Abends sehr lang mit E. geredet! Was tue ich hier? Hat es einen Sinn? Welchen? Für wen? Ich will meine Liebe zum Kind nicht gefährden!

11.10.1977
… dann kam E. R. u. blieb bis 17 Uhr. Sie wollte unbedingt, da habe ich mit ihr geschlafen.

Ach ja, so ist das: Sie will unbedingt – und dann schläft er mit ihr. Das war schon ein Muster von ihm. Aber in dieser Dimension? Ich hätte meine Hand für Johannes ins Feuer gelegt. Ich war so sicher, so arglos: Er ist mir genauso treu, wie ich ihm seit Juli 1975 treu war. Dachte ich. War ich überzeugt. Hätte tausend Eide geschworen.

Meine Treue habe ich nie als Verdienst angesehen, weil sie mit keiner Anstrengung verbunden war. Er war mein Mann. Er war der Mann meines Lebens. Und genauso – so glaubte ich – war ich seine Frau. Die Frau seines Lebens. Und jetzt? Was kann, was darf ich überhaupt noch glauben? Der Boden unter meinen Füßen brach weg. Ich wurde einsam, so einsam.

Am Samstagabend rief Hannah an. Ich riss mich zusammen, aber meine Stimme konnte ich nicht verstellen. Ja, mir gehe es nicht gut. Nein, ich wolle nicht darüber reden. Na ja, dann bis morgen. »Leb wohl!«, rutschte es mir heraus. Hinterher überlegte ich, ob ich sie noch einmal anrufen solle, damit sie sich keine Sorgen macht. Aber ich ließ es bleiben und dachte, wenn es sie beunruhigt hätte, würde sie sich selbst noch einmal melden. Ich nahm acht Tropfen Valium.

In der Nacht regnete es stark. Am anderen Morgen ging ich deshalb nur auf asphaltierten Wegen spazieren. Zahllose Regenwürmer krochen herum. Ich rette immer Regenwürmer, und an diesem Sonntag waren es bestimmt zwei Dutzend. Psalm 22: »Ich aber bin ein Wurm und kein Mensch …«

Zu Hause fing ich noch einmal an, die Kalender zu lesen. Ich fand die Einträge zu Elisabeth nicht mehr, dachte, hoffte einen kurzen Moment, ich hätte mich vertan. Natürlich nicht! Wollte mit jemandem reden. Aber mit wem? Angst kroch in mir hoch. Wenn ich das jemandem sage, bekomme ich sicher zur Antwort: »Ach, das wusstest du nicht? Ja, ja, der Johannes, das war schon ein schlimmer Finger!«

Die Erinnerung kam in mir hoch, wie ich Dorle mit 19, 20 Jahren erzählte, was für mich eine Neuigkeit war, dass ich adoptiert worden sei, und an ihrer Reaktion merkte: Ich war die Letzte, die es nun auch wusste. Wiederholt sich jetzt etwas?

Mit Hannah reden? Nein, das erlaubte ich mir nicht. Ich hatte das Gefühl zu zerspringen. Diesmal reichte kein zweiter Satz eines Klavierkonzerts, um mich zu beschwichtigen. Kurz überlegte ich, sein Bild zum Fenster hinauszuwerfen. Aber in solchen Situationen tue ich nichts, was irreparabel ist. »Ich hätte dir verziehen«, sagte ich und registrierte den Konjunktiv. Ob ich ihm jetzt verzeihe? Ich weiß es nicht. Ich weiß ja auch nicht, was ich noch entdecken werde bei meiner Spurensuche. Ich weiß nicht, was war und was ich nie erfahren werde.

Ich las im Internet das Märchen vom singenden, springenden Löweneckerchen, weil ich das Buch nicht fand. Das Märchen von der Frau, die ihren verzauberten Mann Jahr um Jahr sucht. Als sie ihn schließlich gefunden und ihm geholfen hat, den Drachen zu erschlagen, wird er von der Tochter des Zauberers entführt, die Hochzeit mit ihr vorbereitet.

Dann fiel mir die Geschichte eines Schriftstellers ein, der ein Buch geschrieben hatte, das ein liebevolles Buch über seinen Vater werden sollte. Und als es fertig ist, will er die Unterlagen einsehen, die die Kommunisten in jener Zeit über seinen Vater gesammelt hatten, und er entdeckt, dass der Vater ein Spitzel, ein Verräter gewesen ist. Wer war das noch? Ich kramte in meinem Kopf. Ungarn, fiel mir ein. Und irgendetwas mit Haydn ... Esterhazy? Ich ging zum Bücherregal, und da stand unter E, wie es sich gehört, *Peter Esterhazy, Verbesserte Ausgabe*. Ich schlage auf und lese: »*Leicht gereizt hörte ich mir diese Wichtigtuerei an. Hie und da berührte er die Dossiers. Daß er noch etwas sagen müsse, fuhr er fort, aber ich solle nicht erschrecken, verächtlich verzog ich den Mund, aber er halte es für seine Pflicht, mir diese Unterlagen zu zeigen und, ja ... ich würde daran, wie gesagt, keine reine Freude haben und, ja ... er wisse nicht recht, am einfachsten sei es vielleicht, wenn ich einen Blick hineinwürfe, dann würde ich ja sehen, was darin sei, beziehungsweise worum es sich dabei handle, und er schob mir die Dossiers zu. Diese knappe Bewegung hatte aus irgendeinem Grunde etwas Bedrohliches. Das sei ein Arbeitsdossier, ein Agentendossier, ein Agent, er seufzte ungewöhnlich tief, als ob die Existenz von Agenten ihm persönlich Kummer bereiten würde, dies hier seien Berichte eines Agenten.*

Was muß man denn soviel herumkaspern, dachte ich, mich öden diese gehemmten, erwachsenen Männer an, wieso kann man nicht normal reden, und ich öffnete das Dossier.
Ich wußte sofort, worum es sich handelte.
Was ich sah, konnte ich nicht glauben. Ich legte schnell meine Hand auf den Tisch, weil sie zu zittern begann. Was soll ich jetzt machen? Als ob ich träumen würde. Gleich werde ich ohnmächtig, und alles ist vorbei. Oder ich springe durch das geschlossene Fenster und entkomme. Im nächsten Augenblick begann ich mich sofort zu benehmen (wie so oft danach), ich bedankte mich für das Vertrauen, und daß ich das dann gerne lesen würde.« (Péter Esterházy, Verbesserte Ausgabe, 2004, S. 14)
Ja, so ist das. Das ursprüngliche Buch von Esterhazy trug den Titel »Harmonia Caelestis«, Himmlische Harmonie. Was war bei uns, zwischen uns harmonisch, integer, friedlich? Ich weiß nichts mehr. Was soll ich weiter tun? Zunächst war der Impuls, alle Ordner, alle Kalender, alle Tagebücher in den Schrank zu stellen. Einfach aufhören. Aber das dauerte nur kurz. Dann dachte ich: Ich könnte ja weiterschreiben unter Auslassung dieser bösen, bösen Dinge.
Nein. Ich werde weiterschreiben und ich werde so weiterschreiben, wie unsere – tatsächlich unsere? – Geschichte ablief. Mit meiner Ahnungslosigkeit, wie man sie aus Filmen, besonders aus Hitchcock-Filmen, kennt: Der Zuschauer weiß, was kommen wird, die Agierenden nicht. Auf diese Art von Suspense hätte ich gern verzichtet.
Immerhin, so dachte ich bitter, ich muss nicht wie Esterhazy noch einmal ganz von vorne anfangen zu schreiben. Bis zum Herbst 1976 stimmt alles, da muss nichts umgeschrieben werden. »Bist du dir sicher?«, fragte ich mich.
Und ich antwortete mir: »Nach allem, was ich weiß: Ja. Und alles andere kümmert mich jetzt nicht.«

»*Das Kind*«, das bin ich, warum auch immer. Vielleicht, weil ich so arglos war? Elisabeth, E., E. R. – da brauchte ich eine Weile, und natürlich dachte ich zunächst an Elisabeth, die Mitarbeiterin von Johannes. Aber das passte nicht. Dann war schnell klar: Elisabeth war die Schwester von Hubert Locher, mit dem er in jenem Sommer ins Schwäbische zur Erholung gefahren war. Er hatte mir sogar gesagt, dass sie sich wohl in ihn verliebt habe. Aber Eifersucht war noch nie meine Stärke. Wütend dachte ich: Ich bin nie in Erholung gefahren. Ich habe in jener Zeit geackert, diszipliniert geackert.

Abends nahm ich vier Tropfen Valium. Am nächsten Mittag, es war Montag, rief Hannah wieder an. Was denn los sei? Ich wolle nicht reden, erklärte ich. Ob was mit Joachim sei? Nein. Mit Vater? Ich fing hemmungslos zu weinen an und gestand: Ja. Und dass ich es ihr nicht sagen wolle. Und dass ich es ihr doch sagen wolle, weil ich es nicht aushielte. Und ich erzählte es ihr.

Sie war weniger überrascht, als eigentlich zu erwarten gewesen wäre. Warum? Wusste sie Dinge, die ich nicht wusste? Nein, es sei mehr atmosphärisch gewesen, das Rumgeeiere von Vater. Am wütendsten war sie darüber, dass er diese Aufzeichnungen nicht vernichtet hat. Er hätte doch wissen müssen, dass man nach seinem Tod womöglich darin liest. Ich widersprach schwach: »Es war ja Steno.« Aber er wusste, dass ich stenografierte.

Nach dem Telefonat mit Hannah ging ich zur Apotheke und kaufte Baldrian. Vor Valium habe ich großen Respekt.

Hannah hat recht: Wenn er nicht mit mir darüber reden, wenn er es als sein Geheimnis behalten wollte, dann hätte er die Seiten rausreißen, die Notizen durchstreichen müssen. Das wäre so mühelos gegangen! Ich weiß jetzt aber nicht, ob mir das lieber gewesen wäre. Wahrheit, Zweifel, Einsamkeit versus Illusion, Sicherheit und gute Erinnerung im Herzen. Ich glaube, ich wähle die Wahrheit.

Hannah hat in jenem Telefonat noch etwas Schönes gesagt: Sie sei in einer Atmosphäre aufgewachsen, in der sie sicher gewesen sei, dass ihre privaten Dinge respektiert werden. Dass niemand schnüffelt, niemand kontrolliert. So war das. Wenn Johannes gewollt hätte, hätte er mich problemlos hintergehen können. Ich habe nie gehorcht, mit wem er telefonierte, habe auch vor seinem Tod nie in seinen Kalendern geblättert. Er war meist über Nacht in Tübingen gewesen und manchmal sagte er, er würde wahrscheinlich abends nicht anrufen, weil er eine Sitzung oder eine Einladung habe. Ich hatte nie die Idee, die Sitzung oder Einladung könne etwas ganz anderes sein. Das bedauere ich auch nicht.

Ich werde jetzt den Faden da wieder aufnehmen, wo er mir aus der Hand geglitten ist.

Im Krieg und in der Liebe ... (Teil 2)

24.9.1976
Johannes meinte heute, wir gingen wirklich durch ein Inferno wie bei Dante. Ich weiß nicht, was das wirklich Höllische ist: der Terror von außen, seine – aus meiner Sicht – Naivität, Martha aus dem Kreis der Verdächtigen auszuschließen, oder mein Verurteiltsein zur Untätigkeit. ...

Letzten Dienstag fuhr er nach Stuttgart – aber wir sahen uns nicht. Es war schlimm, hart zu bleiben ... Am nächsten Tag rief er an, Ruth habe wieder einen anonymen Anruf bekommen, des Inhalts, er sei gestern wieder bei besagter Adresse gewesen. Nun mußte er endlich (!!) seine ihm so liebe Hypothese aufgeben, daß jemand hier in der Neugütlestraße uns beobachte. Er hatte schon in einem Brief berichtet, daß Starz von den »Terroristen« auch genannt worden sei. Ich hatte das übergangen, es bestätigte mich aber in der Überzeugung, daß Martha ihre Hand im Spiel hatte, denn die einzigen Male, wo ich, respektive Starz, nicht »rein formal« waren, waren Feiern hier, bei denen sie dabei war.

J. sagte, daß Starz mir angeblich die Wohnung eingerichtet habe – schön wär's, kann ich angesichts meines ausgeleierten Schreibtischs und meines Defizits nur sagen ... Und trotzdem – nach all diesen Indizien sagt er gestern zu mir: »Aber Martha war's bestimmt nicht.«

Gestern abend hat er nun zwei Anrufe von München gekriegt (Fries und Schmitz) [Prof. Dr. Heinrich Fries und der Kirchenrechtler Heribert Schmitz], *sie hätten anonyme Briefe gekriegt, daß J. einen Ruf nach München nicht annehmen würde, weil er mit mir liiert sei.*

23.11.2014
Heute hätte Johannes Geburtstag. Jakub hat ganz lieb gemailt und mir im Anhang einige Musikstücke geschickt, die mich trösten sollen. Das sei die Musik, die ihn auch tröste. Valse triste und so. Meine Niedergeschlagenheit können die Anrufenden zwanglos als angemessene Reaktion auf den Gedenktag interpretieren. Ich habe Johannes keine Blume gebracht. Aber ich bin ihm heute ein wenig freundlicher gesonnen als gestern.

Donnerstag, 23.9.1976, 11.15 Uhr

Liebes,

... Erlaube mir bitte noch ein Wort zu Deiner Wertung der Rolle von M. und R. R. ist an die ganze Angelegenheit herangekommen durch einen Studenten, der ein Attest wollte ... Er führte sie auf eine Gruppe von Studenten (Theologen, 1 Psych. u. 1 Jurist), die sich darauf »spezialisiert« haben, böse »Elemente« in Hochschule und Kirche aufzuspüren.

Im nächsten Schritt – auf Befragen von R. – nannten sie Dich und mich, Küng und einen (?) Pfarrer. In einer weiteren Runde nannten sie Starz, der Dir die Wohnung eingerichtet u. oft bei Dir übernachtet habe. Ich habe das R. gegenüber als infame Lüge zurückgewiesen.

Es betrifft also eine ganze Reihe von Leuten aus Uni und Kirche. Die anderen Namen, die nicht unmittelbar mit uns zusammenhängen, hat R. mir nicht genannt.

Gezeigt wurde R. das Bild einer jungen Frau [Dorle], die mit einem Wissenschaftler verheiratet sei und die brühwarm alles über uns kolportiert habe.

Ich zähle dies nur auf, um Dir darzutun, daß es sich um eine größere Aktion handelt, die nicht auf uns beschränkt ist. Dabei gehen diese Leute selber kriminell vor: 1. Sie geben vor, in bestimmte Sekretärinnen verliebt zu sein, und besorgen sich so Auskünfte. Auf diese Art könnten sie sich vielleicht auch an eine Deiner Bekannten herangemacht haben.

2. Sie verschaffen sich unter dem Vorwand persönlichen Betroffenseins Zugang zu bestimmten Geschäftsvorgängen. – Aus diesem Grund hat R. schon einen Rechtsanwalt eingeschaltet, allerdings nicht in unserem Zusammenhang.

Es wäre aber gut, wenn Du 1. über uns sowohl D. als auch A. gegenüber nichts mehr sagst; 2. sie auf diese Kerle und ihre Methoden hinweist.

Ich hoffe, daß dieser Spuk bald vorüber ist. Mir aber scheint die Ausweitung bzw. die Tatsache, daß wir beide gar nicht den Anlaß darstellen [zu beweisen], daß M. kaum die Initiatorin sein dürfte. Sie weiß, daß sie dabei nur die große Verliererin wäre ...

Ich hoffe, daß ich von der Sache nichts weiter höre. Mit Mar. [Marcella] bin ich verfahren wie vereinbart u. habe aufgelegt. Seither ist Ruhe! Sollte mich wundern, wenn sie nicht dahintersteckt! Denn sie war ganz offensichtl.

in mich »verknallt«. Andererseits wird sie von dieser Gruppe – oder Teilen davon – auch verdächtigt!

24.11.2014

Mein Gott, was für eine Räuberpistole! Heute bin ich mir sicher, dass es diese Gruppe »Saubere Uni« nicht gab, sondern dass deren Erfindung nur Mittel zur Irreführung war.

Diese Dinge machen etwas mit einem, es ist unmöglich, einen klaren Kopf zu bewahren. Klöß erzählte irgendwann später, er habe in dieser Zeit unsere Termine in seinem Kalender nur chiffriert eingetragen. Einmal habe er das so perfekt gemacht, dass er es selbst nicht mehr dechiffrieren konnte und Johannes mitteilte, er müsse eine Stunde später kommen, seine Stunde sei schon belegt. Auch er war angesteckt.

An dem Tag, an dem Johannes mir diese abstruse Geschichte mitteilte, erhielt Bischof Moser einen Brief. Die nächste Stufe der Eskalation:

[ohne Datum, Poststempel 22.9.1976]

Exzellenz!

In einer Situation, die immer ausweg loser wird, wenden wir uns an Sie mit der eindringlichen Bitte, Ihr Möglichstes zu tun zur guten Lösung dieses Problems. Da wir noch im Studium stehen, halten wir es für eine gebotene Vorsichtsmaßnahme, unsere Namen nicht zu nennen.

Schon seit längerem beobachten wir die offensichtlich intimen Beziehungen von Herrn Professor Neumann, Tübingen, zu Frau Ursula Schweickhardt, 7 Stuttgart 75, Neugütlestraße 19. Frau S., katholische Theologin, wurde Anfang dieses Jahres von ihrem Mann, einem evangelischen Theologen, geschieden. Schon vor der Scheidung, vermutlich schon zu ihrer Assistentenzeit bei Professor Neumann 1973–1974, arbeitete sie auf ihre heutige Position bei ihm hin, was sie aber nicht daran hinderte, anderen einflußreichen Persönlichkeiten auf nahezu obszöne Weise nachzustellen. Genannt sei hier nur Herr Dr. Starz, Akademiedirektor in Hohenheim. Beweise für verschiedene Rendezvous und Urlaubsfahrten mit Herrn Professor Neumann (z. B. in die Vogesen) sind nicht nur in unseren Händen, sondern auch in den

Händen anderer Studenten, die diese Beweise gelegentlich verkaufen wollen (wahrscheinlich an den »Spiegel«).

Wir bitten Sie inständig, uns zu helfen und den bösen Einfluß dieser Frau auf Professor Neumann zu verringern. Wie eilig dies geschehen muß, mögen Sie daran ersehen, das im Theologicum bereits Toilettenkritzeleien »Neumann schläft mit Schweickhardt, Neumann ist erledigt« auftauchen. Aus der Umgebung von Frau S. war auch zu erfahren, daß sie unbedingt Professor Neumann heiraten will. Wir würden sehr bedauern, wenn einer unserer besten Professoren, der vordem auch menschlich achtenswert war, auf eine solche Weise für Theologie und Kirche verlorenginge!

Eine Gruppe katholischer Theologiestudenten aus Tübingen!

Identische Briefe – alle per Einschreiben – erhielten Küng und Auer.

25.9.1976

… Heute morgen hat nun der Bischof bei J. angerufen und ihn wegen einer »dringenden persönlichen Angelegenheit« auf nachmittags zu sich gebeten. … Der Nachmittag verging. 16.15 Uhr fand [bei mir] ein »Überwachungsanruf« statt. 17 Uhr ungefähr rief J. an. Der Bischof habe gar nicht gefragt, ob es stimme oder nicht, weil er nichts von anonymen Sachen halte. Er habe es J. nur sagen wollen, weil er schon mal einen anonymen Anruf gekriegt hätte … Der Bischof war [eher] gegen eine Anzeige, weil da wenig bei rauskomme, riet ihm, mal kurz und kräftig in der Vorlesung dagegen zu schießen und sich nicht weiter zu grämen … Nun ja – je nun. Das ging also soweit gut – obwohl ich mir irgendwo schon gewünscht hätte, es wäre zum Eklat gekommen, damit diese endlose Zeit abgekürzt würde. Andererseits ist es gut, daß er mal sieht, daß keineswegs der Himmel einstürzt, wenn über ihn was »Ehrenrühriges« bekannt wird. Mir ist wurscht, daß der Bischof weiß oder vermutet, daß ich mit J. schlafe. … ich finde es wesentlich besser, die Leute nehmen an, ich schlafe mit J., als sie wissen, daß ich mit Heinz schlafe. …

Die Sachen ließen sich ertragen, wenn auf J. Verlaß ist, wenn er nicht wieder anfängt zu zaudern, »ratlos zu sein«. Vielleicht – und das wäre etwas Gutes an der Sache – gibt ihm dieses Kesseltreiben keine Gelegenheit mehr dazu …

25.11.2014

Der anonyme Anruf, den der Bischof schon früher bekommen haben wollte, war weder ein Anruf noch anonym, wie sich nach Marthas Tod herausstellte: Sie war persönlich wiederholt bei ihm gewesen und hatte ihm auch geschrieben. Er wusste ganz genau, woher der Wind weht. Aber die »anonyme« Version kam ihm besser zupass. Sie erlaubte ihm beides: auf Johannes einen »weltmännischen«, ja solidarischen Eindruck zu machen und gleichzeitig Druck auf ihn auszuüben.

Was mich betrifft: Ich blieb unbehelligt. Unbehelligt nach diesem ersten anonymen Brief, unbehelligt, obwohl der Bischof meine Liebesbriefe an Johannes hatte, unbehelligt nach dem Brief von Martha an den Bischof unmittelbar vor ihrem Suizid, in dem sie bösartige Dinge über mich kolportierte. Es ging nicht darum, die Wahrheit herauszufinden, es ging schon gar nicht um Moral. Natürlich wäre man mich gern losgeworden. Aber sie sahen keine Chance, mich geräuschlos zu entsorgen.

Es war damals ein ziemlicher Wirrwarr aus anonymen Anrufen, Briefen, ihren angeblichen Urhebern und tatsächlichen Empfängern, soweit diese es nicht vorzogen, Johannes erst Monate später in Kenntnis setzten. Ich muss selbst rekapitulieren, um den Überblick zu behalten.

Nachdem Martha mich am 25.4.1976 angerufen hat, sie wisse alles, folgten im Juni zunächst Marcellas Andeutungen, man munkle, Johannes wandle »*auf Freiersfüßen*«, er sei »*gesehen*« worden. Danach ein »anonymer« Anruf bei Küng, man drohe mit Veröffentlichung, »*wie man in Tübingen promoviert*«, dann der Anruf eines »*wohl gesonnenen*« Studenten bei Johannes, der die Spur zu einem Kindergarten legt, in dem ich mit Erzieherinnen gearbeitet hatte. Nun erhält auch Martha angeblich einen anonymen Anruf und ist außer sich. Es folgt im Juli der – mir bis kürzlich unbekannte – Brief von Marcella mit meinen angeblichen Partyäußerungen über Johannes. Weil Johannes das verlangte, erhält er im August den Brief des angeblichen Andreas, der Marcellas Aussage bestätigte. Ebenfalls im August teilt Johannes Ruth mit, er wolle sich von Martha »*emanzipieren*«. Kurz danach beginnen Kontrollanrufe bei mir. Eine Gruppe von Studenten (Aktion »Saubere Universität«) wendet sich (im September?)

angeblich an Ruth als Ärztin, sie trifft sich angeblich mehrfach mit ihnen und »erfährt« so, dass Starz mir die Wohnung eingerichtet hat und dass Dorle (und Astrid?) schwätzen. Dem folgen Ende September »anonyme« Briefe an zwei Münchner Professoren, Johannes sei mit mir liiert und deshalb gar nicht ernsthaft an einem Ruf nach München interessiert. Ziemlich zeitgleich erhält der Bischof einen Brief von »Theologiestudenten«, Kopien gehen an Auer und Küng.

Wer kochte welches Süpplein, wer wurde geschoben und meinte zu schieben? Es war eine konzertierte Aktion. Aber wer mit und wer gegen wen?

26.9.1976

Lieber Johannes!
... Auch ich hab' doch Angst, Dich zu verlieren, ganz bestimmt nicht weniger als Du. ... Jetzt fürchte ich, daß Dir der Preis zu hoch wird, daß Du bereust, Dich mit mir eingelassen zu haben, denn einen solchen Zirkus hattest Du ja noch mit niemandem durchzustehen. Ob das aufzuwiegen ist? ....
*... Auf Ruth bin ich gar nicht gut zu sprechen. ... Was ich viel bedenklicher finde, ist, daß sie doch offensichtlich schon eine ganze Weile dieses Spiel getrieben hat und jetzt bröckelesweis die Sachen rausläßt. Sie hat Dich doch lange im unklaren gelassen über die Hintergründe, zumindest **ich** wußte nur von <u>einem</u> obskuren Studenten ... In meinen Augen ist das in einer Freundschaft kein Verhalten. Noch viel weniger ist es ein Verhalten, dann auf eigene Faust eine Unternehmung zu starten, ohne den anderen, der der eigentlich Betroffene ist, auch nur entfernt über die Tragweite zu informieren und es mit ihm abzusprechen. Diese Sucht, am Ende dann als der große King dazustehen, der die Sache geschaukelt hat, während die tumben anderen in dankbarer Bewunderung versinken ... Wenn Du sagst, Du hättest ihr gegenüber geäußert, daß Du zwar dankbar für ihre Bemühungen seist, aber wenig von ihnen hieltest, dann kann ich nur sagen: Ich bin ihr keineswegs dankbar.*

26.9.1976

Ich gönn' ihm das ja so von ganzem Herzen: die Erfahrung, die er jetzt mit Ruth macht. ... Mir kam das schon seit geraumer Zeit komisch vor, wie R. da hineingezogen war ...

Letzte Woche nun hat sie mit (ich weiß nicht wie vielen) Terroristen gesprochen und sie beredet, keine weitere Aktion zu unternehmen. Das hätten sie versprochen. Johannes war wütend, daß R. sich überhaupt mit diesen Leuten getroffen hat und daß sie so naiv sei, deren Versprechungen zu glauben und sich vermutlich noch Würmer aus der Nase ziehen zu lassen. Als er sagte, das seien Verbrecher, habe sie gesagt, das dürfe er nicht sagen, er habe sie ja noch gar nicht gesehen.

Oh, wie mich das freute. Ich brachte dann auch die Bemerkung an, daß er sich vielleicht jetzt etwas vorstellen könne, wie ich mich ihm gegenüber fühle.

Nun, das Ergebnis von Ruths Bemühungen, die zudem noch sagte (und da ließ ich einen Schrei fahren ...), sie gehe bei den Leuten »wie in einer Gruppentherapie« vor – ist ja offenbar.

Sie hatte versprochen, nach einem erneuten Treffen (das gestern stattfinden sollte) die Namen derer preiszugeben, die die Sache mit München initiiert hätten.

Nun, das Treffen fand statt – anscheinend mit zweien –, und was sagt die gute Ruth? Sie sagt: »Also, die zwei waren es ganz sicher nicht, das sind jetzt deine besten Freunde.«

Johannes hat sich entsprechend »gefreut«! Oh, ich gönne es ihm. Ich hab' auch den Eindruck, daß er mich jetzt besser versteht ...

... Johannes stellt fest, daß der Himmel nicht zusammenstürzt, daß der Bischof ebenso wie Auer sagt, das könne (oder würde) jedem passieren. (J. meinte, er habe immer geglaubt, er sei der einzige so schlechte Mensch, worauf ich meinte, es gebe verschiedene Arten von Einbildung, und sicher hätten die beiden an ihre eigenen kleinen Geliebten gedacht) ...

Morgen geht er zu Klöß. Der Mann ist ein Segen. Wenn ich je ein Kind kriege, wird er Taufpate.

Ich sammle Mosaiksteine

27.11.2014

Ich suche Abstand. Abstand, um nicht vom damaligen Chaos verschluckt zu werden, und nicht vom Chaos in mir, in das mich die Entdeckung seines Verrats gestürzt hat. Ich lege unsere privaten Unterlagen beiseite, durchforste Ordner um Ordner, um mir aus der Distanz ein besseres Bild zu machen: Wer war Johannes? Der Johannes unabhängig von unserer Geschichte? Und: Was war das damals für eine Zeit?

Ich lese einen Briefwechsel mit Knut Walf, dem Kirchenrechtskollegen von Johannes in Nijmegen, schicke ihm eine E-Mail und zitiere einige Passagen von 1974, wo sich beide wegen der Bundestagswahl kloppen. Johannes war CDU-Mitglied, Knut Walf Sozialdemokrat. Knut Walf schrieb damals – es ist die Zeit der RAF –, er stehe unter partiellem Polizeischutz und das Landeskriminalamt habe ein verdächtiges Paket an ihn geöffnet. Inhalt: Spekulatius und polnische Wurst.

Walf mailte mir umgehend zurück: Was das Paket angehe, das habe ein polnischer Geistlicher geschickt, der sich für die Unterstützung in einer kirchenrechtlichen Angelegenheit bedanken wollte. Wegen der SPD-Mitgliedschaft wiederum habe er von seinem Bischof Predigtverbot bekommen, weil Priestern parteipolitisches Engagement verboten sei. Als aber Johannes in die CDU eingetreten war, zitierte die Südwestpresse den damaligen Bischof, er billige diesen Schritt ...

Wenn Johannes und ich von »Terroristen« sprechen, dann hat das diesen RAF-Hintergrund. Die Republik war voller Paranoia. Eine Handvoll Leute, fast wollte ich »Hanseln« schreiben, spielten Guerillakrieg – und die Republik, die Staatsmacht fühlte sich in existenzieller Gefahr. Natürlich gab es auch Leute, denen die RAF eine Steilvorlage bot, um Bürgerrechte abzubauen, diese haben ganz bewusst die Gefahr aufgebauscht. Aber das war eine Minderheit. Vielmehr herrschte weithin eine echte Angst. Keine souveräne Gelassenheit, kein Selbstbewusstsein des Staates im Sinne von: Damit werden wir fertig! Und wenn schon der Staat so reagiert, wie dann erst die Bürger! Das macht es für mich nachvollziehbarer, dass wir beide auf unser Bedrohtsein derart verwirrt reagierten und nicht mehr eins und eins zusammenzählen konnten, die Sicherheit verloren, dass auch im allerschlimmsten Fall die Welt für uns nicht unterginge.

Ich suche weiter. Es ist die einzige Möglichkeit, die mir einfällt, um wieder Boden unter den Füßen zu gewinnen. Ich suche mit der Hoffnung, mein Bild von Johannes bestätigt zu finden, mein Bild, das er so sehr infrage gestellt hat. Aber ich suche natürlich auch mit der Angst, ich könnte noch mehr Verletzendes finden.

Ich entdecke eine Unzahl von Briefen, Memoranden, Stellungnahmen von Johannes zu kirchlichen und kirchenpolitischen Fragen. Trotz allen Elends war er unglaublich fleißig. Wie verständlich ist es mir, dass er seine Bedeutung als »der« progressive Kirchenrechtler genoss und davor zurückschreckte, durch den Abschied von der Kirche in Bedeutungslosigkeit zu versinken!

1.12.2014

Sehnsucht, körperliche Sehnsucht nach Johannes. Er soll mich einfach in den Arm nehmen. Meine Enttäuschung über ihn, mein Zorn und meine Empörung, die Zweifel, die nun alles, wirklich alles infrage stellten, sie sind – wenigstens im Augenblick – zurückgetreten gegenüber dem Wunsch, von ihm in den Arm genommen zu werden. Und dem Wunsch, das alles verstehen zu können. Was für ein Mensch war er? Zerrissener, als ich es wahrhaben wollte.

Hannah meinte mit Recht, hätte sie eine solche Beziehung gehabt wie ich damals, dann hätte ich ihr längst nachdrücklich geraten, den Kerl laufen zu lassen, weil das keinen Zweck hätte. Warum habe ich in all dem Hin und Her, Vor und Zurück Johannes nicht den Laufpass gegeben? TINA. There is no alternative. Entweder er oder keiner.

Gestern habe ich mit meiner angeheirateten Nichte Dorothea gesprochen – sie ist zwei Jahre älter als ich, was sich damit erklärt, dass Johannes das jüngste Geschwister war und die anderen 14 bis 19 Jahre älter waren als er – und ich wiederum 17 Jahre jünger als Johannes. Dorothea ist eine sehr diskrete Person. Umgekehrt habe ich wenig Biss, wenn es um meine Interessen geht, will ihr mit meiner Neugier nicht zu nahetreten. Aber ich habe sie immerhin gefragt, ob sie, bzw. ihr Vater, auch einschlägige Anrufe von Martha bekommen habe. Ihre Antwort: Ja, sicher. Die sei krank gewesen.

Auch hier: Anscheinend hat niemand Johannes reinen Wein eingeschenkt. Nur aufgrund dieser »Diskretion« konnte das Ganze so lange funktionieren.

Mag ja sein, dass Martha krank war, dachte ich mir, aber Krankheit entschuldigt nicht jede Bösartigkeit. Gesagt habe ich was anderes: Mia – Marthas Vorgängerin – sei doch auf alle Fälle besser gewesen, immerhin habe die für ihren Lebensunterhalt selbst gesorgt.

Dorothea verzog hörbar das Gesicht. Ich hakte nach, da bemerkte sie: Na ja, Mia sei auch nicht so ohne gewesen. Sie, Dorothea, sei damals in der Pubertät und Mia sehr streng gewesen. Die Bluse musste bis zum obersten Knopf geschlossen sein, sie habe eigenhändig nachgeprüft, ob Dorothea auch einen Unterrock trug.

So, so, die Englischlehrerin von Johannes, die mit ihrem Schüler, dem späteren Priesteramtskandidaten, ins Bett ging, kontrollierte das züchtige Auftreten seiner Nichte. Es gibt Dinge, die werde ich nie kapieren: Was geht in Menschen vor, die sich selbst einschlägig »fehlverhalten« und sich gleichzeitig als Hüter der Moral aufspielen? Klar, ich habe genug gelesen über Abspaltung, Verleugnung, Verdrängung und so weiter. Aber ich kapiere es trotzdem nicht und will es auch nicht kapieren.

4.12.2014

Dorothea wies mich in unserem Gespräch noch auf etwas anderes hin: Ein Bruch mit der Kirche barg für Johannes das Risiko, dass seine Familie sich von ihm abwendet. Er war der »Onkel Johannes«, der Priester, auf den alle stolz waren und der Hochzeiten, Taufen und Beerdigungen der Familie mit Bordmitteln erledigen konnte. Kein Priestertum – keine Reputation. Das galt in dieser Radikalität zwar nur für die Familie seiner ältesten Schwester Gretel, die andern drei, Edel, Theo und Otto, waren gleichgültiger – oder soll ich sagen: humaner?

Dass ich von Gretels Familie nie akzeptiert wurde, war mir ebenso klar wie wurscht. Die Einladung zu unserer Hochzeit wurde mit einer Postkarte beantwortet, man könne wegen anderer Termine nicht kommen. Johannes hat das tief getroffen. Das wäre bei mir anders gewesen: Ich hätte kräftig gegen diese Verwandte gegoscht – »goschen« ist die süddeutsche, um drei Töne tiefergelegte Form des hochdeutschen Keifens – und sowohl die Verwandte als auch die Sache wäre für mich gestorben gewesen. Johannes aber litt. Gretel siezte mich bis zu ihrem Tod immer mal wieder, worauf ich zu sagen pflegte: »Waren wir nicht schon mal per Du?«

Zurück zu Johannes: Er beriet einerseits Hans Küng, den Alttestamentler Herbert Haag und andere prominente Theologen, genauso aber »einfache Menschen«, die Konflikte mit der Amtskirche hatten. Andererseits wollten diese Amtskirche, diverse Bischöfe und die Bischofskonferenz Stellungnahmen von ihm. Die bekamen sie auch, und es waren ganz gewiss keine Gefälligkeitsgutachten. Ich mag seine kluge Art zu argumentieren. Das Juristische benutzte er als Vehikel, um bischöflichen Furor zu bremsen, wenn er klarzumachen suchte, dass es – selbst damals! – bei manchen von den Bischöfen geplanten Durchstechereien Ärger mit staatlichen Stellen geben könnte. Dass Grundgesetz und Arbeitsrecht auch in der Kirche gelten, hätte er gern gehabt. Aber so weit sind wir auch heute nicht: Die Privilegien der Kirchen halten sich zäh. Wo er jedoch konnte, versuchte er über die juristische Schiene, die Tür einen Spalt für humane Entwicklungen innerhalb der Kirche zu öffnen.

Die juristische Argumentation war und ist viel weniger angreifbar als eine theologische. Da war – um eine Petitesse zu nennen – die Frage der »Laienhabilitation«: Konnte ein Laie – wohlgemerkt ein promovierter Mensch, der aber nicht ordiniert war – sich habilitieren und womöglich gar Professor an einer Theologischen Fakultät werden?

Im März 1968 hatte die Deutsche Bischofskonferenz den Beschluss gefasst, *»daß im Einzelfall Dispens gewährt werden kann, wenn ein Nichtpriester sich für eines der nachstehenden Lehrgebiete habilitieren will …, für die über das theologische Studium hinaus eine Fachausbildung* *in einer anderen Disziplin erforderlich ist, nämlich 1. Philosophie ... 2. Christliche Soziallehre, 3. Christliche Archäologie, 4. Christliche Kunstgeschichte, 5. Sakrale Musik, 6. Pastoralmedizin, 7. Religionspädagogik und Religionsdidaktik.«*

Das heißt, man war so gütig, eventuell dort »Laien« zum Zuge kommen zu lassen, wo ohnehin kaum ein Priester die fachlichen Voraussetzungen erfüllte. Die Katholisch-Theologischen Fakultäten hielten sich folgsam dran. Vielleicht steckte nicht nur Konfliktscheu dahinter: Johannes berichtete, dass nach dem bischöflichen Beschluss einer Dispensmöglichkeit der Fundamentaltheologe Seckler wütend seine Aktenmappe in die Ecke geworfen habe und sich empörte: »Warum haben wir das dann auf uns genommen, wenn es jetzt auch ohne geht?«

Die Begründung der Bischöfe, dass man »Laien« nur ausnahmsweise akzeptiere, war: Laien als Theologieprofessoren könnten die Einheit der Theologie gefährden, weil sich durch sie womöglich die wissenschaftliche Theologie vom kirchlichen Lehramt löse. Laientheologen fehle etwas Entscheidendes wegen des Mangels an »*religiös-asketischer Formung und Prägung*«. Ich übersetze (zugegebenermaßen sehr frei): Priester lassen sich wegen des Zölibats leichter disziplinieren, falls sie eine Theologie treiben, die uns nicht passt.

Dass sich dann 1969/70 erstmals sogar eine Frau (in Religionspädagogik) habilitieren konnte, lag – so wurde gemunkelt – auch daran, dass deren Vater damals zufällig Bundespräsident war. Aber so was konnte ja kein gutes Ende nehmen! Uta Ranke-Heinemann bekam knapp 20 Jahre später die Lehrerlaubnis wieder entzogen, wie erwähnt wegen ihrer Äußerungen zum Dogma der ewig währenden Jungfräulichkeit der Gottesmutter.

1976 schrieb Johannes an Erika Weinzierl, die österreichische Geschichtsprofessorin, mit der er freundschaftlich verbunden war: »*Die Hierarchie, zumindest die deutschen Bischöfe, aber wohl auch Rom, wollen sie* [die Laientheologen] *ganz gewiß nicht. Sie sind ganz schlicht ein Notbehelf, dessen man sich lieber heute als morgen entledigen würde, wenn man nur genug Priester hätte.*« Als irgendwann in jenen Jahren die Zahl der Priesteramtskandidaten kurzzeitig wieder anstieg, jubelten die Bischöfe – aber nicht nur das: Vielmehr schrieben sie vor, dass Laientheologen nur als Hilfspersonal einzusetzen seien.

Johannes trat auch für jene katholische Studentin, Sheila Briggs, ein, die es sich in den Kopf gesetzt hatte, an der evangelischen Fakultät zu promovieren. Von selbiger wurde sie als trojanisches Pferd tituliert: Es ging an einer staatlichen Universität nicht um wissenschaftliche Leistung, sondern ums Gebetbuch.

Man könnte sich darauf beschränken, ob all dieser Albernheiten die Augenbrauen hochzuziehen, aber es ging um das Schicksal von Menschen. Und es sollte nicht vergessen werden: Nirgends, wo sich die Situation heute verbessert hat, geschah dies aufgrund von Einsicht der Hierarchie. Nichtordinierte kommen deshalb zum Zug, weil es noch nicht mal in der B-Sortierung genügend »Geweihte« gibt.

Wir beide liebten das Recht. Auf meine Aussage »Ich liebe Kirchenrecht« bemerkte in frühen Zeiten ein Kommilitone: »Oder Kirchenrechtler.« Es stimmte beides. Wir hielten nichts von dem Gerede, dass in der Kirche Liebe und Gnade das Sagen haben müssen und rechtliche Fixierungen Geist und Charisma töten, sondern uns war klar – ob ich es erst durch Johannes verstanden hatte oder schon früher intuitiv gespürt habe, bleibt dahingestellt –, dass Gnade und Liebe ohne verbindliches Recht zu nichts anderem führen als zu Willkür. Natürlich kann auch Recht willkürlich sein und im Dienst der Unterdrückung stehen. Aber wo nur Gnade herrscht (eben: »herrscht«), kann niemand sagen: »Sire, es gibt noch Richter in Berlin!«

5.12.2014

Heute habe ich seinen Brief vom 4.5.1970 an den damaligen Bischof von Rottenburg, Carl Joseph Leiprecht, dem durch und durch anständigen Vorgänger von Georg Moser, gefunden. Dieser Brief hat mich versöhnlich gestimmt, weil er den mutigen Johannes widerspiegelt, der ohne Angst vor Fürstenthronen Klartext redete. Ich bin stolz auf meinen Mann. In diesem

Schreiben ist der Abschiedsbrief von der Kirche vom Herbst 1977 schon deutlich angelegt.

Anlass war eine Stellungnahme von Johannes gegenüber der dpa zu dem päpstlichen Motu proprio »Matrimonia mixta«, also einer Regelung zur Mischehe. Diese Stellungnahme von Johannes wurde in zugespitzter Form überall verbreitet und führte zu einer Anfrage des Bischofs bei ihm. »Überall« meint tatsächlich überall, Johannes kam auf allen Sendern, was beim Fernsehen in jener Zeit allerdings nicht viel mehr als ARD und ZDF hieß. Damals war ein päpstlicher Erlass zur Mischehenfrage ein Thema, das vielleicht mit der Diskussion um die Homo-Ehe vor zehn Jahren zu vergleichen ist. Dass die Kirchen und kirchliche Fragen in den folgenden Jahren derart rasant an Bedeutung verloren, konnten sich die einen nicht in ihren Albträumen, die anderen nicht in ihren Wunschträumen vorstellen. Die kirchenrechtlichen Regelungen von 1970 würden heute nur noch Kopfschütteln hervorrufen. Auch bei den Theologen. Und kein journalistischer Hund käme hinter dem Ofen hervor.

Vor dem Motu proprio war eine kirchenrechtlich gültige Mischehe für Katholiken nur möglich, wenn der evangelische Teil sich a) katholisch trauen ließ und b) verbindlich versprach, dass die Kinder katholisch erzogen würden. Es gab Gegenden, da war es einfach undenkbar, dass ein Protestant eine Katholikin heiratet oder umgekehrt. Viele Beziehungen zerbrachen an diesen Regelungen.

Was Johannes also an jener dpa-Meldung richtigzustellen hatte, in der er verkürzt wiedergegeben wurde, stellte er gegenüber dem Bischof richtig. Aber dann fährt er zur »*grundsätzlichen Problematik*« fort: ... *Ein Redakteur, der nicht auf kirchliche Fragen spezialisiert ist, ist auf Anhieb schlechterdings nicht in der Lage, den verworrenen Text dieses Motu proprio auch nur einigermaßen sinngerecht zu lesen. Sogar Theologieprofessoren haben beispielsweise aus Art. 1 völlig falsche Schlüsse gezogen ... Er* [der dpa-Redakteur] *wie ich aber waren das Opfer einer Geheimniskrämerei, die typisch für die Kirche ist ... Außer den kommunistischen Staaten dürfte die katholische Kirche die einzige Gesellschaft sein, in der Gesetze über die Köpfe der Betroffenen hinweg beraten und erlassen werden!*

Warum hat man nicht auf solche Kanonisten gehört, die vielleicht kritische Einwände hätten? Und wenn man nur die technischen Mängel berücksichtigt hätte. Ich weiß sehr gut, daß ich weder Gesetzgeber noch unfehlbar bin, aber ich kann ein formal gutes Gesetz auch dann noch von einem formal schlechten unterscheiden, wenn ich es inhaltlich für fragwürdig halte Und ich kann meine Kritik auch auf die reinen Formalien beschränken.

Und warum reagiert man schließlich auf Kritik so ausgesprochen gereizt ...? Der »Skandal« dieser entstellenden Nachrichtenmeldung macht mehr offenkundig als die Verständigungsschwierigkeiten, die Journalisten haben, wenn sie mit Theologen sprechen. Er zeigt, daß die kirchlichen Vorsteher offensichtlich unfähig sind, sowohl ein Gespräch mit ihren Gläubigen – die Professoren nicht ausgeschlossen – zu führen als auch die Massenmedien so zu informieren, daß diese Information verstehbar und unverzerrt weitergegeben werden kann. Auf mich haben sich die Redakteure ja nur zuletzt deshalb gestürzt, weil ihnen die Sache undurchsichtig war und sie eine Erklärung haben wollten, die ihnen die Zuständigen verweigerten!

... Warum wird schließlich das Verhältnis der Hierarchen zu den Nichthierarchen vom Grundsatz des Mißtrauens bestimmt? Etwa, weil es mühsam ist, die bestehenden Differenzen zu klären? Oder gar, weil es im Einzelfall unmöglich ist, die hierarchische Position einsichtig zu begründen? Die folgende Feststellung meint wiederum nicht Sie, sehr geehrter Herr Bischof, sondern das absolutistische Regime, dem Sie freilich in einer besonderen Stellung dienen. Ich empfinde es als ausgesprochen peinlich, daß von den geplanten Vorgängen die Fachleute, sofern sie nicht den betreffenden Kommissionen angehören, nichts erfahren bzw. nichts wissen dürfen. Wir hatten unlängst eine Tagung von Kanonisten. Keiner hatte eine Ahnung von den letzten Entwürfen der Lex »Matrimonia mixta«. Und wir vier, die wir das Schema der »Lex Fundamentalis Ecclesiae« in Händen hatten, konnten mit unseren Kollegen, die nicht im Besitz dieses Papiers waren, nicht fruchtbar darüber sprechen, denn wir hatten unseren bischöflichen Gewährsleuten absolutes Stillschweigen versprochen, damit sie nicht durch uns desavouiert würden.

Solange die Dinge jedoch so liegen, daß man auch rein technische Mängel nicht korrigieren kann, daß man einen Text vor seiner Promulgation nicht zu sehen bekommt und ein Kanonist bzw. ein Theologe nur dankbar und ehrfürchtig das Erlassene zu interpretieren und zu beschönigen hat, werden wir unsere Bedenken – leider – in der Öffentlichkeit vortragen müssen. Denn die Vorsteher der Kirche hören unsere Einwände ja nicht an ... Die Tatsache, daß das MP »Matrimonia mixta« technisch miserabel ist, dürfte selbst einem Nichtkanonisten auffallen. Wenn es aber technisch schlecht ist, so provoziert ein solches Gesetz Mißverständnisse und Fehlinterpretationen. Der Gesetzgeber ist dann selber daran schuld, nicht aber diejenigen, die es falsch auslegen. Noch ein letztes: Daß ein Pressereferent lügt, gehört zu seinem Handwerk. Wie aber soll man ein Gesetz werten, das gleich in seinem ersten Satz eine Lüge enthält? [Dieser erste Satz lautet: »Die Mischehen, das heißt die Ehen zwischen einem Katholiken und einem getauften oder ungetauften Nichtkatholiken, waren von jeher für die Kirche, ihrem Auftrag gemäß, Gegenstand besonderer Sorge.«] ... *Unsere diesbezügliche »Seelsorge« war doch – sofern man sich überhaupt um diese Leute kümmerte – rein repressiver, um nicht zu sagen erpresserischer Natur! ...*

Sehr verehrter Herr Bischof, Sie dürfen glauben, daß mir die Kritik am kirchlichen Gesetzgeber und an der Praxis des kirchlichen Systems keine Lust ist. ... Es wäre einfacher und bequemer, keine Stellung zu nehmen! Aber ich habe mich ordinieren lassen, weil mir die »Sache Gottes mit dem Menschen« die wichtigste Frage des Daseins zu sein scheint. Es geht mir erst recht nicht darum, den Menschen das Evangelium »leichter« oder »schmackhafter« zu machen, sondern es geht mir um die Glaubwürdigkeit der Verkündigung des Evangeliums durch die Kirche. ... Zu diesem Zeugnis kommt die Kirche aber weithin gar nicht mehr, weil sie Glaubenssätze verkündet, die zum großen Teil dem heutigen Menschen gar nichts mehr bedeuten, weil er ganz andere Fragen hat. Und auf diese seine Fragen bekommt er kaum eine Antwort ...

Schon 1968, nach der Pillen-Enzyklika Humanae vitae, schrieb er an einen Redakteur, der ihn um die Besprechung eines Buches gebeten hatte: *»Nach der neuen Enzyklika habe ich eigentlich keine Lust mehr, irgend etwas zu schreiben. Wofür, für wen und warum? Unsere theologische Arbeit wird ja doch nur von Leuten beiseite geschoben, die sich im ›Besitz‹ des Lehramts wähnen.«*

Aber er hörte nicht auf zu schreiben, natürlich nicht, wobei er sich der begrenzten Wirkung bewusst war: *»Ich komme mir sehr oft vor wie ein Gold-*

hamster in seinem Laufrad. Man arbeitet und arbeitet und bringt Argumente um Argumente, darf sie auch manchmal sogar den Bischöfen vortragen, und dann bleibt alles, wie es war. Man erfüllt praktisch nur eine Alibi-Funktion«, schreibt er am 8.3.1976 an den Kollegen Knut Walf. Am selben Tag bedankt er sich bei Erika Weinzierl für ihr Buch über den Katholizismus im Dritten Reich »Der österreichische Katholizismus zwischen Anpassung und Widerstand«: »*Ich selber stehe ja auch im Augenblick in einem leicht dramatischen Kampf ... gegen manch einen Unsinn der deutschen Bischöfe und vor allen Dingen der römischen Erklärungen. Man wird manchmal mutlos. Oft möchte ich alles in die Ecke schmeißen, meine Katze kraulen, meinen Garten pflegen und meinen wissenschaftlichen Hobbys nachgehen. – Dann aber kommt ein Buch wie das Deine. Und man spürt plötzlich die Herausforderung, den Aufruf, nicht aufzugeben. ... Es ist wirklich so, auch ich schwanke zwischen ›Anpassung und Widerstand‹.«*

7.12.2014

Er liebte Macht und Einfluss. Man kommt nicht 1965 als Lehrstuhlvertreter nach Tübingen und wird 1971 Rektor der Universität, wenn man nicht will. Das bediente seine narzisstische Seite, gewiss. Aber die Karriere war nicht Selbstzweck. Der von ihm manchmal zitierte Satz der Studenten »Nicht verzagen, Neumann fragen«, schmeichelte natürlich auch seinem Ego. Aber er engagierte sich, unabhängig davon, ob er Nutzen daraus ziehen konnte oder sich die Finger verbrannte.

Irgendwann in unserer Anfangszeit habe ich ihm gesagt, ich hätte mich nicht in ihn verliebt, wenn er Volksschullehrer gewesen wäre. Das war einer meiner unbefangenen Sätze, die noch früher mal jemand als »herzerfrischende Offenheit« bezeichnete und dabei ein Gesicht machte, als hätte er in eine Zitrone gebissen. Meine Aussage hat Johannes irritiert und – so glaube ich – längere Zeit verunsichert. Ich versuchte ihm zu erklären, dass ich ihn eben auch wegen seines Ehrgeizes, seines Willens und Talents, Dinge zu verändern, um seines politischen Instinkts willen liebte. Es klingt schön und edel: »Ich liebe dich nur um deinetwillen.« Aber ich halte das für verlogen. Kein Mensch liebt freiwillig jemanden, der doof, faul, feige und gleichgültig ist und nichts gegen seinen Mundgeruch unternimmt.

Eine ganz andere Frage ist: Wenn es Johannes so gegangen wäre wie so vielen anderen, die eigentlich ganz andere Fähigkeiten und Möglichkeiten in sich haben, aber aufgrund der Lebensumstände beim besten Willen »nur« Volksschullehrer werden können, hätte ich mich dann in ihn verliebt? Ich weiß es nicht und bin nicht undankbar, dass sich mir diese Frage nicht stellte. Aber: Wenn die narzisstische Befriedigung, die ich durch ihn genoss, für mich wirklich großen Stellenwert gehabt hätte, dann hätte ich in den folgenden Jahren ganz anders »die Frau an seiner Seite« gespielt. Aber der Tübinger Betrieb ödete mich bald an. Ich mied gesellschaftliche Events. Wenn wir später öfter zusammen auftraten, dann wegen unserer gemeinsamen Arbeit an einer Sache.

Bei Johannes aber rutschte der Volksschullehrersatz in die Schublade: Schon wieder eine Frau, die mich benutzen will, der es darum geht, sich in meinem Glanz zu sonnen.

Mia hatte womöglich noch stärker diesen Typus vertreten als Martha. Weil ihr als Frau eine kirchliche Karriere nicht möglich war, sollte das Johannes für sie erledigen. Ich verurteile sie nur mäßig, weil ich zu gut weiß, wie die realen Verhältnisse waren. Mia wäre gern Priester geworden. Das ging und geht angeblich nicht, weil Jesus nur Männer zum Priestertum berufen hatte. Pilotin hätte sie damals auch nicht werden können, dem stand die Menstruation entgegen: Es galt in jenen Jahren als medizinisch erwiesen, dass Frauen, die ihre Tage hatten, unter »*gefährlichen Konzentrationsschwächen*« litten. Chirurgin ging auch nicht, denn wo »*... schnelles rationales Handeln vonnöten ist, ist die Frau meist fehl am Platz.*« Bis heute hat sich nicht viel geändert. Außer der Begründung.

Die Frauen hatten die Wahl (wenn man es eine Wahl nennen kann): Entweder sie machten dort, wo man sie ließ, eine bescheidene Karriere, dann aber galten sie als unweiblich und waren unverheiratet. Oder sie verzichteten auf eigenes berufliches Engagement, waren gesellschaftlich als »richtige Frauen« anerkannt und durften sich Frau Oberpostrat oder Frau Professor nennen. »*Der Status der Frau wird definiert durch den Mann*«, hieß das.

Wenn ich mich nicht sehr täusche, hatte ich in meiner ganzen Schulzeit keine einzige verheiratete Lehrerin. Wobei ich nicht in Bayern lebte, wo bis 1957 der »Lehrerinnenzölibat« galt: Dort war geltendes Recht, dass eine Lehrerin mit der Heirat automatisch aus dem Dienst entfernt wurde. Das funktionierte auch ohne Paragrafen: Bis in die 70er-Jahre war es selbstverständlich, dass eine Frau ihren Beruf – so sie ihn denn hatte – mit der Heirat aufgab.

Keineswegs nur die Kirchen, aber diese in vorderster Linie, kämpften gegen Gleichberechtigung und gegen das Recht der Frau, berufstätig zu sein, schon gleich gar, Karriere zu machen. In der Auseinandersetzung um den Art. 3 GG und die daraus resultierende Neuordnung des Ehe- und Familienrechts schrieben die deutschen Bischöfe am 30.1.1953 ein Hirtenwort. Der anmaßender Ton zeigt, wie weit sie davon entfernt waren, in der pluralistischen Demokratie angekommen zu sein: *»Wer grundsätzlich die Verantwortung des Mannes und Vaters als Haupt der Ehefrau und der Familie leugnet, stellt sich in Gegensatz zum Evangelium und zur Lehre der Kirche ... Das gilt für jede* [sic!] *Ehe ... Wir verlangen eine Rechtsform, die die Frau und Mutter der Familie wiedergibt ... Orientiert euer Urteil am Worte Gottes und am Wort derer, denen der Herr sagte: ›Wer euch hört, der hört mich; wer euch verachtet, der verachtet mich!‹«* Der Bischof von Speyer warnt im selben Jahr die Frauen: *»Laßt euch nicht den Sinn verdrehen durch Schlagworte von Gleichstellung ... Laßt euch nicht abdrängen vom Weg des wahren Frauenglücks, das da ist: dienend zu herrschen ...«* Als vorbildlich erwähnte ein anderer Bischof jene Frau, die ihm sagte: *»Politik treibe ich nicht. Meine Politik ist die gute Erziehung meiner Kinder.«*

Zwei Jahre später, 1955, wurde Johannes zum Priester geweiht.

Bis 1958 konnte der Ehemann ohne Einverständnis seiner Frau, ja ohne ihr Wissen deren Arbeitsvertrag kündigen. Der Medizinprofessor Heinz Kirchhoff untermauerte 1961 »medizinisch« seine Forderung: *»Eine Mutter mit Kindern bis zu 15 Jahren gehört nicht in eine außerhäusliche Berufsarbeit; ihre Aufgabe ist es, die Hüterin der Familie zu sein.«*

Erst 1977 fiel der § 1358 BGB, der nach 1958 der Frau zwar Erwerbstätigkeit zubilligte, aber nur in dem Umfang, als es mit ihren *»häuslichen Pflichten«* vereinbar war. Von häuslichen Pflichten der Männer war nie die Rede.

Im selben Jahr 1977 bekam die ARD gegen den Widerstand des Chefsprechers Karl-Heinz Köpcke die erste Tagesschausprecherin: Er sprach Frauen die Tauglichkeit ab, weil sie »*emotional*« seien.

Als ich 1966 mein Theologiestudium in Würzburg begann, war ich im Diplomstudiengang eine von acht exotischen Frauen. Zehn Jahre später, zu Beginn meines Zweitstudiums, musste ich mir anhören, ich hätte mich mit einem Studium begnügen müssen. Jetzt nähme ich einem Mann den Studienplatz weg.

Das alles war weithin gesamtgesellschaftlicher Konsens. Auch und gerade bei Frauen. Wie es ja nicht selten ist, dass die Unterdrückten die engagiertesten Verfechter ihrer Unterdrückung sind. Meine Chefin im Schulreferat, Gabriele Miller (natürlich lebenslänglich unverheiratet), verwies auf ihre eigene Karriere. Die war für eine Frau in der Kirche tatsächlich beträchtlich, andererseits doch nur relativ: Sie hatte den Rang einer Oberstudiendirektorin. Aber sie hielt sich selbst für den besten Beweis: Wenn eine Frau nur wolle, könne sie dieselben Jobs bekommen wie Männer. Sie habe sich nie benachteiligt gefühlt. Dass sie bundesweit innerkirchlich die Einzige war, die es so weit gebracht hatte, machte sie nicht stutzig, sondern sie war überzeugt: Die anderen hatten halt bloß nicht gewollt.

Solche Töne hört man heute wieder verstärkt, gerade von Frauen. Oftmals verbunden mit einer Herablassung gegenüber den »militanten«, »zickigen« Feministinnen jener Zeit. Mich macht das wütend: Wo wärt ihr ohne diese Frauen heute? Was glaubt ihr denn? Dass die Männer in ihrer unermesslichen Weisheit und Güte selbst drauf gekommen sind, irgendwas wäre nicht so ganz richtig, und sie uns Frauen dann auf dem Silbertablett servierten, wovon ihr heute so selbstverständlich profitiert?

Mia war Studienrätin oder Oberstudienrätin, sie hatte promoviert. Mehr konnte sie selbst nicht erreichen. Wenn sie mehr wollte, ging das nur über die Instrumentalisierung eines Mannes. Damit ist sicher nicht die ganze Beziehung zu Johannes erklärt. Aber eben ihr giftiger Teil.

Auch wenn sich Johannes bei unserem Mölten-Spaziergang Anfang 1976 in Südtirol gegen eine (hochschul-)politische Karriere entschlossen hatte, so glaube ich doch, dass diese Entscheidung so felsenfest nicht war. Aber er hat später nie mehr versucht, diese Karte zu spielen, was durchaus möglich gewesen wäre. Denn entgegen seiner Fantasie hat sein Bruch mit der Kirche seinem universitären Standing nicht geschadet. Kein halbes Jahr danach wurde er mit überwältigender Mehrheit zum Vorsitzenden des Großen Senats gewählt. Es gab in der folgenden Zeit nicht wenige, die ihn als Gegenkandidaten zum damaligen Universitätspräsidenten Theis aufbauen wollten. Aber er winkte ab.

Johannes' Emanzipation von der Institution Kirche und seine Abkehr von Christentum und Religion verliefen zeitlich parallel. Sein Weg zum Agnostizismus geschah ohne inneres Ringen. Er war kein Atheist, wie oft behauptet wird. Den Atheismus fand er zu militant, und vor allem war er in seinen Augen wieder nur ein Glaubenssystem. Agnostiker wurde er Schritt für Schritt. Es war der folgerichtige, natürliche Weg und geschah ohne Anstrengung. Letztlich glaube ich, dass es anstrengender ist, sich nicht seines eigenen Verstandes zu bedienen, als ihn zu gebrauchen. Mag sein, dass es Menschen gibt, denen es anders geht.

Was Johannes im April 1972 an Manfred Hörhammer schrieb, trifft es: »*... Es wird – so fürchte ich – ein ›heißes‹ Sommersemester! Und dennoch scheint mir die sinnlose Arbeit an der Uni doch noch sinnvoller als alle Mühe in der Kirche. Du weißt ja, ich war seit jeher ein Pragmatiker, vielleicht ein zu theoretischer und idealistischer, aber bar Deiner mystischen Ader!*« Johannes – ein idealistischer Pragmatiker.

8.12.2014

Wenn es um ihn selbst ging, dann hatte Johannes viel Angst, unendlich viel Angst. Anders war es, wenn er sich für andere oder anderes einsetzte. Johannes konnte dem Bischof ungeniert sagen, dass der erste Satz des Motu proprio eine Lüge sei, dass man sich einen Dreck um die Menschen gekümmert habe, die in Mischehen lebten. Aber sobald es um ihn selbst ging, war er wie gelähmt.

Ängstlichkeit in eigener Sache und Mut, wenn es um andere geht – das ist nicht selten. Ich denke an eine Patientin, die für andere mit Courage ihren Mund aufmacht, sodass ich immer wieder sage, sie gehöre in den

Betriebsrat – was sie mit dem Ausdruck des Entsetzens von sich weist. Das ist wiederum ein Unterschied zu Johannes: Der wäre in den Betriebsrat gegangen. Was aber ihre eigenen Angelegenheiten betrifft, so lässt sie sich Dinge bieten, die man sich nicht bieten lassen darf.

Wenn Angst vor der Verurteilung durch andere eine Rolle spielt, frage ich inzwischen manchmal frech, ob man da die eigene Bedeutung nicht überschätze. Ja, es stimmt: Man ist zunächst mal Gesprächsstoff, weil man sich zum Beispiel scheiden lässt, ein Kind zur falschen Zeit bekommt, in Konkurs geht. Aber so wichtig ist niemand, dass die anderen von morgens bis abends an nichts anderes denken. In der Fantasie aber fühlt es sich so an, als würden alle für alle Zukunft über einen reden. Was für eine Einbildung! Das sage ich, obwohl hier auf dem Dorf soziale Ausgrenzung unausweichlicher ist als in einer Großstadt. Doch auch in Oberkirch gilt: Nächste Woche wird eine neue Sau durchs Dorf getrieben. Für das Dorf »Universität« galt das erst recht.

Der Angst von Johannes lag nicht nur eine Selbstüberschätzung seiner Bedeutung für andere, sondern genauso die Überschätzung der anderen zugrunde. Abschied von der Kirche zu nehmen bedeutete, dass bestimmte Kreise sich das Maul zerreißen. Das haben sie auch weidlich getan. Und? Er geht seiner Wege, die gehen ihrer Wege. Die Zeiten sind vorbei, in denen man für vogelfrei erklärt und auf dem Schindacker verscharrt wurde. Was einmal reale Angst war, ist heute neurotische Angst.

9.12.2014

Heute Nacht habe ich geträumt: Johannes steht in unserer Bibliothek. Ich frage ihn: »Hattest du nie Angst, ich könnte hinter die Sache mit Ruth kommen?« Ich frage nicht zornig, empört, nur verwundert. Er war eine Armeslänge von dem Platz, an dem die Ordner aufgereiht waren, die ich gerade durchschaue. Dort standen sie seit etwa 30 Jahren, seit wir in Oberkirch wohnen. Vorher irgendwo in Tübingen. Ich habe mich nie darum gekümmert. Im Traum schaut mich Johannes an, er sagt nichts, ist unsicher, er weiß nicht, wie viel ich weiß. Ich ja auch nicht! Ist es lediglich die Spitze des Eisbergs? In ein paar Tagen oder Wochen werde ich mehr wissen. Die ganze Wahrheit nie.

Ein paar Monate vor seinem Tod – er konnte sich kaum noch verständlich machen – hatte Johannes wiederholt geklagt, ob man ihm verzeihen würde. Den genauen Wortlaut weiß ich nicht mehr. Ich reimte mir zusammen, dass es um Marthas Tod ging. Ich versuchte ihn zu beruhigen. Nach ein paar Tagen drohte ich ihm spaßhaft, wenn er nicht aufhöre, sich da Sorgen zu machen, würde ich den Pfarrer Reiß zur Beichte holen. Ich weiß nicht mehr, ob er lächelte. Ich hoffe es.

Pfarrer Reiß war entsetzlich bigott und wir hatten einigen Ärger mit ihm gehabt. So ließ er im Religionsunterricht der Grundschule für unsere nicht getauften Kinder beten und behauptete nach einem Vortrag von mir zur Sexualerziehung im Vorschulalter, ich hätte die Forderung aufgestellt, Eltern müssten sich vor den Kindern nackt zeigen. Das war in den 80er-Jahren.

Heute frage ich mich, ob Johannes nicht quälte, *ich* könne ihm nicht verzeihen. Fast wünsche ich, es wäre so gewesen, denn damit hätte er ernst genommen, dass er mir gegenüber schuldig geworden ist. Verrat ist mehr als Betrug. Johannes hat mich verraten. Da gibt es kein Vertun. Trotzdem fühle ich mich ruhiger als im November, als mein Wissen neu war. Aber es beherrscht mich völlige Verständnislosigkeit. Wie hatte er das tun können? Weniger geht es mir um die Frage, warum er es mir nie gesagt hat. Denn mit späteren Geständnissen ist das so eine Sache. Oft läuft es darauf hinaus, dass der Geständige sein Gewissen erleichtert hat und der andere zusehen kann, wie er oder sie mit dem Geständnis zurechtkommt. Manchmal ist es moralischer zu schweigen. Aber dann, verdammt noch mal, hat man gefälligst auch nach Kräften dafür zu sorgen, dass es keine Spuren mehr gibt!

11.12.2014

Als ich über Johannes' narzisstische Seite schrieb, dachte ich noch mal über meine eigenen einschlägigen Bedürfnisse nach. Am Ende meiner analytischen Ausbildung fragte mich einer meiner Supervisoren, ich sei ja ein sehr aktiver Mensch, ob ich es denn in der passiven Rolle hinter der Couch auf Dauer aushalten würde. Da hat er schon was Richtiges wahrgenommen.

Hinter der Couch – das heißt: sich zurücknehmen, abwarten, Vortritt lassen. Natürlich bin ich keine klassisch schweigsame Analytikerin geworden. Das passt nicht zu mir. Es passt aber auch oft nicht für die Therapie, die nicht selten eine aktive Rolle fordert. Manchmal, wenn ich dies sage oder denke, ist es rationalisierende Rechtfertigung. Aber meistens ist es gut begründet.

Trotzdem, neben meiner modifiziert-analytischen Rolle, mit der ich seit 30 Jahren einverstanden bin, gibt es schon das Bedürfnis, im Mittelpunkt zu stehen, bestimmen und gestalten zu können. Aber immer, wenn das nicht von meinem Schreibtisch aus möglich war, geschah es mit halber Kraft. Ja, ich habe Vorträge gehalten, auch vor großem Publikum – wobei Vorträge nicht meine Stärke sind, ich kann nicht frei sprechen. In Diskussionen bin ich besser. Es gab auch ein paar Rundfunk- und Fernsehsendungen. Im Vorstand der Humanistischen Union war ich, später dann ein bisschen Berufspolitik in der KV und der Kammer. Aber wenn ich in diesen endlosen, drögen Sitzungen saß, von denen ich dennoch weiß, dass sie nötig sind, schaute ich zu oft aus dem Fenster und fragte mich: Was tu ich eigentlich hier?

Einer meiner Freunde ist jetzt Präsident einer Ärztekammer. Er hat jeden Abend irgendwo einen anderen Termin. Ihm gefällt das. Für mich wäre es das Grauen. Ich habe mich immer reingekniet, mich sehr gut vorbereitet. Aber der Biss fehlte. Als der Psycho-Kammerpräsident für mich völlig überraschend sagte: »Sie sind vorgesehen als Vorsitzende des QS-Ausschusses«, konnte ich nur lauthals ablehnen. Aufwand und Befriedigung standen für mich in keinem Verhältnis. Ich wollte abends daheim sein und mit meinem Johannes Wein trinken. So wird man nichts. Das war gut so. Auch wenn es durchaus Momente gibt, in denen ich bedauere, auf diese Mischung von narzisstischer Befriedigung und Gestaltungsmöglichkeit verzichtet zu haben.

Johannes war da entschlossener, zielstrebiger, bedürftiger – was auch immer. Wobei wir beide das auch ironisieren konnten: Als einer seiner Rotarier-Freunde zum Präsidenten gewählt worden war, gab ihm seine Frau mit auf den Weg: »Sei bedeutend!« Das wurde zwischen uns zum geflügelten Wort, wenn er zu einem Vortrag oder einer wichtigen Sitzung aufbrach.

12.12.2014

Ja, es ist wahr: Ich habe Angst, was ich in seinen Kalendern der nächsten Jahre noch finden könnte. Aber das Vertrauen gewinnt die Oberhand. Ich rede es mir nicht schön. Was mit Ruth geschehen ist, da stehe ich fassungslos davor. Fassungslos vor seiner »*Doppelbödigkeit*«, wie er es selber genannt hat, fassungslos vor seiner Dummheit. Das ist nicht zu verstehen. Und dennoch: Ich fühle mich ihm nah, vertrauensvoll nah. Oder sagen wir: ziemlich vertrauensvoll nah. Gestern las ich einen seiner letzten langen Briefe von 2005, den er ohne Einschränkung durch seine Krankheit geschrieben hatte. Dieser Brief ist so voller Liebe und Dankbarkeit mir gegenüber, dass es ausgeschlossen erscheint, er habe weiter ein falsches Spiel getrieben.

Die Tübinger Katholisch-Theologische Fakultät

20.12.2014

Ich brüte: Das Chronologische war bis jetzt richtig. Aber nun sollte ich zunächst mal bei bestimmten Themen bleiben. Wie schaffe ich das, ohne durch die dabei unausweichlichen Zeitsprünge Verwirrung zu stiften? Noch weiß ich keine Lösung, denn mal wieder hat alles mit allem zu tun. Auch schwanke ich, wie ausführlich oder kursorisch ich sein soll, kenne meine zwanghafte Art, alles hieb- und stichfest belegen zu müssen, als ginge es um eine Beweisführung vor Gericht. Andererseits: Ein Parforceritt, dem nur Insider folgen können, das will ich auch nicht.

So brüte ich eben noch eine Weile weiter, schweife ab zu dem, was meine Kollegin Anna heute am Telefon sagte. Sie sei erschrocken gewesen, wie schlecht ich bei unserer letzten Begegnung ausgesehen hätte. Ich beschwichtigte, redete was von anstrengender Arbeit.

Auch wenn es hauptsächlich um die Sehnsucht nach Johannes geht und um die Enttäuschung über ihn, so ganz von der Hand zu weisen ist die Diagnose »Verdacht auf Altersdepression« nicht. Denn in der Wiederbegegnung mit jenen Jahren begegne ich auch meiner Jugend wieder. Ich weiß genau, dass ich heute diese Zeit idealisiere, aber sie schmeckt doch so süß, nach Aufbruch, nach weit offenen Türen, nach Leichtigkeit und Unbeschwertheit. Aus. Vorbei. Nie mehr. Es geht mir nicht um die Angst vor dem Altern, vor Krankheit und Tod, sondern um die Zeit, die verloren gegangen ist. Nein, nicht verloren, ich habe sie ja gehabt, habe sie gelebt. Aber sie wird nie mehr von uns, von mir gelebt werden, nur noch erinnert.

Im Hintergrund läuft meine neue CD »American Top-Hits« aus jenen 70er- und 80er-Jahren. Johannes würde die Krise kriegen. Aber wenn ich »I'm a Believer« oder »River Deep, Mountain High« höre, bin ich die von damals – und gleichzeitig zerreißt es mir das Herz, weil ich nicht mehr die von damals bin. …

Gut. Aber eigentlich ging es mir gerade um etwas anderes, und da glaube ich nun, eine brauchbare Lösung gefunden zu haben: Ich schiebe jetzt einen längeren Abschnitt ein zum Thema »Johannes und seine Tübinger Kollegen«, in der Hoffnung, dass das hilft, die Stränge zu entwirren.

Ich beginne mit dem mir sympathischen Alttestamentler Herbert Haag, der meinte, das Leben sei viel zu kurz, um schlechten Wein zu trinken. Haag hatte zunächst mal ein Lehrbeanstandungsverfahren am Hals wegen seiner nicht dogmenkompatiblen Auffassung zur Erbsündelehre der katholischen Kirche. Die muss man nicht kennen, es ist zu exotisch.

1971 gab es für Haag neuen Ärger. Sein Buch »Abschied vom Teufel« war Anlass für ein weiteres Lehrbeanstandungsverfahren, während das alte über die Erbsünde immer noch vor sich hindümpelte.

Was ich mit Eleganz meinte, möchte ich anhand einiger Passagen aus Briefen Haags und der Antwort des Präfekten der Glaubenskongregation, Seper, zeigen. Die Briefe Haags sind von Johannes inspiriert; seine Entwürfe wurden in großen Passagen wörtlich übernommen. Am 9.6.71 schrieb der Präfekt der Glaubenskongregation, Kardinal Seper, an Herbert Haag:

... Die Kongregation für die Glaubenslehre hat über Ihre Schrift ›Abschied vom Teufel‹ ein Lehrprüfungsverfahren eingeleitet. Unter den in Ihrer Schrift vertretenen Thesen fielen u. a. folgende Behauptungen auf: Die Satansaussagen des Neuen Testaments gehören nicht zur verbindlichen Botschaft, sondern zum unverbindlichen Weltbild der Bibel ... Der Teufel sei nicht ein selbständiges Wesen, sondern die ›Personifizierung‹ der Sünde ...

Die Kongregation für die Glaubenslehre ist der Ansicht, daß diese Behauptungen sich nicht mit der Lehre des IV. Laterankonzils und des magisterium ordinarium [ordentlichen Lehramts] *über die Existenz des Teufels vereinbaren lassen. Indirekt widersprechen diese Thesen der katholischen Engellehre. Allgemein scheint die Methode in Ihrer Schrift dem Prinzip der Sola Scriptura zu entsprechen.*

Ich bitte Sie, innerhalb eines Monats schriftlich mitteilen zu wollen, ob und wie Ihrer Ansicht nach Ihre Thesen mit der katholischen Lehre vereinbar sind ...

Das vierte Laterankonzil fand – nebenbei bemerkt – von 1213 bis 1215 statt. Haag zu bezichtigen, dass seine Äußerungen dem Prinzip der Sola

Scriptura entsprächen – horreur! Da sind Luther und der Scheiterhaufen nahe!

Am 22.7.1971 antwortet Herbert Haag:

... Aus Ihrem Schreiben vom 9.6.71 ersehe ich, daß auch gegen meine Schrift ›Abschied vom Teufel‹ (erschienen 1969) ein Verfahren der Glaubenskongregation eingeleitet worden ist. Bevor ich darauf eingehe, scheint es mir geboten, das erste Verfahren gegen mein Buch ›Biblische Schöpfungslehre und kirchliche Erbsündenlehre‹ abzuschließen. Dieses läuft nun schon dreieinhalb Jahre ... und harrt noch immer seiner Beendigung.

Zudem hat sich inzwischen die deutsche Presse des Falles angenommen. Sie dürften sowenig wie ich der Meinung sein, es fördere das Ansehen der Kirche, wenn so viele kritische Stimmen die Öffentlichkeit über immer neue langwierige, überflüssige und zum Teil überholte Verfahren Ihrer Kongregation informieren ...

Eine interessante Taktik, wie ich finde, nicht auf die Sache einzugehen, sondern die Diskussion auf eine formale Ebene zu lenken, ohne sich gleichzeitig nachweisen lassen zu müssen, man sei unkooperativ. Dazu der dezente Hinweis: Passt auf, dass ihr euch in der Öffentlichkeit nicht lächerlich macht. Das mochte zwar Rom nur mäßig interessieren, die deutschen Bischöfe aber deutlich mehr.

Am 17.12.1971 schreibt der Präfekt der Glaubenskongregation an Herbert Haag:

Hochwürdiger Herr Professor!

Mit Schreiben vom 9. Juni 1971 erbat ich von Ihnen die Beantwortung verschiedener Fragen, die Ihnen von der Kongregation für Glaubenslehre vorgelegt worden sind und die Ihr Buch »Abschied vom Teufel« betreffen. In Ihrer Antwort vom 22. Juli 1971 bestehen Sie darauf, daß zuerst das andere bei der Glaubenskongregation über Ihr Buch »Biblische Schöpfungslehre und kirchliche Erbsündenlehre« laufende Verfahren beendet wird.

Ich kann nicht einsehen, mit welchem Recht Sie eine solche Forderung aufstellen, und bitte Sie erneut, zu den vorgelegten Fragen binnen 30 Tagen nach Erhalt dieses Schreibens Stellung zu nehmen.

Mit dem Ausdruck meiner Hochachtung bin ich
Ihr ergebener
Franjo Card. Seper, Präf.

Wie bei jedem Match ist der Austragungsort des Spiels nicht ohne Bedeutung. Die Frage »Häresie oder Rechtgläubigkeit?« wäre ein Heimspiel für die Glaubenskongregation gewesen. Also galt es, das Spiel an einen anderen Ort zu verlegen.

Herbert Haag antwortet am 11.2.1972. Der Kopie für Johannes fügt er bei: »*Mit dankbaren Grüßen, Ihr H. Haag*«.

Sehr geehrter Herr Kardinal,
... In Ihrem Schreiben vom 17. Dezember 1971 stellen Sie die Frage, mit welchem Recht ich eine solche Forderung aufstellte. Ich darf an Sie die Gegenfrage richten, mit welchem Recht Ihre Heilige Kongregation permanent gegen die in der ganzen freien Welt gültigen und von der letzten Bischofssynode ausdrücklich bestätigten Gesetze der Gerechtigkeit verstößt.

Vor mir liegt ein von der Bischofssynode im Herbst 1971 gutgeheißener Text über die Gerechtigkeit in der Welt, worin unter anderem gefordert wird: »... Forma procendendi iudicaria accusato tribuat ius accusatores cognoscendi, sicut et ius convenientis defensionis. Ut sit totalis, iustiatia includat oportet celeritatem processus.« [Das gerichtliche Prozessverfahren gesteht dem Angeklagten das Recht zu, seine Ankläger zu kennen, ebenso das Recht auf eine richtige Verteidigung. Zur vollen Gerechtigkeit gehört auch, dass das Verfahren schnell abgewickelt wird.] *Über alle diese Forderungen setzt sich Ihre Heilige Kongregation souverän hinweg. Ich brauche dies nicht im einzelnen auszuführen. Abgesehen davon, daß ich weder meine Ankläger noch die über meine Schriften bei Ihnen vorliegenden Gutachten noch meinen Verteidiger kenne, möchte ich besonders zum letzten Satz: »Ut sit totalis, iustitia includat oportet celeritatem processus« bemerken, daß der Prozeß gegen meine Schrift über die Erbsünde nun volle vier Jahre läuft... Sobald ich einen dieses Verfahren abschließenden Schriftsatz in Händen habe, werde ich keine Stunde zögern, zu Ihrem Schreiben vom 9. Juni 1971 Stellung zu nehmen ...*

Damit lag der Ball wieder bei der Glaubenskongregation. Ein paarmal wird er noch hin und her gespielt. Haag – so würde man im Fußball sagen – schindet Zeit, die Glaubenskongregation leistet sich Fehlpässe, die genüsslich aufgegriffen werden. Am 24.10.1973 schreibt Herbert Haag an Kardinal Seper:

Sehr geehrter Herr Kardinal,
die Glaubenskongregation übersandte mir durch Vermittlung der Apostolischen Nuntiatur in Deutschland ein Schreiben vom 12. Juli 1973. Da die Nuntiatur jedoch das Schreiben fälschlich an die Adresse eines seit langem nicht mehr in Tübingen tätigen Kollegen gerichtet hatte, erreichte es mich nicht mehr vor der Sommerpause. Da es überdies keinen Absender trug, wurde ihm zunächst keinerlei Beachtung geschenkt ...
Die Glaubenskongregation verweist in ihrem obengenannten Brief auf ihr Schreiben vom 8. Juli 1972. Ich habe zu diesem Schreiben, in dem ich keine präzise »Aufforderung« an mich zu erkennen vermochte, in der »Theologischen Quartalschrift« 153, 1973, Seite 192, kurz Stellung genommen. Sollten indes noch Fragen anstehen, würde ich die Glaubenskongregation bitten, diese, unter sachlicher Würdigung meiner Antwort vom 27. August 1971, so zu formulieren, daß sie beantwortbar sind.
Gleichzeitig möchte ich allerdings klarstellen, daß ich nicht die Absicht habe, bis zu meinem Lebensende über ein Buch zu diskutieren, das ich vor nahezu zehn Jahren geschrieben habe und das längst vergriffen ist ...
Mit ehrerbietigsten Grüßen verbleibe ich ...

Bilde ich es mir ein oder hat die Antwort der Glaubenskongregation vom 22.12.1973 einen leicht genervten Ton?

... Sie sind gebeten, die folgenden beiden Feststellungen anzunehmen:
1. Ein katholischer Exeget kann bei der Interpretation der Hl. Schrift nicht von der heiligen Tradition und vom kirchlichen Lehramt abstrahieren. Wer den Sinn des Dogmas im Lichte der Bibel statt richtig den Sinn der Bibel im Lichte des Dogmas sucht, mißachtet die Dekrete des Tridentinischen Konzils.
2. Die Behauptung, die Hl. Schrift kenne nur die persönliche Sünde, ist nicht katholisch und widerspricht der lehramtlichen Interpretation der Hl. Schrift. Eine solche Behauptung führt zur Leugnung des Geheimnisses der Erbsünde und damit zur Leugnung einer Lehre der Kirche.

Sie sind gebeten, Ihre Annahme der beiden Punkte schriftlich bestätigen zu wollen und in Zukunft im Sinne dieser Annahme zu dozieren und zu schreiben. Mit ergebenem Gruß ...

Man muss das nicht unbedingt verstehen – wobei es schon wissenswert ist, dass das Tridentinum zwischen 1543 und 1563 stattfand und der Abwehr der Reformation diente. Aber auch den Römern ist eine gewisse Eleganz nicht abzusprechen. Denn tatsächlich wird von Herbert Haag ja keinerlei Widerruf verlangt, sondern lediglich eine Bestätigung, dass er die »*Feststellungen*« der Glaubenskongregation zur Kenntnis genommen hat. Er wird »*gebeten*«, in Zukunft »*im Sinne dieser Annahme zu dozieren und zu schreiben*«.

Faktisch hatte sich Haag durchgesetzt: Die Glaubenskongregation beendet zuerst das Erbsündeverfahren.

Am 10. Januar 1974 schickt Haag eine Notiz an Johannes: »*Lieber Herr Neumann, ist das nicht ein stümperhaftes Dokument? Jedenfalls wollen wir uns mit der Beantwortung Zeit lassen. Herzlichen Dank für Ihre stete Stütze und Hilfe, Ihr Herbert Haag.*«

Weitere Unterlagen zu Haags Teufels-Verfahren finde ich nicht. Nur noch einen Artikel von Haag in der Beilage der Süddeutschen Zeitung (12./13 März 1977) mit dem Titel »*Rettet den Teufel!*«. An ihm habe ich lediglich zu bemängeln, dass er nicht von mir stammt. Anlass war die Tragödie um Anneliese Michel, die verhungerte und verdurstete, weil ihre Eltern und sie selbst dem kirchlichen Exorzisten mehr vertrauten als einer ärztlichen, psychiatrischen Behandlung. Sie starb am 1.7.1976. Das war nun mehr als unangenehm für die deutschen Bischöfe und eine Steilvorlage für Haag, wenn sich in diesem Zusammenhang solche Formulierungen nicht verbieten würden. Haag schreibt: »*Bischof Graber behauptet in einer in Altötting gehaltenen Predigt sogar: ›Wenn es keinen Teufel gibt, gibt es auch keinen Gott.‹ Schließlich befaßt sich die Vollversammlung der deutschen Bischöfe vom 22. bis 25. September 1976 und attestiert ihm seine Existenz.*«

Ich vermute, Haag hat es besonders Vergnügen gemacht zu zitieren, was der damalige Bischof von Aachen und vormalige Theologieprofessor Klaus

Hemmerle am 19.9.1976 Verschwurbeltes über den Teufel zu sagen wusste. Dieser sei »*eine andrängende, gezielte personale Mächtigkeit, aber er ist auch eine sich verschleiernde, sich entziehende, sozusagen anonyme atmosphärische Mächtigkeit ...*«

Auch schon vor 40 Jahren dürften etliche Leserinnen und Leser der Süddeutschen Zeitung dergleichen beim samstäglichen Morgenkaffee kopfschüttelnd zur Kenntnis genommen haben.

Haag blieb unbehelligt Mitglied der katholischen Fakultät und konnte guten Wein trinken, bis er heim zu den Vätern ging.

Zum Glück wissen die Katholiken nicht, was sie alles zu glauben hätten. Aber Haag, Küng und Konsorten wussten das. Wenigstens weitgehend. Was ist angesichts der belämmernden Fakten ehrenwert oder tapfer daran, ein System weiter zu stabilisieren, die Dummheit seiner Ideologie vor anderen und vor sich selbst zu vertuschen, anstatt den Staub von den Füßen zu schütteln und seiner Wege zu gehen? Ich kenne all diese Antworten von wegen »Leiden an der Kirche«, die von derselben Psycho-Logik sind wie das »treue« Festhalten an einer objektiv unerträglichen Beziehung. Was wird hier als Tapferkeit verkauft und ist tatsächlich Feigheit?

Auer, der Moraltheologe, den ich in Würzburg begeistert gehört hatte und dessen Wechsel nach Tübingen entscheidend dafür war, dass ich dort weiter studierte, hat Johannes eine Erklärung gegeben, die ich respektiere. Er wisse um seine Einflusslosigkeit, aber er könne so einen Schnitt wie Johannes nicht machen, weil er viel zu sehr in seiner katholischen oberschwäbischen Heimat und Familie verwurzelt sei. Er hat es nicht schöngeredet, sondern stand zu seinen Grenzen. Das ist ehrenwert.

Am 2.8.1978 schrieb Haag zu unserer Hochzeit. Ich möchte diesen kurzen – wie immer handschriftlichen – Brief auch deshalb zitieren, weil er so sehr den Unterschied klarmacht zum Verhalten Küngs, der sich gar nicht schnell und laut genug absetzen konnte. Haag schrieb – und zum einzigen Mal finde ich hier die Anrede »Lieber Johannes«, ansonsten blieb man beim förmlichen Sie:

Lieber Johannes,
da ich vom 13. bis zum 27. Juli eine Studienreise für Religionslehrer … zu leiten hatte, komme ich erst heute dazu, Ihnen ganz herzlich dafür zu danken, daß Sie mich im Geiste am 14. Juli teilnehmen lassen wollten. Sie wissen in der Tat, wie sehr ich immer, vielleicht mehr als bei jedem anderen Kollegen, an Ihrem Freud und Leid Anteil genommen habe. Das soll auch weiter so bleiben, und wenn der immer wieder verschobene Spaziergang noch immer nicht stattgefunden hat, so darf ich Sie vielleicht nächstens einmal mit Ihrer Frau Ursula zu einem Abendbrot bei mir haben. Für heute meine besten Empfehlungen an sie.
Ihr getreuer H. Haag

Als Joachim geboren wurde, kam er und wollte über ihm einen alttestamentlichen Segen sprechen. Nun, das kann nicht schaden. Johannes und ich gestanden einander hinterher, dass wir beide auf der Lauer lagen, ob Haag nicht plötzlich ein Fläschchen Weihwasser aus der Hosentasche ziehen würde, um dem Kind das unauslöschliche Siegel der Taufe zu verpassen. Heute verstehe ich diese Sorge nicht, so war er wirklich nicht!

23.12.2014
Ich bin gerade rechtzeitig mit der Passage über Haag fertig geworden, um Hannah und David vom Zug abzuholen. Als ich die Haustür zuschloss, fiel mein Blick auf die Kletterrosen, und ich traute meinen Augen nicht: Da war eine wunderschön erblüht, eben nicht kümmerlich, mickrig, sondern wirklich wunderschön. Eine Dezemberrose. Die ersten Dezemberrosen habe ich bewusst in Rom wahrgenommen, als Johannes und ich irgendwann mal kurz vor Weihnachten eine Reise dorthin machten. Ich staunte damals, mit welcher Selbstverständlichkeit sie dort in dieser Jahreszeit blühten. Die Rose heute war für mich wie ein Dankeschön von Johannes für die letzten Seiten, die ich geschrieben habe. Nein, ich habe nicht vergessen, was ich im November schmerzhaft entdeckte. Das werde ich auch nicht tun. Aber das eine ist das eine und das andere ist das andere. Auch wenn die Zeit knapp war, schnitt ich die Rose ab und stellte sie vor unser Hochzeitsbild. Ein wenig weinte ich, als ich zum Bahnhof fuhr.

Zurück nun zum Entwirren der Stränge, zurück zum Exkurs: Zu Greinacher, dem Pastoraltheologen, hatte Johannes eher ein Nicht-Verhältnis. Wobei ich vermute, das lag auch daran, dass Greinacher ein »Sozi« war – und Johannes hatte da Aversionen, auch noch dann, als er mit einer Frau liiert war, die mindestens auf dem Papier Juso war. Zudem war ihm Greinachers Strategie der offenen Briefe und der dezidierten parteipolitischen Stellungnahme suspekt. Aber ihm zu unterstellen, es sei ihm (nur) um Parteipolitik gegangen, täte ihm unrecht. Es waren genuine Themen seines Fachgebiets, zu denen er öffentlich Stellung nahm: Reform des Scheidungsrechts (Zerrüttungsprinzip versus Schuldprinzip), Diskussion um die Neufassung des Abtreibungsparagrafen § 218, bei der er sich entschieden für die Fristenlösung einsetzte. Wobei – mit Verlaub gesagt – die Gefahr, mit diesen Themen Ärger mit Rom zu bekommen, weniger groß war, als wenn er den Teufel, die Erbsünde oder die Jungfrauengeburt infrage gestellt hätte.

Auf solch einen offenen Brief Greinachers antwortete Bischof Moser am 19.6.1975 seinerseits mit einem offenen Brief:

... Sowohl die Art Ihres Vorgehens wie der Mangel an Sachgerechtigkeit in Ihrem Schreiben werfen Fragen auf, die Sie selbst vor konkrete Entscheidungen stellen. Wie vereinbaren Sie mit Ihrem priesterlichen Auftrag als Pastoraltheologe ein derartig einseitiges parteitaktisches Agieren, durch welches Sie die Mitwirkung der Kirche bei der Klärung bedeutsamer Lebensordnungen zu hintertreiben suchen? Glauben Sie wirklich, mit einer solch gespaltenen Einstellung lasse sich das Amt erfüllen, das Sie als Theologen in besonderer Weise dazu verpflichtet, die Studierenden der Theologie in die christliche Ehe- und Familienpastoral einzuführen? In einer Zeit mannigfacher Verwirrung erwarte ich von einem theologischen Lehrer, daß er jene Einheit mit der Kirche auch in privaten Aktionen aufrechterhält, welche zu den wesentlichen Voraussetzungen seines Dienstes gehört. Ich halte es für illoyal, wenn ein Theologe auf der einen Seite amtlich die Lehre der katholischen Kirche vertritt und wenn andererseits genau diese Kirche durch denselben Theologen privat »verschaukelt« wird. Wer die Regeln der Solidarität so verletzt, sollte redlich sagen, wo er eigentlich steht ...

Georg Moser. Bischof

Bevor ich Greinachers Antwort zitiere, möchte ich festhalten: Der Bischof fordert eine Entscheidung, auf welcher Seite man steht, weil man nicht mit einer »*gespaltenen Einstellung*« im Auftrag der Kirche Studierende unterrichten kann, die in den kirchlichen Dienst sollen. Nichts anderes hat Johannes getan: Er hat sich entschieden, dass er seinen Auftrag als theologischer Lehrer nicht mehr wahrnehmen kann. Aber was der Bischof im Fall Greinachers forderte, wurde bei Johannes sowohl vom Bischof als auch von der Theologischen Fakultät diffamiert. Da hieß es dann nicht mehr »Gewissensentscheidung«, sondern »persönliche Krise«, hinter der Weibergeschichten zu vermuten waren. Du sollst dich entscheiden – aber eine Entscheidung gegen das System kann nur einem kranken Hirn oder einem persönlichen Problem entspringen!

Greinacher antwortete dem Bischof damals wieder mit einem offenen Brief: »*... Sie fragen nach meinem Ort in der Kirche. Ich verstehe mich als Christ, als katholischer Christ, als kirchlicher Christ, der das Amt eines Theologen in der Kirche übertragen bekommen hat und ausübt. Ich weiß, daß nicht wenige mich aus meinem Amt und aus der Kirche hinausdrängen wollen. Das erste kann gegen meinen Willen geschehen. Das letztere nicht.*«

Klingt schön. In Treue fest. Es könnte aber auch einfach heißen: Selbst wenn Mutti Kirche ihn wegschicken wollte, er bleibt an ihrem Rockzipfel. Ich kann ihm nicht ins Herz schauen.

Damit will ich nicht sagen, dass es kein richtiges Leben im falschen gibt. Ich habe ein paar Leute im Kopf, die alle Gründe teilten, die Johannes zum Verlassen des Systems veranlassten – und die blieben. Es gibt Konstellationen, da muss man Schizophrenie aushalten. Denn auch das ist – oder zumindest war es – eine Realität, dass manchmal nur mithilfe der Organisation Kirche sinnvolle Arbeit zu leisten war, weil man als Einzelkämpfer auf verlorenem Posten gestanden hätte. Vor 40, 50 Jahren hatten NGOs noch nicht die Bedeutung, die sie heute haben, es gab nicht einmal den Begriff. Es ist eine Abwägungsfrage: Wo benutze ich das System und wo benutzt das System mich? Wo stütze ich durch meine Arbeit eine verrottete, unmenschliche, lebensfeindliche Ideologie, ob ich will oder nicht? Das muss jeder und jede für sich selbst entscheiden. Das heißt auch, jede Entscheidung verdient Respekt. Vorausgesetzt, man belügt sich selbst und andere nicht. Ich maße mir auch nicht an zu verurteilen, wenn jemand »nur« keine Kraft hat, den Bruch zu vollziehen, obwohl er vollzogen werden müsste: Ultra posse nemo obligatur. Aber wenn aus der Not eine Tugend gemacht wird, wenn man für die eigene Schizophrenie auch noch eine Tapferkeitsmedaille will, dann ärgert mich das.

Zu seinem Verhältnis zu Walter Kasper, Dogmatikprofessor (Nachfolger Ratzingers), wüsste ich gern Näheres, weil sich der Brief, den er an Johannes nach dessen Rückgabe der Missio schrieb – ich werde ihn noch zitieren – positiv von der Reaktion Küngs abhebt. Kasper wurde später Nachfolger von Bischof Moser, dann Kurienkardinal und Präsident des Päpstlichen Rates für die Einheit der Christen. Er war kein Hardliner, vielleicht sogar manchmal progressiv. Immerhin unterzeichnete er 1972 zusammen mit Johannes, Auer, Greinacher, Haag, Küng und Vogt ein kirchenkritisches »Manifest wider die Resignation«, das die Konservativen Gift und Galle spucken ließ. Sie zählten ihn ob seiner Unterschrift ironisch unter die »Sieben Aufrechten« von Tübingen.

Im November 1975 schrieb Kasper an einen Münchner Kollegen:

Ich finde Ihren Vorschlag, eine Art Liga der Christenrechte zu gründen, sehr interessant. Zusammen mit Professor Neumann plane ich zur Zeit ein größeres Werk über die Grundlagen des Kirchenrechts! Dort soll den Fragen der Freiheitsrechte in der Kirche breiter Raum gegeben werde. Die Frage der Freiheitsrechte in der Kirche scheint mir nämlich theologisch und kanonistisch noch sehr wenig geklärt zu sein. Aus diesem und aus vielen anderen Gründen bin ich nicht sicher, ob eine Art Liga im gegenwärtigen Augenblick hilfreich sein kann. Vordringlicher scheinen mir im Augenblick Überlegungen zur künftigen Rechtsstruktur der Kirche.

Von den anderen damaligen Mitgliedern der Katholisch-Theologischen Fakultät wäre noch Wolfgang Bartholomäus, der Religionspädagoge, zu nennen, er wurde unser Freund. 1988 heiratete er, was natürlich den Entzug der Lehrerlaubnis, die Entfernung aus der Fakultät und die Transferierung zu den Erziehungswissenschaftlern zur Folge hatte. Mit der Zeit wurde das für das Land ein etwas kostspieliges Verfahren.

Die meisten anderen ..., nun, was soll ich sagen? Die Kontakte zu ihnen waren oberflächlich, mal freundlich, mal weniger freundlich, meist auf das Dienstliche beschränkt.

Betrachte ich die Reaktionen der Kollegen der Tübinger Katholisch-Theologischen Fakultät auf die Rückgabe der Missio durch Johannes, so wäre es zwar anmaßend zu sagen, dass sich die Spreu vom Weizen trennte. Aber ein bisschen stimmt es schon. Wobei sich nach meiner Wahrnehmung etliche Konservative anständiger verhielten als Progressive oder vermeintlich Progressive. Es kann natürlich sein, dass sich jeder, der sich nahe an der Grenze weiß oder nach Meinung anderer dort befindet, umso entschiedener von demjenigen absetzen muss, der die Grenze überschritten hat.

Selbst mich hat es noch getroffen. Der Würzburger Sozialethiker Wilhelm Dreier war als Zweitkorrektor für meine Dissertation vorgesehen. Ich habe ihn hoch geschätzt und verdanke ihm, dass mein Interesse an wirtschaftlichen und wirtschaftsethischen Fragen nicht nur ein Interesse blieb, sondern ein halbwegs solides Fundament bekam. Nachdem Johannes die Missio zurückgegeben hatte, fragte er bei ihm an, ob ich in Würzburg promovieren könne. Dreiers Antwort: »... *Nach meinen Gesprächen mit einigen Kollegen aus unserem Fachbereich habe ich schlußfolgern müssen, daß mein Antrag zur Eröffnung des Promotionsverfahrens für Frau Sch. keine Zustimmung im Fachbereich finden würde* ...« So viel zum Thema »Theologie als Wissenschaft«.

Herr Hans im Besonderen

Es war wohl in Würzburg, als ich Küng zum ersten Mal hörte. Ein kulturelles Großereignis. Möglicherweise hat es sogar Eintritt gekostet, aber das will ich nicht behaupten. Ich war danach enttäuscht und wunderte mich, dass die anderen glänzende Augen hatten. Wenigstens zum Teil. Diese Enttäuschung bestätigte sich in Tübingen. Küngs Vorlesungen fand ich weder so progressiv noch so bedeutsam, wie alle Welt es tat. Es ging mir zu viel – implizit und explizit – um ihn. Wobei ich keineswegs schwer zu begeistern war. Mir fallen auf Anhieb, neben Johannes natürlich, vier Profs ein, die ich einfach klasse fand.

Ratzinger, der andere Tübinger Dogmatiker, gehörte allerdings auch nicht dazu. Er hatte seinen Ruf nach Tübingen vor allem Küng zu verdanken – was für eine hübsche Pointe! Küng hatte ihn für einen Progressiven gehalten, was entschuldbar ist, denn zu Zeiten des Konzils konnte man das glauben. Tatsächlich war er nur kurvensicher. Er gab wie zuvor in Freising, Bonn, Münster und später in Regensburg auch in Tübingen nur ein kurzes professorales Gastspiel; er hatte wohl seine Karriere in der Verwaltung schon fest im Blick.

Johannes erzählte: Wenn er Ratzinger mal zur Unzeit anrief, sagte dieser: »Meine Schwester und ich speisen gerade.« Ich hab auch mal mit ihm gespeist: 1969 zusammen mit Starz und den drei anderen Vertrauensstudenten im Erasmushaus.

Ratzinger war so dröge, dass Küng im Vergleich zu ihm wirklich Unterhaltungswert hatte. Wer erlebt hat, wie vor Ratzingers Vorlesung dessen beide verschrumpelte Assistenten irgendetwas an die Tafel schrieben, was man wohl abschreiben sollte, vergisst es nie. Oder mindestens nicht so schnell.

Gut, aber Küng konnte ich nicht leiden. Nie. Mag sein, dass es damals der Rigorismus der Jugend und heute der beginnende Altersstarrsinn ist, aber ich glaube schon, dass ich intuitiv etwas begriffen hatte, was Johannes erst leidvoll erfahren musste. »*Küng, das Waschweib*«, ätzte ich in Briefen

1976/77 (wobei ich die Formulierung »*Ratzinger, der Grashüpfer*« fast noch gelungener finde), aber Johannes war in Tübingen sein treuer Verbündeter. Es gibt zwei Leitzordner mit Briefwechseln, Statements und Kommentaren, zuerst an den »*lieben Herrn Kollegen*«, nach kurzer Zeit an den »*lieben Johannes*«.

Deute ich es richtig, so war es Johannes' Job, Küng zu bremsen, wenn der Geist über ihn kam, oder etwas weniger boshaft ausgedrückt: Da Küng von Lehrbeanstandungsverfahren der Glaubenskongregation bedroht war und überhaupt unter Beobachtung stand, war Johannes der juristische Ratgeber, der half, Fallen zu vermeiden. Fallen, die andere stellten, und solche der Marke Eigenbau. Es war ein Spiel »Catch me if you can«. Immerhin war Küng gescheit genug, durch freundliche Verzögerungstaktik, durch Ausweichen, durch wachsweiche Formulierungen – nagle mal einen Pudding an die Wand! – den römischen Apparat lange am definitiven Zuschlagen zu hindern. Hilfreich war dabei, die Römer damit zu konfrontieren, dass sie nicht einmal ihre eigenen, äußerst armseligen Verfahrensregeln einhielten, geschweige denn allgemein übliche Rechtsstandards.

Johannes war nicht nur der Ratgeber, der sich im Hintergrund hielt. Auch mit Blick auf Küng schrieb er 1974 in der Tübinger Theologischen Quartalschrift unter dem Titel *Ketzerverfahren – eine Form der Wahrheitsfindung?*:

Die Methoden blieben auch über die Namensänderung von 1908 (in ›S. Officium‹) und 1965 (in ›S. Congregatio pro doctrina fidei‹) bis auf den heutigen Tag im wesentlichen dieselben: anonyme Denunziation, Geheimhaltung des Verfahrens, Verweigerung der Akteneinsicht ebenso wie des vollen anwaltlichen Rechtsschutzes, Ausschluß jeder echten Berufungsmöglichkeit an eine andere Instanz. Nur die physische Folter mußte inzwischen abgeschafft werden; die psychische ist jedoch aufgrund verfahrensrechtlicher Unsicherheit, Unkenntnis der genauen Klagegründe und der Aktenlage, der willkürlich langen Dauer und Prozeßintervalle und schließlich der Ungewißheit, ob ein Verfahren je einmal lief oder noch läuft, nicht nur geblieben, sie ist vielleicht sogar noch verfeinert worden. Neben den – wenigen – bekannten Fällen, in denen solche Verfahren in der Öffentlichkeit Staub aufwirbeln, weil staatsrechtliche Sicherungen einen unmittelbaren Eingriff der kirchlichen

Instanzen verunmöglichen, stehen zahlreiche andere Fälle, in denen die Kirche, ohne rechtsstaatliche ›Behinderungen‹ hinnehmen zu müssen, direkt eingreifen konnte. Von ihnen redet kaum jemand, und doch sind sie ein Ärgernis und machen die Kirche unglaubwürdig, wenn sie für Gerechtigkeit und Menschlichkeit im weltlichen Bereich eintritt.

Darum kann es nicht genügen, die eine oder andere Verfahrensnorm zu ›verbessern‹. Solche ›Verbesserungen‹ dienen – keineswegs nur in der Kirche – häufig lediglich dazu, das Verfahren ›griffiger‹ zu machen. (ThQ 1974, S. 328–339, 337)

Küng und Johannes stimmten in vielen Fragen überein, in denen es um den hartherzig-doktrinären Umgang mit den Menschen ging. Empfängnisverhütung, Scheidung, Mischehe, Stellung der Frau, die Haltung der katholischen Kirche zur Ökumene – da waren sie sich einig. Aber es gab zwischen ihnen einen fundamentalen Unterschied: Johannes war viel distanzierter zu Glauben und Kirche. Am 18.8.1976 berichtet er Küng von einem Gespräch mit Bischof Moser, dass dieser sich von allen möglichen Seiten bedrängt fühle, etwas gegen ihn zu unternehmen. Johannes fährt fort:

Ich meine allerdings auch, daß Du in irgendeiner Form zu erkennen geben solltest, wie sehr Du auf dem Glauben der Kirche stehst. Ich nehme an, Du tust es mehr, tiefer und intensiver als ich. Folglich dürfte es Dir vielleicht leichter fallen, als es bei mir der Fall wäre, wenn ich zu einer solchen Stellungnahme genötigt wäre. ...

Johannes sah seit Ende der 60er-Jahre keine Chance zu einer wirklichen Reform der Kirche, glaubte nicht mehr an Veränderung. Küngs Optimismus fand er oft nur noch komisch und sagte ihm das auch. Der Schweizer mit Haus am Sempacher See – von Johannes penetrant »*Sempacher Weiher*« genannt – sah sich in der Nachfolge jenes Arnold von Winkelried, der im 14. Jahrhundert bei der Schlacht an eben jenem Ort mit dem Ausruf »Der Freiheit eine Gasse!« die Speere der Habsburger auf sich zog und so den Eidgenossen zum Sieg verhalf. Wobei ich allerdings etwas skeptisch bin, wie weit Küngs Entschlossenheit gereicht hätte, wenn Roms Speere nicht aus Papier gewesen wären.

Aber auch wenn Johannes Küng für naiv hielt, stand er, genauso wie bei vielen anderen, zuverlässig auf der Matte, wenn er mit seinem juristischen Handwerk etwas gegen Willkür unternehmen konnte. Außerdem bereitete es ihm ein diebisches Vergnügen, die Häscher, die Inquisitoren, die Machthaber an ihre Grenzen zu bringen, sie mit den für die eigenen Zwecke ausgeklügelten Waffen schlagen.

Küng war der Star. Es gab Momente, da hat Johannes ihn um diesen medialen Glanz beneidet. Johannes taugte nicht zum Star, da war zu viel Brüchigkeit und zu wenig naiver Glaube an sich selbst. Ein Star kann keine Brüchigkeit brauchen, ein Star überzeugt durch Überzeugtsein von sich selbst. Das Bonmot in Anspielung auf seine Kritik am Unfehlbarkeitsdogma: »*Warum will Küng nicht Papst werden? Dann wäre er nicht mehr unfehlbar!*«, lag nicht so ganz daneben. Hans Starz hatte mir mal geschrieben: »*Küng hat ein neues Buch geschrieben, ein neuer Krach mit Rom muß her!*« Starz war sicher eher ein Mann der Hierarchie, aber tatsächlich war bei Küng nie klar, ich vermute, auch ihm selbst nicht, inwieweit er sich in den Dienst einer Sache stellte oder umgekehrt. Das ist nicht ehrenrührig. Aber ich mag es trotzdem nicht.

Vor einigen Tagen wollte ich etwas nachschauen und holte Küngs Buch »*Umstrittene Wahrheit. Erinnerungen*« von 2007 aus dem Regal. Dorthin hatte es Johannes nach Erhalt gestellt und dort stand es, bis ich es jetzt herausholte. Ich glaube nicht, dass er darin gelesen hat, aber er wird – wie es seine Art war – mit einem höflichen Dankesschreiben geantwortet haben. »Umstrittene Wahrheit« – ein hübscher Titel. Ich lese die Widmung: »*Für Johannes Neumann in steter Dankbarkeit für seine Unterstützung in schwierigen Jahren. 11.9.2007 Hans Küng*«.

Ach nee! Altersmilde ist bei mir noch nicht eingekehrt. Als ich das Kapitelchen »*Verlust des juristischen Beraters: Professor Neumann*« lese (S. 483–485) bin ich nur noch wütend. Ich zitiere:

Der Professor für Kirchenrecht JOHANNES NEUMANN gibt die Missio canonica, seinen kirchlichen Lehrauftrag zurück, gibt sein Priesteramt auf, tritt aus der katholischen Kirche aus und verläßt seinen Lehrstuhl für Kirchenrecht. Es sind verwirrende und turbulente Tage nach Ostern 1977. [Tatsächlich war es Ende Oktober 1977, aber ich kann mir schon denken, warum Herr Küng das verwechselt.] *Ein in der Presse breit berichteter Vorgang, hinter dem sich eine tiefe menschliche Tragik verbirgt.*

In einer ausführlichen Stellungnahme begründet Neumann seinen Schritt mit der Unmenschlichkeit des kirchlichen Systems. Seine Argumente kann ich leicht nachvollziehen, sahen wir doch schon längst die Lage der katholischen Kirche nach dem Konzil zunehmend kritisch. Mit seiner Schrift ›Menschenrechte – auch in der katholischen Kirche?‹ [Korrekt: Menschenrechte – auch in der Kirche] *und seinem alternativen Entwurf (zusammen mit dem Niederländer Peter Huizing) zu einem neuen Eherecht und vielen anderen Vorschlägen ist er bei den Hierarchen abgeblitzt. Das kirchliche ›System‹ habe sich als undurchlässig und ›irreformabel‹ erwiesen. Besonders protestiert Neumann gegen die ›jeglichem Rechtsempfinden hohnsprechende Verfahrensordnung für die Laisierung von Priestern‹ und den damit verbundenen ›Erpressungsmechanismus‹. Doch wie soll er als Professor des Kirchenrechts unter diesen Umständen Priesteramtskandidaten weiterhin das kirchliche Weiherecht erklären können? ›Die Geistlichen ... sind im Konflikt mit der Kirchenleitung weithin recht- und schutzlos‹: Summa: Neumann hält die römisch-katholische Kirche von ihrem Selbstverständnis her, wie es sich unter dem Einfluß vieler äußerer geschichtlicher und politischer Faktoren herausgebildet hat, für grundsätzlich nicht mehr reformierbar. Er geht. Ich aber bleibe, und die Einstellung zu katholischer Kirche und christlichem Glauben trennt uns seither.*

Was auch immer bei dieser Entscheidung Neumanns noch persönlich mitgespielt haben mag: Unsere Fakultät hat einen ausgezeichneten Fachmann und einen klugen und angenehmen Kollegen verloren, die Universität ein hervorragendes Mitglied des Senats und ihren letzten Rektor vor Einführung der Präsidialverfassung. Ich aber verliere einen mir von Anfang an sympathischen, treuen Freund und höchst kompetenten juristischen Berater, den ich, abgesehen von meinem Schweizer Freund Herbert Haag, mehr als alle anderen Fakultätskollegen geschätzt habe. Er selber hat mehr Mühe, als er annahm, in einer anderen Fakultät (auch nicht im Bereich der Rechtswissenschaft, der ihn im Jahr zuvor ehrenvoll kooptiert hatte) unterzukommen. Er ›landet‹ schließlich bei der Religionssoziologie. Ich vermisse seither seine Stimme: nicht nur in Fakultät und Universität, sondern auch in der kirchlichen und außerkirchlichen Öffentlichkeit. Seiner Freundschaft und seines Fachwissens hätte ich gerade in den für mich zunehmend schwierigen Jahren, die mir bevorstehen, mehr denn je bedurft.

Im Februar 1978 lasse ich ihm die Dokumentation ›Um nichts als die Wahrheit‹, in der er eine so bedeutende Rolle spielt, sofort nach Erscheinen zukommen mit einem kleinen Brief: ›Lieber Johannes, Du kannst Dir denken, daß mir beim Heraussuchen und Zusammenstellen dieser Dokumentation vieles durch den Kopf ging – und durchs Herz. Dein Name ist hier nicht wegdenkbar, und ich wollte, so vieles in der letzten Zeit wäre nicht geschehen. Wenn ich Dir irgendwie helfen kann, so – das weißt Du – bin ich da. Mit guten Wünschen, Dein Hans‹ (15.2.1978).

Seine Antwort besteht aus einigen freundlichen Zeilen. Er geht nun seinen eigenen Weg, heiratet und verlegt seinen Wohnsitz weit weg von Tübingen in ein badisches Dorf; sein Leben wird sich jetzt mehr und mehr auf seine Familie konzentrieren. Auf dem Höhepunkt der Konfrontation mit Rom zwei Jahre später, als ich dringend der kirchenrechtlichen Beratung bedarf, werde ich ihn nochmals um Hilfe bitten – auf Honorarbasis.

Warum mich das wütend macht – wo es doch hübsch wohlwollend geschrieben ist? »*Tiefe menschliche Tragik*« und »*Was auch immer bei dieser Entscheidung Neumanns noch persönlich mitgespielt haben mag*« – das sind die üblichen geheimnisvollen Andeutungen, mit denen die von Johannes angegebenen Gründe seines Abschieds von der Kirche desavouiert werden sollen. Da passt – würde man heute sagen – kein Blatt Papier zwischen die kirchliche Hierarchie und Küng. Sie sind sich einig, ob aus Überzeugung oder aus dem Bestreben zu diffamieren, dass die vorgebrachten Gründe gar nicht die eigentlichen sind. Deshalb braucht man sie nicht so wichtig zu nehmen.

»*Um nichts als die Wahrheit*« – da will ich den Herrn Professor doch mal beim Wort nehmen. »*Er geht. Ich aber bleibe, und die Einstellung zu katholischer Kirche und christlichem Glauben trennt uns seither.*« Das ist dummes Zeug, denn eine unterschiedliche Weltanschauung hätte keinen Bruch der Beziehung bedeuten müssen, wie man am Verhalten anderer sieht. Es ist auch unwahr, weil es Dinge verschweigt, die viel entscheidender für den Bruch waren, die aber für »Herrn Hans« (so unser interner Sprachgebrauch) wenig schmeichelhaft waren und sind:

Küng war der Erste, der in der Kampagne gegen Johannes am 23.6.1976 einen »anonymen Anruf« erhielt. Ich stelle das in Anführungszeichen, weil ich nicht weiß, ob der Anruf tatsächlich anonym war oder ob Martha ihn direkt angerufen hat. Denn viel später eröffnete er Johannes, er habe mehrmals Kontakt mit Martha gehabt. Küng wurde in jener Zeit gedroht, dass Studenten pikante Details auch aus seinem Privatleben ans Licht der Öffentlichkeit zerren. Da gibt es in der Tat einiges – und auch einiges, was ich in Unterlagen von Johannes finde, denn er hat wenigstens in einer seiner Affären (von uns »Geschichte der O.« genannt) als Ratgeber und Vermittler fungiert.

Abgesehen davon, dass Martha die Affäre mit O. live mitbekommen hat, ebenso wie nachfolgende, waren ihr die Kopien der Briefe der O., die Johannes zum Zwecke der Beratung von Küng bekommen hatte, sicher nicht weniger zugänglich als meine Briefe.

Ich könnte mir vorstellen, dass Bischof Moser diese Kopien auch erhalten hat, denn er wird 1977 den Lebenswandel Küngs als Argument nehmen, dieser solle mit seinen theologischen Äußerungen zurückhaltender sein.

Am 22.1.1977 kam es zu einem Gespräch Küngs mit den Kardinälen Höffner und Volk, Bischof Moser, dem späteren Bischof Lehmann und Pater Semmelroth. Bei dieser *Besprechung* – wie es in der Einladung des Sekretärs der Deutschen Bischofskonferenz, Homeyer, hieß – handle es sich nicht um ein *»Gespräch im Sinne von § 5 des Lehrbeanstandungsverfahrens bei der Deutschen Bischofskonferenz ... Hier handelt es sich um ein Gespräch unter Leitung des Vorsitzenden der Deutschen Bischofskonferenz, das die Glaubenskommission der Bischofskonferenz empfohlen hat.«* (9.12.1976)

Küng ging mit Johannes zu diesem Gespräch in Stuttgart-Hohenheim, weil er, wie er schrieb, »*einen Fachmann für Verfahrensfragen*« wollte, um nicht in ein »*Inquisitionsverfahren*« verwickelt zu werden (Umstrittene Wahrheit. Erinnerungen, S. 462) Dass ihn Martha zuvor angerufen hatte, um ihn zu warnen, Johannes stehe gar nicht auf seiner Seite, sondern wolle ihn aufs Kreuz legen, verschwieg er Johannes bis nach Marthas Tod. Entweder hat er ihr geglaubt, dann ist nicht verständlich, wieso er Johannes als Begleiter mitnahm, oder er hat ihr nicht geglaubt, dann fragt man sich, wieso er Johannes nicht über diese Intrige informierte. Sie waren doch befreundet, oder?

Johannes vermerkt in seinem Kalender: »*10–14.30 Uhr Diskussion mit Kard. Höffner, Volk, Bi. Moser, Prof. Lehmann, Semmelroth, Homeyer, HK u. mir! Bei meinem Kind.*«

Von Stuttgart-Hohenheim nach Stuttgart-Sillenbuch ist es ein Katzensprung, auch wenn Welten dazwischenliegen.

Als sich Johannes gut einen Monat später tatsächlich von Martha trennte und in Kusterdingen auszog, schrieb ich in mein Tagebuch:

2.3.1977

Küng spielte eine krumme Rolle: Er sagte, er sei nicht [gemeint: am Tag des Auszugs von Johannes] *von M. angerufen worden, rief aber bereits andertags J.'s Rechtsanwalt an ... Es ist also klar, daß er Kontakt mit M. gehabt haben muß, sonst hätte er vom Rechtsanwalt nichts wissen können. Leider entfleuchte er anschließend nach Amerika, so daß J. ihn nicht – wie ich es wollte – zur Sau machen konnte. Aber noch vorher hat J. ihn etwas still gemacht. Küng hat nämlich gesagt, man müsse milde sein oder so. Und J. hat ihm dann gesagt, daß er (Küng) ja genauso ein Schwein sei wie er. Wieso? Warum? Nun ja, das sei Marthas Meinung, und sie sei sehr genau über seine Besuche in Reutlingen und seine Flüge nach Holland informiert und habe schon mehrmals überlegt, ob sie ihn nicht deswegen anrufen solle.*

Ich vermute heute, sie hat sich das nicht nur überlegt.

Nach Marthas Tod wollte Küng Johannes dazu drängen, eine Erklärung zu ihrem Suizid abzugeben; er verstieg sich zu der Behauptung, Johannes drohe der Rausschmiss aus Rotary. Das war der Zusammenhang, in dem ich »*Küng, das Waschweib*« schrieb. Als ein anderer Rotarier davon hörte, meinte der: Wenn Johannes auch nur ein Haar gekrümmt würde, träte er aus dem Verein aus. Das erwies sich – natürlich – nicht als erforderlich.

Im Juni 1977 wollte Küng Johannes sprechen. Ich verwendete damals eine Menge Gehirnschmalz, um Johannes zu briefen, und schrieb neben vielen anderen gescheiten und weniger gescheiten Überlegungen am 19.6.1977: »... *Küng ist spätestens nach Marthas Tod Dir gegenüber auf Distanz gegangen. Geschah die Distanzierung, weil er Dein Verhalten moralisch mißbilligte, weil er Dich für verantwortlich an Marthas Tod hielt und deswegen nichts mehr mit Dir zu tun haben wollte?* [Oder] *Rechnete er damit, daß Du sofort der Kirche den Rücken kehrst. und wollte er sich rechtzeitig absetzen?* [Oder] *War er tatsächlich mehr in die Geschichte verwickelt, als er Dir sagte, und traute sich Dir nicht mehr unter die Augen? ...*«

Johannes' Kalender verzeichnet für den 21.6.1977: »*20.30–22.30 Uhr H. Küng.*« Am 22.6. berichte ich darüber in meinem Tagebuch und japse beim Schreiben immer noch hörbar nach Luft:

Was aber noch viel – ich weiß nicht, wie ich sagen soll – kurioser, »degoutanter« oder sonstwas ist, ist die Sache mit Küng: Irgendwann letzte Woche, ich glaube, es war Montag, rief Küng an und sagte, sie (J. und er) hätten wohl einiges zu besprechen. J. meinte, das meine er auch ... Ich hatte J. vorher eine ausführliche Checkliste geschickt ... Das war alles sehr schön und klug, und ich hätte mir nicht denken können, daß ich auch nur die winzigste Möglichkeit außer Acht gelassen hätte. Aber nobody is perfect: Nicht, daß Küng J. Vorwürfe wegen M. macht, nicht, daß Küng ein schlechtes Gewissen ob seines äußerst suspekten Verhaltens hat, nicht, daß er sein Mitgefühl äußert, nein: Er wirft J. vor, daß er etwa eine Woche nach M.s Tod bei einem Rotariertreffen, als er – Küng – ein Referat hielt, sich zu Wort gemeldet und »ein Co-Referat gehalten« habe. Über die Gottesfrage. Wo er – Küng – doch derjenige sei, der sich damit beschäftige. Es ist so lachhaft, man könnte glauben, es sei schlecht, sehr schlecht erfunden. Und außerdem hätte J. mit Korff oder sonstwem bei einer Fachbereichskonferenz »getuschelt«, als Küng redete ...

M. hat Küng gesagt, J. hätte sich über sein Reutlinger Verhältnis ausgelassen. J. war wütend, weil es genau umgekehrt war. Aber selbstverständlich hielt der gute Küng es nie für notwendig, hier mal nachzufragen. Im übrigen habe er »Monate« vor M.s Tod keinen Kontakt mit ihr gehabt. Eine offensichtliche Lüge, aber J. war es zu dumm, drauf rumzureiten – ich hätte es vielleicht getan ...

Und dann hat Küng gesagt, woher J. denn die Kraft nehme, das alles durchzustehen – es klang irgendwie in Richtung: sich aufmüpfig zu benehmen, dahinter stecke doch sicher die Frau S., von der werde er gestützt. J. hat gesagt, erstens wolle er selber mit eigener Kraft aus dieser Chose raus, und selbst wenn es stimme, daß die Frau S. ihn stütze, was wäre dann?

Küng meinte, sie (er und J.) müßten doch zusammenhalten, sie könnten die Kirche ändern, und dergleichen gute Witze mehr. J. meinte, die Änderung der Kirche sei eine Angelegenheit, die er lieber Küng alleine tun ließe. Ich weiß nicht, was hier größer ist: die Dummheit oder der Größenwahn.

Am Abend – als er mich anrief – war J. noch recht aufgekratzt und erzählte, er habe Küng an manchen Stellen gesagt, er könne nur noch lachen. Heute – er war kurz da – ... war er eher deprimiert, teils Enttäuschung über Küng, teils Selbstzweifel, wie man so jemanden als Freund hatte haben können, – teils – wie er sagt, Angst, ich könne eines Tages entdecken, daß er »auch so ein Gartenzwerg ist!«

Stuttgart, den 22.6.1977

Lieber Johannes,

... Es bedrückt mich zwar, daß Dich das mit Küng doch recht mitgenommen hat ... Im Grunde konnte das gestern – so überraschend die Pointe war – doch keine echte Überraschung sein ... Ich weiß nur nicht ganz sicher, inwieweit er nicht die Taktik verfolgte, daß Angriff die beste Verteidigung ist. Ich kann mir einfach nicht vorstellen – wahrscheinlich bin ich zu jung und dumm für diese Welt –, daß jemand, der seinen Freund belogen und ihn in der schwierigsten Situation, die man sich denken kann, alleingelassen hat, nicht wenigstens ein bißchen ein schlechtes Gewissen hat. Selbst wenn Du bei jenem Rotary-Treffen tatsächlich den größten Scheiß geredet, ihm die Schau gestohlen, ihn gekränkt und beleidigt hättest, jeder Mensch mit einem Funken Einfühlungsvermögen hätte sich doch angesichts Deiner damaligen Situation gesagt: Vergessen wir's, das darf man jetzt nicht so wichtig nehmen ... Oder ist er wirklich so jemand, der die andern nur benutzt?

Und dann: dieser Möchtegern-Wilhelm-Tell. Die Kirche verändern. Mon dieu! Eine Nummer kleiner hat er's wohl nicht ... Was ich aber – ich habe ein Glas roten Sekt getrunken – am unverschämtesten finde, ist, daß ich hinter

Deiner »Veränderung« oder was auch immer vermutet werde. Es schmeichelt mir zwar – und als Stein des Anstoßes fühle ich mich ja schon etwas –, aber diese Unverschämtheit, einem erwachsenen Mann nicht zuzutrauen, sich selbst zu ändern. Und dieses Cherchez-la-femme, die Frau, die abtrünnig, aufsässig macht. Das kann ich mir denken, daß King-Küng nur Gänschen oder Fregatten hat, die ihn anbeten, aber gewiß ihn und seine Mutter Kirche nicht kritisch anfragen. ... Für eine offene Feindschaft halte ich ihn für zu feig. Aber so hintenrum. Sei vorsichtig! ... So. Jetzt stellen wir Gevatter Küng in die Ecke und wenden uns wesentlichen Dingen zu ...

Unübersehbar – ich schäumte. Mit Schaum vor dem Mund gibt man zugegebenermaßen kein gutes Bild ab und in der Regel sind die in solchem Zustand gemachten Äußerungen auch nicht sonderlich zutreffend. Aber was ich hier vor 37 Jahren geschrieben habe, hält stand, kein Wort würde ich heute anders schreiben.

In dem Dekret der Glaubenskongregation vom 18.12.1979 wurde Küng die Lehrbefugnis entzogen. Johannes schreibt in seinem Kalender: »*Rotary: erfuhr dort, daß HK die Missio can entzogen worden sei. Ich kann gar nicht sagen, wie froh ich bin, daß es mich letztlich, außer dem Gefühl der Schadenfreude und dem Wunsche, es möge HK zum Wohle gereichen, so gar nicht berührt.*«

Am 19.12. um acht Uhr morgens rief Küng an. Ich war am Apparat. Natürlich freute ich mich diebisch. Johannes vermerkt: »*10–12.30 Uhr bei HK. Das Ganze ist wohl eine Schmierenkomödie! Während ich dort war, um 11.30 Uhr etwa, rief Moser dort an und bot ein Gespräch an; er wolle dann nochmals in Rom alles versuchen! Ich halte das für den Versuch, HK den Schwarzen Peter eines pertinax* [hartnäckigen Leugners] *zuspielen zu wollen. Zuvor hatte ich meine Enttäuschung und Entrüstung über sein Verhalten 1977 ausgedrückt.*«

Nach einigem Theaterdonner – Bischöfe flogen im Viererpack nach Rom! Verzweifelte Suche nach Kompromiss! – kam dann am 30.12. die Mitteilung über den definitiven Entzug der Lehrerlaubnis. Johannes meinte, weder der Auflage seiner Bücher noch seinen Finanzen dürfte das schaden.

Irgendwann muss Küng dann zu einer Besprechung auch bei uns gewesen sein und brachte für Joachim einen Steiff-Hasen mit, der fortan auf den Namen Hansi-Hase hörte. Trotz allem beriet Johannes Küng in den folgenden Monaten in der Frage »Wohin mit Küng?«, und zwar seinem Kalender zufolge ziemlich zeitintensiv. Johannes hatte ja einschlägige Erfahrungen, auf welche Ideen Fakultät, Universität und Kultusbürokratie kommen, um ein Mitglied der Theologischen Fakultät zu entsorgen. Allerdings glaube ich nicht, dass er so gemein war, Küng jene Idee unter die Nase zu reiben, die ihm von diesem und Greinacher angetragen worden war: sich frühpensionieren zu lassen.

Küng vermerkte, dass diese Beratungen 1979/80 auf Honorarbasis erfolgt seien. Ich darf daraus schließen, dass Johannes all die Jahre zuvor ohne Honorar für Herrn Hans tätig war. Ich weiß es nicht. Aber es würde passen. Zu beiden. Anscheinend hat Johannes für die letzte Beratung eine Rechnung geschickt. Auf alle Fälle schreibt Küng:

3.12.1980
Lieber Johannes,
selbstverständlich hatte ich die vielen Dienste, die Du mir in diesem meinem schwierigen Jahr geleistet hast, nicht vergessen und hatte eine Weihnachtsüberraschung für Dich und Deine Frau vorbereitet. Aber mir ist auch diese Regelung recht, und ich lege Dir den Scheck bei ...
Dein Hans

Dass diese honorarpflichtigen Beratungen in Tübingen und nicht in einem *»badischen Dorf«* stattfanden (dort zogen wir erst 1985 hin), ist eine Petitesse, aber die Ungenauigkeit hat System. Küng suggeriert einen Absturz von Johannes in die Bedeutungslosigkeit und den mehr oder minder unfreiwilligen Rückzug ins beschauliche Familienleben nach dem Motto: In seinem Gärtchen pflanzte er Radieschen an, bis er selbige von unten betrachtete. Und ja, es stimmt: Familie wurde wichtiger für Johannes. Wenn ich seine Kalender nach der Geburt von Joachim (1979) und Hannah (1981) durchblättere, dann finde ich fast mehr Einträge zu ersten Zähnen, ersten Schritten, ersten Worten, erstem erfolgreichen Gebrauch des

Töpfchens, wesentlich mehr Bonmots der Kinder als Notizen zu Beruflichem – und Küng arbeitete sich am Weltethos ab. Aber wahr ist auch, dass Johannes in seinem neuen Arbeitsgebiet bei den Verhaltenswissenschaften reüssierte: Nach kurzer Zeit hatte er mehr als dreimal so viele Mitarbeiter wie in der Theologie und aufgrund von Einwerbung von Drittmitteln das größte Budget in seiner Fakultät, ein Budget, von dem er als Kirchenrechtler nicht mal geträumt hätte.

Zugegeben, die mediale Aufmerksamkeit war geringer. Mit Projekten wie »Humanisierung der Arbeit« oder »Lebenswelten Behinderter« macht man kaum Schlagzeilen. Aber mit medialer Aufmerksamkeit ist das so eine Sache: In meiner Jugend war es in unserer Stadt eine viel besprochene Sensation, dass eine Nonne Fahrrad fuhr. Damit will ich nicht so sehr auf mein fortgeschrittenes Alter verweisen, sondern darauf, dass gleichzeitig Millionen andere ebenfalls Fahrrad fuhren, was niemand erwähnenswert fand. Im kirchlichen Kontext aber ist das ansonsten Banale eine Meldung wert. Gerade hat der wirklich sympathische Papst Franziskus I. seine kurialen Mitarbeiter zusammengestaucht. Das ging durch sämtliche Medien. Als Topmeldung. War ja auch Weihnachten. Täten Putin, Merkel oder ein Konzernchef dergleichen, kämen sie nicht über eine Seite-3-Kurzmeldung hinaus.

Mit der medialen Aufmerksamkeit ist nicht geklärt, wo die Musik wirklich spielt. Kirchenleute haben einen Exotenstatus. So wie die Babys des englischen Königshauses. In jeder besseren Frauenzeitschrift sind sie abgebildet. Wo mein Enkel doch viel schöner ist!

Das Schlusswort zu diesem Exkurs gehört Johannes. Am 8.8.1978 schreibt er an einen in Holland lebenden befreundeten Theologen, Erwin Kleine:

Lieber Erwin,
… Was Dir in meinem letzten Brief als ein Gefühl der Einsamkeit im fachlichen Bereich vorkam, war nur Ausdruck einer mehr als 20jährigen Erfahrung. Meine Kritik ging ja immer ein ganzes Stück tiefer als die meiner Kollegen, und zwar nicht nur meiner engeren Fachkollegen. Jetzt freilich,

nachdem ich den endgültigen Bruch mit den Halbherzigen vollzogen habe, wird deren Haltung so grotesk, daß ich mich wirklich nicht mehr »einsam« fühle, wenn ich ihre Gesellschaft entbehren darf. So hat sich unlängst ein Kollege der ehemaligen Fakultät, der sich sonst meiner Freundschaft gar nicht hoch genug rühmen konnte, geäußert, man könne mich ja nun wirklich nicht mehr zitieren. So sieht die »Wissenschaftlichkeit« der (katholischen?) Theologie und Theologen aus!

Da macht – leider? – auch Hans keine Ausnahme. Jetzt fühlt er sich durch mich natürlich in höchstem Maße kompromittiert. Und wo er nur kann, betont er, daß er von meinem Vorhaben, die Missio zurückzugeben, nichts gewußt habe. Das ist insgesamt falsch; freilich habe ich ihn über die Art und Weise und den genauen Zeitpunkt meines Schrittes nicht mehr unterrichtet, nachdem ich seit 1976 seine negative Einstellung dazu kannte. Außerdem war ich auch in der Zeit unserer »Freundschaft« viel zu distanziert ihm gegenüber, als daß er solches noch ertragen könnte, wenn er mich nicht mehr braucht. Und jetzt kann er mich wirklich nicht mehr »gebrauchen«. Wir begegnen uns öfters, weil wir noch den gleichen Kreis von Freunden behalten haben, doch sind diese Begegnungen eher peinlich. Und zwar wohl für beide Seiten. Dennoch habe ich zu einigen Kollegen meiner ehemaligen Fakultät noch guten Kontakt ...

Herbst 1976 bis April 1977: Verwirrende und Verwirrte

29.12.2014

Beim festlichen familiären Abendessen am 24.12. wurden meine wunderschönen Weingläser aus der Gründerzeit gedeckt. Sie haben eine kleine, traurige Geschichte: Bei Johannes wurde zunächst Parkinson diagnostiziert. Da er aber auf die entsprechenden Medikamente nicht ansprach und auch sonst manches nicht zu dieser Diagnose passte, wurde er zu einer speziellen Untersuchung nach Freiburg geschickt. Die Alternative zu Parkinson wäre Multisystematrophie gewesen. Ich hatte mich belesen und entsprechend Angst.

Während der Untersuchung ging ich durch die Altstadt von Freiburg. Danach wurde uns beiden eröffnet, nein, es sei keine MSA, alles spreche für Parkinson. Vor Erleichterung fing ich an zu weinen. Johannes war ganz verwirrt, er verstand meine Reaktion nicht. Offensichtlich wusste er nicht, was Multisystematrophie bedeutet hätte und dass mir die Diagnose Parkinson demgegenüber wie eine frohe Botschaft vorkommen musste. Er musste noch eine Weile auf die Zusammenstellung der Befunde warten und ich zog los, um vor lauter Freude und Glück die schönen Gläser zu kaufen – Geld hin oder her. Was wiederum ich noch nicht wusste, war, dass es vergleichbare Varianten zur Multisystematrophie gab. Beispielsweise kortikobasale Degeneration.

30.12.2014

Ich habe Schnee geschippt, es hat kräftig geschneit und wir – nein: ich habe ein großes Grundstück. Schneeschippen ist schon seit vielen Jahren mein Job. Bevor ich damit anfange, finde ich es immer grauenhaft, wenn ich dann dabei bin, werde ich ganz vergnügt. Heute hätte ich mir so gewünscht, dass es wäre wie früher: Ich komme wieder ins Haus, Johannes hat den Tee gemacht, sagt: »Schätzelchen, kommst du?«, die Kerzen brennen und wir lesen Zeitung oder plaudern.

Ich mache mir Tee, zünde Kerzen an und lese Zeitung. Ein bisschen drücke ich mich dabei auch vor dem Weiterschreiben. Ich schaue aus dem Fenster. Jemand baut einen Schneemann. Ich könnte Stunden zugucken. Aber jetzt geht er weg ... Natürlich könnte ich auch den längst fälligen Psychotherapieantrag schreiben ...

2.1.2015

Im Augenblick höre ich beim Spazierengehen Wolfgang Leonhards »Die Revolution entlässt ihre Kinder«. Man soll nicht alles in einen Topf werfen und die stalinistischen Säuberungen sind etwas anderes als die Bannstrahlen der katholischen Kirche im 20. Jahrhundert. Allerdings will ich nicht wissen, wozu sie fähig wäre, wenn die säkularisierte Gesellschaft sie nicht eingehegt hätte. Ein Blick in die Geschichtsbücher ist hilfreich.

Die Muster jedoch ähneln sich: wie man Menschen Angst macht und was diese Angst aus Menschen macht. Die Unterscheidung zwischen dem »guten System« und »einigen negativen Entgleisungen«, an denen einzelne Menschen schuld sind, nie das System. Damit möchte man das System und sich selbst im System retten. Das Aufgeben selbstständigen Urteilens: »Die da oben haben ihre guten Gründe, die mir kleinem Licht verschlossen bleiben«. Das Misstrauen: Was kann ich mit wem offen besprechen? Denunziation durch die, die sich bei denen oben hervortun wollen. Denunziation, um jemandem zu schaden. Denunziation aus ehrlicher Überzeugung, um das System von Verrätern zu befreien. Das Abrücken von demjenigen, den der Bannstrahl traf. Das Zusammenrücken derer, die noch mal davongekommen sind.

Wolfgang Leonhards Analyse seiner inneren Spaltung ist mir so sehr vertraut. Über die Aufnahmezeremonie in den Komsomol, die Jugendorganisation der KPdSU, schreibt er:

... Ernst, fast feierlich, überreichte er mir dann das kleine dunkelgraue Büchlein ... Als ich zur Antwort gab, daß ich all meine Kräfte einsetzen würde, um das Vertrauen zu rechtfertigen, benutzte auch ich die vorgeschriebenen Formulierungen – aber ich sprach sie ergriffen, mit ehrlicher Überzeugung.

Einem heutigen Leser mag das vielleicht eigentümlich erscheinen: Meine Mutter war verhaftet worden, ich hatte die Verhaftung meiner Pädagogen und

Freunde miterlebt und selbstverständlich längst bemerkt, daß die sowjetische Wirklichkeit ganz anders war, als sie etwa in der Prawda geschildert wurde ... irgendwie trennte ich diese Dinge, auch meine persönlichen Eindrücke und Erlebnisse, von meiner grundsätzlichen politischen Überzeugung. Es war fast, als ob es zwei Ebenen gab. Die eine der Tagesereignisse und eigenen Erlebnisse, über die ich mir nicht selten kritische Gedanken machte, die andere war die große ›Linie‹ die ich zu jener Zeit ›grundsätzlich gesehen‹ trotz mancher Bedenken immer noch für richtig hielt. Ich glaube, daß sehr viele Komsomolzen eine ähnliche Trennung vornahmen und für viele von ihnen diese Denkweise üblich ist.
(Wolfgang Leonhard, Die Revolution entlässt ihre Kinder, 2014[27], S. 87 f.)

Als ich vor ein paar Tagen etwas zu Wolfgang Bartholomäus suchte, stieß ich bei Wikipedia auf eine Liste von Theologen, denen die kirchliche Lehrbefugnis entzogen worden war. Bei Wolfgang Bartholomäus war das klar: Er hatte geheiratet. Wobei: Natürlich ist überhaupt nicht klar, was das eine mit dem anderen zu tun hat, aber so sind die Spielregeln. Zu meinem Erstaunen fand ich auch Johannes auf der Liste. Ich nahm meine ganzen einschlägigen Fähigkeiten zusammen, veränderte den Beitrag und begründete das im Diskussionsforum. Meine Veränderung wurde zwar so nicht übernommen, aber immerhin so ungefähr, es wurde zugestanden: Johannes hat die Lehrerlaubnis selbst zurückgegeben. Aber als letzter Satz stand dort jetzt: »*Allerdings ist er damit einem Entzug mit hoher Wahrscheinlichkeit lediglich zuvorgekommen.*« Aha! Warum muss suggeriert werden, er habe sich gerade noch rechtzeitig abgesetzt, bevor man ihn rausgeschmissen hätte? Mir fällt kein anderes Motiv ein als das Denkverbot, das Schaf könne die Herde aus freien Stücken verlassen.

Johannes hat, für mich nachweisbar seit 1965, Dinge öffentlich vertreten, die mit der offiziellen kirchlichen Lehre absolut nicht konform gingen. Aber man konnte und kann in der katholischen Kirche ziemlich viel vertreten, ohne behelligt zu werden. Ich habe nicht den geringsten Zweifel: Er hätte absolut ungestört seine kirchenrechtliche Spielwiese behalten dürfen und zwei oder drei Geliebte obendrein, wenn er gewollt hätte.

Nachdem Johannes die Missio zurückgegeben hatte, schrieb mir Gabriele Miller, die wenige Monate zuvor noch verständnisvoll auf die Tatsache meiner Liaison mit Johannes reagiert hatte, einen wütenden Brief, in dem von meinem (!) »*Anti-Kirchen-Koller*«, von meiner Härte die Rede war. Sie wünsche mir nicht »*Operation gelungen, Patient tot*«. Damit schrieb sie mir eine Rolle zu, die ich nicht hatte. Das schmeichelt mir keineswegs, weil nicht ich dadurch groß rauskommen, sondern er zur Marionette gemacht werden soll. Ihr Brief impliziert auch: Für sie wäre es in Ordnung gewesen, ach was, es wäre richtig gewesen, wenn wir unser Konkubinat im Schoße der Kirche weitergelebt hätten.

Ich nehme den chronologischen Faden wieder auf und kehre zurück zum September 1976:

Montag, 27.9.1976, 14.30 Uhr
Meine Liebe,
... Bei K. haben wir dann in meiner Kindheit herumgearbeitet ... Ich habe arg weinen müssen, wie ich als Kind oft aus Angst vor der Mutter geweint habe. Nun zum sachlichen Gehalt Deines Briefes: Diese arge u. breit gestreute Demütigung der diskriminierenden Denunziation hat mich nach dem ersten Schock etwas stabilisiert. Mir ist jetzt ganz klar, daß ich hier heraus will u. muß! Es dreht sich entscheidend um die Modalitäten: Wann sag' ich es ihr; wie sag' ich es, und schließlich, wohin ziehe ich.
... Es wäre unwahr, wenn ich nicht zugeben würde, daß ich Stunden hatte, in denen ich bereute, am 25.7. mit Dir »angefangen« zu haben. – Aber grundsätzlich habe ich vor allem gestern – Sonntag – erkannt, daß dieses Inferno für meinen Selbstwerdungsprozeß notwendig ist. Und ich habe geahnt, daß ich mich auf ein sehr hartes Wagnis eingelassen habe.
... Was R. anbelangt, so befürchte ich, sie spielt ein ungutes Spiel. Nicht bewußt vielleicht, aber ganz sicher unbewußt: Sie will, daß ich hier bleibe, nämlich bei ihr, in ihrer Reichweite. Die nächste »Mutter«, die mich »bebrüten« will! Deshalb teile ich ihr auch nur so viel mit, wie ich es für gut halte: nämlich ab heute genausoviel wie M.! – Sie ist, so fürchte ich, in die Angelegenheit viel tiefer verwickelt, als ich ahne oder gar weiß! Nicht, daß sie etwas angefangen hat, aber ich fürchte, sie ist in irgendeine Falle geraten, die sie und mich betrifft. ...
Dein Johannes

28.9.1976

Lieber Johannes!
... Was Ruth betrifft, so hast Du vermutlich recht. Ich glaube zwar auch nicht, daß sie das gerührt hat oder so. Aber Du weißt, daß ich von Anfang an gegen diese »Zufälligkeitshypothese« war ... Was ist übrigens aus der zufälligen Kindergärtnerin geworden, die zufällig schlecht auf mich zu sprechen ist und mich zufällig in Gérardmer sieht und zufällig feststellt, daß Du nicht mein Mann sein kannst, und zufällig mit einem Theologen befreundet ist, der Dich identifiziert, und der zufällig Verbindung zu dem Terroristenkreis hat?

Ruths Therapiesucht finde ich ebenso albern wie gefährlich. Es sind schwachsinnige Allmachtsphantasien, jemandem eine Therapie aufdrängen zu wollen, der was ganz anderes will. Mich würde dergleichen auch im persönlichen Umgang sehr zurückhaltend machen, denn es wäre verwunderlich, wenn sie bei irgendeiner Person mit dem Wunsch zu therapieren (und zu manipulieren) aufhören würde ...

Ich sehe hier auch eine Parallele zu Martha. Der Unterschied zu deren Aussage, daß Liebe sei, wenn man jemanden vor seinen Fehlern oder Dummheiten bewahrt, und dem, was Ruth macht, ist nicht so groß. Was nicht ausschließt, daß ich nach wie vor eher dazu neige, in Ruth jemanden zu sehen, der ein guter Kumpel sein *will*.

... Was Du gestern gefragt hast, ob ich wisse, daß ich 53 bin, wenn Du 70 bist, habe ich schon oft bedacht. Es macht mich traurig, daß wir nur eine recht beschränkte Zeit füreinander haben werden. Und die Vorstellung, daß ich aller Wahrscheinlichkeit nach noch Jahre leben werde, wenn Du tot bist, bedrückt mich. Aber ich sag' trotzdem ja dazu. Weil ich mir nicht vorstellen kann, daß es Deinen propagierten jungen, potenten, reichen Mann gibt, mit dem ich auch nur ähnlich glücklich werden könnte wie mit Dir. Ich habe so lange gebraucht, bis ich Dich gefunden habe. Wäre es denn vernünftig, auf die vage Hoffnung oder Vermutung hin, daß es ein ähnliches Glück in jüngerer Ausgabe gibt, mich Jahre auf die Suche zu begeben? Und das Glück vielleicht dann doch nicht zu finden oder erst so spät, daß ich gleich Dich hätte nehmen können? Vielleicht bin ich auch in fünf Jahren tot, was weiß ich ... Also, ich weiß, daß das eine Belastung ist, ich habe mir das überlegt, und ich möchte mit Dir leben. Und zwar möglichst bald.

Deine Ursula

28.9.1976, 15.30 Uhr

Mein Liebes,
... Sicherlich haben diese Briefe mich an meiner empfindlichsten Stelle getroffen: an meiner empfindsamen Eitelkeit u. dem »sauberen« Image. Nun ist der Putz ab ... Da hilft nur eine grundsätzlich neue innere Einstellung und eine neue Beziehung zu den Außenkontakten. Aber wenn man bald 50 ist, geht das nicht von heute auf morgen. Habe also auch Du mit mir Geduld ...

Am 30.9.1976 berichtet Johannes, er habe mit einem befreundeten Rechtsanwalt über die Möglichkeit einer Anzeige wegen der anonymen Briefe gesprochen. Ich war damals – in Verkennung dessen, was Ermittlungsbehörden gewillt und fähig sind zu tun – sehr dafür, auch wäre es in meinen Augen das Zeichen gewesen: Vorsicht, hier wehrt sich jemand!

Dem Rat des Anwalts folgend, wollte Johannes Peter Eicher und die Hilfskräfte über die Briefe informieren mit dem Zusatz, dass er *»zum Zweck der Strafverfolgung einen RA eingeschaltet habe«*. Mehr nicht. Denn – und da hatte der Anwalt sicher recht – erstens würde niemand ermittelt, zweitens, wenn wider Erwarten doch jemand ermittelt würde, könnte *»die Wahrheitsfrage der Behauptung«* – nämlich dass wir ein Verhältnis hätten – in den Mittelpunkt gestellt werden. Johannes schreibt weiter:

... daß das in Mü bekannt ist, schabt mich. Aber was soll's, bis der Ruf kommt, können wir doch nicht warten.

Johannes wollte zurück nach München, in »seine Stadt«, und er wollte die Nachfolge Mörsdorf. Das war irgendwie schizophren, weil er andererseits plante, der Kirche ade zu sagen. Gut, es war nicht die einzige Schizophrenie. Oder ist es fairer zu sagen: In ihm ging es drunter und drüber und hin und her?

Seine Münchner Kollegen verlangten von Johannes quasi eine eidesstattliche Erklärung, dass er nicht heirate. Er schrieb mehr oder weniger deutlich, sie sollten ihm den Buckel runterrutschen. Daraufhin bekam er Anrufe, wohl von Fries und Stockmeier, dass die anonymen Briefe nicht das Einzige seien, da sei noch mehr gewesen. Auf die Frage, was denn mehr gewesen sei, bekam er keine Antwort, das dürfe man nicht sagen. Es waren, wie später eröffnet wurde – surprise, surprise! – Infos von Martha, wahrscheinlich garniert mit meinen nun nicht eben zurückhaltenden Briefen.

Schließlich wurde Ratzinger Erzbischof von München und Freising, und laut Fries wäre dessen erste Amtshandlung gewesen, der Theologischen Fakultät mitzuteilen, dass er nie einer Berufung von Johannes nach München seine Zustimmung erteilen werde, was rechtlich notwendig gewesen wäre. Ob dies jetzt tatsächlich Ratzingers erste Amtshandlung als Erzbischof oder eine spätere war, sei dahingestellt, auf alle Fälle war München für Johannes gestorben oder umgekehrt. Einen Teil der Wut bekam ich dann ab. Schließlich – so ist eben die Logik – kam er meinetwegen nicht auf die Berufungsliste.

Anfang Oktober zeigte Johannes Peter Eicher dann tatsächlich den anonymen Brief an den Bischof. Peter meinte, das könne »*nur von einer Person stammen*«, er habe von Martha schon Ähnliches gehört. Und dann lichteten sich endlich die Nebel. In meinem Tagebuch schrieb ich:

3.10.1976
Am Abend desselben Tages rief Ruth an: Sie habe einen fürchterlichen Verdacht, den sie aber nicht äußern wolle, weil sie ihn noch nicht beweisen könne. J., der schon ziemlich auf der richtigen Welle schwamm, formulierte für sie: »Daß M. dahintersteckt.« Darauf Ruth: »Das hast du gesagt.« Nun nehme ich R.s Aussage vorläufig nicht so wichtig, weil ich ein wenig das Gefühl habe, sie will sich noch rechtzeitig auf die richtige Seite schlagen ... Zu diesem Zeitpunkt war J. dann glücklich in der Lage, zwei und zwei zusammenzuzählen, und auf meine Frage, ob er inzwischen davon überzeugt sei, daß sie darin verwickelt sei, mit einem klaren »Ja« zu antworten ... Ja, ich bin gekränkt, und ich hab's ihm auch schon gesagt, und ich werde es ihm nochmals sagen. Mich hat er eher verdächtigt (daß ich mit meinen Bemerkungen schuld sein könnte) als Martha. Ich hatte darunter gelitten, daß er Zeit versäumte. Warten, bis es zum Äußersten kommt, ist schlimm.

4.10.1976, 19.20 Uhr

Liebste Ursula,
... Ich hatte Dir ja gesagt, daß Eicher am Freitag (od. Sa.?), als er den »Brief Tübinger theol. Studenten« gelesen hatte, meinte, er wisse, »wer« diesen Brief nur geschrieben haben könnte. Danach rief R. an und argwöhnte das gleiche. Darauf nahm ich eine Schlaftablette, ging gar nicht hinauf und schlief auf meiner Couch ein ... Vor einer Stunde machte sie dann bei mir die Türe auf und rief: »Sag dem Eicher, er braucht mir nicht mehr ins Haus zu kommen!« – Ich war baff! ... Ist sie so sensibel, oder werden die Gespräche im Haus abgehört??
... dazu dann die langsam dämmernde Einsicht ..., <u>sie</u> könnte doch ... Es tauchen ja entweder nur wahnsinnige Behauptungen auf oder solche Personen u. Dinge, die sie auch weiß. Und alles erst, nachdem sie es [gemeint: unser Verhältnis] definitiv wußte. Anderes, was sie nicht (sicher) weiß, aber viel überzeugender wäre und womit »man« gearbeitet hätte, fehlt ...
Hannah hätte an dieser Stelle gesagt: »Jetzt, grüß Gott!« Aber selbst heute, nach fast 40 Jahren, spüre ich mein Aufatmen nach einem so grausamen Vierteljahr.
... Umgekehrt bitte ich Dich zu verstehen, daß mir eine solche Haltung einfach »unglaublich« ist. Seit ich das jedoch – gegen alle <u>Denkmöglichkeit</u> in mir – zur Kenntnis nehmen mußte, ist ein Zusammenbruch bei mir zwar nicht ausgeschlossen, <u>wohl aber ein Rückfall</u>! ... Der point of no return ist überflogen; es geht jetzt nur noch um das Wie und Wann, nicht aber um das Ob! ... Was nun meinen Wunsch, am Freitagabend kommen zu dürfen, angeht, so kannst Du selbstverständlich nein sagen. Ich werde es, ohne böse zu sein, akzeptieren. Aber meine Sehnsucht, Dich zu sehen, Dich streicheln zu dürfen u. gestreichelt zu werden, ist übergroß!

Ach, natürlich durfte er kommen!

Aber Klöß dämpfte meinen Optimismus, jetzt sei der Durchbruch geschafft. Ich hatte Johannes' Pläne, bald, sehr bald auszuziehen, für bare Münze genommen hatte. Mal wieder. Klöß sagte: »*Das wird auch nichts bis zum 1.11. und nicht bis zum 1.12.*« Er behielt recht.

So zögerlich, ratlos und zwiespältig Johannes war, wenn es um seine persönlichen Angelegenheiten ging, so eindeutig und klarsichtig war er in seinem Beruf und in universitären Dingen. In einem Brief vom 6.10.1976, als er halbwegs begriffen hatte, welche Rolle Martha spielte, schrieb er zwar von »*physischer u. psych. Erschöpfung*«, aber wenige Zeilen später berichtete er munter: »*Durch die Theis* [Universitätspräsident]*-Studenten-Professoren-Sache habe ich gestern und heute je einen halben Tag verloren. Allein heute vormittag zehn Telefonate – da merke ich dann, daß mir Krisenmanagement auch Spaß macht! Heute nacht von 23 bis 24 Uhr ein Telefonat mit dem Reg. Präsidenten, damit er Theis zur Vernunft bringt. Der wird mich lieben ...*«

Hintergrund war ein von Theis initiierter »*für Tübinger Verhältnisse ungewohnt harter Polizeieinsatz*«, bei dem es zu »*heftigen Prügeleien*« und anschließend ebenso heftiger Kritik von »*Studenten, Professoren und Öffentlichkeit*« kam. (Südwestpresse vom 27.4.1995 anlässlich der Verabschiedung des Universitätspräsidenten)

12.10.1976

Freitag abend kam er von Untermarchtal. Nach Lichtjahren schlossen wir uns erstmals wieder in die Arme. Ich wollte ihm ein Fest geben, ich wollte ihm eigentlich das größte Fest geben, das möglich ist. Es war für mich ein Fest, ihn wiederzusehen. Ich hatte gekocht und gewerkelt, irrsinnig Geld ausgegeben, nicht nur fürs Essen, auch für Blumen, Kerzen, Kerzenhalter ... Wir verstanden uns. Es ist unfaßbar, mit welcher Leichtigkeit wir uns verstehen.

... Am nächsten Morgen war ich ziemlich früh wach. Ein bißchen bezähmte ich noch meine Ungeduld. Ich wollte ihn nicht wecken, wo er so schön schlief. Aber andererseits wollte ich keine Minute versäumen.

Es war ein schöner Morgen. Aber er war überschattet wie noch nie vom Abschied. Es war gar nicht so, daß ich ihn nicht gehen lassen wollte. Das Bewußtsein, daß er dieses Mal (und wie oft noch?) gehen mußte, war zu tief. Das rief mir auch ins Bewußtsein, daß ich ihn immer nur für eine kurze Weile haben werde. Daß immer unser Verhältnis geprägt sein wird von dem Bewußtsein, daß wir eben keine 50 Jahre vor uns haben werden. Und mit ihm könnte ich mir tatsächlich 50 Jahre lang vorstellen.

Aber nach der statistischen Wahrscheinlichkeit werde ich ihn um etwa 22 Jahre überleben. 22 Jahre ohne ihn – natürlich habe ich bereits 22 Jahre ohne ihn gelebt und auch gelebt. Aber danach???
Ich muß mich darauf einüben. Wie übt man sich darauf ein? Ich lasse mich ganz auf ihn ein und will mich auch ganz auf ihn einlassen. Nicht mit einem Vorbehalt, um zu vermeiden, daß die Trauer und die Einsamkeit eines Tages übermächtig werden. Aber trotzdem: Es ist ein anderes Bewußtsein. Die Frage ist, ob dieses Bewußtsein einen die gemeinsame Zeit intensiver leben läßt oder ob es die gemeinsame Zeit überschattet.

Am 21.10.1976 starb Hans Starz. Nach meinem Besuch im Krankenhaus hatten wir die gemeinsame Nacht nie wieder erwähnt. Es gibt noch ein paar freundlich-belanglose Briefe von ihm, wir sind uns anscheinend noch das eine oder andere Mal begegnet. Das Fortschreiten seiner Krankheit, das absehbare Ende deutete er an. Heute, dem Tod selbst viel näher und mit der beschämenden Erinnerung, dass ich es immer wieder versäumt habe, rechtzeitig Abschied von Menschen zu nehmen, heute also bereue ich, nicht noch einmal zu ihm gegangen zu sein. Ich habe keine Ahnung, ob er von meiner Beziehung zu Johannes erfahren hat, auch nicht, ob und inwieweit er über die anonymen Anrufe und Briefe informiert war, in denen ja sein Name auch genannt war als Financier meiner Wohnung. Anzunehmen ist es.

Ich erfuhr von seinem Tod auf einer Tagung des Eheberatungskurses, packte umgehend meine Sachen und fuhr in seine Heimat Westhausen zu seiner Beerdigung. Immerhin.

Zurück zu unserer Geschichte: Für Ruth war es geboten, ein bisschen Abstand zwischen sich und Martha herzustellen, um sie zu gegebener Zeit rechts oder links zu überholen. Mich natürlich sowieso. Aber Martha konnte sie in der Folgezeit durchaus für ihre Verbündete halten. So saßen die beiden Frauen zusammen, als Martha mich Ende Oktober anrief. Natürlich hatte ich keine Ahnung von der Mithörerin. Am 28.11. trug ich in meinem Tagebuch nach:

... Noch viel vorher, so um den 20.10. rum ... hatte mich M. angerufen. »Wie lange wollen Sie denn das noch machen? Lassen Sie ihn doch endlich in Ruhe, er sieht ja so schlecht aus.« Weiter kam sie nicht, weil ich unterbrach:

»Frau Woll, ich habe Ihnen schon vor einem halben Jahr gesagt, daß ich mit Ihnen darüber nicht rede. Guten Tag!« ... Ruth meinte zu Johannes, dem sie das »gestand«, ich sei tatsächlich schroff gewesen, Martha habe doch nur ein bißchen beruhigt werden wollen ...

16.11.1976, 10.15 Uhr

Liebe Ursula,
... Es tut mir leid, daß ich am Sonntag so hysterisch reagiert habe. Aber ich war wirklich fertig, nicht zuletzt durch das Verhalten meiner Münchner »Freunde«. Dadurch wird mein Mißtrauen natürlich nur noch genährt. Du bist der einzige Mensch, dem ich traue! Und J. K. im Rahmen seiner Kompetenz.

J. K. hat gestern (Mo.) auf »Alarm« geschaltet und mir gleich noch für Donnerstag einen Termin gegeben ... Er wies jedoch meine Alternative, entweder zusammenzubrechen oder Dich (gleich) zu heiraten, als Scheinalternative ab. Er will nach wie vor die Entflechtung von Martha und dann meine Berufsentscheidung säuberlich geschieden wissen und strebt eine Trennung von M. an, ohne sogleich einen Übergang zu Dir zu dulden. Ich sehe das mit dem Kopf ein, aber das Herz ist schwer. ...

Ich glaube, daß der große, von Dir immer erwartete »Schlag« nun schon in München losgegangen ist und auch Martha ihren Angriff am Wochenende gegen mich vorgetragen hat, nachdem sie sich am 20.10. bei Dir vergewissert hat, daß unsere Beziehung noch nicht tot ist! Ist sie in diesem Abgeschnittensein noch lebendig? Ich meine ja! Und ich will sie lebendig erhalten auch durch Schweigen u. Distanz hindurch! – Gerade auch nach den Erfahrungen mit München, die mich menschlich sehr betroffen gemacht haben.

Ich weiß jetzt, daß ich lernen muß, »autonom« zu werden, d. h. mich selbst zu entscheiden und nicht von anderen bestimmen zu lassen. Deshalb ist Dein Zwang zum Schweigen, so schmerzlich er für uns beide auch ist, von Dir doch ebenso hochherzig wie weise, weil notwendig. Denn eigentlich bin ich bislang immer extrinsisch bestimmt worden. Bis hin zu Deiner Liebeserklärung an mich! ...

Ruths Strategie war, als Bestinformierte die Fäden in der Hand zu haben. Einen Beleg dafür finde ich in dem schon zitierten Tagebucheintrag vom 28.11.1976:

Ruth war in letzter Zeit immer penetranter geworden. Zum Beispiel, daß sie ihm vorwarf, er sei ihr gegenüber nicht offen ... Überhaupt tobte ich über Ruths Forderung, J. solle zu ihr offen sein, und ihm Vorwürfe machte, wenn er es nicht war.

... Sie sagte, wenn J. sie heiraten würde, dann wäre das in 14 Tagen in Tübingen vergessen. Hingegen, wenn er mich heiraten würde, gäbe es einen endlosen Aufstand. Immer stärker wurde mein Verdacht, daß man schließlich und endlich auch ohne »Studenten« auskommen könne, daß ein Zusammenspiel zwischen R. und M. völlig zur Erklärung ausreichen würde.

Der implizite Heiratsantrag Ruths kam mir wohl zu abseitig vor; ich war mir allzu sicher, dass sie nun wirklich keine Konkurrenz darstellte. Wieso es für Johannes keinen Skandal geben sollte, wenn er sie heiratete, bei mir aber schon, das schien mir einfach abstrus. Viel, viel später – so entnehme ich den Notizen von Johannes – machte sie ihm noch einmal einen Antrag: Wenn er sie heirate, sei seine Mark zwei Mark wert, wenn er mich heirate, nur noch 50 Pfennig. Wo sie recht hat, hat sie recht – zumindest für die ersten Jahre unserer Ehe.

Und Johannes, der gewiefte Taktiker, glaubte, Ruth erzählen zu können, dass die Beziehung zu Martha irreparabel sei und er ausziehen wolle. Und sie dann fragen, ob sie ihm nicht seine Haushälfte abkaufen wolle. Damit Martha und Ruth eine WG der verlassenen Geliebten gründen?

20.12.1976
... In der Zeit stellte sich mehr und mehr die wahre Rolle Ruths raus: Sie hatte offensichtlich die ganzen letzten Jahre latent erwartet, daß J. sich zu ihr »bekenne«. – J. war völlig ahnungslos, er hatte das von sich aus nur halt als so ein Verhältnis empfunden und R.s Beteuerungen, sie tauge nicht fürs Kochen und Haushalten usw., leichtsinnig geglaubt. Es mehrten sich in den letzten Wochen Vorwürfe ihrerseits, verbunden mit Versuchen, bei uns Sand ins Getriebe zu streuen.

... J. rief mich abends an, er sei jetzt doch etwas verwirrt, er habe mit R. ein mehrstündiges heftiges Gespräch gehabt. Und sie hätte wissen wollen,

wer »Dorle und Astrid« seien. Deren Namen seien ihr von den Studenten hinterbracht worden ... Ich tobte nur noch: Ich verbäte mir irgendwelche Zweifel an der Integrität von D. und A. Was mich so fuchsteufelswild machte, war die Tatsache, daß R. nur husten mußte, und schon kam er ins Wackeln. Ich ärgerte mich, daß er sich überhaupt mit ihr in ein Gespräch einließ, er müßte doch inzwischen klug geworden sein.

Er reagierte heftig ... Ich sagte: »Jetzt hat sie es also doch fertiggebracht!« Darauf er: »Nein, das hast du jetzt fertiggebracht mit deiner schroffen Art.« Und legte auf.

Es war furchtbar. Ich sinke in solchen Situationen immer ins Bodenlose ab. Und das soll jetzt alles umsonst gewesen sein?

... Ich nahm zwei Mantrax, am nächsten Morgen Dogmatil, es half wenig. Ich rief Klöß an, nach langem Überlegen ..., aber schließlich dachte ich, ich bin auch noch wer, und ich brauch' jetzt einfach Trost und Rückenstärkung ...

Er meinte, ich solle mich nicht so engagieren, denn je mehr man sich engagiere, um so mehr müsse man weitermachen, wenn man nicht genug für sein Engagement kriegt. Ich solle nur so viel an Gefühl investieren, wie ich dann auch zurückkriegte. Leichter gesagt als getan – wobei das Problem nicht ist, daß ich zu wenig an Gefühlen zurückkriege, sondern an Taten.

... Nachmittags rief er an. Er habe jetzt alle meine Briefe noch mal durchgelesen. Mir stand das Herz still, denn es hätte genauso gut weitergehen können: und mache jetzt tatsächlich Schluß ... Aber er sagte, er habe gefunden, daß die gestrige Sache wirklich nicht wert sei, daß man deswegen Schluß mache. Wir sprachen friedlich und gut miteinander. Ich erklärte ihm, daß das mit R. einfach nicht so ginge ... stellte die Minimalforderung, jedes »private« Gespräch mit Ruth zu unterlassen, weil sie ja – selbst wenn es die »Studenten« geben sollte – doch nicht voll mit der Wahrheit herauskäme ...

Als weitergehende Forderung, die ich eigentlich für nur zu berechtigt hielt, wollte ich, daß er sich auch einen anderen Arzt suche, weil so doch nur ein dauerndes Durcheinander wahrscheinlich sei – ganz abgesehen von meiner vielleicht hysterischen Angst, sie könne ihm eine vergiftete Spritze in den Hintern jagen.

Klöß blies anscheinend ziemlich energisch in dasselbe Horn. Ihm sei nicht zu helfen, wenn er es nicht endlich fertigbringe, die Türen zu schließen und die Schubladen dicht zu halten. (Diese Anspielung bezog sich darauf, daß R. mit ziemlicher Wahrscheinlichkeit Informationen aus Briefen von mir hat, die J. einfach nicht zuverlässig genug versteckt. Bis letzte Woche trug er die letzten Briefe in seiner Brieftasche rum. Eine Leichtsinnigkeit, die mich schon ärgerte.)

Mantrax hatte ich im Übrigen nicht vom Dealer, sondern rite als Schlafmittel verschrieben bekommen. Inzwischen firmiert es unter illegalen Drogen ... Mal sehen, wann es mit meinem Baldrian-Präparat so weit ist. Ich habe in den nächsten Monaten wohl noch einiges an Drogen geschluckt.

Und nun – das hatte ich total vergessen, wirklich vergessen – finde ich in meinem Tagebuch einen Ausrutscher von mir. Aber einen von eher bescheidener Dimension:

28.11.1976
... Tagung der Kleinkindkommission [das war was für Religionspädagogen, und die hieß tatsächlich so – heute find ich das kurios], *dazu kam Josef Quadflieg, dessen Bücher ich zum Teil* [in meiner Funktion als Autorin von Rezensionen] *verrissen hatte, daß es schepperte. Die Millerin sperrte mich mit ihm zusammen, und wir bekamen einen Arbeitsauftrag. Nach eineinhalb Stunden ... bemerkte Quadflieg, er könne gut mit mir arbeiten, was für ihn gar nicht so selbstverständlich sei. Mir ging's genauso ...*
 Nach einer weiteren Stunde strich er mir beiläufig übers Haar, und bis zum Abend war er in mich verliebt. Ich fand ihn nett, zwar klein von Gestalt und mit Brille, aber nett und streckenweise sehr witzig. Außerdem war das genau das, was meine verwundete Seele brauchte. (Es war in der Zeit des Schweigens). Als ich abends zu Dorle zum Übernachten kam und ihr erzählte, ich hätte mit fremden Männern Händchen gehalten und sogar geküßt (er küßt zugegebenermaßen sehr schlecht; ich verstehe nicht, wie man nach 25 Jahren Ehe so schlecht küssen kann), hat sie sich einerseits mächtig gefreut, andererseits war sie »empört«, noch am Nachmittag – Johannes habe verzweifelt angerufen – habe sie die Hand für mich ins Feuer gelegt!!
 Aber es war nicht wie früher. Und ich empfand das als befreiend: Ich konnte ihm am nächsten Morgen sagen, daß ich in festen Händen sei und nicht vorhätte, diese Beziehung aufs Spiel zu setzen.

Da zwischen Eheleuten Offenheit herrschen muß, wie ich Dorle und Astrid voll froher Rachsucht verkündete (wobei ich bei beiden auf vollstes Verständnis stieß), eröffnete ich J. das Ganze bei passender Gelegenheit …

So ganz ernst brauchte Johannes meine Botschaft: »Du, es gibt noch andere Männer«, nicht zu nehmen. Und er nahm sie auch nicht ernst. Denn eine Konkurrenz war der Verfasser von »*Meßbüchlein für Kinder*«, »*Pony Plüschrücken*« und »*Immer bei Jesus*«, um nur einige Werke seiner Schaffenskraft zu nennen, nun wirklich nicht.

Ich denke über seine Frauen nach: Martha, Ruth und mich. Auch wenn es mir widerstrebt, mich in einem Atemzug mit Martha und Ruth zu nennen. Aber aus seiner Sicht waren wir alle drei Frauen, die etwas von ihm wollten. Oder er von uns. Aber mehr wir von ihm. Adam lässt grüßen: »*Die Frau, die du mir beigesellt hast, hat mir von dem Baum gegeben, und so habe ich gegessen.*« *(1 Mos 3.6)*

Bei allen Frauen – »von denen ich weiß«, muss ich inzwischen hinzufügen – ist die Initiative nicht von ihm ausgegangen. Warum nicht? Anders als in anderen Bereichen übernahm er das, was man auch in jenen Jahren noch als »weibliche Rolle« bezeichnet hätte. Er ließ quasi dezent das Taschentuch fallen, das dann die Auserkorenen aufhoben.

Soll ich jetzt anfangen zu spekulieren? Welche Rolle spielte seine Mutter? Immerhin bin ich als Analytikerin zu diesem Gedanken gewissermaßen von Berufs wegen verpflichtet. Sie war tatsächlich die Harte, die man »die Kommandeuse« nannte, als ihr Mann während des Ersten Weltkrieges in Lothringen dienstverpflichtet war. Der geliebte Vater hatte demgegenüber weichere Züge. Vielleicht ist dies eine Parallele: Innerhalb der Familie hatte sein Vater eine »weiche« Rolle. Aber andererseits hat er im Dritten Reich seinen Mund so weit aufgemacht, dass es ihn den Arbeitsplatz gekostet hat. Diese Spaltung in einen in seiner Ehe weichen Mann und einen klar entschlossenen in politischen Dingen – vielleicht war das ein Modell für Johannes.

In der konkreten Situation 1976/77 gab es eine Frau, mit der er immerhin etliche Jahre zusammengelebt hatte. Sie ermöglichte ihm mit ihren drei Kindern, auch wenn diese damals schon groß waren, so etwas wie Vaterschaft. Und es gab mit Ruth eine Frau, die ihn aus dem kirchlichen Mief herausgebracht hat. Was er an diesen beiden hatte, wusste er. Besser gesagt: meinte er zu wissen.

Ich war demgegenüber neu für ihn. Zwar überwältigend, aber verunsichernd. Ich verhielt mich anders, als er es gewohnt war. Ja, ich hatte um ihn geworben. Aber neu war, dass ich bereit war, ihn ziehen zu lassen. Weder legte ich mich vor seine Schlafzimmertür wie Martha, noch erzwang ich Küsse und anderes, wie er Ruth später vorwarf, sondern ich zog mich zurück, und er musste die Initiative ergreifen, wenn er es sich anders überlegt hatte.

Vom Verstand her war ihm sicher klar, dass meine Haltung mit Respekt vor ihm und seiner Entscheidung zu tun hatte. Aber gelernt hatte er, dass jemand, der wirklich liebt, das gar nicht aushält, sondern Himmel und Hölle in Bewegung setzt, um den anderen zu behalten. Also: Liebte ich ihn nicht wirklich? Wenn nicht, dann konnte er gleich bleiben, wo er war.

Langfristig gesehen half meine Gradlinigkeit Johannes zur Emanzipation: Adam musste sich nicht mehr hinter Eva verstecken und sagen: »Lieber Gott, ich bin nur der dumme, verführte Junge gewesen, und im Übrigen: Du hast sie mir gegeben.«

Wie jede positive Eigenschaft so kann auch die Gradlinigkeit ins Negative kippen. Klöß warnte mal, ich müsse aufpassen, dass aus meiner Standhaftigkeit nicht Starrheit werde. Es gab sicher Situationen, da hätte ich weniger rigoros sein können und sollen. Wobei ... so recht will mir gerade keine einfallen. Hm, das genau ist wohl ein Beweis meiner – zumindest partiellen – Starrheit.

Was mir inzwischen auch klarer geworden ist: Er hatte keinen Freund, keinen Vertrauten, mit dem er hätte sprechen können. Während ich zuverlässig Dorle und Astrid hatte, die mich stützten, hatte er niemanden. Er hatte nur Klöß – und den hatte auch ich ihm beschafft. Außerdem ist Klöß ein Analytiker, kein Freund.

Neben all diesen privaten Geschichten gab es die Universität und es gab die Kirche:

Am 17.12.1976 fand ein Treffen zwischen der Tübinger Fakultät und dem Bischof samt Domkapitel statt: »*Bei dieser Gelegenheit rügte er* [der Bischof] *allerdings sehr nachdrücklich meine am Vormittag des gleichen Tages (!) gehaltene Vorlesung über den Zölibat und das ... Laisierungsverfahren. Das war die Mitteilung, daß ich nichts sagen könne, was ihm nicht hinterbracht würde, und gipfelte in der expliziten Frage:* ›*Müssen Sie denn alles sagen, was Sie wissen?*‹ *Die unterschwellige Botschaft lautete also: Wenn ich jetzt stillhalte, dann haben auch Sie stillzuhalten. Es kam hierüber zu einer heftigen Auseinandersetzung.*«

In meinem Tagebuch ist das Ganze detaillierter berichtet:

20.12.1976

Freitag war er beim Bischof mit der Fakultät, und der Bischof war mit Weitmann und allen hohen Chargen da. Und die hohen Chargen warfen den Tübingern vor, nicht genug das Charisma des Zölibats den Studenten leuchtend zu machen. J. muß eine ganz große Szene, eine kühle Explosion gehabt haben, er war noch am nächsten Tag ganz vergnügt und stolz und mit sich selbst zufrieden. Er sagte ungefähr, er denke nicht daran, für dieses angebliche Charisma einzutreten, das in der Kirche in den letzten tausend Jahren nur mit Unterdrückung, Gemeinheit und Hinterhältigkeit hätte durchgesetzt werden können. Und Weitmann (der vor allem rummoserte) schätze wohl die Situation sehr falsch ein; es sei erstaunlich, wie die geringe Entfernung zwischen Rottenburg und Tübingen ihn zum Ignoranten der tatsächlichen Lage habe werden lassen.

Die Kollegen hätten sich auf aufmunternde Blicke beschränkt (waren aber offensichtlich sehr froh über ihn, Haag sagte es hinterher, Lohfink rief am nächsten Tag an). Die Chargen schwiegen auch betreten; der Bischof machte zwar noch eine doofe Bemerkung, in der auch vorkam – als Wink mit dem Zaunpfahl –, man ignoriere auch anonyme Briefe usw. Kurz und gut: Der ansonsten so diplomatische Johannes war offen, klar, entschieden gewesen ...

Was hatte Johannes in der Vorlesung am 16.12. gesagt, was dem Bischof umgehend hinterbracht worden war? Das Manuskript, das ich habe, scheint die Nachschrift eines Tonbandmitschnitts zu sein. Das schließe ich aus manchen sprachlichen Holprigkeiten und der Emotionalität, die daraus spricht. Es ging um das Laisierungsverfahren, mit dem ein Priester, der nicht mehr Priester sein will, in den Laienstand zurückversetzt wird. Dieses Verfahren war (war?) in der Tat so grotesk und verstieß gegen die elementarsten Rechtsprinzipien, dass allein die Lektüre des Dekrets und der Ausführungsbestimmungen für jeden hätten Anlass sein müssen, die Grundsatzfrage zu stellen.

Es war jene Vorlesungsstunde, als Renate Oetker-Funk Johannes empört anging – ich erwähnte das schon –, wieso er angesichts dieser Fakten den Studenten nicht explizit sage: »Geht nicht in den kirchlichen Dienst!« Schon wahr, jedoch gerade ihr Beispiel zeigt auch, dass das nichts gebracht hätte, blieb sie doch bis zu ihrer Pensionierung in kirchlichen Diensten. Wozu sich Johannes aber verpflichtet fühlte, sagte er dem Bischof: Wenn er schon darlege, wie man reinkommt, müsse er auch sagen, auf welch demütigende Weise man einzig wieder rauskommt. Schlussfolgerungen müsse jeder und jede selbst ziehen.

Meine Damen und Herren,
Sie waren in der vergangenen Woche, als ich über die Laisierungsverfahren gesprochen habe, sehr betroffen. Ich habe diese Sache nicht vorgetragen, um sie in irgendeiner Weise abzuschrecken ..., aber ich fühlte mich verpflichtet, Ihnen doch ein vollständiges Gesamtbild der Konditionen Ihrer späteren Daseinsform deutlich darzulegen. Ich habe inhaltlich nichts anderes gesagt, als ich in meinem Büchlein über »Menschenrechte in der Kirche« geschrieben habe. Ich habe auch nicht viel anderes gesagt, als ich seinerzeit in der Zeitschrift Orientierung ... 1971 geschrieben habe ...

Das heißt: Es gibt keinen Grund, aus allen Wolken zu fallen. Es heißt auch: Mein Standpunkt war vor fünf Jahren kein anderer als heute.

Er beschreibt dann die Punkte des Erlasses: Die Aufforderung, Verwandte, Freunde usw. mögen »*Einfluß*« auf den Amtsmüden nehmen – er sieht darin eine Aufforderung, psychischen Druck auszuüben. Die Erfordernis ärztlicher Gutachten, ebenso wie die Verpflichtung, dem Gesuch auf Laisierung eine Anamnese des bisherigen Lebens beizufügen, was »*auf die immer wiederkehrende Unterstellung hin* [deutet], *daß es sich bei einem solchen Bittsteller nur um einen Kranken oder um einen törichten Menschen handeln kann, der nicht weiß, was er aufgibt«.*

In dem Dekret werden die Gründe genannt, die für eine Laisierung *»nicht hinreichend«* sind, aber kein Wort darüber fällt, welche Gründe anerkannt werden. Dies nennt Johannes einen »rechtswidrigen Mißbrauch«, der »gegen das Gebot der Gesetzmäßigkeit aller Verwaltungsakte« verstößt. Schließlich die Bestimmung des Dekrets: Die Kirche behält sich vor, die Gründe, die sie anlässlich einer Dispens ursprünglich angegeben hat, nachträglich zu ändern. Und zwar drohte man: Wenn ein laisierter Priester sich in seiner Angelegenheit an die *»Massenmedien«* wende, dann behält sich die Kirche vor, im Nachhinein zu behaupten, der Betreffende sei laisiert worden, weil man ihn für die Ausübung seines Amtes nicht für geeignet hielt. Johannes übersetzt dies wie folgt: *»Das heißt, die Kirche beansprucht für sich das Recht, die Gründe nachträglich umzuinterpretieren, und das habe ich einen Verstoß gegen den Grundsatz ... von Treu und Glauben genannt. Die Kirche kann höchstens die tatsächlichen Befreiungsgründe nennen, sie kann wahrheitsgemäß sagen, daß in einem solchen Fall* [also wenn ein laisierter Priester an die Öffentlichkeit geht] *die Kirche die wirklichen Gründe ebenfalls öffentlich bekanntmachen will ... Das wäre ein völlig legitimer Vorgang. Aber daß sie dann sagt, wenn du das tust* [dich an die Öffentlichkeit wenden], *dann nenne ich ganz andere Gründe, nämlich deine Unfähigkeit, das ist dann nichts anderes als ganz schlicht gesagt eine legalisierte Erpressung. Allerdings muß man da hinzufügen ..., daß diese legalisierte Erpressung leider in bezug auf Fragen des Zölibats in der Kirche Tradition hat ...«*

Der Antragsteller war laut Dekret zum Stillschweigen über das Verfahren verpflichtet. Dazu sagt Johannes: *»Bei mir steigen ... in diesem Zusammenhang immer ganz böse Erinnerungen aus meiner Kindheit in mir hoch, nämlich die vielen Bekannten unserer Familie, die für ein paar Wochen und Monate im Dritten Reich mit einem Mal verschwunden waren, und wenn sie ... je wieder auftauchten, dann kein Sterbenswörtchen sagten, wo sie waren, was sie erlebt hatten, sondern die nur sagten: ›Ich habe unterschreiben müssen, nichts zu sagen.‹«*

Sein Fazit über den Erlass: »*Das mutet tatsächlich an, als wenn hier Kirchenfeinde ein Pamphlet geschrieben hätten.*« Jeder Mensch, der halbwegs bei Trost ist, muss einer solchen Institution den Rücken kehren. Begründungspflichtig ist nicht das Gehen, sondern das Bleiben.

1.1.2015

Heute ist kein so guter Tag. Ich bin voller Sehnsucht. Schlimm ist die Vorstellung, dass das jetzt wohl noch Jahre so gehen wird. Sicher, diese Sehnsucht und diese Einsamkeit sind keineswegs ständig da, ich will nicht so tun, als würde mir das Leben nicht auch Freude machen. Immer wieder mache ich mir klar, dass der Verlust, den ich erlebe, ein ganz banaler ist, einer der Millionen Mal, Milliarden Mal erlebt wurde, erlebt wird. Immer wieder mache ich mir klar, dass es ein unglaubliches Privileg ist, diesen Verlust erst nach einer langen, glücklichen Beziehung zu erleiden. Lange, glückliche Beziehung – das schreibe ich, ohne im Geringsten zu vergessen oder zu verdrängen, dass ich im November begreifen musste, dass er diese Beziehung verraten hat. Aber dieser Verrat ist dabei, einen Platz zu bekommen, einen angemessenen Platz, er wird nicht alles verdunkeln. Zumindest will es mir im Moment so scheinen.

5.1.2015

Ich versteh das nicht, ich versteh das nicht, ich versteh das nicht! Was war da los, dass er einfach nicht begriff, dass Ruth nicht vertrauenswürdig war? Das lag doch so auf der Hand! Und trotzdem gelang es ihr immer und immer wieder, einen Keil zwischen uns zu treiben. Was ist der Grund, dass er ihr eine Glaubwürdigkeit zubilligte, die sie längst verspielt hatte? Trotz allem habe ich ihm heute eine schöne dunkelrote Rose gekauft. Ich versteh das nicht und ich liebe ihn.

Weihnachten verbrachte Johannes bei mir. Anfangs war es – wie immer – wunderschön, harmonisch. Wir holten in jeder Beziehung das nach, was wir in der langen Zeit der erzwungenen Abstinenz versäumt hatten, gingen spazieren, ins Ballett – Romeo und Julia, sicher mit Marcia Haydée. Er kochte Tee, wie so oft in den kommenden Jahrzehnten.

Als er die neuen Seiten meiner Dissertation las, bemängelte er zwei Dinge, die ich einerseits nicht als Mangel empfand, zum andern nicht ändern wollte, weil mir der Zeitaufwand zu groß schien.

30.12.1976

... Ich sagte das scharf, aber keineswegs verletzend. Ich fing an zu weinen, weil ich mich überfordert fühlte. Wann sollte ich denn das alles machen? ... Einen Augenblick merkte ich an seinem Gesichtsausdruck, daß etwas auf der Kippe stand, aber ich hatte keine Lust und sah auch keinen Grund einzulenken ... Er stand auf, ging ins andere Zimmer, während ich trübselig vor mich hindachte. Ich meinte zu hören, wie er mit seinem Koffer hantierte. Ein Gefühl zwischen Wut und Entsetzen, überwiegend aber schlichte Ungläubigkeit ... Er lasse sich nicht sagen, daß er mich schikaniere usw. Ich sagte leise, eigentlich einlenkend: Das wolle ich auch nicht. Er ging zu seinen Mappen und Büchern und fing an einzuräumen. Währenddessen redete er weiter. Schließlich unterbrach ich ihn: »Sag mal, was machst du?« – »Ich packe«, so fange es an, und das mache er nicht noch mal mit.

Ich, zornig, verletzt, entsetzt: So sei das also, wenn ich einmal – zugegebenermaßen – nicht gerade liebenswürdig sei ... Er beharrte darauf, daß »es so anfange« ... In mir zwiespältig: Angst, ihn zu verlieren, Wut über diese Behandlung. Schließlich mein Vorschlag: eine Stunde Spaziergang, während wir noch mal drüber reden ... Ich versuchte klarzumachen, daß das keine Basis für mich sei, daß ich bei der kleinsten Unfreundlichkeit befürchten müsse, von ihm verlassen zu werden. Es sei unerträglich, daß er den kleinsten Mißton nur in die Schublade »Martha«, »Mia« tun könne. Daß er keinen qualitativen Unterschied sehe ... Er wandelte seine Argumentation etwas ab: Man müsse eben einsehen, daß das mit uns eine Utopie gewesen sei, je schneller man das einsehe, um so besser ... Für mich sei diese Beziehung und ihre Realisierung keine Utopie gewesen, sagte ich, aber wenn er es so sehe, dann sähe ich in der Tat keine Basis für ein Gespräch mehr.

Den Rest des Weges gingen wir schweigend. Ein paarmal schaute er mich von der Seite an, und ich dachte, es würde alles gut ... Schließlich kamen wir zu der Stelle, wo er geparkt hatte. »Ich hol' den Wagen«, sagte er. Alle Hoffnung war vorbei. Apathisch ging ich allein weiter. Ich saß im Wohnzimmer. Er trug

die Sachen runter. Ich kämpfte mit mir, ihn zurückzuhalten. Einige Sekunden der Hoffnung. Er kniete vor mir nieder, schluchzte hemmungslos wie ein Kind: »Eineinhalb Jahre habe ich auf dich gehofft.«
Ich bat ihn zu bleiben.
Er: »Such dir einen andern, du siehst doch, es ist unerträglich mit mir.«
An der Türe. Noch mal will ich ihn zurückhalten. Wenigstens mit dem Argument, er könne in diesem Zustand nicht fahren ... Es ist nicht mit ihm zu reden. Ich sehe ihm nach, als er die Treppe runtergeht. Stumm. Sehe ihm nach, als er abfährt. Stumm.
... Um 9 Uhr rufe ich an. Es ist mir egal, ob es Schwäche ist. Ich sage ihm nur, wenn er zu dem Schluß komme, daß unsere Beziehung keine Utopie sei, und wenn er ernsthaft an der »Realisierung« arbeite, dann solle er wissen, daß ich ihn nicht rauswerfen würde. Ich würde ihm das sagen, weil ich den Anlaß für so lächerlich geringfügig erachtete, um diese Beziehung zu zerstören. Er, durcheinander: Er sei so dankbar, daß ich angerufen habe, er habe es gehofft, er habe selber anrufen wollen. Aber dann wieder: Ich solle ihn vergessen. Dann wieder: Der Anlaß sei tatsächlich nichtig gewesen, aber er sei so in Panik geraten, daran müsse ich doch sehen, daß es mit ihm nichts sei. Er sei ein hoffnungsloser Fall. Dann: Es wäre unerträglich für ihn dieses Doppelleben. Solange die Sache mit M. noch nicht geklärt sei, habe das keinen Zweck. Er rufe erst dann wieder an – oder nie.
... Heute vor einem Jahr: Hamburg. Morgen vor einem Jahr: Rückflug und Silvester mit Astrid. Übermorgen vor einem Jahr: Schweiz, Südtirol. ...

6.1.2015

An dem Tag, an dem ich das schrieb, wollten wir eigentlich in »Orpheus in der Unterwelt«, Württembergisches Staatstheater, Großes Haus, Reihe 18, Sitz Nr. 671. Dieser Platz blieb leer und der daneben auch. Wie gut kann ich nachfühlen, wie mir damals zumute war. Und wie beneide ich mich heute darum. Was würde ich dafür geben, um noch mal diese Verzweiflung von damals spüren zu dürfen. Denn in all dieser Verzweiflung gab es ja Hoffnung. Die Chance, dass alles gut wird, und selbst wenn nicht, dann gab es doch die Möglichkeit, ihn wiederzusehen.

Es gibt Mythen, in denen man dem geliebten Verstorbenen noch einmal begegnen, noch einmal mit ihm sprechen, sich verabschieden darf. Aber ich weiß, wie das wäre: Nach der letzten Begegnung käme der Wunsch nach einer allerletzten und dann nach einer allerallerletzten ... Außerdem gibt's das nicht. Schluss. Aus. Fertig.

Aber gerade ist mir eingefallen, dass Johannes sich eigentlich einen Grabstein gewünscht hat: zwei Hände, die zum Abschied gereicht werden. Wir hatten das erstmals in Metz auf einem römischen Sarkophag gesehen. Ich glaube, ich werde das machen.

Sonntag, 2.1.1977

Liebste Ursula!

... Mein Aus-der-Fassung-Geraten am 28.12. und die »Flucht« hatten viele Ursachen und Ängste. Am wenigsten warst Du eine der Ursachen ...

Die Tage bei und mit Dir waren zutiefst gut; aber neuartig – und darum ungewohnt. Und ich bin ein Tier, das in ungewohnter Umgebung besonders ängstlich ist und deshalb bissig reagiert.

1. Ich will bis zum Sommersemester (1.4.) deutliche Zeichen der Ablösung gesetzt haben.

2. Einen Verkaufsvertragsentwurf habe ich gemacht; einen Vertrag über die Inventarauseinandersetzung ist in Arbeit. – Dabei hänge ich sehr an diesem Häuschen mit dem Blick auf Roßberg u. Achalm, auf Schönbuch und »unseren« Fernsehturm. ...

7. Ich habe Dich sehr lieb. Doch will ich mich mit Joach. prüfen, ob ich dich nicht zu sehr als Tochter liebe! – Wenn auch ich jetzt schweigen werde, so nur, weil diese »Zwischensituation« für uns beide nicht aushaltbar ist.

8. Ich will frei werden – ohne Dich, für mich, damit ich frei zu Dir kommen kann! Du fehlst mir, Dein Dasein, Dein Blick, Dein Wort, Deine Nähe.

... Dein Johannes

Nun ja, wie es um die Konsequenz von Johannes bestellt war, muss nicht mehr weiter erläutert werden. Sein nächster Brief datiert vom 3.1.! Aber tatsächlich: Es hatte sich etwas verändert.

Montag, 3.1.1977

Liebstes Urselchen,

nein, ich werde nicht anrufen! Aber ich möchte Dich wenigstens schriftlich trösten. J. K. meinte nämlich, gemessen an den äußeren Umständen hätten wir uns ganz passabel im gemeinsamen »Urlaub« aufgeführt, und Grund zur Panik bestehe überhaupt nicht. Überdies schiene ich ihm einen entschlosseneren Eindruck zu machen als je zuvor. Vielleicht wollte er mich nur seelisch aufrüsten; aber nach meinem Fluchttelefonat vom Sonntag hätte er für heute Schlimmstes erwartet. Und was sei: nur leichter »Blechschaden«. Vor allem: Wir beide hätten zwar unangemessen, aber subjektiv jeder verständlich reagiert ... Überhaupt sei die Beziehung Jo-Ursula gar nicht das Problem ...

Ich von mir aus meide jeden Kontakt mit R. Selbst eine ärztl. Überweisung an J. K. für Beihilfe u. Kasse habe ich mir nicht von ihr ausstellen lassen.

... Bis zur Fahrt nach Salzburg muß ich vom 5. an an dem Gutachten für die BiKonferenz arbeiten. Am 6.1. kommt eigens ein Prälat aus Hildesheim, um ganz geheimes Material zu bringen. Ei, werden die hohen Herren so dienstfertig, wenn es ums Geld zur Ehre Gottes geht. – Das Honorar werde ich zurücklegen, und sollte es je mit uns etwas werden, werden wir uns etwas ganz Feines leisten ...

... Ob Du ahnst, wie unmittelbar ich das »Ausbrechen« von hier als Ziel habe, wenn ich Dir sage, daß ich mir genau vor einem Jahr zuletzt meinen Keller mit Wein auffüllen ließ. Jetzt gerade trinke ich eine der letzten Flaschen meines Beaujolais! Und mein Keller wird erst – wo auch immer – gefüllt, wenn ich weiß, was wird, und meine Situation hier geklärt ist ... Mein Gott, mit Dir könnte ich leben, mit und ohne Wein, mit Arbeit und Wandern, Lesen und voll inniger Lust ...

Ehrlich gesagt: Wir haben nie die Probe aufs Exempel gemacht, ob wir auch ohne Wein leben können.

Das Gutachten, von dem Johannes schrieb – wenn ich mich recht entsinne, ging es um Vermögen der früheren Diözese Breslau –, brachte 3 500 DM. Damit finanzierte Johannes den mehrwöchigen Hotelaufenthalt nach seinem Auszug aus Kusterdingen. Hier hat die Kirche wirklich mal Gutes getan!

So kräftig schlug Johannes bei Honoraren sonst nicht zu. Einmal berichtete er kichernd, nach seiner Rechnungstellung für ein Gutachten, das er für irgendeine kirchliche Institution gemacht habe, sei er angerufen worden. Die Dame am Telefon habe sich gewunden. Es sei ihr peinlich, aber da sei etwas nicht in Ordnung mit seiner Honorarforderung. Wieso, er habe sich genau an die Gebührenordnung gehalten, sagte Johannes kampfeslustig, weil er dachte, man wolle das Honorar drücken. Ja, das möge schon so sein, so die Dame weiter, aber seine Gutachterkollegen in dieser Sache hätten alle ein Vielfaches verlangt. Und das sehe jetzt sehr merkwürdig aus, und ob er nicht bitte eine neue Note schicken könne. Johannes erkundigte sich nach den Forderungen der anderen und tat, wie ihm geheißen. Der Betrag wurde anstandslos überwiesen. Viel gelernt hat er daraus nicht. Geschäftstüchtig wurde er nie. Ich auch nicht.

Am 11.1.1977 klebte ich mein erstes graues Haar ins Tagebuch. Kommentar: »*entdeckt beim Lernen für Statistik II*«. Ich muss jetzt einfach mal angeben: Seither sind es nicht viel mehr graue Haare geworden, das ist meine einzige Gemeinsamkeit mit Ex-Kanzler Schröder. Aber der Satz erinnert auch daran, dass wir nicht von morgens bis abends Zeit für unsere privaten Ängste, Sorgen und Querelen hatten, sondern ein strammes Arbeitsprogramm. Johannes verzeichnete wie immer akribisch seine Tages- und Wochenarbeitszeit: »*74,5 WoStd*«, »*72,5 WoStd*«, »*49,5 WoStd*«, »*66,5 WoStd*«. Ich führte darüber nie Buch, aber war ebenfalls nicht unbeschäftigt. Vor Weihnachten hatte ich geschrieben: »*Liebster Johannes! Schenkst Du mir zu Weihnachten eine Sekretärin? Mein Rücken tut vom Schreiben weh!*« Eine Sekretärin bekam ich nicht, aber eine wundervolle Kugelkopfschreibmaschine!

Bis der Tod uns scheidet

Am 25.1.1977 hatte Johannes einen Termin beim Rechtsanwalt, der riet ihm, er solle umgehend eine Wohnung suchen. Einen Skandal könne er ihm zwar nicht ersparen, »*aber das werden wir auch noch überstehen*«.

28.1.1977
... Johannes brachte heute einen an Küng adressierten anonymen Brief mit, in dem sinngemäß stand, man solle den Verleumdungen gegen J. keinen Glauben schenken, für Martha Woll käme sowieso »jede Hilfe zu spät«. Ich platzte gleich raus: »Auf gut Deutsch: von der Ruth.« J. ist sich nicht ganz sicher, er rechnet noch mit Marcella (der Brief wurde anscheinend Montag in München aufgegeben), aber es ist klar, daß es ein Insider sein muß, der Interesse daran hat, künftige anonyme Aktionen Marthas als unglaubhaft darzustellen. Da Ruth nun befürchten muß, daß sie von Martha hineingezogen wird, besteht für sie ein solches Interesse wie für sonst kaum jemand ...

Ich spüre die Auswirkungen dieses Dauerbombardements. Herzschmerzen, Nervosität, Schlafstörungen ... Diese Mischung aus Angst, in Deckung gehen, nicht wissen, was einem als nächstes bevorsteht, nur wissen, daß die nächste »Katastrophe« mit Sicherheit kommt, die Ungeduld J. gegenüber, der <u>überfällige</u> Entscheidungen vor sich herschob, oh, ich hab' da schon Aggressionen auch ihm gegenüber. Das Bemänteln von Angst mit »kluger Diplomatie«. Das Verwechseln von »die Augen vor den Tatsachen verschließen« mit »Fairneß« und »im Zweifel für den Angeklagten«. Er war schon oft wie ein Mühlstein um den Hals, wenigstens wie ein Klotz am Bein. ...

Am 1.2.1977 steht im Kalender von Johannes: »*Erfuhr, daß sie es tatsächlich war, Stockmeier gestand, daß Martha mehrere Male angerufen hat.*«

»Es« meint in diesem Fall die Hintertreibung seiner Bewerbung auf den Münchner Lehrstuhl. Eine ganz merkwürdige Karte schrieb er mir am 2.2.1977, wenige Tage vor seinem Auszug aus seinem Haus in Kusterdingen. Sie zeigt, wie unterschwellig-mörderisch wir die Situation empfanden. Ich entsinne mich jetzt, dass auch ich Dorle meine zwei – sehr mäßig – wertvollen Bilder vermacht habe. Er hatte genau wie ich Fantasien, dass Mord die verbleibende Möglichkeit wäre, um uns im letzten Moment zu trennen. Das wirkt heute etwas hysterisch und übertrieben. Auch damals haben wir wohl beide nach Kräften versucht, solche Gedanken unter der Rubrik »Wohl zu viele Krimis gesehen?« abzuheften. Andererseits stand am Ende ja tatsächlich ein Mord. Wenngleich ein Selbstmord.

2.2.1977

Liebste Ursula,
damit es wenigstens für den Fall meines plötzlichen Todes in dieser Situation keine – für Dich schmerzlichen – Überraschungen gibt, habe ich mein Testament geändert und Dich zur Alleinerbin eingesetzt ... Von zwei Dingen kannst Du ausgehen: 1. daß ich Dich liebe; 2. daß <u>ich</u> mich <u>niemals</u> selbst töten werde. (Das nur als hoffentlich überflüssige Erklärung. Denn ich erhoffe mir von einem gemeinsamen Leben mit Dir sehr, sehr viel Gutes und Schönes) ...
Ganz innig, Dein Johannes

7.2.1977
18.45–20.45 Uhr mit dem Kind beim Essen, weil sie Examen hatte.
<u>*Letzte Mozartplatte im Hs. gehört!*</u>

Am Freitag, den 11.2. zog er aus. Er nutzte die kurze Zeit, in der Martha beim Friseur war. Dass er (wie sie dem Bischof zwei Monate später schrieb) zwei Flaschen Sekt »zum Feiern« eingepackt hätte, stimmt genauso wenig wie die Behauptung, er habe seine Bettwäsche mitgenommen.

Johannes wohnte zunächst im Schönbuch-Hotel in Pliezhausen. Dort feierten wir dann 1978 auch unsere Hochzeit. Außer mir kannten nur sein Anwalt und Peter Eicher den Aufenthaltsort, und diese waren zum Schweigen vergattert. Das war auch notwendig, weil sowohl Martha als auch Ruth verständlicherweise auf allen möglichen Wegen versuchten, die Adresse herauszubekommen. Aber Johannes wollte keine weiteren Diskussionen und schon gar nicht, dass jemand im Hotel aufkreuzte.

Er las in jenen Tagen von Arno Plack »Ohne Lüge leben« und fühlt sich oft *»sehr elend«*. *»Das ist der Weg der Krise, der Pfad in jene Wüste, die zwischen Sklaverei u. Freiheit liegt«*, schrieb er. Ich trug erst fast einen Monat später dieses Ereignis in meinem Tagebuch nach, ein Ereignis, auf das ich so lange gewartet hatte!

2.3.1977

... Bis zum Auszug verging noch eine Woche. Eine Woche, die für mich voll Angst war. Als er freitags nicht wie verabredet um 23 Uhr anrief, starb ich fast vor Angst ... Da kann man sich noch so sehr sagen, »das klärt sich alles ganz harmlos auf«, es hilft nichts ...

Ja, wie ging es dann weiter? Ruth wollte <u>dringend</u> von Peter die Adresse wissen, fiel aber auf die Schnauze. Die »Kollegen« waren zunächst beunruhigt – sie waren noch am selben Abend von M. informiert worden, regten sich aber schnell wieder ab, als J. sie anrief und über die Ursache informierte.

Am 5.4. fand der definitive Auszug statt. Johannes hatte eine schöne Wohnung im 19. Stock eines Tübinger Hochhauses gemietet. Sein Kalender weist an diesem Tag eine Prüfung in experimenteller Psychologie für mich aus. Hätte ich nicht mehr gewusst, und was experimentelle Psychologie ist, weiß ich auch nicht mehr.

Am Karsamstag 1977, das war der 9.4., schrieb Martha an Bischof Moser. (Eine Kopie des Briefes erhielt Johannes am 6.7. von ihm.) Der Bischof hatte sich wohl geweigert, sie nochmals zu empfangen. So schlossen wir im Nachhinein aus einer Mitteilung Auers: Martha habe ihn angerufen und er habe ablehnend reagiert. Darauf habe sie gesagt: *»Die Männer halten doch alle zusammen, da macht der Bischof keine Ausnahme.«*

Das Muster des Briefes an den Bischof war mir vertraut: Da werden präzise Angaben gemacht, die dem Ganzen Glaubwürdigkeit verleihen, da wird scheinbar wörtlich zitiert. Bei manchem musste ich selbst innehalten und überlegen: Wie? Das sollst du geschrieben haben? Habe ich natürlich nicht.

Karsamstag 1977

Liebe Exzellenz,

ich wollte Ihnen ja nur kurz und lakonisch mitteilen: Johannes Neumann ist am vergangenen Dienstag in der Karwoche mit Sack und Pack, Möbeln, Büchern etc. »offiziell« ausgezogen, nachdem der heimliche Auszug mit Bett-

wäsche bzw. Bettzeug, seinen Anzügen, zwei Flaschen Sekt (zum Feiern) vorangegangen war; dabei hatte er ja das »Wichtigste« vergessen, aus dem alle seine Pläne hervorgehen. Im übrigen weiß er, daß ich und Dr. Volhard das alles gelesen haben. Wir haben das freimütig ihm selber gesagt, nachdem er ja ohnehin Frau Volhard ins Vertrauen gezogen hat.

... Frau Schweickhardt gab ihre Anweisungen, die ich ja nun gelesen habe (Anweisungen an den »Unterteufel«):
1. *»Liebster Johannes, Du hast spätestens im Frühjahr Dir eine Wohnung zu nehmen und Dich von Martha Woll zu trennen.« Das geschah pfeilgrad.*
2. *»Schau Dich um in Deinem Waffenlager: Quäle sie (mich) etc., dann folgt ein Spottkatalog: die ›Sanftmütige‹, ›Alles-verstehend-Gütige‹, ›Verzeihende‹, die ›Demütige‹, ›Fromme‹. usw. Ich aber, Ursula Schweickhardt, bin stolz darauf, daß Du mit mir schläfst, und gehe in jedes Hotel in ein Einzelzimmer mit Dir, wir werden doch die Sieger sein.« ... über die sexuelle Sprache von Ursula Schweickhardt möchte ich nicht sprechen, sie ist so ordinär, eine Fäkalsprache. Daher also seine Ausdrücke! Interessant ist aber doch noch – das hat mir Frau Volhard anvertraut –, daß Frau Schweickhardts eigene Freundin(nen) die Studenten mit Material beliefern über das Verhältnis Neumann-Schweickhardt ... Was habe ich anfangs diese schreckliche Frau angefleht, sein gutes Ansehen zu wahren, zur Antwort erhielt ich nur (am Telefon): ›Da soll er doch auslöffeln, was er eingebrockt hat‹ ... Etwas erleichtert war ich bei dieser häßlichen Lektüre aber doch, daß er keinesfalls der ›Ehebrecher‹ der Schweickhardtschen Ehe war, da stand: ›Tja, mein liebster Johannes, kurz nach meiner Eheschließung habe ich ›Eberhard‹ im Priesterseminar verführt – aus Sport –, um ihn zu entweihen!!!!‹*

Schlimm sind nun die faktischen ›Pläne‹ der beiden. Austritt aus der Kirche – Johannes soll laut Anweisung von Frau Schweickhardt ›Mao-Anhänger‹ werden ...

... Es ist genug gesagt über diese Tragödie – der Personzerfall von Johannes begann nach seinem Rektorat – er hatte die Macht zu sehr genossen, und die Machtgelüste sind die schlimmsten aller Leidenschaften. – Ich meine, wenn das ganze eine sexuell-feine Liebesgeschichte wäre, so wäre das wirklich

sekundär einzuschätzen. Angesichts aber des ›Hochverrats‹ an der Sache, der Kirche – Gott – Christus ist es sehr gefährlich, denn Johannes wird jetzt vorerst noch in mehreren Masken auftreten, die er beachtenswert tragen kann, so daß man versucht ist, ihm zu glauben. Schlimm ist, daß er bereits sehr Zersetzendes schreibt, also seinen Austritt systematisch vorbereitet. Schlimm ist, daß die jungen Menschen noch diesen zwielichtigen Vorlesungsstoff zu hören bekommen – sie stehen ohnehin auf den Gängen und unterhalten sich über den ›Neumannschen Mist‹, es ist klar, er ist halt nicht mehr glaubwürdig, weil er nicht mehr hinter den theologischen Aussagen steht ...

Sicher, heute lese ich das mit professioneller Distanz: Das ist krank. Verdient Krankheit grundsätzlich Mitgefühl? Ich bringe keines auf. Ich fühle mich nicht als ihr Mitmensch, sondern ich sollte ihr Opfer sein, und es ist nicht ihr zu verdanken, dass Johannes und ich es nicht geworden sind.

Es ist weiß Gott nicht lustig, wenn einem der Mann weggenommen wird. Allerdings bleibt es schon ein bisschen kurios, sich deswegen ausgerechnet an den Bischof zu wenden, ihm zu erklären, man sei die richtige Frau und er möge hier einschreiten. Aber die Wut, den Hass auf mich – wie sollte ich das nicht verstehen? Aber eine Wut bis zur Vernichtung, zur Vernichtung meiner und seiner Existenz, das ist etwas anderes.

Johannes hat irgendwo notiert, er habe ihren Brief gar nicht zu Ende lesen können. Er hat sich gewiss geschämt, mit dieser Frau so viele Jahre seines Lebens verbracht zu haben. Denn das sagt auch etwas über ihn aus, oder?

Im ganzen Brief – das fällt mir auf – ist nichts Depressives zu finden, auch keine Andeutung von Todeswünschen. Vielmehr lässt sie sich in dem Teil, den ich hier nicht zitiert habe, ausführlich über die finanziellen Zukunftsperspektiven aus – ihr Anwalt habe gesagt, dass »*die Sache für mich juristisch gar nicht ungünstig stehe*«.

Es ist schon möglich, dass in den nachfolgenden 48 Stunden auf die Wut und die Allmachtsfantasien der depressive Zusammenbruch folgte. Eher glaube ich aber, dass sie sich selbst zur tödlichen Waffe machen wollte, um uns zu treffen. Das kommt nicht so selten vor: Selbst das eigene Leben ist manchen kein zu hoher Preis, um einen anderen zu vernichten. Fast wäre ihr das geglückt ...

Was genau geschah – es bleibt im Dunkeln. Martha hat sich in die Badewanne gelegt und Tabletten genommen. Die Tabletten hatte ihr Ruth am Karsamstag gebracht. Wohl nicht zu diesem Zweck, aber da ohnehin so viel Mörderisches in der Luft lag, gab es Momente, in denen Johannes und ich Fantasien hatten, die wir schnell wieder verwarfen. Jedoch: Wir waren nicht allein mit unseren Fantasien. Ruth war am Todestag von Martha im Haus in Kusterdingen, sie hatte sich den Schlüssel von Nachbarn geliehen, obwohl sie einen eigenen hatte. Sie habe sie nicht gefunden, so sagte sie.

Johannes wollte eine Obduktion, aber die Kinder von Martha wollten das nicht. Und er hatte keinerlei Rechtsanspruch, auch nicht, den Abschiedsbrief zu lesen, den es angeblich gab. Dem Chef der Gerichtsmedizin, Mallach, mit dem er gut bekannt war, ist genau in jenen Tagen auf der Autobahn eine Leiter auf den Kopf gefallen, beziehungsweise auf sein Auto. Er war außer Gefecht gesetzt, jemand anderer war zuständig. Sonst wäre vielleicht etwas möglich gewesen.

16.4.1977

Ostermontag nachts um halb eins rief er an ...: »Martha hat sich umgebracht.«

Ich fragte etwas albern: »Ist sie richtig tot?« – Das Höchste, was ich mir in dieser Richtung vorstellen konnte, wäre ein fingierter Selbstmordversuch gewesen. Und auch das hielt ich in den letzten Wochen (im Gegensatz zum Sommer) für reichlich ausgeschlossen.

Ja, sie war »richtig tot«. Während mein erster Gedanke war: Jetzt steht uns eine schwere Zeit bevor, fing J. an – oh, ich kann es nicht anders sagen: Er fing an, Blödsinn zu reden. Ich war zutiefst betroffen: Er, sprich: wir seien schuld am Tod von M. Auf ihrem Tod lasse sich keine Beziehung aufbauen. Er hätte bei ihr bleiben müssen. »Ein jeder trage des andern Last.« – »Lieber Unrecht erleiden als Unrecht tun.« Platitüden, Platitüden. Es war entsetzlich. Ich redete, gleichzeitig voll Angst um ihn, daß er auch Selbstmord macht – wenn ich weniger Angst gehabt hätte, hätte ich den Hörer auf die Gabel geknallt. So bat ich ihn, kommen zu dürfen. Nein. Er würde nicht aufmachen. Ob <u>ich</u> das eventuell bräuchte, interessierte ihn gar nicht. Ein wenig imponierte mir zwar seine Entschiedenheit in diesem Punkt. Aber viel größer waren der Schmerz und die Enttäuschung, daß er in dieser schweren Situation nicht mit *mir zusammen sein wollte, nicht mit mir zusammenstehen wollte, sondern sich von mir distanzierte. Nach einigem Hin und Her – er versprach mir, nicht auch noch Selbstmord zu machen – blieb ich hier, nahm eine Schlaftablette und schlief sogar etwas.*

Wegen M. hatte ich keine Schuldgefühle – ich habe sie auch jetzt noch nicht. Ich kann in ihrem ganzen Tun auch nicht einen Funken Verzweiflung sehen, sondern nur den Willen zur Vernichtung. Ein Wille, dem jedes Mittel recht ist – sogar das eigene Leben ...

... Abends rief er bei Dorle an. Er war relativ aufgeräumt. Er habe viel Unterstützung bei den Rotariern gefunden, auch Haag sei sehr nett gewesen und Reinhardt »in seiner unbeholfenen Art«. (Abgesehen von Küng, diesem alten Waschweib, der meinte, J. müsse jetzt große erklärende Briefe in die Welt setzen.) Er bat ausdrücklich, ihn am nächsten Tag anzurufen, wie es in Physiologie gegangen sei ...

Die Physiologieprüfung war die schlimmste Prüfung meines Lebens. Sie wäre schon an sich wenig lustig gewesen, fand sie doch in der Medizinischen Fakultät statt. Ich glaube nicht, dass ich da etwas unterstelle: Hier konnten die Docs den Studenten dieses Laberfaches zeigen, was eine Harke ist. Und ich war nun wirklich in einem Ausnahmezustand. Dorle hat mich begleitet. Ich weiß nur noch, dass es grässlich war. Eigentlich dachte ich, ich hätte gerade noch mit einer Vier bestanden, tatsächlich hatte ich eine Drei.

16.4.1977
... als ich Donnerstag abends nach Stuttgart zurückkam, war ein Brief von ihm da. Zunächst dachte ich: »Na, Gott sei Dank, immerhin hat er gestern noch gelebt.«

Aber der Brief dann. Ich weiß nicht, wie ich ihn nennen soll, kitschig, rücksichtslos, die Begriffe wie die Moral verwirrt, unsolidarisch, pseudoedel. Diese Schiefheit des Denkens!

In seinem Kalender steht unter dem 13.4.1977: *»Ursula den Abschiedsbrief geschrieben. Nun habe ich nur noch R., und ich kann Marthas Tod nicht* *verstehen; ich werde immer fassungsloser: In ihrem Goldkleid will sie beerdigt werden. Theater über den Tod hinaus?«*

Ich bin heute nicht minder fassungslos: *»Nun habe ich nur noch R.«*

13.4.1977

Liebe Ursula,

Tote können nicht mehr »siegen«, aber sie können Zeichen setzen, Wege ebnen und Durchgänge versperren. Mit Marthas Tod verhält es sich so! Sicher, die Methoden, mit denen sie um das, was sie Liebe genannt, gekämpft hat, waren ungut, ihr Gefühl unkontrolliert und damit – bis in ihren eigenen Tod – gewalttätig. Dennoch ist Deine und meine Beziehung mit für ihren Tod verantwortlich. So wenigstens empfinde ich es. <u>*Deshalb ist diese Beziehung für mich nicht mehr ertragbar!*</u> *Wie hoffnungsvoll sie auch immer gewesen sein mag, war sie doch wohl von Anfang an nicht weniger irreal als Marthas Ideen und Forderungen. – Überdies wäre mir meine eigene »Selbstverwirklichung« und Freiheit niemals den Tod eines – geliebten – Menschen wert gewesen! Ihr Tod hat auch mich getötet. Sie hat das sicher gewollt. Und sie hat getroffen und mich gelähmt: Nie wieder werde ich einen Menschen unbefangen, fröhlich lieben können. Immer wird dahinter die Fratze des Todes stehen. Darum nimm es an, auch wenn Du es nicht verstehst, daß ich unsere Beziehung nicht mehr weiter aufrechterhalten kann!*

Es war ein teilweise glückseliger, aber wirrer Traum mit einem furchtbaren Erwachen. Ich tauge wohl nicht für die »Liebe«, weil ich sie überfordere und auch mich überfordern lasse. Ich habe Angst vor ihr bekommen.

Habe Dank für alles Liebe, was Du mir gegeben hast, Deine Güte und die gemeinsame schwere Wegstrecke, an deren Ende ein Tod lauert. – Ich habe durch Dich vom »Baum der Erkenntnis« gegessen, aber dadurch das Paradies der Einfalt verloren. Ich klage darum nicht. Aber ich kann den Weg mit Dir nicht weitergehen: Der Tod steht wie ein Würgeengel dazwischen, ein Tod, den wir beide nicht gewollt haben.

Geh Du Deinen Weg, und lebe Dein Leben! Du wirst es finden und meistern und vermutlich <u>ohne</u> mich glücklicher werden als mit mir. ... Was sie durch all ihr Bemühen im Leben nicht erreichte, hat sie durch ihren Tod bewirkt! – Geh Deinen Weg ohne Gram und Zorn gegen mich, geh behütet Deine Lebensbahn!

Dein Johannes

16.4.1977

... Was bin ich wütend – das ist der bessere Teil. Dann bin ich ängstlich, aber irgendwo ist es mir sogar wurscht – so stimmt das natürlich nicht –, ... daß er jetzt vom 19. Stockwerk runterspringt. Ich kann auch nichts machen. Da bin ich irgendwo müde. Ich hab's satt, mich so in Angst versetzen zu lassen. Und dann die Trauer: Soll es jetzt wirklich aus sein? Zum wievielten Mal? Ich habe solche Sehnsucht nach Ruhe, Geborgenheit. Und ich habe es satt, in schwierigen Situationen die grenzenlos Belastbare zu sein. Seit Donnerstag habe ich nichts mehr von ihm gehört, ich werde auch nicht anrufen. Und ich werde mit ihm nur reden, wenn er diesen Brief zurücknimmt.

18.4.1977

Es ist so schwer. Da habe ich geglaubt, Ruhe, Zuverlässigkeit, Geborgenheit gefunden zu haben – und jetzt ist das wieder vorbei. ... Natürlich hoffe ich noch. Obwohl ich mir sage, daß seine Reaktion jetzt nicht nur »Blechschaden« verursacht hat. Das hat mich kaputtgemacht – nein, vielleicht ist das zuviel gesagt, aber ich komme mir so verlassen vor. Und ihn, ihn empfinde ich als derart arrogant ... Er ist schuld, d. h., er ist die Ursache – und es ist im Prinzip wurscht, ob man die Ursache für eine bombastische Leistung oder für Vernichtung ist.

Und ich – ungefragt – muß seine Rolle mitspielen. Das heißt, im Grunde fällt für mich noch die viel undankbarere »Rolle« ab. Ich bin die Hartherzige, die so verworfen ist, daß sie sich nicht schuld fühlt an M.s Tod. Aber ich denke nicht daran, ihm Gelegenheit zu geben, sich als edler Heros zu stilisieren, der sein Kreuz auf sich nimmt gegenüber dem kaltschnäuzigen Etwas, das ich bin.

Natürlich <u>warte</u> ich auf seinen Anruf. Natürlich. Natürlich <u>hoffe</u> ich, daß es weitergeht. Aber so nicht. So nicht. So nicht. ... vielleicht hätte man ihm für die Kreuze in seiner Wohnung doch Weihwasserkessel schenken sollen.

Peter Eicher hatte zu diesem Zeitpunkt gerade schon einen Lehrstuhl in Paderborn und schrieb an Johannes wegen eines Gastvortrags, den er dort halten sollte. Wenn ich an Peter zurückdenke, dann geschieht das überwiegend mit beträchtlicher Freundlichkeit. Nachdem unsere Liaison beendet worden war – und beendet heißt wirklich beendet –, gab es zwar ein paar Piekseureien von seiner Seite, aber andererseits eine große Loyalität Johannes und mir gegenüber. Allerdings habe ich das Gefühl, dass er manchen unserer Dementis von Marthas Verleumdungen doch nicht Glauben schenkte, zum Beispiel jener, ich hätte mich herablassend über Lisette, seine Frau, geäußert. Nachdem Johannes seinen Abschied von der Kirche genommen hatte, erfolgte von Peters Seite eine deutliche Distanzierung. Er wollte nicht mehr mit ihm in Verbindung gebracht werden. Ich weiß nicht, was auf welchem Konto zu verbuchen ist.

Aus naheliegenden Gründen habe ich Johannes nichts von seinem Vorgänger erzählt oder geschrieben. Peter wurde (anders etwa als Eberhard) in keinem der anonymen Briefe und Anrufe erwähnt. Das war für mich eine gewisse Bestätigung, dass die Informationsquelle meine Briefe und Johannes' Äußerungen waren – und nichts und niemand anderes. Denn meine Beziehung zu Peter, dem Assistenten von Johannes, das wäre nun wirklich ein gefundenes Fressen gewesen! Aber dieses Indiz musste ich für mich behalten.

Viele Jahre später, wahrscheinlich vor seinem 60. Geburtstag, erfuhr Johannes doch davon: Er hatte überlegt, ob er Peter und Lisette zu seinem Geburtstag einladen soll. Als ich mit Dorle telefonierte und wir uns ein bisschen amüsierten, dass womöglich ein Ex von mir mit Johannes an der Festtafel säße, hat Johannes das mitbekommen. Er reagierte mit vorwurfsvollem Schweigen. Ich sagte, was zu sagen war. Heute denke ich: Das wäre die Gelegenheit gewesen, dass auch er reinen Tisch hätte machen können. Hat er nicht.

Was mit Starz war, habe ich nie gesagt. Natürlich konnte Johannes es sich aufgrund der Situation an jenem Abend mehr oder minder denken. Aber hier schwieg ich und er hat auch nie gefragt.

In jenen Apriltagen hatte Peter an Johannes geschrieben und Johannes antwortete am 23. und 27.4.

Samstag 23.4.1977

Lieber Peter,
heute erhielt ich Deine beiden Briefe vom 18.4. – Du Ahnungsloser. Ich habe hier die Hölle mitgemacht und muß in ihr leben! Nachdem ich am 5.4. unter

den demütigendsten Umständen aus meinem Kusterdinger Haus ausgezogen bin, hat sich Martha Woll am Ostermontag, 11.4., das Leben genommen. Zuvor hat sie »alle Welt«, von Ratzinger über Korff bis Haag und manche Studenten, den Bischof und die Kinder, eingehend über meine Beziehung zu Ursula informiert. Sie glaube, ihr Leben habe ohne mich für sie keinen Sinn, dann aber wollte sie auch vor aller Welt ein Zeichen setzen und ihr Leben »opfern«, damit ich nicht verlorengehe ... Sie hat nicht versäumt, den Kindern u. anderen zu sagen, daß Du ihr unter Tränen gestanden hättest, nur deshalb so rasch von Tübingen fortzugehen, weil Du mein Verhältnis zu U. S. nicht länger ertragen könntest.

Als erstes habe ich vielleicht etwas Falsches getan, nämlich jede Beziehung zu U. S. abgebrochen, denn ich kann nicht in einer Beziehung leben, die den Tod eines anderen Menschen ... mitverschuldet haben könnte! ...

Was ich nun tun werde, weiß ich nicht! Obwohl ich weiß, daß ich nur bedingt mitschuldig bin, fühle ich mich tief schuldig. Unentschuldbar, wie der Tod irreversibel ist.

[Fortsetzung] *27.4.1977*
... München ist endgültig passé, nachdem Ratzinger die Fakultät hat wissen lassen, daß er mich nicht wolle. Nun, vielleicht findet sich ein Platz an der GHS Paderborn! ...

Lieber Peter, hast du Ursula angerufen? Wie geht es ihr? Ich sehe derzeit keinen Weg. Ich will durch eine Phase der Einsamkeit, um Klarheit zu finden ...

30.4.1977
... Daß er anscheinend ganz selbstverständlich annimmt, daß unsere Beziehung wieder zu reparieren sei ... Ich hab' vor Wut richtig Bauchweh. Jetzt hab' ich grad überlegt, ob ich <u>noch</u> will. Ich werde es reiflich überlegen. Es gibt Dinge, die gehen zu weit. Ich weiß nicht, ob diese Dinge zu weit gegangen sind. Aber irgendwas ist in mir, das sagt: »Du Schwein.« Jedes Gefühl für Selbstachtung zu verlieren ... Und je länger, desto mehr stimmt mich nachdenklich, daß er diese Mafia offensichtlich braucht. Ihn anbrüllen: »Daß du dich nicht schämst!« ... Ich weiß nicht, ob ich noch will.

Die Analytikerin geht ihrem Beruf nach

Ich habe mich in meiner Familie immer zurückgehalten mit Analysen. Das heißt nicht nur, dass ich mir entsprechende Äußerungen verkniffen habe, sondern irgendwie gelang es mir auch, das professionelle Radarsystem abzuschalten. Das hatte sicher Nachteile, aber insgesamt bin ich froh um diese Diskretion. Es gehört zum Respekt vor der Privatsphäre, wenn man in das Herz, die Seele des eigenen Mannes, der eigenen Kinder nicht weiter eindringt, als diese ausdrücklich wollen. Zu oft habe ich erlebt, dass im privaten Umfeld Deutungen als Waffe missbraucht werden.

Aber jetzt bin ich gerade mit meinem analytischen Handwerkszeug zugange. Doch ich glaube, ich darf und ich möchte das. Johannes ist tot, ihm tut's nicht mehr weh. Vielleicht tut es ihm sogar gut, wenn ich versuche, Dinge zu verstehen, bei denen ich spontan in ein »Ich fass es nicht!« ausgebrochen bin.

6.1.2015

»*... daß er diese Mafia offensichtlich braucht.*« Genau das ist der Punkt. Heute meine ich mit »Mafia« nicht nur jene Gruppe, die Rufmord betrieb, natürlich aus edelsten Motiven, um ihn vor sich selbst zu schützen, um des größeren Ganzen willen und so weiter, sondern es geht mir um eine bestimmte kirchliche Ideologie und Pseudomoral. Die Kontaminierung mit einer masochistischen Moral, die ihre Wurzeln hatte in seiner religiösen Erziehung von Kindesbeinen an.

Wobei es keineswegs immer eine religiöse Erziehung sein muss; diese Vergiftungen und Verwirrungen finden überall statt, wo es um bewusste oder unbewusste Machtausübung geht statt um wohlwollenden Respekt. Aber bei Johannes war es die religiöse Variante der schwarzen Pädagogik. So furchtbar – wie sich inzwischen herausstellte – Alice Miller bei ihrem eigenen Sohn Martin versagte, so wichtig ist doch vieles, was sie in »Drama des begabten Kindes« und »Du sollst nicht merken« über die Mechanismen der Selbstaufgabe und Selbstentfremdung geschrieben hat, dieser Not, sich unterwerfen zu müssen, um geliebt, akzeptiert zu sein, nicht verlassen zu werden.

Heute Morgen hörte ich beim Spaziergang eine Passage aus Wolfgang Leonhards »Die Revolution frisst ihre Kinder«, in der er seine erste persönliche Erfahrung mit dem System der Kritik und Selbstkritik im stalinistischen Russland schildert: Er muss sich vor einem Tribunal rechtfertigen. Zunächst wird ohne jede offensichtliche Gewalt eine auf Angst, Isolation, Unsicherheit, Ohnmacht abzielende Situation hergestellt. Dann werden minimale Dinge, die Verfehlungen zu nennen eine maßlose Übertreibung darstellen würde, in einen anderen Kontext gestellt. Im konkreten Fall war es sogar so, dass sein mitmenschliches Handeln – einen Schwächeren gegen die Quälerei eines Starken zu verteidigen – zu »*unbolschewistischem Verhalten*« und »*Überheblichkeit*« mutierte. Unter der Hand werden aus Harmlosigkeiten schwere Vergehen. In seiner Verwirrung, die durch die Atmosphäre ganz bewusst herbeigeführt wurde, findet der Delinquent das alles logisch, ihm fällt nichts zu seiner Verteidigung ein, er erkennt seine Schuld und erkennt sie an. Weil er verwirrt wurde, aber auch, um nicht ausgestoßen zu werden. Leonhard beschreibt das und auch, wie er nach dem Tribunal die Mechanismen zu durchschauen beginnt, um dann wieder unsicher zu werden, seinem eigenen Gefühl und Urteil nicht zu trauen vermag. Das Ich wird in solchen Systemen ebenso gezielt wie subtil geschwächt und auf diese Weise bereit gemacht für den Kadavergehorsam.

Ein Begriff, der auf Ignatius von Loyola zurückgeht, dessen Exerzitien durchaus vorbildhaft für die Technik der Ichschwächung sind. Ignatius schrieb: »*Wir sollen uns dessen bewußt sein, daß ein jeder von denen, die im Gehorsam leben, sich von der göttlichen Vorsehung mittels des Oberen führen und leiten lassen muß, als sei er ein toter Körper, der sich wohin auch immer bringen und auf welche Weise auch immer behandeln läßt ...*«

Wenn die heilige Teresa von Avila sich selbst als »*größte Sünderin*« bezeichnet, möchte ich gern sagen: Eine Nummer kleiner haben Sie es wohl nicht? Aber: Sie hätte in der Komintern-Schule Wolfgang Leonhards als vorbildhaft gegolten, und anderswo auch.

Ich kann mir die religiöse Erziehung von Johannes in Königsberg vorstellen. Nicht nur die bigotte Mutter war gefährlich, sondern auch der religiöse Kitsch des Vaters. Dazu kam die Situation in der Diaspora. Eine kleine Herde zu sein lässt die Herdenmitglieder radikal werden, zudem in Abgrenzung – und Konkurrenz? – zum anderen, damals herrschenden System, dem Nazismus. Beide Ideologien, Katholizismus wie Nazismus, setzen auf die Idealisierung der Selbstaufgabe, des Sich-Aufopferns. Omnia ad maiorem Dei gloriam – Du bist nichts, dein Volk ist alles.

Ich blättere in dem Ordner mit den Briefen von Johannes' Eltern aus der Verbannung 1946 bis 1953 aus Ostaschkow am Seligersee. Ich finde einen Satz des Vaters, in Abschrift, nicht im Original. Das ist bezeichnend, denn es bedeutet: Dieser Satz wurde in der Familie kolportiert zur allgemeinen Erbauung. Auf der Fahrt in die Verbannung hat er gesagt oder geschrieben: »*Der liebe Gott hat wohl bestimmt, daß wir zu seiner Ehre die Reise machen dürfen, und wir wollen uns würdig zeigen.*«

Was vermittelt eine solche Denkweise? Wer leiden muss, ist von Gott ausgezeichnet. Wer mehr leiden muss, ist von Gott besonders ausgezeichnet. Gegen eine solche Auszeichnung rebelliert man vernünftigerweise nicht, sondern erträgt sie freudig – die Belohnung folgt. Zwar nicht auf dem Fuße, aber dafür umso großartiger.

Wenn die Verantwortung Gott zugeschoben wird, wird damit das eigene Fehlverhalten geleugnet. Es gab Indizien genug, dass Johannes' Bruder Theo als ehemaliger Ingenieur in Peenemünde für die russische Besatzungsmacht von Interesse war und es dringend angeraten sein musste, die Beine in die Hand zu nehmen und sich aus der sowjetischen Zone zu verabschieden. Aber diese bodenlos leichtsinnige Passivität wird umgedeutet zu heroischem Sich-Fügen. Das soll über die Jahre – nicht überall, aber in vielen Bereichen – auch zum Markenzeichen des jungen Johannes werden. Am 8. November 1953, kurz nach dem Tod seines Vaters, schrieb Johannes in einem Brief an seine Familie in Russland: »*Hier auf Erden wartet unser nur Kleinheit, Armut, Leid und Erbärmlichkeit. Hier sind Kreuz u. Dornenkrone, dort dann Lebensbaum u. Herrscherkrone.*«

Wenn die künftige Belohnung positiv korreliert mit dem Ausmaß des gegenwärtigen Leidens, dann ist es im wohlverstandenen eigenen Interesse, Leid möglichst nicht zu vermeiden.

Der Psychoanalytiker Theodor Reik hat in seinem Buch »Aus Leiden Freuden – Masochismus und Gesellschaft« (1940) auf einen weiteren Aspekt aufmerksam gemacht: Wer Leiden erstrebt, macht Autoritäten ohnmächtig. Mit was wollen diese schrecken und strafen? Er dekliniert das am Beispiel christlicher Märtyrer im alten Rom durch, die die Obrigkeit auflaufen ließen. Die scheinbar demütige Unterwerfung bringt doppelten narzisstischen Gewinn: »Ich verhalte mich bewundernswert«, und: »Ich bringe die Mächtigen an ihre Grenzen.« Das ist anziehend, auch wenn es nur ausnahmsweise bewusst sein mag. Es ist die Synthese zwischen »Schau her, ich bin ein ganz besonders braves Kind!« und »Ätsch, ich zeig's euch! Ihr kriegt mich nicht klein!«.

Wenn das Maß des zugemuteten Leidens Ausdruck der Liebe Gottes ist, dann wird Leid zur sichtbaren Auszeichnung. Dann sehen alle, mindestens aber die Gläubigen: Das ist ein Auserwählter! Auch dies ist ein nicht geringer narzisstischer Gewinn. Genauso wird das Bedürfnis der Bindung bedient: Sich Gott in dieser Weise nahe zu wissen gibt Geborgenheit. Eine Geborgenheit, die an keine andere heranreicht, nicht an die durch Eltern, nicht an die der Partnerschaft, durch Freundinnen und Freunde.

Wenn ich davon ausgehe, dass Johannes mit diesem masochistischen Virus infiziert war, dann bekommt seine Lebensgeschichte von 1946 bis zu seiner Priesterweihe eine zweite Deutung, die neben der ersten wirksam ist. Die erste Deutung: Er verlässt in jungen Jahren mutig seine Eltern, weil er – klüger als sie – durchschaut, dass die Lebensverhältnisse, die Entfaltungsmöglichkeiten in der amerikanischen Besatzungszone bessere sein werden als in der sowjetischen. Er sorgt für sich. Die zweite Deutung: Er verlässt seine Eltern, statt sie treu zu begleiten. Er denkt an sich statt an sie. Er stellt egoistisch sein Wohl an erste Stelle, statt sein Kreuz auf sich zu nehmen.

Die Eltern gehen nach Johannes' Flucht in den Westen zu Bruder Theo. Hätten sie das auch getan, wenn er geblieben wäre? Inwieweit ist er schuld an ihrer Verschleppung nach Russland? Oder zumindest: Inwieweit hat er sich selbst dieser gottbestimmten Prüfung entzogen und lebte in Deutschland ein komfortables Leben? Sieben Jahre, während seine Eltern, sein Bruder und dessen kleiner Sohn vor Heimweh und Not krank sind.

Einerseits war Johannes stolz auf seine Tüchtigkeit und Cleverness. Mir fallen in dem Zusammenhang die Erzählungen über seine Schülersprecher- und Stammes- oder Gaufeldmeistertätigkeiten – ja, so hieß das – bei den St. Georgs-Pfadfindern in seiner Münchner Zeit ein. Andererseits widersprach das dem Ideal des Sich-Fügens, der Unterwerfung.

11.1.2015

An dieser Stelle setzte sich mein analytisches Über-Ich durch und machte mir klar, dass man sich auch als Analytikerin nur begrenzt dem Spekulieren überlassen darf. Besser ist es, sich an Fakten zu halten. Und die hatte ich! Denn es existierten ja Tagebücher von Johannes, und zwar von 1946 an. Den Rest des Nachmittags las ich.

Oje, oje! Das war reinster katholischer Kitsch-as-Kitsch-can! Meine Theorie vom Masochismus: voll bestätigt. Ich schreibe das distanziert. Manches ist wirklich sehr schwer erträglich zu lesen. Aber das bedeutet nicht Distanz zu Johannes, nicht Ablehnung, sondern ich habe Mitgefühl mit diesem armen, armen Jungen, mit diesem armen jungen Mann, der allein war und so tapfer sein musste. Dieser entsetzliche, dieser furchtbare katholische Schmalz … Ach ja, ich kenne das aus eigener Erfahrung. Ich kenne das bis hin zu einzelnen Formulierungen, ich weiß, wie es schmeckt, wie es sich anfühlt. Es war bei mir lediglich Glück, dass ich weniger tief verstrickt wurde. Für ihn aber war es damals wohl die einzige Chance, Halt zu finden. Ich will die Mechanismen begreifen, gerade die Mechanismen, die ihn 1976/1977 diese »*Eiertänze*«, wie Hannah es nannte, vollführen ließen. Die Gründe für sein Zögern, diese Unentschiedenheit, dieses Zurückweichen – und eben auch die Gründe für diesen klebrigen Schmus, der mich so erbitterte. Tout comprendre, c'est tout pardonner. Vielleicht nicht ganz, aber so ähnlich.

15.1.2015

Dass ich bei der Lektüre seiner Aufzeichnungen im Tagebuch von 1949 den Brief Marcella Mathieus vom 5.7.1976 an Johannes fand, brachte mich für die nächsten Tage aus der Fassung.

Aber zurück zu den Tagebucheintragungen von Johannes von 1946 bis 1950. Was merkwürdig, was auffallend war: Es gab nichts, aber auch gar nichts Persönliches über seine Eltern, außer buchhalterischen Einträgen: Brief von den oder an die »*lb. Eltern*«. Kein Vermissen, keine Sorge, irgendwann mal eine lapidare Aussage, sie mögen bald zurückkehren. Als der Vater in Russland 1952 starb, findet sich am 20.10.1952 nur: »*Nachricht vom Tod meines so guten, lieben Vaters, 15.00 Uhr.*«

Ich höre immer noch Wolfgang Leonhards »Die Revolution entlässt ihre Kinder« – es sind immerhin 22 CDs! Merkwürdigerweise begegnet mir da Ähnliches: Leonhards Mutter, mit der er anscheinend ein durchaus gutes Verhältnis hatte, wird von ihm nach ihrer Inhaftierung in einem stalinistischen Lager nicht mehr erwähnt. Er schildert den letzten Abend in Russland, bevor er nach Deutschland zurückkehrt, und zählt Orte und Menschen auf, von denen er in Gedanken Abschied nimmt – seine Mutter ist nicht dabei.

Dieses komplette Ausblenden seiner Eltern – das bestätigt meine These vom Schuldgefühl eher, als es dadurch falsifiziert wird: Wovon nicht geredet werden darf, davon muss man schweigen. Sicher, es waren die 40er-, 50er-Jahre, man redete und schrieb anders. Aber wenn Johannes sich seitenweise über die Schönheit der bayerischen Bergwelt, seine Lernprobleme, seine Liebesgeschichte oder Nichtliebesgeschichte mit Resl, über seine Beziehung mit Mia – wie verklausuliert auch immer – und über seine Pfadfindertätigkeit auslassen kann, und zwar durchaus mit Emotionen, dann ist diese Fehlanzeige in Bezug auf seine Eltern bemerkenswert. Selbst im Herbst 1946, als die Eltern verschleppt wurden, gibt es keine einzige Notiz, nicht einmal das Faktum wird genannt. Im letzten Eintrag des Jahres vom 22.12.46 bilanziert der 17-Jährige das Jahr 1946: *Das alte Jahr 1946 neigt sich seinem Ende, und wie die goldene Morgenröte, so steigt voller Hoffnungen das neue Jahr, die unbekannte Zukunft hinter dem Horizont auf! – Das nun bald verflossene Jahr war zweifellos eins meiner schwersten, ja vielleicht mein bitterstes, und doch an dem Leid vieler anderer gemessen noch leicht und gnädig ... Die Bilanz des vergangenen Jahres ist kurz zusammengefaßt: immer kämpfend dem Ziele zu. Wenn es auch manchmal durch öde Wüsten und über tobende, sturmgepeitschte Meere, durch dunkle Nacht ging, mein Kompaß war Christus!*

Nicht ein Wort von den Eltern! Dabei ist er in Stuttgart bei seiner Schwester Edel, als er diese Zeilen schreibt. Nichts läge doch näher, als in seinem Rückblick etwas zu der gerade zwei Monate zuvor erfolgten Verschleppung der Eltern und des Bruders zu schreiben.

Ich habe mich gefragt, ob die Trennung in Thüringen und sein Aufbruch nach Bayern tatsächlich so konfliktfrei waren, wie es Johannes in Erinnerung hatte. Oder hat er vielleicht argumentiert, er müsse von dem Dorf in Thüringen weg, um in München Theologie zu studieren, und kam sich nun einerseits als Deserteur vor, andererseits fühlte er sich gebunden an die Aussage, Priester werden zu wollen? Keine Ahnung.

Johannes spricht durchaus, auch schon 1947/48, von »*Mama*«, »*Papa*« und »*daheim*«. Aber damit meint er die Eltern Groiss aus Marktoffingen, die ihn damals aufgenommen haben und bei denen er immer sein durfte, wenn er nicht im Schülerheim in München-Pasing war. Er lernte sie über sein »*Schwesterchen*« Resl kennen, die in München studierte. Den Kontakt mit seinen »Geschwistern« hielt er treu – auch nach dem Tod »der Eltern«.

Wir sind mit unseren Kindern mal dort gewesen. Es gibt noch ein Foto von der kleinen Hannah im blauen Kleidchen inmitten einer Herde von Schafen.

Dass Johannes so schnell eine neue Familie adoptierte – es scheint mir beides zu sein: die Sehnsucht eines verwaisten Jungen nach emotionaler Heimat, aber vielleicht auch ein Schutzmechanismus, um die wirklichen Eltern und deren Schicksal auszublenden. Auszublenden, dass er sie verlor, weil er sie verlassen hat.

Was sagen die Aufzeichnungen von Johannes vom Ende der 40er-Jahre über seinen ideologischen Überbau aus und über das, was dieser Überbau für sehr, sehr lange Zeit mit ihm machte? Hier muss unterschieden werden: Die masochistische Unterwerfungs- und Opferideologie hat für ihn im kirchlich-theologischen Bereich schon sehr früh keine Rolle mehr gespielt. Ich vermute, bereits seit Mitte der 50er-Jahre nicht mehr. Hier emanzipierte er sich und sein eigenes kritisches Urteil war maßgebend. Aber bei seinen Beziehungen zu Frauen behielten die Mechanismen dieser Ideologie, ihre

Psycho-Logik über Jahrzehnte ihre Wirksamkeit. Überall sonst lässt er sich die Wurst nicht vom Brot nehmen, ist klar und selbstbewusst.

Die selbstbewusst-zupackende Seite habe ich für die Münchner Zeit die »Pfadfinder-Seite« getauft. Wenn er darüber schreibt, dann ist die Lust am Organisieren, an Einfluss, an Menschenführung zu spüren, hier will er sich durchsetzen und freute sich auch dran, wenn er geschickt etwas tricksen konnte. So wie etwas später in seinem Freisemester in Freiburg. Er war im AStA: Vom Freiburger Münsterturm warf er mit anderen Flugblätter hinunter für den damals umstrittenen Südweststaat; die Polizei spurtete die eine Treppe hoch und die Gruppe lief die andere hinunter. Darüber konnte er sich noch nach Jahrzehnten amüsieren. Da gab es keine schiefen Töne von Pseudodemut und -aufopferung, keine christliche Schönfärberei.

In dem zitierten Tagebucheintrag vom 22.12.1946 findet sich ein Satz, der bezeichnend ist für das, was ich meine: »*Ich war in einer öffentlichen Diskussion des Stuttg. Radios unter dem Titel ›Haben die Kirchen versagt?‹ – An diesem Vormittag bestimmt!*«

Das ist ebenso lapidar wie selbstbewusst.

15. August 1946
… Die ersten Seiten dieses Buches schrieb ich im eintönigen, weltabgeschnittenen Alltag des thüringischen Dörfchens und als ein Mensch, der um die Klarheit rang, der den Weg zur Wahrheit suchte. – Ich kam nach Bayern, nach München ins Schülerheim. – In die Fremde, auf mich allein gestellt! – Bald hatte ich mir das Vertrauen unseres Heimleiters erworben und mich recht gut eingelebt. – … Nach langem inneren Zweifel und bestmöglicher Gewissenserforschung reifte es in mir, ja drängte mich förmlich eine Macht dazu, Priester zu werden. – Oft hatte ich es auch schon früher im stillen geglaubt, aber immer wieder verworfen, doch jetzt war es reif. Ich versuche auch jetzt noch zu zweifeln, aber ich kann es nicht verdrängen!

Als er das schrieb, war er noch keine 17, ein junger Kerl. Ende der Pubertät. Und meine Mutter war zur selben Zeit schwanger mit mir. Schon merkwürdig.

Zum Zeitpunkt dieser »Berufung« waren seine Eltern noch nicht in Russland, das war erst im Oktober. Das heißt: Die Theorie vom kausalen Zusammenhang – er opfert sich und wird Priester, weil er nicht mit den Eltern nach Russland ging, oder er opfert sich, damit sie aus Russland zurückkommen, diese Theorie stimmt so nicht. Trotzdem: Es scheint mir etwas mit »Opfer« zu tun zu haben. Mit Opfer einerseits und andererseits mit Zugehörigkeit. Zugehörigkeit zur Familie des Himmelsvaters, zum Bruder Jesus Christus, zur Mutter Maria, der allerseligsten Jungfrau.

Der Eintrag vom 15.8.1946 ging weiter: *Ich mühte mich im Heim und wollte helfen, alles und allen. – Ich meinte alles gut und edel, aber ich war zu bestimmt, zu kraß, zu selbstsicher. Mein guter Wille wurde verkannt und als Schlechtigkeit ausgelegt, und ich begann mich jetzt dagegen zu wehren. Ich verteidigte mich, es ging mir teilweise nicht mehr um Großes und Ideale, sondern um meine Ehre(?)! – Meine so große Liebe zu Gott, mein Streben nach droben – das merkte ich – schwächte immer mehr ab, ich verflachte immer mehr, ich geriet in das Getriebe der falschen Welt!*

Johannes unterwirft sich der Sichtweise der Frommen: Selbstbewusstsein ist Hochmut! Einerseits. Andererseits schmeckt das, was er schreibt, auch nach »der Gerechte muss viel leiden«, was fürs Selbstbewusstsein nicht schlecht ist.

Am 22.8.1946 notiert er, wie ihn ein Mitbewohner im Schülerheim bei der Heimleitung angeschwärzt hatte: »... *Na, jedenfalls war es bei mir beschlossene Sache, ihm noch eins auszuwischen! – Früher als ich gedacht, bot sich mir dazu die Gelegenheit ...*« So weit, so gut, so normal. Aber nachdem er das Auswischen ausführlich-lustvoll geschildert hat, kippt es nur eine Seite später: »... *Und eins werfe ich mir jetzt vor, daß ich nicht schön gehandelt und gedacht habe, als ich mich an meinem Verräter rächte und triumphierte! – Unser Gott ist ja ein Gott der Liebe, darum sollen auch wir lieben und verzeihen!*«

Allein die veränderte Sprache lässt einen die Schizophrenie mit Händen greifen. Ziel ist die Unterwerfung unter den Willen Gottes, was immer das sein mag, und die Unterwerfung eigener Bedürfnisse, Wünsche, Begierden, Wahrnehmungen unter den Primat der Selbstaufgabe. »*Mach uns selbstlos, opferfroh, entsagend!‹ Das Gebet bete ich täglich bei der Hl. Kommunion.«* Das schreibt er am 31.5.48 an Resl.

So was muss schiefgehen. Denn es ist konträr zu dem, wie wir Menschen konstruiert sind. Es geht eben nicht um einen Kompromiss, nicht um eine Integration verschiedener auch gegensätzlicher Aspekte, nicht um Sublimierung, Zügelung und Kultivierung. Sondern hier wird durch die absolute Einseitigkeit oder einseitige Absolutheit eine unlösbare Aufgabe gestellt, an der man scheitern muss. Vermutlich scheitern soll. Mir fällt die Szene aus dem uralten Film »Geschichte einer Nonne« ein. Eine Mitschwester der Hauptdarstellerin rivalisiert mit dieser. Eine Prüfung steht an. Die Oberin rät der Hauptdarstellerin, in der Klausur absichtlich zu versagen, ein Opfer der Liebe zu bringen für die ehrgeizige Konkurrentin. Sie tut es nach langem Ringen nicht. Nach der Opfer-Logik hat sie versagt und sich damit um den schönsten Sieg gebracht. Womit angedeutet sei, dass es unter der Hand eben doch wieder um egoistische Ziele wie Siegen geht.

Wenn alles unter dem Primat des Verzichts und Opfers steht, dann verwandelt sich jede Aussicht auf Lust, Erfolg und Genuss zur Versuchung, die Gott schickt, um zu prüfen. Ich darf nichts Schönes für mich anstreben: Dies ist ein Schlüssel für das so quälende und mir oft unverständliche Zaudern von Johannes, das Glück beim Schopf zu packen. Die heimliche Hoffnung ist, die Dinge regeln sich, werden von Gott in seinem Sinne geregelt, ohne dass er dafür verantwortlich wird. Aushalten, Erleiden ist gut, Gestalten ist schlecht.

Mir damals unverständliche Situationen werden klarer. Im April 1976 schrieb er, nachdem Martha unser Verhältnis entdeckt hatte: *»Sie fährt jetzt mit in die Vorlesung (!!)«* Ich empörte mich darüber, weil das nur geschehen konnte, indem er es zuließ. Aber es kommt vermutlich aus derselben Schublade wie der Satz vom Juli 1977 über Elisabeth: *»Sie wollte unbedingt, da habe ich mit ihr geschlafen.«* Dass ihm das im ersten Fall sicher nicht passte, ihm aber im zweiten durchaus entgegenkam, steht auf einem anderen Blatt.

Johannes bezichtigt sich in jenen 40er-Jahren der Ungeduld, der Mutlosigkeit, des Jähzorns, der Herrschsucht, der Faulheit, der Lieblosigkeit. Sich schuldig fühlen ist planmäßig. Aber schuldig werden – Gott behüte! Um das Schuldigwerden komme ich dann herum, wenn ich selbstlos bin, wenn ich mich nur als ausführendes Organ verstehe, als einer, der den Willen Gottes erfüllt. In dem Moment aber, wo *ich* etwas will, eben nicht selbst-los bin, in diesem Moment wird Schuldigwerden unausweichlich.

Konflikte lassen sich nicht alle mit einer Win-win-Lösung erledigen. Oft gibt es nur »entweder du oder ich«. Wenn ich gewinnen will, heißt das auch, ich möchte, dass der andere verliert. »Allen wohl und niemand weh« – das ist mit Recht der Wahlspruch eines Karnevalsvereins. Es wäre falsch, wenn ich diese verquere Selbstlosigkeitsmoral nur der Religion, nur dem Christentum in die Schuhe schieben wollte. Aber ein christlicher Überbau hilft ungemein.

Es ist eine Illusion, alles ließe sich regeln, ohne dass man jemandem Leid zufügt. Davon zu überzeugen ist ein bisschen mein Tagesgeschäft. Manchmal ist es zum Mäusemelken. Vor ein paar Wochen machte eine Patientin nach guten Fortschritten wieder die Rolle rückwärts. Ihr Mann missbraucht sie übel als Arbeitstier und Sexobjekt. Ich hatte geglaubt, sie habe endlich begriffen, dass er sich nicht ändern wolle und deshalb eine Trennung unausweichlich sei, zumindest wenn ihr ihr Leben lieb sei. Und dann begann die Diskussion wieder von vorn: Wenn sie ginge, würde er vielleicht zum Alkoholiker usw. Ebenso unanalytisch wie ehrlich entfuhr es mir: »Wissen Sie, manchmal finde ich meine Arbeit ganz schön anstrengend.« Und, so kann ich hinzufügen, sie ist gerade bei dieser Problematik oft auch nicht erfolgreich. Besonders bei Frauen ist die Denkweise sehr beliebt: Es liegt im Grunde nur an mir, wenn ich mich etwas mehr zusammenreißen, nachgeben würde, dann wäre doch alles gut.

Nicht selten kommt es dabei zu einer eigenartigen Rollenkonfusion: Patienten verweisen darauf, dass etwa ihre tyrannischen, besitzergreifenden Eltern eine furchtbare Jugend und entsetzlich viel zu leiden gehabt hätten. Alles richtig. Aber der Patient oder die Patientin können sich nicht den Luxus erlauben, diesem Umstand Rechnung zu tragen. Es ist ein Unterschied, ob ich einem Vergewaltiger in einer therapeutischen Situation gegenübersitze oder ob einen nur der entschlossene Griff zum Küchenmesser und ein beherztes Zustechen retten können. Im ersten Fall kann ich mir Mitgefühl leisten mit dem armen Kerl, seiner Heimkarriere, seinen Demütigungen, seiner erlittenen Vernachlässigung. Im zweiten Fall nicht. Es gibt nicht nur ein Recht, sondern auch eine Pflicht der Fürsorge für sich selbst.

Wenn die Verantwortlichkeit nicht auf Gott oder sonst jemanden abgeschoben wird, kommt man ums Schuldigwerden nicht herum. Das extremste Beispiel, wie der Verzicht auf eigenverantwortliches Handeln zur moralischen Pflicht gemacht wurde, war die Antwort der Moraltheologie auf die Frage nach dem richtigen Verhalten, wenn bei einer Geburt nur einer von beiden überleben kann: Mutter oder Kind. Hier galt – und gilt wahrscheinlich immer noch – nach katholischer Doktrin ein aktives Handeln zur Rettung der Mutter als moralisch schlecht, wenn es den Tod des Kindes bedeutete. Moralisch gut dagegen war es, den Dingen ihren Lauf zu lassen, denn dann geschah sozusagen Gottes Wille und niemand hat mitgewirkt an einem Tod.

Sicher, Extremfälle wie die Notwehr bei einer Vergewaltigung oder die Entscheidung für das eine oder andere Leben sind selten. Aber das Prinzip der Delegation der Verantwortung wird vom Extremfall bis zum banalen Problemchen durchdekliniert und als moralisch erstrebenswert verkauft. Die Beliebtheit dieser Doktrin wird dadurch erhöht, dass das angeblich Moralische häufig ganz schön bequem ist. Für Eigenverantwortung ist ein beträchtlicher Preis zu zahlen: Da entlastet mich kein Befehl von oben, kein Gedanke wie: Höheren Orts wird man schon seine Gründe haben. Sondern *ich* entscheide und somit bin *ich* verantwortlich für das Leid, das ich anrichte, das Unrecht, die Kränkung, den Kummer, es geht auf mein Konto. Fehler kann ich niemand anderem in die Schuhe schieben. Dafür muss ich geradestehen, niemand anderes.

Eine Patientin schildert, sie habe von ihrem Chef eine Anordnung erhalten, die nicht nur dumm, sondern schlecht für Dritte war. Sie habe davon ihrer Mutter berichtet, die meinte, »da muss man sich fügen«. Ich widersprach. »Nun«, meinte die Patientin, »Sie sind ja auch keine moralische Instanz.« Das meinte sie keineswegs abwertend, sondern im Sinn von »ich weiß ja, Sie ergreifen Partei für mich und drücken ein Auge zu«. Da war sie wieder, »*die pastorale Kappe*« jenes Ordinariatsrats aus dem Eheberatungskurs: Pastoral ist ja nett, Marke »die gute Seele!« – aber Moral ist was Besseres, ist das »Richtige«. Sie hatte da an etwas gerührt und ich sagte unangemessen scharf: »Ich bin sehr wohl eine moralische Instanz. Vielleicht mehr als Ihre Mutter.« Und wir dröselten diese verhängnisvolle Verwechslung auf: Unterwerfung unter die Autorität ist moralisch, dem anderen haftet der Geruch an, dass man es sich einfach macht. Wir versuchten zu klären: Die Moral des Sich-Fügens und die Moral des Sich-nicht-Fügens, wann das eine zur Unmoral wird und wann das andere.

Schon länger habe ich eine Stelle aus George Bernard Shaws »Cäsar und Cleopatra« im Kopf. Während Johannes zwischen 17 und 20 Paul Claudel, Gertrud von le Fort und Werfel las, war Shaw in diesem Alter mein absoluter Favorit. Ob ich Shaw gelesen habe, weil ich anders dachte als Johannes, oder ob ich anders dachte, weil ich Shaw gelesen habe – egal. An der Stelle, die ich meine, schneidet der römische Befehlshaber Rufio Cleopatras Dienerin die Kehle durch. Dem ging voraus, dass diese ihrerseits auf Befehl Cleopatras einen Mord begangen hatte und zu vermuten stand, dass es bei einem nicht bleiben würde. Cleopatra versucht, den Gegensatz zwischen dieser Tat Rufios und Cäsars humanen Grundsätzen »*ohne zu strafen, ohne zu rächen, ohne zu verurteilen*« auszuspielen:

Rufio verteidigt sich: »... Du segelst heute nach Numidien. Nun sage mir eines: Wenn du dort einem hungrigen Löwen begegnest, der dich zerreißen will, so wirst du ihn dafür doch nicht bestrafen?«
  Cäsar, verwundert, wohin das führen soll: »Nein.«
  Rufio: »Noch an ihm das Blut derer rächen, die er schon zerrissen hat?«
  Cäsar: »Nein.«
  Rufio: »Noch ihn richten wegen seiner Schuld?«
  Cäsar: »Nein.«
  Rufio: »Was wirst du denn tun, um dein Leben vor ihm zu retten?«
  Cäsar, sofort: »Ihn töten, Mensch, ohne jeden Haß, genau so, wie er mich töten würde. Was willst du mit diesem Gleichnis vom Löwen sagen? ...
  Cleopatra, heftig: »Er hat das Blut meiner Dienerin Ftatateeta vergossen! Über dein Haupt komme es wie über seines, Cäsar, wenn du ihn freisprichst!«

Cäsar, energisch: »*Dann komme es über mein Haupt, denn es war wohlgetan! Rufio, wenn du dich in einen Richterstuhl gesetzt und mit hassenswerten Förmlichkeiten und Anrufen der Götter dieses Weib irgendeinem gemieteten Henker übergeben hättest, damit sie vor dem versammelten Volke im Namen der Gerechtigkeit hingerichtet werde, ich würde deine Hand niemals wieder ohne Abscheu berührt haben. Aber so war es eine natürliche Tat; ich fühle keinen Abscheu vor ihr.*«

Es ist Pflicht, für sich zu sorgen und diese Verantwortung nicht auf »Autoritäten« abzuschieben. Aber nach der Logik der Selbstaufgabe-Opfer-Gehorsam-Ideologie bedeutet das, sich Gottes Willen, der Vorsehung (die wir ja auch aus anderem Zusammenhang kennen) in den Weg zu stellen. Unter dieser Prämisse machte es der junge Johannes richtig. Nach einem Gespräch mit einem *Dir. Schäffner*, bei dem er *wirkl. sehr viel Klarheit aufgezeigt bekommen* hat und der ihm noch *ein paar feine Anhaltspunkte über die Verehrung des Heiligsten Herzens J. C.* und über das *Wesen Marias, die Hilfe der Christen* mit auf den Weg gab, schreibt er: *Herrgott, als ich 1946 Deinen Ruf hörte und ja sagte, wußte ich um die Tragweite dieses Jawortes noch nicht. Aber damals wie heute habe ich den festen Willen und den frohen Mut, bei diesem Wort zu bleiben. Mag es auch manchmal schwer und hart, verdammt hart sein und vielleicht oft noch härter werden! Aber Du, Gott, der Du mich gerufen hast, wirst mich auch führen. Dir schenke ich mich hin zu Deiner Ehre! Künder will ich Deinem Worte sein, selbstlos und liebend!* (18.12.48)

Das Fatale: Das Gegensatzpaar heißt Selbstlosigkeit – Egoismus. Eine edle Eigenschaft steht einer verachtenswerten gegenüber. Nimmt man dagegen das Gegensatzpaar Geiz – Verschwendungssucht, dann ist offensichtlich: Richtig ist irgendetwas zwischen den Extremen. Bei der Selbstlosigkeit ist es anders: Sie ist ausschließlich positiv konnotiert. Dabei kann sie nicht minder verheerend, neurotisch, dumm sein wie Geiz, der bei den Geizigen Sparsamkeit heißt.

Ich habe in ganz, ganz frühen Zeiten mal zu Johannes gesagt: »Seien Sie ruhig etwas egoistischer.« Diesen Satz hat er sich gut gemerkt und oft zitiert. Gemeint habe ich selbstverständlich nicht, er solle ichsüchtig sein, sondern er solle besser und mehr an sich selbst denken. Aber dafür fehlt uns ein griffiges Wort.

17.1.2015
Vor den Irrungen und Wirrungen des Zöglings Johannes in der Liebe und Sexualität möchte ich einen Blick auf seine Schulkarriere werfen. Er tut sich unendlich schwer, steht vor dem Scheitern. Ein Grund ist sicher, dass er, anders als seine Mitschüler, vermutlich schon seit Mitte/Ende 1944 keinen geregelten und bald überhaupt keinen Unterricht mehr hatte. Er gibt sich unendlich Mühe, aber die Niederlagen und seine Angst vor dem Scheitern sind furchtbar. Ich habe Mitleid mit ihm, der so viel mit sich allein ausmachen musste. Aber ich glaube, die äußeren Umstände sind nicht alles: Jeder schulische Erfolg bringt ihn dem Priestertum näher, jedes schulische Versagen wird zum Beweis fehlender Berufung und birgt die Chance, dass er nicht Priester werden muss. Bewusst ist ihm selbstverständlich nur, dass er unbedingt Priester werden will. Auftauchende Zweifel laufen unter der Rubrik Versuchung. Aber dieses permanente Versagen trotz großer Anstrengung, im Verein mit massiven psychosomatischen Beschwerden, von Kopfweh, Schwindel, Herzschmerzen und Übelkeit bis zur ständigen Müdigkeit, spricht eine andere Sprache. Das Ergebnis einer von mehreren ärztlichen Untersuchungen 1948 lautet: »*keine organ. Fehler, nur mit d. Nerven vollkommen am Ende. Brauche unbedingte Ruhe! Gutes Essen!*«

Wie Johannes' schulische Leistung mit Gott verknüpft ist, ist ein Kapitel für sich. Es ist die typische Instrumentalisierung Gottes: Wenn ich deinen Willen erfülle, hast Du, Gott, mir gefälligst zu helfen:

4.9.1948
Über allem, über Freud und Leid, Schmerz und Mutlosigkeit stehe die Ergebung in Gottes hl. Willen! ... Ich kann alles, was ich will, wenn es der größeren Ehre Gottes dient ... Ich will das Abitur machen ... Ihm als Opfer, ihm zum Lobe! Aus Liebe zu ihm! ... Ich will heilig werden, weil er der Heiligste ist.

Am 23.11.1948, an seinem 19. Geburtstag, schreibt er: *Engl. 5. Ein feines Geb.-Geschenk! Was soll ich tun? – Der Herrgott will mich nicht. Sonst tät' er mir helfen! Aber ich bin dumm! Mein Gott, warum hast Du mich verlassen? – Verzweifelt fuhr ich in die Herzogspitalkirche. – Vater, laß mich sterben. Ich kann ja doch nicht zu Deiner Ehre arbeiten.*

Fünf Tage später, am 28.11., leistet er Abbitte: *Wie töricht war ich doch in meiner Verzweiflung, daß ich Dich, meine liebe Mutter im Himmel, vergaß und damit meine Rettung nicht sah! Wie undankbar war Unglaube gegen Deine Liebe und Hilfe, o mein Heiland, u. Deinen mütterl. Schutz, den Du, liebe Jungfrau, mir noch nie versagt hattest. Verzeiht mir meinen Unglauben u. segnet, ich bitte Euch, meine Arbeit, stärkt mich in meinem Tun und Leben, in meinem Glauben u. Liebe!*

Als er am 1.2.1949 ein wenig ermutigendes Zeugnis bekommt, ist er am Ende. In einer Mischung aus Wut und Verzweiflung schreibt er:

Es ist ja alles Illusion, Wahnsinn, sinnlos! Wozu? Für wen, wenn Gott mich nicht will? Als ich das Zeugnis in der Hand hielt, drohte ich zusammenzubrechen, und alles, was in mir gläubig war, brach zusammen! Jetzt war alles umsonst! Ich habe wirkl. alles getan, mich geplagt und gemüht, wirkl. versucht, zu beten und zu arbeiten ... Hoffnung und Glaube, alles ist Torheit! Das ist der Lohn, das ist die Antwort! ... Ich habe Gott nie – so glaube ich – um Unrechtes gebeten, und er hat mich nicht gehört! Ich war mir bewußt, daß ich ohne Gott nichts schaffen kann, in ihm aber alles – nun? Ich habe auch mit ihm nichts geschafft! Gibt es etwa keinen Gott? ... So einsam bin ich; ohne Halt und Hilfe. Wen Gott verlassen hat, ist wahrhaft heimatlos.«

Die Geschichte geht – wie bekannt – gut aus. Wäre ja auch gelacht, wenn einer, der in einer katholischen Schule den Wunsch äußert, Priester werden zu wollen, das Abitur nicht schaffen würde. Geht sie wirklich gut aus? Oder bedeutet das Abitur, so ersehnt es auf der bewussten Ebene ist, auf der unbewussten womöglich: Jetzt kann ich wirklich nicht mehr zurück?

In einer Gesellschaft, die Selbstaufgabe, Opfer, Entsagung zur Handlungsmaxime erklärt und zum Zölibat verpflichtet, werden Liebe und Sexualität, wenn man so will, zum entscheidenden Schlachtfeld. Ich glaube, es war Volker Elis Pilgrim, der mal sagte: »*Sex ist keine karitative Veranstaltung.*« Hier meine ich, dass Johannes bezüglich des Zölibats recht früh gesagt hat: Ihr könnt mich mal. Zunächst aber nicht.

Wer die Pflicht zur Selbstaufgabe und die Pflicht zum zölibatären Leben anerkennt, der kommt aus Schuldgefühlen, aus Verrenkungen, das Unvereinbare irgendwie zu vereinbaren, aus erfolglosen Versuchen zur Sublimierung nicht mehr heraus. Das war die Situation des *jungen* Johannes.

Da ist zunächst Resl. Sie studierte Medizin. Kennengelernt haben sich die beiden im August 1946, er war also noch keine 16. Wenig weiß ich von ihr, denn wie sie war, was sie sprach, darüber schreibt Johannes fast nichts. Aber ich finde sie sympathisch. Ich glaube, sie ist auf lange Zeit die normalste Frau in seinem Leben. Weniger normal war ihre Beziehung.

Sonntag in d. Oktav v. Herz Jesu Fest, 6.6.1948
… Wir gingen dann bald in den Engl. Garten. Wie wundervoll waren diese Stunden heute. Mich überkam wieder ein so seliges Gefühl des Glückes. Ich hatte ja auch vorher darum gebetet, und nun durchströmte uns wirkl. die Fülle der Liebe Gottes und führte uns in dieser so großen u. wundervoll klaren Liebe zu ihm! Die Weihe u. Krönung fand dieser Tag in seinem innigen Abschluß mit einem hl. Opfer in der Ludwigskirche. Schwesterlein, hast Du gespürt, wie grenzenlos nah wir uns da waren? … Ich bin so glücklich.

Gott – der Dritte im Bunde. Das gibt Probleme!

Sonntag, 25. Juli 1948
Ich spürte, wie mein Herz so ganz voll ward von Liebe, von einer ganz rein und geschwisterlichen, aber auch unendlich gr. Liebe. Einer Liebe, die ich tägl. durch das Gebet wachsen fühlte … Meine Liebe zu Dir wurde getragen durch die Liebe zu Christus, ja sie ward so wundervoll proportional zu dieser! Flammte durch irgend etwas entfacht meine Christus-Liebe höher empor, so wurde auch die zu Dir größer und ebenso umgekehrt … Jawohl, wir sind beide verlobt mit Christus Jesus, unserem Herrn, ihm wollen wir Braut sein und in ihm lieben und geliebt werden, aber als Bruder und Schwester … Und da aber Gott die Stürme schickt, so dürfen wir ihn auch vertrauensvoll darum bitten, daß er uns dann die Gnade und die Kraft gebe, daß wir durch unser Bestehen in den Stürmen in unserer Liebe zueinander und füreinander wachsen! …

Was hätte ich den beiden gewünscht, dass da ein ganz großer Sturm gekommen wäre! Einer, der den ganzen verschwiemelten Quatsch weggefegt und die beiden auf ein Bett, auf eine Couch, auf eine Sommerwiese geworfen hätte. Nur sie beide, ganz ohne Jesus Christus! Diesen Herrn!

Stattdessen müht sich Johannes, das Unvereinbare zu vereinbaren. Ich kenne das gut: Ich bin zur Maiandacht gegangen, weil das die Bedingung von Eberhard für ein anschließendes Rendezvous war, statt zu sagen: »Du hast einen Vogel!« Auch er nannte mich Schwesterchen.

Aber der Versucher ruht nicht. Oder Gott schickt eine Prüfung. Und beide benutzen das Weib für ihre Zwecke.

»*Bitte denke daran, ein Kuß ist Sünde! Du hast heute Dein Gesicht an das meine geschmiegt, und ich habe mich an Dich geschmiegt ... Wo fängt bei Dir die Sünde an?*«, so schreibt Johannes irgendwann mal in seinem Tagebuch.

Mittwoch, 4.8.1948
... daß ich in meiner Verzweiflung nur darauf denken konnte, daß Du vergessen hättest, daß wir Bruder und Schwester sind! – Und wie beschämt bin ich jetzt ob meines eigenen Vergessens ..., daß ich doch vielleicht nicht in ganzer Klarheit mir vor Augen das Bild unsere Seelen als geschwisterliche gestellt hatte! ... Vielleicht war dies die Probe für die Echtheit unserer, meiner geschwisterlichen Liebe! ... Ein halbes Opfer blutet, ein ganzes Opfer brennt und leuchtet!

Bevor das ganze Opfer gebracht wird, noch ein Wort zum nicht geringen narzisstischen Gewinn dieses Dreiecksverhältnisses Mann-Frau-Gott. Es ist eben keine banale Dreiecksgeschichte unter dem Titel: Grete liebt Hans, aber der liebt Marie. Nein, hier hat man es mit dem Allerhöchsten zu tun. Das ist ganz großes Drama, zumindest bei Claudel und Gertrud von le Fort. Und die armen Menschenkinder dürfen mitspielen. Sie spielen gut mit, wenn sie entsagen. Ein Happy End wäre banal. »*Wahre Liebe erfüllt sich im Verzicht.*« Diesen Satz verdanke ich Martha. Ich weiß, ich bin ätzend. Ich bin es aus Empörung über den Missbrauch, der sich hier abspielte und der sich nach wie vor abspielt. Vielleicht sind die Worte heute weniger salbungsvoll, aber das ändert nichts. Man kann ja an Gott glauben, warum nicht? Aber dann gilt eben auch das Gebot: Du sollst den Namen Gottes nicht missbrauchen.

2.1.1949

... Ich glaube, es mag besser sein, wenn wir für immer jedes äußere Zeichen unserer Liebe, jeden Kuß, jede Umarmung unterlassen ... Ich bin bereit: Nie sollen unsere Lippen sich berühren, denn sie dürfen es nicht mehr!

4.1.1949

... Aber nicht nur unsere Seele hat nichts zu verbergen, sondern auch der Leib nicht, nur eines, die geschlechtliche Liebe – die zur Ausführung dieser Liebe drängt – und die bei uns Sünde ist. Unsere Liebe soll tiefer und höher sein, sie soll uns hinführen zu unserem Beruf, zu Christus. Und wir haben wohl die höchsten Gipfel von Gott zum Ziel gesetzt bekommen ... Möge der Herrgott ... uns stets in seiner Liebe führen, auf daß die unsere nun, so schön geklärt, ganz lilienrein und groß bleibe, bis unsere Leiber im Kampf für Gottes große Herrlichkeit aufgelöst und unsere Seelen, diese eine Seele für immer vereint vor dem Throne Gottes jubeln dürfen.

Das war's dann. Mehr oder weniger. Von 1979 oder 1980 gibt es eine Weihnachtskarte von Resl, die mich rührt und traurig macht: »*Frohe Weihnachten und alles Gute zum neuen Jahr wünscht Dir, lieber Johannes, Deiner Frau u. Joachim-David Deine Resl. Möchte gerne die Augen von Joachim-David unterm Christbaum sehen.*«

Damals aber, 1949, war Mia schon dabei, Johannes abzuschleppen. Ich kann es nicht anders nennen. Frau Dr. Maria Richter war seine Englischlehrerin, sehr fromm und spätestens ab Dezember 1948 per Du mit Johannes. Einer anderen Lehrerin stieß das unangenehm auf – ich denke, sie war auf der richtigen Spur. Im Juli 1949 machte Johannes Abitur, im August 1949 zog er zu Mia. Sicher, das hatte auch damit zu tun, dass sein Schülerheim dem Orden der Salesianer gehörte. Die erwarteten, dass er nach dem Abitur in ihren Orden eintreten würde. Als er dieses Ansinnen ablehnte, wurde ihm umgehend gekündigt. So bot sich die Lösung mit Mia an ... Irgendwann musste er allerdings ins Priesterseminar, wenigstens formal.

Was bei Resl nie der Fall war, soweit ich es sehen kann, bei Mia stellt er sich die Frage »Priestertum oder Ehe?« sehr schnell. Drei Tage vor seinem 20. Geburtstag, am 20.11.1949, schrieb er:

Und ich war schonungslos mit mir selber, ganz echt, ganz klar wollte ich die Dinge sehen ... Was Schuld war und wo sie anfängt, was Unvermögen ist und was kindliches Unwissen war ... Es war die Last der doppelten Unentschiedenheit: »*Ruft Gott mich zum Priestertum oder nicht?*« *und:* »*Sind wir berufen und gewillt, einander die Hände zum ewigen Bund zu reichen, und gibt es einen Weg dazu?*« *Und ich zittere bis ins Innerste, wenn ich mir darüber bewußt werde, daß ich mich mit aller Kraft gegen den von Gott erweckten Gedanken, Priester zu werden, sträubte. Daß ich mich dagegen wehre, weil ich diesem Menschen, dieser Frau, die ich liebe u. die mich liebt, nicht die Hand ausschlagen mag u. kann ... Wir haben auf den Leib des anderen übergegriffen, aber vielleicht nur aus Angst, die Seele des anderen zu verlieren ... Und wenn der Herrgott mich zum Priestertum ruft – er tut es, und ich spüre es –, dann will und muß ich ihm folgen, aber behalten will ich mein Mialein! – Heiland, bitte, warum dürfen wir denn nicht beieinander bleiben? Ruf mich zum Priester u. nimm mich, nimm dann das Opfer des Zölibats von uns beiden, aber laß uns beieinander! ... Heiland, bitte!*

Irgendein kluger Mann sagte mal, die Anliegen der meisten Bittgebete hätten die Aufhebung der Naturgesetze zum Ziel. Der Zölibat ist zwar kein Naturgesetz, aber fast.

Während ich aus der Zeit der Beziehung mit Resl nichts lesen kann, wo er sich von ihr verletzt fühlt, sind die Aufzeichnungen aus den ersten Jahren mit Mia – später gibt es fast keine Notizen mehr – voller Klagen: »*Ich halte diese Faustschläge einfach nicht mehr aus! Ich bin am Ende meiner Kräfte! Es geht nicht mehr!*«, schreibt er schon am 8.12.1949, als er sich mal wieder in der Besenkammer abgestellt sah. Es ist, so viel kann ich den Tagebuchnotizen entnehmen, von Anfang an keine gute Beziehung. Johannes fühlt sich immer wieder gekränkt und zurückgestoßen. »*Johannes ist überflüssig*«, schreibt er 1951. Aber er bleibt. Er bleibt noch viele Jahre.

Womöglich bedient diese Beziehung zwischen Johannes und Mia seinen Wunsch nach dem, was Reik »masochistischer Triumph« nennt: Je größer das geduldig ertragene Leid, umso sicherer ist das Vergeben der Schuld und umso größer die Belohnung; je mehr man aushält, umso hilfloser wird der Peiniger – und Bewunderung durch andere ist einem sicher. »Mitten im Leid triumphieren wir über alles«, schreibt Paulus.

18.1.2015

Es klingt reichlich bös, wenn ich Johannes' Verhalten in eine Linie mit der masochistischen Sehnsucht der frühchristlichen Märtyrer stelle. Genauso bös wie mein Satz zu Dorle: »*So richtig glücklich ist er nur, wenn er leidet.*« Ich glaube aber nicht, dass ich ihm unrecht tue. Damals, in den 40er- und 50er-Jahren und eben auch weit darüber hinaus, war er in einem verqueren, inhumanen Denken gefangen. Er hat sich im Lauf der Jahre selbst daraus befreit. »Der andere Königsberger« hat sich schließlich durchgesetzt: »Habe Mut, dich deines eigenen Verstandes zu bedienen.«

Mia brachte Johannes in den Münchner Una-Sancta-Kreis, einem Vorläufer der ökumenischen Bewegung, der 1960 den Eucharistischen Weltkongress organisierte oder mitorganisierte. Dieser Kreis hatte große Hoffnungen auf Johannes gesetzt. Heute würde man sagen, er sollte gehypt werden.

Als Johannes dann 1965 zunächst als Lehrstuhlvertreter nach Tübingen ging, sich gleichzeitig von Mia trennte und zu Martha wechselte, wurde das in diesem katholischen Kreis übel vermerkt. Die Reaktion war so, als hätte Johannes seine Ehefrau zugunsten einer Geliebten verlassen. So weit, so gut. Man kann es ja durchaus positiv sehen, dass das sündige Konkubinat intern gehandhabt wurde wie eine normale Ehe.

Die Korrespondenz dazu ist noch verklausulierter, als es damals gang und gäbe war. Aber man verstand einander. Da war Pater Manfred Hörhammer, führend in der Pax-Christi-Bewegung. Er schrieb 1966 vorwurfsvoll: »*Es liegt zwischen uns beiden, der ich Deine Primizpredigt gehalten und wo uns eine ganze Geschichte zusammen verbindet, nahe, daß ich Dich einiges fragen müßte, ohne Auftrag, ist klar … Da kann man ja nicht so tun, als ob nichts geschehen wäre …*«

Von Johannes gibt es einen Antwortentwurf vom 18.12.1966: »*Dabei hatte ich mich sehr gefreut, von Dir wieder ein Lebenszeichen zu erhalten, wenngleich mich der Inhalt Deines Briefes und vor allem die Infragestellung unserer Freundschaft sehr getroffen hat. Eigentlich solltest ja wenigstens Du wissen, daß ich keineswegs um eines äußeren Erfolges willen über einen Menschen hinweggegangen bin …*«

Emmy v. Miller wirft ihm vor, »*daß Du die einfachsten Formen des Anstandes ... vielleicht doch in Wahrheit nie gehabt hast*«. Johannes antwortet ihr am 19.7.1966: *... dabei darf ich richtigstellen, daß ich meine Münchner Jahre weder hinsichtlich ihrer menschlichen Seite noch bezüglich dessen, was ich in ihnen lernen konnte, auslöschen möchte. Wo jedoch die Brücken nach München gänzlich abgebrochen zu sein scheinen, mag es wohl sein, daß ich ein Gutteil Schuld daran trage, doch das letzte Schweigen kam und kommt nicht von mir ...*

Noch im September 1971 verteidigt sich Johannes gegen Vorwürfe einer gemeinsamen Freundin: »*... Dabei will ich nicht verkennen, daß ich Mia nicht Geringes verdanke, doch andererseits ist auch nicht zu leugnen, daß mein Weg ohne sie wohl anders und für mich persönlich vielleicht ›besser‹ gelaufen wäre.*«

Diese Münchner Erfahrung ist auch ein Mosaikstein zum Verständnis, wieso Johannes diese panische Angst hatte, Martha zu verlassen. Er fürchtete, dass wieder mit Fingern auf ihn gezeigt würde, weil er eine arme, schwache Frau egoistisch im Stich ließ.

Beim Schreiben dieses Kapitels habe ich meine Ansicht über meinen Anteil an seiner Emanzipation etwas korrigiert. Ich hatte mich ja mit Händen und Füßen gegen die gängige Interpretation gewehrt, wegen einer Frau habe Johannes die Kirche verlassen. Dabei bleibe ich auch. Aber was mir klarer wurde: Weil ich ihn mit einiger Unerbittlichkeit daran hinderte, die vertraute Opferrolle zu spielen, sich hinter dem »Schicksal« zu verstecken, konnte er sein Leben in die Hand nehmen.

Wer beerbt Martha?

Johannes hatte nach dem Suizid Marthas zunächst mit der Analyse aufgehört. Ich schrieb am 30.4.1977 dazu: »*Oh, er weiß genau warum! Klöß und ich, wir hätten ihm die Tour nicht abgenommen.*« Das ist wohl wahr. Denn eine Analyse ist nicht – wie oft zu hören – die moderne Form der Beichte. In der Beichte stehen nur meine Verstöße gegen die Gebote zur Debatte. Nicht aber die Gebote selbst. In der Analyse stehen die Gebote, zumal die internalisierten, genauso auf dem Prüfstand wie mein Tun und Versagen. Selbstverständlich kann man es sich dabei bequem machen. Missbrauch ist überall möglich. »Ich mach mir die Welt, wie sie mir gefällt« – das können nicht nur Individuen, sondern Rechtsbeugung geschieht ebenso (und wohl oft auch effektiver) durch die Mächtigen und mithilfe ihrer Ideologien. Psychoanalyse kann – muss nicht! – eine Methode sein, ehrlich zu sich selbst zu werden. Dazu gehört aber auch, den Über-Ich-Agenten auf die Schliche zu kommen, sich selbst nichts vorzumachen und sich nichts vormachen zu lassen. Am Ende steht kein »ego te absolvo« von wem auch immer, sondern die eigene Entscheidung.

Bei Johannes aber griffen in jenen Tagen zunächst die alten Mechanismen. Eine Mischung zwischen dem Gefühl, schrankenlos schuldig zu sein, bei dem keine gerechte Abwägung möglich ist. Anderseits ein »Ecce homo« mit dem impliziten Vorwurf: Seht, sie hat mich vernichtet.

2.5.1977
… Ich fühle mich zutiefst schuldig an allem, daß ich nicht mehr geliebt, nicht stärker geglaubt und nicht fester gehofft habe. Es ist einfach unbegreiflich, daß sie nicht mehr leben soll; warum hat sie das nur getan? Ich bin verzweifelt. Ich kann auch nur noch verzweifeln!

3.5.1977
… ich kann nicht fassen, was ich getan habe, und nicht, was Martha getan hat. Und ich sehe überhaupt keinen Ausweg, keine Hoffnung u. keine Zukunft mehr. Dabei <u>war</u> vor einem Monat noch alles Zukunft! Da schien es wenigstens

noch so. Mein Leben hat sie unterbrochen, und das hat sie wohl auch gewollt. Vor allem: Ich sehe keine Möglichkeit für einen Neuanfang!

4.5.1977

R. zum Mittag. Sie schlief bis 16 Uhr.

4.5.1977, 22 Uhr

Liebstes!
Nach all diesem Unfaßlichen – ich durchlebe die Hölle ... Lebe wenigstens Du weiter!
Nur laß mich wissen, wenn Dir Moser (od. Rottenbg) an den Kragen geht! ... Jeden Morgen bin ich entsetzt, daß ich aufwachen muß.

5.5.1977

R. zum Abendessen.

7.5.1977

R. zum Abendessen.

8.5.1977

Mit R. nach Beuren, Neresheim, Martkoffingen – 17.30 Uhr zurück. Den ganzen Tag, vor allem am Abend intensive u. harte, aber auch befreiende Gespräche mit R. ... Mir wurde klar, wie Martha eigentlich war und warum ich mich in vielen Situationen ihr gegenüber so verhalten habe, wie ich es getan habe. Ich bin dankbar um diese Einsichten und hoffe, sie verschwinden nicht wieder.

21.1.2015

Gestern bin ich nach Freiburg. Zwei Therapiestunden sind ausgefallen, so hatte ich von 11 Uhr bis 17 Uhr Zeit, mir zwei Badeanzüge zu kaufen. Die brauche ich nämlich, weil ich in einem Anfall von Verrücktheit beschlossen habe, an Fastnacht für fast zwei Wochen nach Guadeloupe zu fliegen. Mit einem Inlandsflug, ich verlasse Frankreich nicht! Das war mir wichtig. Heute habe ich wirklich und wahrhaftig gebucht. Schweineteuer. Wo doch der Schwarzwald auch schön ist, wie ich allen möglichen Leuten gegenüber immer wieder beteuerte. Aber alle möglichen Leute haben gesagt: »Mach es! In den Schwarzwald, das kannst du noch in zehn Jahren.«

Jetzt habe ich die Fantasie, dass das Meer voller Quallen, Seeigel und Haien ist, dass im Bungalow neben mir eine italienische Familie mit vier Bambini wohnt, die die Nacht zum Tage machen, dass ich den Jetlag nicht vertrage und Schnupfen bekomme. Und vor meinem geistigen Auge sehe ich die Euros sekündlich durch die Sanduhr rinnen. Andererseits freue ich mich richtig. Vielleicht ist es auch gut, an einen Ort zu fahren, wo nichts an Johannes erinnert.

Als ich aus der Schlossberggarage in die Herrenstraße ging, kam gerade Udo Kauß daher. Das glaubt man nicht. Es ist, na ja, innerhalb von etwa drei, vier Jahren das dritte Mal, dass wir uns in Freiburg auf der Straße treffen. Sicher meint er, dass ich ständig in Freiburg bin und dass ich meine, er sei nie in seiner Kanzlei, sondern würde immer auf und ab spazieren. Wir haben uns richtig gefreut. Er hakte mich unter und wir stellten fest, dass wir beide zum Markt wollten. Ich, um einen großen Vorrat an köstlichem Käsekuchen von Stefan zu erstehen, Udo wollte für ein Abendessen der Humanistischen Union Sauerkraut kaufen. Vorher machte er an einem Pralinenstand noch eine arme Verkäuferin runter, dass eine bestimmte Sorte Pralinen nichts, aber auch gar nichts tauge.

An seiner Kanzlei verabschiedeten wir uns und nahmen dabei den ganzen Gehweg in Anspruch. Eine hübsche junge Frau kam und blieb stehen. »Ah, kommt da schon die nächste Frau?«, fragte ich. »Nein«, sagte sie lachend, »eigentlich will ich nur vorbei!«

Danach kaufte ich zwei schöne Badeanzüge und ein sündteures Strandkleid. Und war mehr als zufrieden. Fast glücklich. Die Parkzeit betrug eine Stunde und 46 Minuten. Dass ich in dieser Zeit auch noch fünf Roggenbrötchen, zwei Paar Hüttenschuhe, davon ein Paar zu klein, Panna-Cotta-Pulver beim Italiener, Lachscreme beim Metzger und einen Vorrat an Kaffee gekauft habe, beweist, dass ich sehr effektiv bin. Im Geldausgeben.

10.5.1977
Ich glaube, die Wut ist geblieben – und die Standhaftigkeit. … Ich wüßte nicht, wie es je wieder zwischen J. und mir gut werden sollte, ich bin so krank

vor Enttäuschung und Wut ... Und dann ist da andererseits die Erinnerung. Das Wissen: Es war gut, es hätte etwas werden können. Die Frage: Muß es jetzt wirklich vorbei sein? ... nachdem das »Paradies« schon greifbar war ..., ach Gott, die Küche, die wir ausgesucht hatten, die Möbel waren besprochen worden – und jetzt: ich allein.

Er hat geschrieben. Zunächst – das versteht er meisterhaft – ging in mir eine Welle des Mitleids hoch ... Dann allmählich gewann ich die Fassung gegenüber <u>dieser</u> Art von Angriff: Wo war von mir die Rede? Von der Hölle, die <u>ich</u> durchlebe? Wo war die Rede von einer Entschuldigung? Wo war eine Anfrage, ob ich überhaupt noch willens sei, irgendeine Beziehung zu ihm zu haben? – Nichts davon. Er sah nur die Hölle, die er sich selbst zum großen Teil bereitet – die Hölle, die er mir bereitet hat, sieht er nicht. Es scheint ihm ganz selbstverständlich zu sein, daß er wieder anknüpfen kann.

Meine Wut wuchs. Und dann die latente Selbstmorddrohung: »Jeden Tag bin ich entsetzt, daß ich aufwachen muß.« Auch wenn es nicht beabsichtigt ist: In dieser Situation so etwas zu schreiben, das ist mehr als gedankenlos, das ist sadistisch. Gut, wenn er sich umbringen will, ich kann ihn nicht hindern. Ich decke meine Angst mit viel Kaltschnäuzigkeit zu ...

... Ich weiß im Augenblick noch nicht mal, ob mein Warten auf einen Anruf nicht fast ausschließlich dem Wunsch entspringt, ihm die Dinge ins Gesicht schreien zu können. Ich weiß nicht, ob vielleicht nur die Sehnsucht nach dem, was mal war, noch besteht, aber nicht mehr nach ihm.

... Sonntag rief Peter Eicher an. Johannes habe ihn Sonntag angerufen, er solle mich mal wieder anrufen. Ich explodierte: Er könne als Peter Eicher gern anrufen, aber nicht als Beauftragter von irgendwem. Mir würde es stinken, daß J. zunächst Schluß macht und dann irgendwie doch Fäden knüpfen wolle ...

13.5.1977

Manchmal wünschte ich, ich könnte besser weinen. Jetzt gerade ist diese unbändige Wut weg, und statt dessen sind Trauer und Sehnsucht da. Und ich kann nicht richtig weinen. Da sitzt was drauf ... Und dann das Wissen, daß diese Trauer nicht nur schmerzhafter ist als die Wut, sondern auch gefährlicher. Sie könnte im Ernstfall zu einer Nachgiebigkeit verleiten, die ich nicht <u>will</u>. Ach, was man alles nicht wollen darf! Jetzt einfach zu ihm hin, sagen: Komm, halt mich fest.

Hoffen auf eine Katharsis? Jetzt grad tu ich's, während ich sonst eher die Endgültigkeit der Trennung zu verarbeiten suche. ... Peter muß ich im übrigen noch Abbitte leisten. Es war tatsächlich Neumann, der es der Millerin gesagt hat. Ich habe ihr gestern in Rottenburg gesagt, ich hätte aus einigen Äußerungen Peters entnommen, daß sie über gewisse Vorgänge meines Privatlebens informiert sei. Wenn ich ihr bislang nichts gesagt hätte, so sei das nicht aus Mißtrauen geschehen, sondern ich hätte ernsthafte Gründe gehabt. Sie habe Neumann nach seinem Auszug mal gefragt, weil sie dauernd von »hohen Herren« auf mich angesprochen worden sei. Und da habe er es ihr so im Groben erzählt. Ich war sehr erstaunt, daß er mir davon nichts gesagt hat ... Ich habe dann der Millerin so einige Storys erzählt. Sie reagierte äußerst vernünftig. Ich sagte, ich hätte den Eindruck, sie könnte zu diesem Thema auch einige Liedlein singen. Sie meinte: »Allerdings.«

... Es war richtig, Eicher zu sagen, ich wünschte keinen Briefträger, es war auch richtig, nicht auf J.s Brief zu antworten, es ist auch richtig, Dorle zur Unnachgiebigkeit zu verdonnern, wenn er sie anruft. Nichts anderes wäre richtig. Aber die Konsequenz ist, daß ich Stunde um Stunde warte ... Trauerarbeit. Heute dachte ich zum ersten Mal, fast wäre es einfacher, diese Trauerarbeit zu leisten, wenn er tot wäre. Dann wäre es eindeutig. So kann ich nicht »kontinuierlich arbeiten«, sondern immer wieder kommen Hoffnungen in die Quere ... Und ich kann mir dann nicht widersprechen: Nein, es gibt keine glückliche Wendung, das ist ausgeschlossen. Konzentriere dich darauf, wie du damit fertig wirst!

14.5.1977

... Heute Klöß. Endlich. Ich weinte. Weinte richtig. Ich bin so entsetzlich leer, ausgebrannt. Er hat einiges, was bei mir zu verhärten drohte, wieder in Bewegung gebracht. Nicht, daß er die Richtigkeit meines Schweigens angezweifelt hätte, aber er hat darauf gedrängt, daß ich die Wut und die Sehnsucht, die »hinter der Tür« sind, mehr wahrnehme. Daß die Haltung nicht zur Sturheit meines Vaters wird, von dem er meinte, daß er sein Herz nicht mehr fühlen könne.

Was ich mir denn wünsche? Ihn so richtig runterzuputzen und dann zu sagen: »So jetzt ist alles gut«, in seine Arme zu fallen und »so lebten sie glücklich bis an ihr seliges Ende«. – »Das kommt mir etwas schnell«. – »Was?« – »Das

Ende.« – »Und wenn sie nicht gestorben sind, so leben sie noch heute?« – »Es ist nicht mehr so schlimm wie früher, aber Sie sagen das immer noch mit einem ironischen Unterton, so als glaubten Sie nicht, daß es das gäbe.« – »Aber ich hab's doch geglaubt. Ich hab doch geglaubt daß es das gibt, daß etwas gut ist und hält!« Ich weinte laut ... Die ganze Hoffnung, das ganze Vertrauen, dieses »Endlich« zerstört – was bleibt einem dann als die Verhärtung?

Und die Verhärtung schon vorher. Die Disziplin, das Sich-nicht-Gehenlassen, Nicht-gehenlassen-Können, weil man nicht explodieren will, daß hinterher nur Scherben übrig sind. Immer denken: Was kommt danach? Sich nicht ohne Rücksicht auf Verluste gehenlassen können, weil man daran zweifelt, daß hinterher jemand da ist, der das und einen selbst auffängt. Neid Johannes gegenüber, daß er das kann, sich das rausnimmt.

Ach, ich bin müde.

14.5.1977

R. voll Traurigkeit da; zusamm. Abendessen.

15.5.1977

Ein erstes und langes Tel. mit meinem Kind. Mir ist etwas besser.

18.5.1977

Es kam ein langer Brief v. Kind. 14–19.20 Uhr Antwort begonnen und mit ihr ein langes Gespräch.

19.5.1977

Kind rief von sich aus an!
16.35 Uhr R. zum Tee.

20.5.1977

Abends ein sehr langes und wehes Gespräch mit R. Sie weinte und gebärdete sich letztlich, wie ich das bisher schon gekannt habe! Es war sehr arg! – geg. 22.30 Uhr ging sie dann!

Ein sehr ernstes Gespräch mit dem Kind wegen der anderen! Solange die im Hs. ist, ich nicht!

23.1.2015

Was mich erstaunt, und ich weiß es noch nicht ganz zu deuten: Seit ich über den jungen Johannes in München geschrieben habe, ist jede Bitterkeit über seinen Verrat gewichen. Auch meine Angst, dies sei nur der Anfang und ich hätte mich völlig in ihm getäuscht, ist weg. Noch weiß ich nicht, ob ich da etwas verleugne. Aber heute empfinde ich es weniger als verletzend, sondern vor allem als grenzenlos dumm. Eine Dummheit, für die er allerdings ziemlich büßen musste. Was mich absolut kaltlässt: kein Mitleid mit den falschen Leuten.

Ich beginne wieder, ihm zu vertrauen. Er war vielleicht dumm, meinte womöglich, er könne so vermeiden, wieder in Abhängigkeit zu geraten. Was erst recht eine Dummheit war. Aber er war nicht falsch. Wenn ich alles bedenke, all die Jahre mit ihm: Dafür, dass er falsch war, gibt es keinen Anhaltspunkt.

So bin ich im Moment im Frieden mit ihm und mir. Die Sehnsucht nach ihm ist groß und ich denke über meinen Satz von 1977 nach: »*Heute dachte ich zum ersten Mal, fast wäre es einfacher, diese Trauerarbeit zu leisten, wenn er tot wäre. Dann wäre es eindeutig. So kann ich nicht ›kontinuierlich arbeiten‹, sondern immer wieder kommen Hoffnungen in die Quere.*« Wie gern, wie unglaublich gern würde ich heute Hoffnung haben können. Und sei es nur die Hoffnung, ihn für einen, einen einzigen Moment wieder zu sehen. Und sei es nur aus der Ferne. Aber ich weiß ja: »*Außerdem gibt's das nicht. Schluß. Aus. Fertig.*«

17.5.1977

... Sonntag war es ganz schlimm, ich wollte nur noch schlafen, ... Schließlich raffte ich mich doch auf, arbeitete etwas. Am späten Nachmittag rief er an.
»*Ursula?*«

Ich, zaghaft, schwankend zwischen guten Vorsätzen und tiefer Erschöpfung.
»*Ja?*«

Ob er mir wenigstens noch schreiben dürfe, wieso er damals so geschrieben habe?

»*Ach, Johannes!?*«

Er sei so voll Angst gewesen, daß ihm der gleiche Reinfall noch mal blühe ... Obwohl ich in seiner Karte von dieser Angst wenig entdecken kann.

Ich faßte mich etwas und sagte, ich sei schon sehr, sehr verletzt. Ich riß mich furchtbar zusammen, weil ich so gerne nachgegeben hätte. Aber ich sagte: »Wir wollen es offenlassen.«
  »Wir wollen es hoffen lassen?« fragte er zurück.
  »Nein: offen. Hoffen tu ich schon für mich selber.«
  ... Na ja. Heute habe ich ihm einen 6-seitigen »Bilanzbrief« geschrieben, in dem ich mich bemühte, meinen in Dosen gefüllten Zorn wieder herauszulassen, ohne ihm jede Tür zu versperren.

Dieser Bilanzbrief ist merkwürdigerweise nicht mehr aufzutreiben, aber am 20.5. notiere ich manches, was offensichtlich in ihm drinstand:

20.5.1977
Die nächste »Pause«. In meinem Bilanzbrief hatte ich als <u>Grund</u>voraussetzung, um überhaupt weiterzusprechen, die Beendigung jeder Beziehung zu den Kindern von Martha und zu Ruth genannt (außer über den Rechtsanwalt). Das mit den Kindern machte keine Schwierigkeiten, da war er wohl sowieso schon soweit.
  Aber wie das mit Ruth sei, da schwieg sich J. aus. Deshalb fragte ich heute nach. Und siehe da: Da gibt es noch Kontakte. Ich sage: Gut, solange diese Kontakte bestehen, findet zwischen uns nichts statt, kein Brief, kein Telefonat. Er »sieht es ein«, aber langes Palaver: Er wolle es aus taktischen Gründen nicht, um sich nicht eine neue Front aufzubauen. Ich hohnlache. Erst wenn die Sache mit dem Haus geregelt sei. Ich sage, er solle das halten, wie er wolle, ich würde warten, aber so lange ... Ich habe die Schnauze so voll von diesen Intrigen. Das zum einen, und solange Ruth da irgendwie rumkreucht, gibt's wieder welche. Der zweite Grund, das sagte ich ihm, ist, daß ich es schlicht unmöglich finde, wenn er mit diesem intriganten Weib, das mir und ihm soviel angetan hat, länger verkehrt. Man muß sich mal vorstellen: Erfindet die Frau Studenten, weiß über Marthas Machenschaften Bescheid, hat mit größter Wahrscheinlichkeit alle unsere Briefe, derer Martha habhaft werden konnte, gelesen, und dieser Mensch redet noch mit diesem Weib ...
  Dieser Eintrag überschneidet sich mit einem langen, langen Brief von Johannes, der irgendwie anders ist. Ich weiß nicht recht, wie ich es be-

nennen soll, ohne Klischees zu gebrauchen. Männlicher? Entschlossener? Klarer? Ein wenig, aber nur ein wenig, kann ich nachvollziehen, dass ich ihm als starke Frau auch Angst gemacht habe. Es ist sicher nicht meine größte Begabung, im guten Sinn diplomatisch zu sein. Damals schon gar nicht, da war auch meine Angst zu groß, dass die ganze Hand ab ist, wenn ich ihm den kleinen Finger gebe. Aber dass Johannes den Unterschied nicht klarer sah, sondern mich in einen Topf mit Mia, Martha und Ruth warf, das kränkt. Denn ich stellte zwar meine Bedingungen, aber vor »Vertragsabschluss«. Das ist etwas anderes, als jemandem hinterher mit dem unterschlagenen Kleingedruckten zu kommen.

18.5.1977, 16.10 Uhr

Liebe Ursula!

Habe Dank für Deine »Bestandsaufnahme« des Schadens. Auch ich bin mit Klöß daran, mein diesbezügliches Verhalten zu analysieren. Es offenbart wohl eine gefährliche Grundtendenz meines Wesens, zugleich aber auch eine Ur-Angst: die Angst nämlich, immer an stärkere Frauen zu geraten, die mich schließlich – wie Martha über ihren Tod hinaus – unterjochen.

… Diese sechs Wochen ohne Dich haben mir zwar gezeigt, daß ich ohne Dich existieren kann, aber auch, daß ich nicht ohne ein Du zu leben vermag, dem ich vertrauen kann. Auch für mich ist es nicht nur die Frage, ob ich mit Dir leben möchte, sondern auch, ob ich Dich in meinem Leben brauchen kann. Ganz konkret und hart gesagt: Kann sich der damit für mich verbundene »Umbruch«, der Verlust an Nimbus, berufl. Ansehen u. dgl. überhaupt »lohnen«? Werde ich es aushalten, wenn es dann eines Tages heißt: »Also doch!«??

… Mit der ganzen Wollschen Familie u. Sippe will ich nichts mehr zu tun haben … Der Ruth unterstellen sie sogar, sie hätte sie vorsätzlich vergiftet …

Ob Du das, was ich Dir am 13.4. angetan habe, aufarbeiten kannst, daß Du wieder tiefes Vertrauen zu mir fassen kannst, muß sich bei Dir und in Dir herausstellen. – Ich habe rational eingesehen, daß ich da kurzschlüssig, falsch und feige gehandelt habe … Damit hängt zusammen, daß ich ganz von R. frei und unabhängig werden muß. Und sie dürfte nicht weniger gefährlich sein als M. Eine wunde Stelle jedoch hast Du selber angesprochen: Frl. Weckenmann.

Im Augenblick bin ich – da der Verwaltungsrat Marthas Stelle noch nicht wieder freigegeben hat – mehr denn je »abhängig«.

Aber auch sonst reagiert sie allergisch gegen meine permanenten Distanzierungsbemühungen. Bis der Hausverkauf mit den Kindern – über die Rechtsanwälte – nicht ausgestanden ist, möchte ich keine weitere »Front«; deshalb nur behutsame Konsequenz. Eine klare Distanzierung wird sich nicht vermeiden lassen. Ich habe es ihr auch schon gesagt. Denn im Augenblick fühlt sie sich als Herrin der Lage.

Doch nun zu Deinen Sachfragen:
Zu 1: Mitschuld am Tod. ... Sicher hast Du recht, daß sie durch ihren Tod mich beruflich-gesellschaftlich »vernichten« und unsere Beziehung zerstören wollte. Beides kann sie – gegebenenfalls durch ihre gleichgearteten Töchter und den bayerischen Schwiegersohn – noch durchaus erreichen. Zu weit hat sie unsere Geschichte herumgestreut. Sogar mit Ratzinger hat sie mehrfach telefoniert.

Wenn Du fragst, »wo ich ihr unrecht getan« hätte, dann doch sicher darin – wenigstens in ihren Augen –, daß ich mit Dir eine Beziehung aufgebaut und damit ihre Fesseln zu sprengen versuchte. Dabei lebte sie nur davon, daß sie mich wie ein Vampir ausbeutete.

a) Ich kann ohne jede Einschränkung Deine Behauptung unterschreiben: »Ich wollte ihren Tod nicht, aber meine Entscheidung, mich von dieser Frau zu trennen, wird nicht deshalb falsch, weil sie sich umgebracht hat.« Darum will ich es einüben, zu meiner Entscheidung zu stehen!

b) Ob ich allerdings genauso gehandelt hätte, wenn ich vor einem Jahr gewußt hätte, wie es endet, weiß ich nicht ...

c) Daß die Beziehung zu Martha tatsächlich tot war, habe ich ja erst durch die Beziehung <u>mir Dir</u> erfahren. Keineswegs in dem »Spiel« mit Ruth, die ja in gewisser Weise Martha als »Pfand« brauchte. Meine Gefühle Martha gegenüber nach ihrem Tod waren, das vermag ich jetzt bereits zu sagen, sentimentaler u. rückblickender Natur. Uns verband und verbindet nichts anderes als die Geschichte eines gemeinsamen tragischen Irrtums mit tödlichem Ausgang!

Zu 2. Wie weit ich für mich selbst zuverlässig bin.
a) ... Ich, der ich bisher doch immer bürgerlich-kirchliche Wohlanständigkeit zu verkörpern schien, fühlte mich durch ihren Tod decouvriert, bloßgestellt, angreifbar und ausgeliefert der Rachlust anderer.

b) Wenn ich in dem Brief geschrieben habe »... sie, die ich geliebt habe – und liebe«, so waren die beiden letzten Worte sicherlich eindeutig falsch empfunden bzw. verkehrt ausgedrückt ...

Zu 3. Ob ich in einer Hölle »Marke Eigenbau« gelebt habe, weiß ich nicht. Aber es war die Hölle! Und gewollt habe ich sie auch nicht. Gerade die Tatsache, daß ich Dich – wie mir zunächst schien – nun mit notwendiger Konsequenz verloren hatte, machte die Hölle ja erst richtig »höllisch«, nämlich menschlich leer und unbehaust. Außer mit fremden Menschen hatte ich ja fast nur mit R. Kontakt. Und gleichzeitig mißtraute ich ihr und habe Angst vor ihr. Denn ich bin mir – fast – sicher, daß sie weithin mit M. »zusammengearbeitet« hat, um mich nicht an Dich zu verlieren. Nun aber schien sie die einzige Verbündete, die schon aus eigenem Interesse solidarisch war, weil sie zu sehr in die ganze Angelegenheit verstrickt ist. Natürlich bin ich dadurch immer in Gefahr, in eine noch größere Abhängigkeit zu geraten. Ich habe aber die Gefahr erkannt und versuche, mich frei zu machen.

... Wie immer es mit uns werden mag, so hast doch Du einen ganz wesentlichen Anteil an diesem meinem Erfahrungsprozeß. Auch wenn dieser Prozeß unendlich schmerzvoll war, bin ich dankbar, daß Du ihn von einem ganz bestimmten Punkt an angestoßen hast! – Unheilvoll dagegen war, was am 20. Mai vor 15 Jahren begann, die »Ehe« mit Martha. »Bis der Tod uns scheidet ...« Welche Dämonie menschlichen Anspruchs!

Liebste Ursula, nimm das als Aphorismen zu Deiner Bilanz. Nicht als Antwort, schon gar nicht als Programm oder gar »Versprechen«. Alles in mir und in dieser Wohnung wartet auf Dich. Aber erst muß ich wissen, wie verläßlich ich selbst bin!

Dein Johannes

Ja, das ist ein anderer Ton. Ein wohltuend anderer Ton. Dass er mir hinsichtlich meiner Forderung, den Kontakt zu Ruth abzubrechen, nicht folgte, empfinde ich unter einem bestimmten Blickwinkel als selbstständige Entscheidung, mit der er – mehr sich als mir – zeigen wollte, dass er nicht Vollzieher meiner »Anordnungen« ist. Aber das wiegt das andere nicht auf: Er war sich im Klaren über Ruths Rolle in der ganzen Affäre, nicht bis zum Letzten, aber im Großen und Ganzen. Wenn er aus taktischen Gründen, Angst oder alter Anhänglichkeit glaubte, die Beziehung nicht vollständig abbrechen zu können, dann ist das keine hinlängliche Begründung für diese intensiven Kontakte. Und schon gar nicht dafür, dass er mit ihr ins Bett ging.

Und dann gibt es da noch etwas anderes: Ruth hat Johannes gekauft. Was umgekehrt heißt: Er hat sich kaufen lassen. Die im Brief genannte Frau Weckenmann war damals die von Ruth bezahlte Sekretärin bei Johannes. Das war nur eine ihrer nicht wenigen Großzügigkeiten. Die hatten ihren Preis, wie er noch sehen sollte.

Ich schreibe Johannes, dass ich von solchen halben Distanzierungen nichts halte. Er gibt mir recht. Aber ...

21.5.1977

14.30–16.45 bei meinem Kind. Sie war im Park. Dann lagen wir uns in den Armen ... Sehr elend und doch sehr froh, weil sie wiedergesehen.

29.5.1977

Letzten Samstag ging ich im Eichenhain spazieren und mußte mich plötzlich umdrehen. In einiger Entfernung kam jemand, der verdammt nach J. aussah. Unsicher fixierte ich ihn. Er war es! Typisch ich: Anstatt zuerst die Frage zu stellen: »Was willst du hier? Hast du mit der Ruth Schluß gemacht?«, fiel ich ihm zunächst einmal um den Hals. Und fragte dann ... Es ginge nicht so schnell – wegen der Schreibkraft, die Ruth bezahlt. Nicht einen Pfennig ließe ich mir von dieser Frau bezahlen. Und vor allem, weil er so Angst »vor einer neuen Front« habe. Was für eine Front?

... Die Verbindung zu Ruth war in den letzten Wochen viel intensiver, als ich je zu fürchten gewagt hätte, das heißt, »zu fürchten gewagt« ist nicht ganz richtig. Als sich die Mosaiksteine dann hinterher zusammenfügten, war das Hauptgefühl nicht Entsetzen, sondern: »Ist er denn komplett verrückt gewesen?« Na ja, gut auf alle Fälle, daß ich's nicht wußte. Sie hat wohl wirklich geglaubt, sie könne jetzt einfach so Marthas Rolle übernehmen. ...

Stuttgart, den 13.6.1977

Lieber Johannes,

... ich habe Dir gesagt, ich könnte es wesentlich eher verstehen und akzeptieren, wenn Du mit Annemarie schlafen würdest, als wenn Du mit Ruth <u>hinter</u>

meinem Rücken noch irgendeinen Kontakt hättest. … Ich verstehe, daß Du, der Du gegängelt, überwacht wurdest, über jeden Deiner Schritte Rechenschaft ablegen mußtest und wohl, so stell' ich mir's vor, alle Nase lang eine Szene gemacht kriegtest, wenn Du auch nur eine andere Frau anschautest, allergisch auf so eine Feststellung reagierst. Soweit ist das klar. Aber die Sache hat zwei Seiten, und auch ich habe meinen wunden Punkt … Ich möchte auch beruhigt werden … Aber in unserm Gespräch konntest Du mir die Beruhigung, nach der ich hungre, nicht geben. Du sagtest nicht: Die Sache mit der Ruth ist klar, da brauchst Du gar nicht mehr danach zu fragen, Du kannst Dich auf mich verlassen …

Was mir wohl noch mehr in den Knochen steckt, ist die Tatsache, daß Du nach Marthas Tod Ruth bei Dir ein und aus hast gehen lassen, während Du mir den Laufpaß gabst … [Es] stand eindeutig fest, daß sie gegen Dich – und was hier mal wichtiger ist – gegen mich in übelster Weise konspiriert hat. Grad aus dem Grund würde ich eben jeden Kontakt mit Ruth als echten Verrat an mir empfinden, da käme ich mir betrogen vor, während – so komisch es klingen mag – wenn Du mit Annemarie schlafen würdest, das könnte ich gar nicht so als gegen mich gerichtet empfinden, das könnte ich irgendwo nachfühlen … Nicht, daß ich's will.

Ich glaube, ich muß an diesem Punkt wirklich aufpassen, daß ich nicht zu <u>wenig</u> eifersüchtig bin …
Deine Ursula

Da war ich ziemlich nah dran an der Wahrheit. Mir scheint, es war nicht nur Naivität, die mich einige Fragen nicht stellen ließ, sondern auch Angst vor der Antwort.

Annemarie war übrigens eine Ex von Johannes, so irgendwann zwischen Mia und Martha. Sie hatte ihn in jenen Tagen besucht. Bei der Gelegenheit lernte ich sie kennen. Auch wenn ich vermuten konnte, dass sie Johannes immer noch sehr mochte und Johannes sie auch (wenngleich etwas weniger), so war das für mich tatsächlich kein Problem. Das machte mich auch sicher, dass ich – was Ruth betrifft – nicht banal eifersüchtig, besitzergreifend war.

Ich war nun zunehmend öfter bei Johannes, übernachtete bei ihm, wenn ich in Tübingen Seminare hatte oder im Schulreferat in Rottenburg war.

Ich sauge die Notizen in seinem Kalender auf: »*mit dem Kind gut geredet*«, »*ein guter Abend mit meinem Kind*«, »*friedlich mit dem Kind*«. Zumal die Notizen über die Besuche Ruths deutlich weniger harmonisch klingen.

Ruth und ich sind uns nie begegnet. Wenigstens nicht von Angesicht zu Angesicht. Einmal nur standen wir uns Aug in Aug gegenüber. Sie guckte durch den Spion rein und ich raus. Ich hatte damals eine unbestimmte Angst, etwas war mir unheimlich.

Aber ich hatte auch Zeit und Lust auf Quatsch. Im Juni schrieb ich auf dem Briefpapier des bischöflichen Ordinariats aus dem Schulreferat:

Rottenburg, den 10.6.1977
Sehr geehrter Herr Professor!
Nach unseren Informationen haben Sie sich gestern erneut mit einer Dame getroffen, deren Charakter – wie wir aus anderer Quelle wissen – mehr als zweifelhaft ist.

Sie haben mit dieser Dame nicht nur große Mengen Spargel gegessen und große Mengen Wein (rot; Herkunft: Württemberg, Frankreich) getrunken sowie obszöne Reden geführt – wie bei dieser Dame nicht anders zu erwarten –, sondern Sie haben darüber hinaus noch Dinge getan, die näher zu bezeichnen mir Moral und Zartgefühl verbieten. Schließlich hängt in Ihrem Arbeitszimmer die pornographische Abbildung eines überwiegend nackten Frauenkörpers, etwas, was um so schwerer zu werten ist, als damit Werke bedeutender theologischer Autoren verdeckt und damit geschändet werden.

In Bewertung all dieser Fakten sehen wir uns nun endlich gezwungen …

Tja, wozu? Ich mißbrauche Ordinariatspapier und einen Ordinariatsumschlag; anstatt zu arbeiten, treibe ich Trödel. Aber man muß Prioritäten setzen. Und ich könnte es nicht ertragen, wenn Du morgen traurig wärst, weil keine Post von mir käme …

Der eine Knoten wird durchschlagen

Keinen Monat später war das alles weniger spaßig.

Der Bischof von Rottenburg
Dr. Georg Moser

Rottenburg, 5. Juli 1977

Sehr geehrter Herr Professor!
  Den beiliegenden Brief erhielt ich gestern nachmittag. Ich übersende ihn Ihnen, damit Sie morgen bei unserer Begegnung dazu Stellung nehmen können.
  Mit freundlichem Gruß
  Ihr
  G. Moser

<u>Anlage</u>

Studentische Fachschaft   *Abschrift an*
Kath. Theologie an der   *Herrn Kultusminister*
Universität Tübingen   *Prof. Dr. W. Hahn*
                                   Stuttgart

Herrn
Bischof Dr. Georg Moser
7407 Rottenburg

Tübingen, 28.6.1977

<u>Betrifft</u>: *Prof. Johannes Neumann von der Universität Tübingen*

Sehr geehrter Herr Bischof,
  wir sind eine Gruppe von Studierenden der kath. Theologie an der Universität Tübingen und bereiten uns auf das Priestertum vor.

Seit langer Zeit nehmen wir Anstoß an der ungläubigen und antikirchlichen Lehre sowie an dem unsittlichen, ärgerniserregenden Lebenswandel von Herrn Prof. Neumann, der hier das Fach Kirchenrecht vertritt. Es ist für uns unverständlich, daß wir uns in Vorbereitung auf das Priestertum von einem Mann ausbilden lassen müssen, der in Wort und Schrift keine Gelegenheit versäumt, die Kirche zu beschimpfen und zu schmähen und vieles von dem, was für uns einen hohen Wert darstellt, in den Schmutz zu ziehen.

Insbesondere in seinen Lehrveranstaltungen trägt Herr Neumann in aller Schärfe und im Klartext jene Attacken gegen Glauben und Kirche vor, die er in seinen Schriften teilweise nur verschleiert vorbringt, damit man ihn nicht so leicht fassen kann. Lesen Sie z. B. sein Buch »Menschenrechte, auch in der Kirche?« Diese Menschenrechte gibt es für ihn nicht, wenn er skrupellos seine Karriere aufzubauen versucht.

Alles wird klar, wenn man weiß, daß Herr Prof. Neumann aufs engste mit Herrn Prof. Küng befreundet ist, dessen bekannte antikatholische Gesamthaltung er uneingeschränkt befürwortet und mit verstiegenen »juristischen« Sprüchen verteidigt.

Wir haben den Eindruck gewonnen, daß es Herr Prof. Neumann darauf angelegt hat, die Kirche kaputtzumachen. Das gelingt ihm natürlich am besten als Theologieprofessor. Zu allem Überfluß ist er noch Mitglied der CDU, weil er dies wohl für seine Karriere braucht.

6 Leute aus unserem Kreis wurden durch seine Hetze schon so verunsichert, daß sie ihr Theologiestudium aufgegeben haben. Sie wußten nicht mehr, wozu sie noch Priester werden sollen, wenn sie in diesem Geiste ausgebildet werden. Leider wird dagegen von kirchlicher Seite nichts unternommen. So ist doch beispielsweise auch die Maßregelung von Herrn Prof. Küng im Sande verlaufen und erfolglos geblieben. Wir Studenten sind nicht bereit, einen ähnlichen Ablauf der Dinge im Falle Neumann nochmals unwidersprochen hinzunehmen. Natürlich gibt es auch unter den Studenten bedauerlicherweise Leute, denen die Gesinnung von Herrn Prof. Neumann zusagt, weil sie seinen Charakter nicht durchschauen.

Bei Herrn Prof. Neumann kommt noch hinzu, daß er einen unsittlichen Lebenswandel führt, der für einen Priester schlechthin skandalös ist. Wir haben diesbezüglich eine Fülle von detailliertem Beweismaterial vorliegen. Mehr als 10 Jahre lebte er mit der evangelischen Frau Martha Woll, einer geschiedenen Frau mit 3 erwachsenen Töchtern, zusammen. Bei ihr handelt es sich um eine frustrierte Schauspielerin. Offiziell wurde diese Dame als Haushälterin ausgegeben, obwohl jedermann weiß, daß zwischen den beiden intime Beziehungen bestanden. Mehrere dubiose Vorgänge, in die beide verwickelt waren – und weil Frau Woll von Herrn Neumann zuviel wußte – führten schließlich zu heftigen Auseinandersetzungen zwischen ihnen. Herr Neumann hat dann einige Wochen vor Ostern das gemeinsam bewohnte Haus in Kusterdingen, Jahnstr. 23 verlassen und tröstet sich zwischenzeitlich mit einer anderen Dame. Wegen des Zerwürfnisses beging Frau Woll am 11.4.1977 Selbstmord durch Einnahme einer Überdosis Schlaftabletten. Diese und andere Dinge sind in letzter Zeit zum Tagesgespräch in Tübingen geworden, was auch Ihnen nicht verborgen bleiben konnte.

Kann es uns zugemutet werden, bei der Vorbereitung auf das Priestertum von einem mit Skandal belasteten »Priester« ausgebildet zu werden, der solch schmutziges Leben führt?

Wir wissen, daß sich Herr Neumann um den Lehrstuhl für Kath. Kirchenrecht an der Universität München beworben hat. Da ihm in Tübingen der Boden zu heiß wird, möchte er sein Unwesen in München fortsetzen und sich für seine Berufung noch finanzielle Zulagen zu seinem jetzigen Gehalt heraushandeln. Dies darf nicht geschehen. Dieser Mann ist vielmehr aus dem akademischen Lehramt zu entfernen. Es ist Pflicht der Kirchenbehörde, dafür zu sorgen, daß er nicht noch mehr Theologiestudenten verwirrt. Die Kirche muß endlich einmal Mut haben.

Wir haben deshalb folgendes beschlossen: Falls Herr Prof. Neumann nicht innerhalb von einem Semester (Wintersemester 1977/78) durch Intervention der Kirchenbehörde aus seinem Lehramt entfernt wird, werden 8 Leute aus unserem Kreis ihr bisheriges Berufsziel, Priester zu werden, mit Sicherheit aufgeben, weil sich unsere Ideale und diese Ausbildung nicht miteinander verbinden lassen. Wir werden dann auch das ganze von uns gesammelte Material der Presse zur Veröffentlichung übergeben. Dies selbstverständlich unter voller Namensnennung, weil wir dann für eine berufliche Tätigkeit im kirchlichen Dienst nichts mehr zu befürchten haben. Bei der jetzigen Situation wird sich Herr Neumann mit der ihm eigenen Raffinesse aus allem herauslügen. Wir haben bereits mit einem überregionalen Presseorgan

Verbindung aufgenommen und von dort die Zusage bekommen, daß die Sache publiziert wird. Es wurde uns aber gleichzeitig geraten, zunächst noch zuzuwarten, ob wir eine Entscheidung in unserem Sinne herbeiführen können. An diese Abmachung werden wir uns halten.

Mit gleicher Post haben wir auch die Glaubenskongregation sowie die Kongregation für das kirchliche Bildungswesen in Rom unterrichtet.
Mit freundlichen Grüßen
Studentische Fachschaft Kath. Theologie
an der Universität Tübingen

PS: Es wurden auch die Apostolische Nuntiatur sowie die Münchner Stellen unterrichtet.

Für den 6.7. hatte Johannes schon seit Längerem einen Termin beim Bischof. Er notiert: *Fand von Moser anonym. Brief im Kasten. 16 Uhr Moser bis 19 Uhr. Kind wartete vor der Tür.*

12.7.1977
Wenn ich mit meinen Eintragungen auch nur annäherungsweise auf dem laufenden bleiben will, muß ich mich sputen.

Am 6.7. hatte J. sein schon länger vereinbartes Gespräch mit dem Bischof ... etwas hatten wir wohl beide die Befürchtung, der Bischof könne zu nett sein, das ganze zum Small talk ausarten und J. sich verpflichtet fühlen, auch nett und brav zu sein ... Die Überlegungen waren am Morgen des 6.7. überholt. Da bekam J. vom Bischof einen Brief. Inhalt: Die Photokopie eines – ich glaube, am 3.7. in Tübingen aufgegebenen – anonymen Briefes ... Eine Abschrift des Briefes ginge an den Kultusminister. Dem war so, Seifert hat ihn abgefangen, d. h. dafür gesorgt, daß ihn nur der Hahn zu sehen kriegt. Und die Nuntiatur würde verständigt (sie rief gleich am nächsten Tag in Rottenburg an). Das erste Mal interessiert sich die Nuntiatur für J. Das wurde auch Zeit. Und last not least würden die entsprechenden Kongregationen in Rom unterrichtet – nun, die Post nach Italien dauert länger.

Ich war eher amüsiert als empört. – Abgesehen von der persönlichen Mißachtung, die mir zuteil wurde.

Nun durfte man natürlich erst richtig auf das Gespräch mit dem Bischof gespannt sein.
Um halb sieben war ich wie verabredet in Tübingen. Kein Johannes weit und breit (das Gespräch begann um 16 Uhr). Es war schon nervenaufreibend ... Nun gut. Irgendwann nach 19 Uhr kam er dann. Zunächst – ich glaube überhaupt – war der Brief gar nicht das Entscheidende. Sondern: Moser erklärte J. – wieso hat er das eigentlich getan, es bestand doch gar keine Notwendigkeit dafür? –, M. sei zwei- oder dreimal bei ihm gewesen. Und zwar das erste Mal längst vor dem [ersten] anonymen Brief. Ich – sowieso erschöpft – heulte vor Wut. Kein Wort an J. Kein Wort. Im Gegenteil. Bei dem ersten Gespräch hatte er noch geraten, die Sache kurz in der Vorlesung abzutun.
M. hat dem Bischof gesagt, sie sei die eigentliche Frau von J., und er habe sie geheiratet und dabei eine Messe gehalten. – J. hatte tatsächlich in der »ersten Nacht« zu ihr gesagt: Jetzt sind wir verheiratet, und sie haben nach der unheiligen die heilige Handlung vollzogen. Zur Romantik gehört schon eine eigene Begabung.

Da hat sich Johannes wohl an Joseph Ratzinger gehalten, der mal kundtat: *»Von allen Geheimnissen der Liebeslust gibt es keines, das dem gemeinsamen Gebet gleichkommt.«* Wobei sich manche Leute fragten, woher er das denn weiß.

Am Karsamstag hat M. noch mal an den Bischof geschrieben – was sie wohl mehrmals getan hat. J. hat eine Fotokopie gekriegt, von der er aber bis jetzt nur die erste Seite gelesen hat ...

13.7.1977
Über mich wußte der Bischof zu berichten, daß er mich bei der Einweihung des Schulreferats <u>sehr genau</u> beobachtet habe und – offensichtlich zu seiner Überraschung – sei ich sehr zurückhaltend und schweigsam gewesen. M. hatte ihm noch aus einem Brief von mir zitiert, in dem ich J. von der Entjungferung Eberhards im Würzburger Priesterseminar erzählt hatte. Und der Bischof zu J.: Ob man denn dieser Frau nicht kündigen solle, wenn das ruchbar würde, und ich noch im kirchlichen Dienst sei. Es ist so typisch. Was von J. »ruchbar«

wird, ist wurscht, er ist schließlich der Professor, und bei ihm wird man alles tun, um ihn zu halten und zu decken. Aber die Frau ... Ich begreife allerdings nicht, wie der Bischof so dämlich sein konnte, J. gegenüber laut zu denken, denn auch der schäbigste Liebhaber hätte sich angesichts einer solchen Bemerkung verpflichtet fühlen müssen, sich in die Brust zu werfen und schützend vor mich zu stellen ... J. hat dem Bischof erklärt, das Problem heiße nicht Frau S., sondern Johannes Neumann. Er sei in der Situation festzustellen, daß er einen beträchtlichen Teil seines Lebens verpfuscht habe, die Frage mit Frau S. stünde zunächst gar nicht zur Debatte, sondern die Gottesfrage und was er aus seinem Leben mache. Er betonte, daß er sich in keiner Weise festlegen ließe, er wisse jetzt noch nicht, was er täte, aber Exzellenz könne versichert sein, daß er sich im Zweifelsfall weder laisieren ließe noch einen Skandal machen würde. Er ginge durch den Dienstbotenausgang hinaus. Im Unterschied zu Küng habe er weder den Ehrgeiz noch die Illusion, die Kirche zu reformieren ... Der Bischof habe darauf nichts gesagt.

J. hielt ihm noch vor, daß er jetzt plötzlich so ein großes Interesse habe rauszukriegen, wer hinter der Sache stehe, wohingegen das im Herbst [1976] für ihn gar nicht wichtig gewesen sei.

Die Situation ist ja auch eine andere: Damals stand ich unter Beschuß, und es sah auch nach begrenztem Konflikt aus. Jetzt steht J. im Mittelpunkt und der Bischof knapp daneben. Ich habe J. gesagt, was er dem Bischof vorwerfe, könne ich ihm mit Einschränkungen auch vorhalten, denn im Herbst wollte er ja auch keine Strafanzeige erstatten, während er jetzt ziemlich entschlossen ist. ... J. hat schon jetzt dem Bischof – der mit Ruth zusammen studiert hat – davon berichtet, daß R. angeblich von Studenten informiert worden sei. Exzellenz will sie anrufen, um ihr »die Zunge zu lupfen«. Ich glaube zwar weniger, daß er damit Erfolg haben wird, aber sicher wird es den Erfolg haben, daß Ruth nervös werden wird.

... Exzellenz wußte zu mir noch zu berichten, daß jede Frau immer ihren ersten Mann noch lieben werde. Das hat Johannes natürlich fürchterlich geängstigt, denn Heinz als Konkurrenz, das ist nun wirklich eine Gefahr.

Der Bischof hatte dann wohl auch die Vorstellung, ich bekäme jetzt von meinem Mann Unterhalt, weswegen – so wohl sein Gedankengang – man mir ja ohne schlechtes Gewissen kündigen könne ... J. schilderte mein Schicksal in den ergreifendsten Farben: Ich sei furchtbar fleißig und würde »am Rande des Existenzminimums« von meinen Schulstunden leben. Ich habe furchtbar gelacht, denn gerade hatte ich ihm eine Flasche Wein für 17,10 DM mitgebracht.

Den absoluten Hammer leistete sich der Bischof aber, als er Johannes damit zu trösten versuchte, daß »Martha jetzt sicher seine (J.s) erste Fürsprecherin bei Gott« sei. J. verzichtete dankend ...

Summa summarum: J. verhielt sich recht klug und geschickt. ... Mich kann der »Skandal« wirklich nicht aufregen, das ist mir so wurscht – mit Ausnahme der Möglichkeit, daß Eberhard noch hineingezogen wird.

Ich freue mich daran, den Bischof in der Bredouille zu sehen, denn er ist der einzige, für den wirklich was auf dem Spiel steht. J. kann, wenn es ihm zu blöd wird, »den Schleudersitz betätigen«, wie er sich ausdrückte, mir kann auch nicht mehr als eine Kündigung widerfahren – und gnade Gott, denen, die sie mir widerfahren ließen. Nur der Bischof muß Bischof bleiben, sich dumme Fragen von dummen Kollegen gefallen lassen, Angst vor Rom haben – und zittern. Und jeden Abend zu Gott oder der Fürsprecherin Martha beten, daß J. nicht geht.

Ich gönne ihm das, ich hab' nicht einen Funken Mitleid, denn in seiner Hand hat es gelegen, die Zeit des Terrors abzukürzen. Aber er hat geschwiegen. Natürlich hat er es »versprochen« (M.: »Ich muß doch wenigstens mit einem Menschen darüber reden können.« – Der Bischof fiel fast auf den Bauch, als J. ihm sagte, daß es wenigstens fünf solche »einzigen« gäbe) ... Aber ihm hat das wohl so schlecht gar nicht in sein Konzept gepaßt. Den Professor ein bißchen schwitzen zu lassen; ihn in Angst zu halten, verspricht, daß er auch in der Kirche brav ist.

Jetzt ist halt die Rechnung nicht aufgegangen. Der Preis für Solidarität ist manchmal hoch, besonders, wenn es sich um Solidarität mit den falschen Leuten handelt.

J. hat am nächsten Tag (7.7.), dem letzten Vorlesungstag, den Brief auszugsweise vorgelesen. Sarkastisch-unterkühlt, fragend, ob jetzt so der Priesternachwuchs aussähe. Helle Empörung der Studenten. Große Aufregung. Die Wilhemsstiftler wollen an den Bischof schreiben. Einhellige Meinung: Von uns war es niemand.

Fachschaftsrat Kath. Theologie
Hölderlinstr. 29
7400 Tübingen

Tübingen, 11. Juli 1977

Betrifft: Brief der Studentischen Fachschaft Kath. Theologie vom 28.6.1977

Sehr geehrter Herr Bischof,
  wir erhielten Kenntnis vom Brief einer Gruppe von Studierenden, in dem Herr Professor Neumann eines »unsittlichen Lebenswandels« und ketzerischer Lehrmeinungen beschuldigt wird.
  Mit Nachdruck distanzieren wir uns von Form und Inhalt dieses Schreibens.
  Der Katholische Fachschaftsrat legt Wert darauf, nicht mit einem Brief in Verbindung gebracht zu werden, deren Schreiber sich hinter der »Studentischen Fachschaft« verbergen müssen.
  Mit freundlichen Grüßen
  A. Sch.
  (Fachschaftssprecher)

Fortsetzung Tagebuch:

13.7.1977
... Auer, dem der Bischof in Absprache mit J. eine Kopie schickte, rief sofort an und erklärte ebenfalls, er halte es für völlig ausgeschlossen, daß das Studenten seien; einige sprachliche Wendungen seien untypisch für Theologiestudenten. Im übrigen sei auch er der Ansicht, wenn da mehr als ein Verrückter gewesen wäre, hätte man davon gehört, aber da sei nichts gewesen. Im letzten Semester sei über J. überhaupt nicht geredet worden. Am 8.7. machte er den Kollegen insgesamt – soweit vorhanden – die Eröffnung. Und der arme Johannes, der so skandalneurotisch ist und denkt, jetzt bräche die Welt zusammen, ... mußte erleben, wie die Professoren einen edlen Wettstreit anhoben, wer von ihnen wie viele und wie schlimme anonyme Briefe gekriegt habe. Küng wollte Sieger sein.

Der Bischof hat Johannes um eine »*zitierfähige Stellungnahme*« gebeten, vermutlich um gegenüber der Nuntiatur bzw. Rom etwas in der Hand zu haben. Diesen Brief schrieb Johannes am 9.7.1977. Hm, was soll ich sagen? Ich hätte das etwas weniger zuvorkommend formuliert. Etwas deutlich weniger zuvorkommend. Beginnt er doch wie folgt: »*Lassen Sie mich Ihnen nochmals für das offene und menschlich gute Gespräch am 6.7. danken! Ihr offenes Verhalten und Ihre Worte haben mir geholfen ... Andererseits trifft mich die Erfahrung sehr hart, daß all diejenigen, die von Frau Woll informiert wurden, mir gegenüber nicht die geringste Andeutung über deren Aktivitäten gemacht haben. Darum bin ich so betroffen, als ich erfuhr, daß auch Sie bereits vor einem Jahr von Frau Woll informiert worden waren ...*«

Ansonsten stellt er fest, dass das anonyme Schreiben nicht von der Fachschaft stammt: »*... Am 7.7.1977 habe ich in meiner Vorlesung den Hörern von diesem Brief berichtet, auszugsweise daraus vorgelesen und gebeten, falls jemand den oder die Schreiber kennen sollte, diese aufzufordern, sich offen an den Bischof zu wenden. – Das Auditorium war über Inhalt und Form empört. Nach der Vorlesung kamen Studenten einzeln und in Gruppen, um sich von diesen Machenschaften zu distanzieren und als Zeugen anzubieten ...*«

26.7.1977

Sage mir: Was ist mit der Schamlosigkeit der Bischöfe zu vergleichen? – Nichts.

... Irgendwann vor ein paar Tagen stellte sich raus, was ich aus irgendwelchen Gründen nicht realisiert hatte oder was er nicht so explizit ausgedrückt hat, daß Exzellenz von Martha nicht nur Briefzitate von mir in ihren Briefen gelesen hat, sondern auch die ihm von ihr überreichten oder übersandten Photokopien meiner Briefe. Er habe – so sagt er – aber aufgehört zu lesen, als er gemerkt habe ... ... aber angefangen habe er, denn er habe ja nicht gewußt, von wem ... Klöß, der J. gegenüber vor längerer Zeit auf dessen entsprechende Befürchtung geantwortet hatte, der Bischof würde so was gar nicht lesen, meinte, jetzt habe er was dazugelernt.

... Aber nun zum Bischof, der sich heute, respektive gestern – ja, wie soll ich das nur sagen – es ist irgendwie unfaßlich, was er sich geleistet hat: Heute mittag bekam J. per Kurier den Brief oder die Kopie eines Briefes des Bischofs an Küng.

26.7.1977

Lieber Johannes,
  beiliegenden unerfreulichen Brief des Bischofs von Rottenburg lasse ich Dir und Herbert Haag zukommen. Ich wäre Dir dankbar, wenn Du mir eine Kopie des an den Bischof von verschiedenen Persönlichkeiten geschickten Schreibens, das Du uns zum Teil vorgelesen hattest, zukommen lassen könntest. Dann dürfte es am besten sein, wenn wir die ganze Lage zu dritt besprechen. Auch Herbert Haag hat ja schon früher einen Brief aus Rottenburg beziehungsweise von Rom erhalten.
  Mit herzlichem Gruß
  Dein Hans

Der Bischof hatte an Küng geschrieben:

Der Bischof von Rottenburg
Dr. Georg Moser

                                    Rottenburg am Neckar, 22. Juli 1977
Sehr geehrter, lieber Herr Professor,
  es bereitet mir zur Zeit nicht geringe Sorgen, daß der Katholisch-Theologische Fachbereich Tübingen vor der Gefahr steht, ins Kreuzfeuer einer scharfen Kritik genommen zu werden. Die Stimmen der Unruhe mehren sich beträchtlich. Es ist Ihnen bekannt, in welch mißliche Situation Herr Professor Dr. Neumann geraten ist. In einem Schreiben, das an mich gerichtet ist, wird mir in nahezu erpresserischer Weise mit Veröffentlichungen in der Presse gedroht. Das Schreiben ist mit Abschrift der Apostolischen Nuntiatur, der Glaubens- und Studienkongregation in Rom und dem Herrn Kultusminister von Baden-Württemberg zugeleitet worden. Sie selbst sind in diesem Schreiben namentlich genannt und damit in diese Angelegenheit hineingezogen worden. So ist Grund genug vorhanden, sich mit allen Kräften um die Abwehr eines schweren Schadens zu mühen, der den ganzen Fachbereich treffen müßte.
  Inzwischen ist Ihnen ein Brief des Vorsitzenden der Deutschen Bischofskonferenz zugegangen. In ihm wird festgestellt, daß Ihre Antwort vom 13. Juni

1977 auf die Anfrage der Bischofskonferenz nicht akzeptabel sei. Sie selbst werden erneut um eine befriedigende Beantwortung der gestellten Fragen bis zur Herbstvollversammlung der deutschen Bischöfe gebeten. Mit Rücksicht auf diese wird Ihre Antwort bis zum 10. September 1977 erwartet. Ich sehe mich als zuständiger Bischof veranlaßt, Ihnen dringend nahezulegen, einer weiteren Verzögerung und damit einer Verschärfung Ihrer Angelegenheit entgegenzuwirken.

Eine nochmalige Verschleppung Ihrer Antwort aufgrund formaler Einwände erscheint mir in doppelter Hinsicht bedenklich. Sie verlieren damit bei nicht wenigen Mitgliedern des Episkopates an Vertrauen; und zwar gerade bei denen, die bisher an Ihrer guten Absicht festgehalten haben ...

Ich sehe mich deshalb wiederholt veranlaßt, Sie, verehrter Herr Professor, mit aller Dringlichkeit zu bitten, Sie mögen doch von sich aus durch eine klare Antwort zu einer befreienden Lösung in der schwebenden Angelegenheit beitragen. Nach unseren wiederholten Gesprächen vertraue ich – bauend auf Ihre Solidarität und die mehrfach geäußerte Intention, dem Glauben zu dienen – darauf, nunmehr in der sehr schwierig gewordenen Lage keine Fehlbitte getan zu haben ...

Mit freundlichen Grüßen bin ich
Ihr Georg Moser

Fortsetzung Tagebuch:

26.7.1977
... Da hat doch dieser Kerl die Stirn, den anonymen Brief praktisch als Erpressungsmittel gegen Küng anzuwenden. Wobei ich gleich den Verdacht hatte ..., daß Küng als Waschlappen auch dafür vorgesehen war, als Druckmittel gegen J. zu fungieren.

Küng, offensichtlich zunächst in heller Aufregung, wie die eilige Übersendung durch Kurier zeigt, wollte ein Treffen der drei Betroffenen (Haag, Küng, Neumann). Als J. dann einige Stunden später anrief, meinte Küng, er sei ja gar nicht betroffen, aber J. müsse etwas unternehmen, er sitze ja wirklich schwer in der Tinte. Er, Küng, arbeite an seinem neuen Buch, und Gott, die Welt und die Kirche würden staunen. Ach herrje!

J. war wohl zunächst und ist es wohl noch immer von wütender Hilflosigkeit gegenüber soviel naiver Arroganz, hat aber doch einen Termin für ein Gespräch ausgemacht, was ich wohl unter diesen Umständen nicht getan hätte.

... ich empfinde es wirklich als Schamlosigkeit: Kein Mittel ist dem Bischof zu schlecht, nicht einmal der Gebrauch eines anonymen, wie er selbst schreibt, »beinahe erpresserischen Briefes«, um selbst erpresserisch zu wirken.

Montag habe ich noch den Karsamstagsbrief von M. an den Bischof gelesen. Mein erster Eindruck war, daß hier schon jemand schreibt, bei dem einige Sicherungen rausgehauen sind, aber J. meinte, dieser wirre Stil sei bei ihr normal gewesen. Wenn das so ist, dann ist es schon erstaunlich, daß J. das Krankhafte nicht viel, viel früher bemerkt hat ...

Inhaltlich, je nun: pro Zeile zwei Lügen ... ...

Gott sei Dank ist von Eberhard nur insofern die Rede, als ich ihn »im Priesterseminar« verführt hätte. Der Bischof wird also alle armen unschuldigen Eberhards seiner Diözese mit scheelem Blick ansehen ...

2.8.1977

... insgesamt neigte J. zunehmend dazu, den Täter in der Verwandtschaft [von Martha] *zu suchen, obwohl er – wie es so seine Art ist und wie es auch die Kränkung abschwächt – immer noch ein wenig einer »Zweiquellentheorie« nachhängt. Immerhin hat er sich gestern Küng und Haag gegenüber so geäußert, daß er den anonymen Brief für eine Testamentsvollstreckung hält und die Verwandtschaft dahinter vermutet. Küng wehrte zunächst ab, aber Haag meinte, sicher sei, daß M. die* [anonymen] *Briefe im* [letzten] *Herbst geschrieben habe, denn das, was da drinstehe, das kenne er (von ihr) ... Ich brachte nur noch ein gelassenes »Das hätte ihm aber auch schon früher kommen können« zustande, denn allmählich kann es mich kaum mehr berühren, immer wieder neu zu entdecken, daß die Leute sich seit Monaten darüber klar waren, von wem die Sache kommt, und nichts sagten. ... Und Haag sagte weiter: Auch das, was jetzt in dem neuen Brief stehe, kenne er von ihr. Er unterstützt also die Verwandtschaftsthese. ...*

Küng – sieh da – verwies auf eine ganz andere Fährte: Er dachte an Ruth. Als J. mir das sagte, dachte ich, ich hör' nicht recht, denn wie kommt Küng auf Ruth? Ja, so Küng, auf die habe Frau Woll sich ja immer berufen. Als J. nach dem Motiv fragte, meinte er: Eifersucht. Das heißt also, Küng weiß, ... sei es von Martha oder nach Marthas Tod von Erna [Marthas Schwester], *mit der er ja Kontakt hatte, daß die gute Ruth hier ein Motiv haben kann. Und der naive Johannes glaubte, daß seine Verbindung zu Ruth gänzlich geheim sei.*

28.1.2015

Ich muss da grad was von naiv sagen! Die Verbindung zu Ruth war mir zwar nicht verborgen geblieben, aber wie eng sie war, das habe ich mir nicht träumen lassen. Besser: Das wollte ich mir nicht träumen lassen. Ich habe vieles als neurotische Angst bei Johannes diagnostiziert und abgetan. In Wirklichkeit war es angemessene Angst: Was würde »das Kind« tun, wie würde »das Kind« reagieren, wenn es die ganze Wahrheit erführe?

Es steht für mich fest, dass er mich liebte wie niemand anderen. Was ihn ritt, in jenen Monaten trotzdem mit Ruth und dann mit Elisabeth zu schlafen und damit unsere Beziehung wirklich aufs Spiel zu setzen, ich weiß es nicht. Trotzdem: Ich habe wieder Vertrauen zu Johannes, zu unserer Liebe und zu meiner Wahrnehmungsfähigkeit gewonnen. Er war aufrecht. Ob er sich damals aus Angst, in die nächste verhängnisvolle Bindung zu geraten, die eine oder andere »Option« offenhielt – ich weiß es nicht. Dumm war es allemal. Aber inzwischen liebe ich ihn wieder mit viel Zärtlichkeit und bin weit entfernt davon, seine Urne in den Teich zu werfen.

Diese zärtliche Liebe, die ich für ihn empfinde – wie war das, als ich zu schreiben anfing? Ich wollte das Bild des pflegebedürftigen Johannes loswerden. Ich wollte »meinen Johannes« zurück. Das ist nun wirklich gelungen! Ich bereue es nicht. Aber es bedeutet eben auch, dass ich in meinem, in unserem Bett liege und überlege: Lagen auch Ruth und Elisabeth hier? Und wenn ich daran denke, dass er am 28.8.1977 in seinem Kalender notierte: »*der schönste Beischlaf meines Lebens*«, dann taucht ein kurzer Zweifel in mir auf: Mit wem hatte er den?

Was in diesem Kalender alles vermerkt wurde! Kauf eines elektrischen Rasierapparats, Termine für Fachbereichskonferenzen, Vorträge; mit wem er telefonierte, wie das Wetter war, wann er das Auto in die Werkstatt brachte, dass eine Schranktür klemmt ... Auf alle Fälle: Dieser ebenfalls der Erwähnung wert befundene »*schönste Beischlaf*« fand mit mir statt, das konnte ich rekonstruieren. Mir ist er allerdings nicht im Gedächtnis haften geblieben. Ich will auch hoffen, dass dies nicht das letzte Wort und nach 1977 noch eine Steigerung möglich war.

29.1.2015

Wer steckte nun hinter diesem zweiten anonymen Brief? Ganz offensichtlich war die Stoßrichtung eine andere als die des ersten Briefes: Damals ging es darum, mich zu diskreditieren; Johannes blieb im Grunde unbehelligt. Im zweiten geht es um ihn; ich tauche lediglich als tröstende »*andere Dame*« auf. Was schon kränkt. Wobei – bin tatsächlich ich mit der tröstenden Dame gemeint? Es gab zu dieser Zeit ja durchaus noch andere! Der Stachel sitzt.

Für mich war entlastend, dass es nicht mehr um unsere Beziehung, vor allem nicht mehr um meine Glaubwürdigkeit ging. Aber was ist eigentlich die Sinnspitze des Ganzen? Jetzt, mit Abstand, finde ich es fast rätselhafter als damals. Im Unterschied zu Marcella Mathieus Brief über mich, der – das muss der Neid ihr lassen – ausgesprochen intelligent und raffiniert war, ist dieser Brief … nun ja, sehr einfach gestrickt. Sowohl vom Stil als auch vom Inhalt. Wenn Martha nicht tot gewesen wäre, hätte ich vermutet, dass sie dahintersteckt. Dass dies kein Schreiben von schrägen Theologen oder sonstigen Verteidigern des Glaubens sein kann, ist klar: Diese hätten wenigstens versucht, den Vorwurf der »*antikirchlichen Lehre*« in irgendeiner Weise zu belegen. Stattdessen gibt es pauschale Vorwürfe, ganz gewiss keine justiziablen Aussagen. Warum taucht Küng in dem Schreiben auf? Der einzige plausible Grund, den ich sehe, ist, dass durch die Nennung dieses Prominenten der Druck auf den Bischof erhöht wird.

Am 30.7.1977 schrieb ich Johannes:

… Wie Exzellenz sehr richtig bemerkte, handelt es sich um einen Erpresserbrief, der sich den Anschein einer Anzeige gibt. Der Schreiber ist gar nicht daran interessiert, die angeschriebenen Stellen in die Lage zu versetzen, die gegen Dich gemachten Vorwürfe zu prüfen, denn das »Material« wird nicht etwa – wie es im Fall einer Anzeige logisch wäre – mitgeliefert, sondern es

wird als Erpressungsmittel benutzt. Der Tenor ist nicht: »Lieber Bischof, Du mußt ihn – wie aus beiliegendem Beweismaterial ersichtlich ist – aus seinem Amt entfernen, weil, weil, weil«, sondern: »Lieber Bischof, wenn Du ihn nicht entfernst, veröffentlichen wir das Material, das wir haben.«

Kein Idiot, dem es darum gehen würde, Deine antikirchlichen Tendenzen aufzudecken, hätte darauf verzichtet, Dir wenigstens eine häretische Aussage in den Mund zu legen. Was soll denn die arme Glaubenskongregation auf diesen Brief hin untersuchen?

Das einzige, was sie tun kann, ist, ein Exemplar Deiner »Menschenrechte« zu kaufen und eifrig darin zu lesen. Insofern muß natürlich die Möglichkeit mitbedacht werden, ob es sich bei der ganzen Geschichte nicht um eine verkaufsfördernde Maßnahme Deines Verlags handelt.

Das »Material«, von dem die Rede ist, ist eindeutig solches über Deine privaten Beziehungen. Denn – Du entschuldigst – ich bestreite, daß irgendeine Zeitung oder Zeitschrift an Mitschriften Deiner Vorlesung interessiert wäre.

… Auch hinsichtlich des Vorwurfs Deines unsittlichen Lebenswandels verhält es sich im Grunde nicht anders: Der Bischof oder wer auch immer könnte kaum etwas machen: Du magst mit Martha unsittliche Beziehungen gehabt haben, aber die ist tot. Und suspendiert oder sonstwas kann man ja wohl nur werden wegen ärgerniserregenden Lebenswandels, aber nicht wegen Ärgernis erregt habenden Lebenswandels. Der einzige Satz, der auf eine Fortsetzung derartiger Verstöße deutet, ist von auffallender Unauffälligkeit: »… er tröstet sich mit einer anderen Dame«. Was heißt »trösten«? Mal angenommen, der Bischof würde Dich fragen: »Trösten Sie sich mit einer anderen Dame?«, bräuchtest Du nur mit nein zu antworten, und er säße auf dem trockenen …

Die Äußerungen zu Martha weisen auf Detailkenntnisse hin. Wobei mir rätselhaft ist, wieso sie als »evangelisch« bezeichnet wird, wo sie seit Jahrzehnten konvertiert war. Absicht oder Unwissen? Vielleicht liegt der Schlüssel in dem Abschnitt: »*Wir haben bereits mit einem überregionalen Presseorgan Verbindung aufgenommen.*« Schon im ersten anonymen Brief wurde mit einer Veröffentlichung gedroht. Nun gab es tatsächlich aus dem Kreis von Marthas Hinterbliebenen jemanden, der nicht nur Zugang zu den Kopien meiner Briefe und auch zu einem gemeinsamen Tagebuch von

Johannes und Martha hatte, sondern der auch laut darüber nachdachte, ob man die Geschichte nicht für 50 000 DM an den Spiegel oder den Stern verkaufen könne. Möglicherweise wurde das versucht, aber kein Redakteur, der Verstand im Kopf oder einen Justiziar im Hause hat, hätte sich auf etwas derartig Rechtswidriges eingelassen. Vielleicht verbirgt sich die Ablehnung einer Veröffentlichung hinter dem angeblich erfolgten Rat, »*zunächst noch zuzuwarten, ob wir eine Entscheidung in unserem Sinne herbeiführen können*«.

Das wird sich nie mehr klären, denke ich. Erfolgreich war das Schreiben insofern, als der Bischof es für seine Zwecke glaubte nutzen zu können und die Nuntiatur sich tatsächlich umgehend bei Bischof Moser meldete. Wer instrumentalisierte hier wen?

6. August 1977

Sehr geehrter Herr Bischof Dr. Moser!

Gegen den unbekannten Schreiber des anonymen Pamphlets habe ich Strafantrag stellen lassen. Da es sein könnte, daß die Ermittlungsbehörden das Original des Schreibens benötigen, wäre ich Ihnen dankbar, wenn Sie es nicht fortwerfen würden.

Daß Sie in Ihrem Schreiben an Hans Küng auf dieses anonyme Schreiben Bezug nehmen, hat mich überrascht. Denn der Schreiber hat ja auch nicht das kleinste Argument dafür erwähnt, was ich für falsche Lehre vortrage. Tatsächlich wiederholt er nur in Variationen jene Anschuldigungen, die ich von Frau W. seit über zehn Jahren kannte.

Mit guten Wünschen und freundlichen Grüßen
Ihr sehr ergebener
J. Neumann

4.9.1977

Sehr geehrter Herr Bischof Dr. Moser!

Anläßlich eines Konventes der Ehrensenatoren sprach mich der Präsident unserer Universität auf den anonymen Brief an. Er sagte mir, Sie hätten mit ihm und dem Herrn Kultusminister die Lage besprochen. Zuvor hatten Sie schon mit dem Kultusministerium Kontakt aufgenommen.

Der Universitätspräsident meinte, Sie würden sich über meinen gesundheitlichen Zustand sorgen. Dabei konnte ich allerdings nicht umhin, ihm gegenüber festzuhalten, daß mir wahrscheinlich eine Reihe von Belastungen, mit Sicherheit aber das Ausmaß, erspart geblieben wären, wenn Sie vor einem Jahr – als ich nur vage Verdachtsmomente haben konnte – mir gegenüber jene Offenheit gezeigt hätten, die angebracht gewesen wäre.

Ich bin verwundert über Ihre verschiedenen Bezugnahmen (z. B. gegenüber Prof. Küng) und Bemühungen (gegenüber dem Kultusministerium, dem Minister und dem Universitätspräsidenten). Dies insbesondere deshalb, weil wir vereinbart hatten, dieses anonyme Schreiben, das kaum von Theologiestudenten unserer Universität stammen dürfte, nicht hochzuspielen. Wohl nicht ohne Gründe bin ich gegenüber deutlicher Sorge Dritter für mein Wohl empfindlich geworden. Deshalb bitte ich Sie vor weiteren Aktivitäten in diesen Angelegenheiten, mich – als den Hauptbetroffenen – zu konsultieren.

Mit freundlichen Grüßen
Ihr ergebener
Johannes Neumann

Es sollte nicht das letzte Mal in den kommenden Wochen und Monaten sein, dass »Wohlmeinende« sich ungefragt in Johannes' persönliche Angelegenheiten einmischten.

Die dem Universitätspräsidenten und Kultusminister mitgeteilte »Sorge« des Bischofs um den Gesundheitszustand von Johannes könnte – so vermutete ich damals – durchaus zum Ziel gehabt haben, Johannes als kranken, seiner Arbeit nicht mehr gewachsenen Mann darzustellen. Die Äußerung des Bischofs zeitigte insofern Wirkung, dass der Minister Johannes das Angebot machte, sein Freisemester vorzuziehen. Johannes lehnte ab.

Aktennotiz: Am Freitag, 9.9.1977, rief mich um 11.05 Uhr Bischof Dr. G. Moser an und nahm Bezug auf meinen am Vortag eingeworfenen Brief.

1. Er sagte, er habe nur einmal mit MD Steinle vom KM telefoniert u. gebeten, den anonymen Brief unbeachtet zu lassen.

2. Er habe anläßl. des Bibl. Symposiums auf Anfrage von Herrn Theis mit diesem und dem Minister kurz gesprochen. Dabei habe er gesagt, er mache sich Sorgen, wie ich das Ganze gesundheitlich durchstehe. Mehr habe er nicht getan.

3. Besonders getroffen habe ihn der Vorwurf, daß er mir nichts gesagt habe, als vor 1 Jahr Frau Woll bei ihm gewesen sei. Er habe doch nichts sagen können, da er – ohne zu wissen, worum es sich handle – versprochen habe zu schweigen.

4. Er versicherte mir, daß über mich – was ihn betreffe – nicht geredet werde.

5. Er könne aber nicht verhehlen, daß er immer wieder Briefe von überallher, auch von Professoren anderer Fakultäten, erhalte, die fragen, was in Tbg. los sei. Dabei werde ihm vorgeworfen, er sei »wachsweich u. nachgiebig« und habe »nicht den Mut, einigen Leuten etwas zu sagen bzw. den Stuhl vor die Tür zu stellen«. Das beunruhige ihn; auch mein Name sei dabei neben Küng genannt. Offenbar werde von irgendwem etwas geschürt. Wir schlossen das Gespräch mit der Feststellung, daß damit mein Brief beantwortet u. erledigt sei.

b.w., Neumann 9.9.1977, 11.50 Uhr

PS: Der Bischof sagte, daß er jetzt eine schriftl. Anfrage von der Nuntiatur erhalten habe, er möge nun endlich auf die mündliche Anfrage vom Juli 1977 antworten.

Der Bischof von Rottenburg
Dr. Georg Moser

10. Sept. 1977

Sehr geehrter Herr Professor Neumann!

Obwohl ich Gelegenheit hatte, mit Ihnen gestern unmittelbar nach Erhalt Ihres Briefes vom 4.9.1977 telefonisch zu sprechen, möchte ich auf diesem Wege festhalten:

Ich habe mich eindeutig an die Vereinbarung gehalten, das anonyme Schreiben, in welchem verschiedene Vorwürfe Ihnen gegenüber enthalten sind, »nicht hochzuspielen«. Dafür lässt sich eine Reihe von Zeugen anführen:

Herr Ministerialdirektor Steinle wurde von mir informiert, daß von meiner Seite aus die Angelegenheit nicht weiter verfolgt werde und daß ich ihn bitte, Herrn Minister Dr. Hahn den auch an ihn gerichteten Brief nicht in den Urlaub nachzusenden.

Mit Herrn Minister Dr. Hahn selbst habe ich nur wenige Sätze über die Angelegenheit gewechselt.

Mit Herrn Universitätspräsident Theis sprach ich erst anläßlich der Neutestamentlertagung am 24. August 1977 am Rande der Veranstaltung im Tübinger Museum.

Sie schreiben von »verschiedenen Bezugnahmen« und erwähnen als Beispiel diejenige gegenüber Herrn Professor Küng. Herrn Professor Küng gegenüber habe ich tatsächlich den Brief erwähnt, weil ja auch er selbst in dem Brief genannt ist und weil ich, wie ich mit ihm auch besprochen habe, besorgt bin um das Ansehen des Katholischen Fachbereichs. Welche sonstigen »Bezugnahmen« meinen Sie?

Nachdem Sie sich für die Verdächtigung, ich würde die Angelegenheit hochspielen, entschuldigt haben, bleibt mir noch, auf den zweiten Abschnitt Ihres Briefes einzugehen. Sie behaupten, Ihnen wäre »wahrscheinlich eine Reihe von Belastungen, mit Sicherheit aber deren Ausmaß erspart geblieben«, wenn ich Ihnen gegenüber vor einem Jahr »jene Offenheit gezeigt hätte, die angebracht gewesen wäre«. Es ist mir völlig unverständlich, wie Sie zu einer solchen Aussage kommen. Ich hatte Ihnen zwar nicht gesagt, daß ich mit Frau Woll persönlich gesprochen hatte. (Den Grund dafür habe ich Ihnen im letzten Gespräch genannt.) Ich ließ Sie aber über den Ernst der Situation keinesfalls im dunkeln. In aller Entschiedenheit muß ich mir verbitten, daß Sie mich nun auf einmal zum Schuldigen erklären, in einer Angelegenheit, in der ich wahrhaftig nur zu vermitteln versuchte!

Eine Persönlichkeit, die längst (nicht durch mich!) über die Gerüchte über Sie Bescheid weiß und offensichtlich die Szenerie von Tübingen sehr gut kennt, hat mir kürzlich gesagt: »Diskreter und vornehmer hätten Sie den Fall Neumann bislang nicht behandeln können.« Der Betreffende hat sich ausdrücklich dafür bei mir bedankt. Sie sind offensichtlich anderer Meinung. Ich bedauere sehr, daß Sie nun durch Ihre Äußerungen die Situation erschweren.

Trotz allem gebe ich die Hoffnung nicht auf, daß sich alles zum Guten wendet. Bitte bedenken Sie aber, wie und was Sie dazu beitragen müssen.

Mit freundlichem Gruß
Ihr ergebener
Georg Moser

Es gibt noch den Entwurf eines Antwortbriefes von Johannes an den Bischof, aber ich bin ziemlich sicher, dass er ihn nicht abgeschickt hat:

… Der Ordnung halber bestätige ich Ihr Schreiben vom 10.9.1977. Meine Verwunderung ist nur noch größer geworden. Entweder können oder wollen Sie nicht verstehen!

Es ist höchstens Ausdruck <u>Ihres</u> schlechten Gewissens, wenn Sie schreiben, ich wolle Sie zum Sündenbock stempeln! Darauf werde ich in einem Schreiben nach dem Jubiläum der Universität eingehen. Jetzt habe ich dafür keine Zeit mehr. Es sei denn, Sie würden es wünschen!

Daß Sie auf »eine Persönlichkeit, die längst (nicht durch mich!) über die Gerüchte« um mich »Bescheid weiß«, hinweisen, ist ein typisches Zeugnis für Ihre Versicherung, nun mit offenen Karten zu spielen! Noch am 4.9. hatten Sie mir versichert, sich nicht mehr auf ungenannte Gewährsleute zu berufen, u. schon tun Sie es wieder.

30.1.2015

In den letzten Tagen habe ich noch alle möglichen Unterlagen gefunden. Beispielsweise Radiovorträge vom Ende der 60er-Jahre, die belegen, wie kritisch Johannes zu seiner Kirche stand und wie frei von Illusionen er war hinsichtlich der weiteren innerkirchlichen Entwicklung nach dem kurzen Aufflackern des Konzils.
Er analysiert präzise und unterkühlt. Ich zitiere davon nichts, weil ich nichts beweisen will und muss.

Eigentlich hatte ich etwas ganz anderes gesucht, was ich aber nicht fand. Anlass war der Eintrag von Johannes vom 22.8.1977 in seinem Kalender: *»Sachen aus Marthas Nachlaß gesichtet: Briefe u. a. von Ratzinger gefunden; Arztbrief v. RV; das meiste andere fortgeworfen.«*

Das würde mich brennend interessieren, was Ratzinger an Martha geschrieben hat. Ich versuchte es mit einem Dreisatz: Wenn Marcella Mathieus Brief in einem Tagebuch von Johannes aus dem Jahr 1949 zu finden war, dann ist/sind Ratzingers Brief/Briefe in X zu finden. Ich habe mir eine Stunde Zeit zum Suchen gegeben. Nicht länger. Vergeblich. Im Dreisatz war ich schon in der Schule wenig erfolgreich.

Vom 26.7.1977 datiert der erste Anhaltspunkt, dass er ein Schreiben zur Rückgabe der Missio canonica entwirft: »*23–1 Uhr: meine Abrechnung mit der Ki.*«

Am 12.8. notierte Johannes – er ist in Ludwig Kaufmanns Ferienhaus in Graubünden: »*Es kamen zwei lange gute Briefe v. Kind. Ich fange an, Mut zu bekommen.*«

9.8.1977

Lieber Johannes!
… Du siehst, daß ich im Grunde damit rechne, daß Du der Kirche valet sagst. Ich möchte das mal so klar aussprechen und hoffe, Du verstehst, daß ich das nicht im Sinne meine »Du sollst das tun«. Ich möchte, daß Du dich hier frei entscheidest …
Mir geht es in diesem Schuljahr zum ersten Mal so, daß ich mit schlechtem Gewissen – manchmal wenigstens – unterrichte. Bislang konnte ich mein Tun immer noch als Job ansehen, der den Schülern hilft, und sicher ist das auch so; und was die Kirchlichkeit des Religionsunterrichts angeht, so dachte ich bisher: Je nun, da gibt es zwar viel Mist, aber die Sache hat auch ihre guten Seiten. Jetzt gerate ich zunehmend in Zwiespalt: Was ich der Millerin gesagt habe, sie befände sich im Irrtum, wenn sie glaube, sagen zu können, sie arbeite nicht für die Bischofskonferenz und »für die da«, sondern für die Sache und die Menschen, gilt jetzt auch für mich. Ich meinte ihr gegenüber, sie würde, ob sie das nun wolle oder nicht oder gar explizit ausschließe, doch fürs System arbeiten, genauso wie ein SED-Parteifunktionär lang und breit sagen und glauben kann, er arbeite nicht für das konkrete System, sondern »den Sozialismus«, solange er es <u>im</u> System tut, tut er's eben doch fürs System. – Ja, also das, was ich der Millerin vorgehalten habe, empfinde ich jetzt selber so.
… ich werde das Gefühl nicht los, meine Schüler zu betrügen. Sicher wäre es verkehrt, ihnen die Abgründe meines Herzens zu offenbaren, das ist <u>mein</u> Problem. Aber die ehrliche Konsequenz wäre, zu sagen: Ich kann das nicht mehr.
Nun brauche ich vorläufig das Geld, und so existentiell (für die Schüler) scheint mir die Sache nicht zu sein, daß ich mich zum Gewissensmärtyrer aufschwingen müßte. Ich tanze halt auf dem Seil zwischen der Loyalität zu meinem Brötchengeber und der Treue zu mir selbst.

Aber was ich damit sagen wollte: <u>Ich</u> könnte es auf Dauer nicht aushalten, in dieser Situation zu verharren. Und da ich den Eindruck habe, daß es Dir da ähnlich geht, meine ich, daß Du über kurz oder lang den aufrichtigen Weg wählen wirst ... Ich meine durchaus nicht, daß die Millerin oder der Küng einen unaufrichtigen Weg gehen; sie scheinen dran zu glauben, daß »da noch was zu machen ist«. Aber Du und ich, wir haben diesen Glauben nicht mehr. Und ich möchte nicht andere auf einen Weg führen, der mir als Irrweg erscheint, und ich möchte nicht das Brot von jemandem essen, gegen den ich die Ferse erhoben habe.

Bei Dir kommt für meine Begriffe noch dazu, daß Du ganz persönlich von dieser Gesellschaft, nämlich Deinen engsten Kollegen und Deinem Bischof, belogen, betrogen, hinters Licht geführt worden bist ...

Was mir besonders schlimm zu sein scheint, ist, daß weder der Bischof noch die Kollegen in der Lage zu sein scheinen, überhaupt zu realisieren, was für eine miese Rolle sie gespielt haben. Ihr Verhalten scheinen sie doch als durchaus vertretbar und im Rahmen des Üblichen anzusehen ... Und das macht mich stutzig: Was für eine Gesellschaft ist das, in der Du Dich da befindest? ...

Dienstag, 16.8.1977, 9 Uhr

Liebste Ursula,

... Meine Emanzipation von der Kirche und der bisherigen Gottesvorstellung hatte bereits in einer Zeit begonnen, als wir uns noch gar nicht oder kaum kannten. Dieses mein denkendes Suchen fand 1973 in R. V. einen Gesprächspartner. Von ihr bekam ich seinerzeit die Bücher von E. Fromm, einschließlich der »Kunst zu lieben«. Freilich stellte sich das tiefere Verstehen seiner Texte, insbes. des letzten, erst in der Begegnung <u>mit</u> Dir – aber nicht durch Dich ein!

Andererseits bin ich, was das Religiöse bzw. die Kirche angeht, vielleicht einerseits freier und andererseits gehemmter. Freier, weil ich nicht darauf fixiert bin, daß Gott für <u>mich</u> ein personales, dialogfähiges Gegenüber ist. Ich versuche, diesen Dialog mit Menschen zu führen, z. B. mit Dir! – Und ich habe mich an den Gedanken zu gewöhnen versucht, daß ich mit meinem Tod wie ein Tropfen im unendlichen Meer der Geschichte untergehe. Ich finde das weder schön noch tröstlich, aber es erscheint mir einzig »glaubbar«; denn auch ich habe mich viel zu lieb, als daß mir der Gedanke, ich könnte »ausgelöscht« werden, nicht unvorstellbar und rational nicht nachvollziehbar ist!

Dabei brauchst Du keine Angst zu haben, ich würde da »meine ... Ideologie aufmachen« ... Deshalb will ich ja auch kein großes Aufsehen machen, wenn ich »gehe«, denn ich habe nicht die Ketzermentalität, von der ein J. N. einmal schrieb, daß sie wie alle religiösen Eiferer »Fanatiker« sind. Und das liegt mir überhaupt nicht. – Deshalb kann ich nur lachen, wenn sich Horst Hermann (lt. Spiegel Nr. 33/1977, S. 111) mit Savonorola vergleicht und unbedingt das Prädikat »Ketzer« zuerkannt bekommen will. Gerade davon werde ich mich ebenfalls absetzen. Die Kirche ist für mich eine Institution, die aufgrund ihres Selbstverständnisses (Heilsvermittlerin) und ihrer Voraussetzungen (in Moralität umschlagender Glaube) gar nicht »menschlich« gelassen, gütig sein <u>kann</u>!

Mein Problem ist – Du weißt es längst – die Menschenfurcht: Ich habe Angst, was die Menschen über mich denken und sagen werden. Aber ich hoffe, daß ich auch diesbezügl. Fortschritte gemacht habe. Je sicherer ich nämlich meiner inneren Entscheidung werde, um so leichter werde ich das überstehen. Doch es muß sich noch erst zeigen, ob sich diese Einstellung nicht in Tübingen wieder verflüchtigt.

31.1.2015

Heute Morgen war die Luft klar und kalt, aber nicht zu kalt, die Sonne schien. Nach einigem Hin und Her hatte ich herausgefunden, welchen Spazierweg ich machen wollte. Beim Gehen hörte ich einen Satz aus einem der Brandenburgischen Konzerte. Ich genoss es und dachte darüber nach, dass ich es genieße. Denn es geht mir in diesen Wochen sehr wechselhaft. Meine Stimmung schwankt. Es gibt viele Momente, in denen ich nicht mehr leben will, Momente, in denen ich in unserem Bett liege und denke: Wenn das Buch fertig ist, lege ich mich hin und schalte einfach mein Herz ab. Und andererseits denke ich oft, wie schön das ist, was ich sehen und hören kann. Dann fühlt es sich wieder an wie: »Nein danke, es war wirklich ausgezeichnet, aber ich möchte jetzt nichts mehr.«

Vielleicht verhilft mir Guadeloupe dazu, in einer guten Weise wieder Abstand zu gewinnen. Im Moment verbringe ich so ziemlich jede freie Minute in meinem, seinem, unserem Arbeitszimmer und schreibe, schreibe,

schreibe. Nur das empfinde ich als »mein Leben«. Das ist nicht gut und es ist auch nicht wahr. Auf alle Fälle ist es nicht die ganze Wahrheit.

Jetzt schneit es wieder, ich kann nur noch bis zum Weinberg gegenüber sehen. Gerade ist ein Silberreiher vorbeigeflogen. Der hat sich wohl verlaufen. Oder er wollte mich trösten? Das ist ihm nicht gelungen. Ich sitze da und weine.

Der Sommer 1977: Neben der Grundsatzfrage, die sich Johannes gestellt hatte, gab es noch vieles andere. Zum Beispiel die Erbauseinandersetzungen um das Haus, das Martha und Johannes gemeinsam gehört hatte. Dann war die Fünfhundertjahrfeier der Gründung der Universität Tübingen. Johannes war Herausgeber eines der zwei Bände »500 Jahre Eberhard-Karls-Universität Tübingen« und er gehörte zu den Verantwortlichen für die Organisation. In dieser Funktion hatte er so aparte Aufgaben, wie den protestantischen Theologieprofessor Jüngel zu überzeugen, sich bei seiner Predigt in der Stiftskirche gefälligst an den Zeitplan zu halten, weil der Festgottesdienst im Radio übertragen wurde. Jüngel wollte es nicht einsehen: Der Heilige Geist lasse sich nicht in menschliche Zeitvorgaben pressen. Vermutlich war er nur sauer, weil Küng den Festvortrag hielt.

Die Festwoche des Jubiläums war im Oktober, ich glaube, vom 7.10. bis 15.10. Dies gab den Zeitpunkt vor für die Rückgabe der Missio: Sie sollte erst danach erfolgen.

Ich selbst war in diesen Monaten erschöpft, öfter krank und schlief schlecht. Wenn Johannes am 17.8.1977 schreibt: »... *Auf jeden Fall mußt Du vor der Schwangerschaft eine einigermaßen ordentliche Gesundheit haben!*«, so muss ich doch feststellen: Lieber Johannes, da schwadronierst du von Schwangerschaft und einen guten Monat später schläfst du mit Elisabeth! Zwei Tage bevor du das zum ersten Mal getan hast, steht in deinem Kalender: »*Gerade unter anderen Menschen spüre ich die innere Verwandtschaft zu meinem Kind. Ich bin jetzt ganz fest entschlossen, meinen Weg hier raus und dann zu ihr und mit ihr zu gehen!*«

Diese »anderen Menschen«, das waren deine Freunde und Elisabeth, deren Geburtstag ihr damals in Bad Wörishofen gefeiert habt! Und später, am 25.9., ist zu lesen: »*Ich bin noch immer gebannt von der Begegnung mit*

Elisabeth!« Von mir vermerkst du am selben Tag: »*Kind hatte Mittag gemacht. Geschlafen und dann gut geredet … Abends Kind meinen Entwurf für ›Abschiedsbrief‹ vorgelesen. Sie war zu Recht nicht zufrieden.*« Und mit Ruth telefonierst du in dieser Zeit fast täglich, triffst sie häufig. Was immer unter »treffen« zu verstehen ist. Johannes, du hast einen Vogel!

Sicher, immer wieder finden sich Eintragungen wie: »*Ich habe mein Kind doch zu lieb*«, »*große Sehnsucht nach dem Kind*«, »*Ich will meine Liebe zum Kind nicht gefährden*«. Aber wenn du deine Liebe nicht gefährden wolltest, warum hast du all das dann nicht einfach bleibenlassen? Es war doch gut zwischen uns! Zumindest habe ich nichts anderes gespürt. Und nichts, nichts, nichts in deinen Briefen und – was wichtiger ist – in deinen Kalenderaufzeichnungen lässt darauf schließen, dass es dir anders gegangen wäre!

Ich war in jenen Monaten arglos. Allerdings frage ich mich heute, ob ich es, was Ruth betrifft, nicht übertrieben habe mit der Blauäugigkeit. Ich war ja ziemlich dicht an der Wahrheit dran. Warum habe ich nie nachgehakt, nie gefragt: »Was ist da eigentlich los?« Vertrauensseligkeit ist von einem gewissen Punkt an sträflich.

Was Elisabeth betrifft, so kommt sie später, nämlich am 27.11.1977, in meinem Tagebuch vor. Ich wusste über sie, dass sie scharf auf Johannes war. Mich hätte die berichtete Szene deutlich weniger »*diebisch gefreut*«, wenn ich den anderen Teil der Wahrheit gekannt hätte: Bei einer universitären Veranstaltung machte sich Elisabeth vor aller Augen an Johannes ran. Johannes, so hat er es mir erzählt, entwand sich und fuhr bald heim. Anderntags rief Elisabeth ziemlich aufgelöst bei ihm an. Zum einen, weil er so schnell gegangen sei, zum anderen, weil ihr Bruder gesagt habe, mit ihr könne man sich nirgends sehen lassen. Alle würden sagen: »*Aha, endlich lernt man Neumanns Freundin kennen.*« Wie es nur weitergehen solle? Johannes meinte, um ihn müsse sie sich nicht sorgen, aber sie selbst sei immerhin verheiratet.

Ich glaube nicht, dass es danach noch irgendwie weiterging. Es gibt kein Kürzel »E.« mehr in den Kalendern. Aber weiß ich's?

Ich hatte mich in jenen Wochen und Monaten, wie man sieht, im Hintergrund gehalten, was sowohl in kirchlichen Kreisen als auch in Tübingens

Klatsch-und-Tratsch-Liga für Irritationen sorgte. Ruth ätzte zwar nach dem 24.10., dem Tag der Rückgabe der Missio, jetzt würde wohl ganz Tübingen Babywäsche kaufen, tatsächlich aber galt: Nichts Genaues weiß man nicht. Sicher hatte meine Diskretion auch den Grund, dass ich nichts provozieren wollte, was meine kirchliche Anstellung hätte gefährden können. Aber entscheidender war, dass ich keinerlei Anlass geben wollte zu sagen: »Na bitte! Cherchez la femme!« Ich hatte es weder nötig noch war es mir ein Bedürfnis, wie ich damals schrieb, Johannes *wie eine Trophäe durch die Landschaft* zu schleifen. Aber »Cherchez la femme« blieb trotzdem die bevorzugte Erklärung für Johannes' Abschied von der Kirche. Monate danach erklärte mir ein Theologe: Da ich bereits kirchenrechtlich gültig verheiratet gewesen sei, hätte Johannes mich auch nach einem Laisierungsverfahren nicht heiraten können, deshalb habe er diesen radikalen Schritt getan. Zu viel der Ehre!

Als ich die Babywäsche-Bemerkung von Ruth entdeckte, wusste ich wieder, wieso ich die Pille erst zwei Monate nach unserer Hochzeit absetzte. Zwischendurch fand ich das spießig. Aber das war es nicht, sondern niemand sollte mir je nachsagen können, selbst wenn es ein Siebenmonatskind geworden wäre: »Na ja, sie hat sich schwängern lassen, und da musste er sie halt heiraten.« Da stand ich nicht drüber. Nach allem, was war, finde ich das verständlich.

1.2.2015

Gestern Abend war mir ziemlich elend und ich zog die Notbremse: Schluss jetzt mit dem Buch, ab in die Badewanne und danach Zeitungslektüre. Die Süddeutsche wird sowieso viel zu häufig zu großen Teilen ungelesen von mir weggeworfen, was ein Jammer ist. Ganz, ganz ausnahmsweise genehmigte ich mir sogar eine Schlaftablette. Die zweitletzte, die noch von Johannes übrig war.

Heute Morgen hörte ich das Ende von Wolfgang Leonhards »Die Revolution entlässt ihre Kinder«: seinen Bruch mit dem System und die Flucht. Auch wenn vieles anders ist, vieles ist auch gleich: die lange Zeit, in der man gläubig ist, die Zeit, in der ganz allmählich Zweifel zu Zweifel kommt und man diese Zweifel verscheucht, sich um Treue bemüht, teils aus Angst, teils aus Unsicherheit: Wer bist du, dass du infrage stellst, wovon die anderen überzeugt sind? Die Zeit, in der sich die Zweifel nicht mehr zum Schweigen bringen lassen. Dann gibt es einen Anlass, er kann schwerwiegend oder belanglos sein, das ist nicht wichtig – und die Entscheidung fällt.

Vom 20.9. an arbeitet Johannes intensiv an seinen Briefen für den Bischof und den Kultusminister, am 15. und 16. Oktober diktiert er sie und entwirft einen weiteren Brief an den Universitätspräsidenten. Er notiert: »*Ich halte die Anspannung bald nicht mehr aus. Kind ging gegen 15.30 Uhr. Irgendwie konnte ich ihr Dasein nicht mehr ertragen.*« Ich nahm es gelassen.

Stuttgart, den 18.10.1977

Lieber Johannes!

Vielleicht kann ich von Deiner Angst wenigstens ein Stückchen beseitigen, wenn ich es Dir schriftlich gebe, daß Du für mich nach dem 24./25.10. kein anderer sein wirst, als Du es jetzt bist. Das heißt, ich betrachte Deine berufliche Entscheidung nicht als eine Angelegenheit, aus der sich irgendeine Konsequenz für unsere privaten Beziehungen ergeben müßte. Es sieht für mich also keineswegs so aus, als wäre Dein Abschied von der Kirche der erste Schritt zur Hochzeit. Ich möchte, daß weder Du denkst, ich erwarte von Dir, nach diesem Schritt geheiratet zu werden, noch will ich selbst eine »moralische Verpflichtung« akzeptieren, Dich zu heiraten, weil Du diesen schweren Schritt, der die Aufgabe mancher Sicherheit und Bequemlichkeit bedeutet, getan hast. Das einzige, wodurch wir derzeit gebunden sind und woraus sich vielleicht eine offizielle Verbindung ergeben mag, ist unsere innere Verbundenheit. Ich habe Dir oft genug gesagt, daß ich glaube, wir könnten es zusammen wagen, und daß ich auch glaube, das würde eine gute Sache. Dir geht es da wohl nicht grundsätzlich anders. Aber wir beide haben nach dem 24./25.10. die gleiche Freiheit wie zuvor, diesen Glauben abzuklopfen und an der Wirklichkeit zu überprüfen.

Ich rechne fest damit, daß Du die Kraft hast, die nächsten 113 Stunden (wenn Du den Brief hast, sind es schon wieder ein paar weniger) zu überstehen, und ich vertraue fest darauf, daß die Ereignisse »danach« weniger belastend sein werden, als Du das befürchtest, ja, ich könnte mir vorstellen, daß Du die Erfahrung machst, daß Du keineswegs allein stehst, noch stehengelassen wirst.

Andere Leute hatten damals andere Sorgen. Es waren die Tage der Entführung und Ermordung Schleyers. Die Frage, ob die Bundesregierung der Erpressung nachgibt und die in Stammheim inhaftierten RAF-Leute freilässt, beschäftigte auch uns. Johannes war sich sicher, dass die sozialliberale Bundesregierung nachgibt. »... *ich weiß nicht, was ich geglaubt habe, ich weiß nur, daß ich wußte, daß sie es nicht tun durfte*«, schrieb ich am 20.10. »... *Es war für uns beide eine große Befreiung, daß sich die Demokratie als ›wehrhaft‹ erwiesen hatte – auch wenn das für Schleyer das Todesurteil war ... Johannes muß jetzt bei der nächsten Wahl die SPD wählen – so sein Gelübde, falls die Regierung nicht ausliefert.*«

Das war also geklärt. Das andere auch: ... *wir waren alle Texte noch mal durchgegangen, und jetzt sind wohl – ich hoffe es doch – sämtliche Schwachstellen raus.*

Gestern hatte er fürchterliches Bauchweh, aber nachdem er mit seiner Schwester [Edel] *gesprochen hatte (die aufgrund finsterer Andeutungen seinerseits Lunte gerochen hat) und diese meinte – ganz gegen seine Erwartungen –, der geplante Schritt sei das Beste, was er tun könne, geht es ihm besser.*

Ich nehme an, daß das Schlimmste am Dienstag überstanden sein wird ... Durch die Anspannung war J. teilweise nicht eben fair. Er äußerte Angst, ich könne mich als neue Beherrscherin erweisen. Ich habe ihm gesagt, daß mich das trifft, auch wenn ich seine Angst nachfühlen kann. Aber er sollte schon allmählich lernen, daß sich nicht alles in Kategorien Macht-Beherrschen-Hintergehen-Unterdrücken abspielt. Selbst wenn ich, wie er teilweise befürchtet, stärker wäre als er, hieße das ja noch lange nicht, daß es mein Bestreben sein müßte, ihn zu unterdrücken.

21.10.1977
Vormittags mit Kind in S. zum Kopieren der Briefe.

22.10.1977
Ich komme fast um vor Angst ob der Ungewißheit der Reaktionen.

23.10.1977
Briefe eingepackt u. handschriftl. Zusatz.

24.10.1977
Mit Kind nach Stuttgart gefahren. 9.45–10.50 Uhr beim Minister. 14 Uhr Briefe in Degerloch eingeworfen.

Das Gespräch mit dem Minister, seinem Dienstherrn, verlief gut, wobei ihm sicher zugute kam, dass er im Ministerium kein Unbekannter war. Die Briefe warfen wir gemeinsam ein.

24.10.1977
Exzellenz! Sehr geehrter Herr Bischof!
Nach jahrelanger und gründlicher Überlegung habe ich mich entschlossen, dem Kultusminister von Baden-Württemberg, Herrn Prof. Dr. W. Hahn, als meinem Dienstvorgesetzten davon Kenntnis zu geben, daß ich mich nicht mehr in der Lage sehe, meine wissenschaftliche Arbeit an der Universität Tübingen im Auftrag der römisch-katholischen Kirche fortzusetzen.
Dies aus folgenden Gründen: Nach meinen langjährigen und bislang von kritischem Glauben geprägten Erfahrungen verhindert das System der römisch-katholischen Kirche nicht zuletzt durch die <u>gesetzlich</u> verordnete Gehorsamspflicht gegenüber dem kirchlichen Lehramt, daß die – vor allem in meinem Fach deutlich – zutage tretenden Probleme sachgerecht erforscht, angemessen besprochen, menschlich beurteilt und die gewonnenen Erkenntnisse auch ehrlich und verantwortlich ausgesprochen werden.
Das kanonische Recht zeigt mit harter Deutlichkeit sowohl den Machtanspruch als auch die prinzipielle Unwandelbarkeit des römisch-katholischen Systems. Dieses ist auf den Zwang der Gesetze und die Entscheidungsunfreiheit der Person aufgebaut. Dabei werden die Unterwerfung unter den gesetzlich verordneten und psychologisch tiefgreifenden Zwang ebenso wie die Aufgabe der personalen Verantwortung als Demut gepriesen, obwohl sie tatsächlich meist die Selbstentfremdung der solchermaßen sich Demütigenden bewirken. Gerade die in der Kirchenleitung Tätigen sind oftmals die ersten Opfer jenes Systems, dem sie dienen.
Das Zweite Vatikanische Konzil schien für viele Gläubige, die mit dem Glauben nicht das Denken aufgeben wollten, einen Hoffnungsschimmer anzudeuten. Wenn ich auch stets vor übersteigerter Euphorie und der irrigen Mei-

nung gewarnt hatte, die römisch-katholische Kirche könne sich gleichsam über Nacht zu einer Glaubensgemeinschaft in personaler Freiheit und Eigenverantwortung wandeln, habe ich dennoch mehr als ein Jahrzehnt mit den Mitteln wissenschaftlicher Argumentation für eine glaubwürdige Kirche mit einem gerechten und humanen Recht gekämpft.

Die gemeinsam mit anderen Kollegen geführten Bemühungen um eine menschenwürdige und sachgerechte Handhabung der pastoralen Praxis der sogenannten »Mischehen« (1965–1970) und der weltweite Protest der katholischen Theologen gegen römische Willkürakte bei der Behandlung von Lehrern der Theologie (1968–1971) zeitigten kleine Erfolge. Diese nährten in mir wie in vielen meiner Kollegen den Keim der Hoffnung, daß beharrlicher und konsequenter Einsatz in der jeweiligen Stunde die Kirche als Institution doch zu ihrem Herrn und seiner Menschenfreundlichkeit bekehren könne. Dafür stellte ich nicht nur meine persönlichen Interessen, sondern auch bestimmte langfristig angelegte Forschungsvorhaben zurück. Diese vage Hoffnung war auch der Grund, warum ich im Jahr 1972 glaubte, in der Kirche dringender als in der Universität gebraucht zu werden. Tatsächlich aber ging das kirchliche System, trotz der kleinen Zugeständnisse, die wir für »Erfolge« hielten, völlig unangefochten seinen Weg.

Die kirchenamtlichen Stellungnahmen zur Frage der Geburtenregelung (1968) und die daran sich anschließenden repressiven Maßnahmen gegen andersdenkende Seelsorger (man vergleiche den nüchternen Bericht von J. Byron, in: Concilium 13, 1977, S. 487–491), die rigide Behandlung wiederverheirateter Geschiedener, die scheinbar entgegenkommende, in Wahrheit aber die Personenwürde tief verletzende Praxis des sogenannten »Laisierungsverfahrens« für zölibatsunwillige Geistliche (1964/1971) und der Ausbau der Machtposition der römischen Zentralverwaltung bei der Handhabung des päpstlichen Gesandtschaftswesens (1969) und bei Bischofsernennungen (1972) sowie in der Niederschlagung der Debatte um die Frage, was »Unfehlbarkeit des Papstes« bedeute (1973), zeigt, daß sich auch die sogenannte nachkonziliare römisch-katholische Kirche in den Grundfragen ihres Selbstverständnisses überhaupt nicht verändert hat. ...

Ich habe seit 1966 auf diese Entwicklungen in mehr als einhundert Veröffentlichungen hingewiesen. Es ist also nicht so, daß ich diese Vorgänge und Entwicklungen erst jetzt beanstande.

Die Methode nachträglicher wahrheitswidriger Disqualifizierung wird in der jeglichem Rechtsempfinden hohnsprechenden Verfahrensordnung für die Laisierung von Priestern offen als Erpressungsmechanismus vorgesehen: Die Kirche behält sich vor, diejenigen Laisierten, die (später) den »heiligen« Zölibat verunglimpfen, nachträglich als für den kirchlichen Dienst untauglich und unfähig zu brandmarken (n. VI, 3). Diese neue Norm geht noch über die bekannte Unrechtsvermutung des c 133 CIC hinaus; sie zeigt damit, daß der kirchliche Gesetzgeber auch heute nicht daran denkt, wirkliche Rechtsgrundsätze wieder in die kirchliche Ordnung einzuführen. Vielmehr bedient sich die römisch-katholische Kirche solcher Methoden, die sich von der Praxis mancher sozialistischen Staaten, die Systemkritiker für (geistes)krank erklären, nur graduell unterscheiden.

Wenn Papst Paul V. in seiner Gründonnerstagsansprache vom 8.4.1971 die aus dem Dienst scheidenden Priester mit Judas verglich, so ist eine größere Verachtung der Eigenverantwortlichkeit des Menschen kaum denkbar. Doch diese Denkstrukturen und Machtansprüche – mit denen ich es aufgrund meines Faches unmittelbar zu tun habe – sind für die öffentliche Diskussion tabu; sie offen zu kritisieren gilt als unschicklich, und ihre Darlegung vor Studenten wird als Verunsicherung oder Verführung diffamiert ...

Wenngleich ich nicht leugne, daß die Kirche sowohl in der Dritten Welt als auch bei uns auf sozial-karitativem Gebiet Erhebliches für die Gesellschaft leistet, nimmt doch aus erklärlichen Gründen ihr geistiger Einfluß ab. Denn zu oft bemüht sie den großen Idealismus ihrer Mitarbeiter zu politisch-ideologischen Zwecken. Wer die Folgen eines solchen Vorgehens im Einzelfall auf ihre humane Sinnhaftigkeit befragt, gilt ebenfalls als kirchenfeindlicher Rationalist. Sowohl bei den Auseinandersetzungen um das staatliche Schul- und Bildungswesen als auch um die Änderungen des § 218 StGB, des Ehe- und Ehescheidungsrechts wie des Kindschaftsrechts war und ist die römisch-katholische Kirche in der Bundesrepublik Deutschland nicht willens, die Argumente Andersdenkender hinzunehmen, ohne jene als Zerstörer der sittlichen Ordnung zu diffamieren. In der gegenwärtigen politischen Diskussion hat dies mehrfach dazu geführt, daß staatliche Entscheidungen, die nicht den kirchlichen Wunschvorstellungen entsprechen, schlechthin als »inhuman« abgetan werden. Dadurch aber wird der demokratische, liberale Verfassungsstaat, der sein Dach über eine geistig plurale Gesellschaft spannt, in Verruf gebracht.

Wenn in der Auseinandersetzung um bestimmte, vom verfassungsmäßigen staatlichen Gesetzgeber beschlossene Gesetzesänderungen der demokratische Verfassungsstaat grundsätzlich diskreditiert wird, so zeigt das nur, daß eine Institution, die für sich beansprucht, <u>allein</u>, ausschließlich und endgültig über Fragen <u>der</u> Wahrheit und <u>der</u> Sittlichkeit verfügen zu dürfen, letztlich das freiheitliche Verfassungssystem selbst in Frage stellt ...

Ich bin durchaus nicht der Meinung, daß im Namen der »Wissenschaft« alle Werte und jegliche überkommene gesellschaftliche Form schlechthin in Frage gestellt werden dürfen. Als Jurist weiß ich um den Wert hegender und stabilisierender Institutionen. Im System der römisch-katholischen Kirche jedoch ist die Institution zum Selbstzweck geworden. Aufgabe und Funktion der Theologie bestehen dann nur darin, kirchenamtliche Entscheidungen – auch wenn sie allen Erkenntnissen der Geschichts- und Humanwissenschaften widersprechen und sozial schädlich sein mögen – zu rechtfertigen ...

Das für wissenschaftliche Arbeiten notwendige Mindestmaß an Freiheit ist im römisch-katholischen System nicht gewährbar, weil es sich sonst selber aufgeben müßte. Deshalb bleibt mir – will ich mich nicht selber völlig aufgeben – keine andere Möglichkeit, als dieses System zu verlassen ...

Es ist bezeichnend, daß die römisch-katholische Kirche in der Bundesrepublik Deutschland die ihr vom Grundgesetz zugestandene Eigenständigkeit bei der Regelung ihrer inneren Angelegenheiten in keinem Punkt zur Ausformung eines humanen innerkirchlichen Rechts genutzt hat. Sie richtet diese Forderungen lediglich an den staatlichen Gesetzgeber.

Ich vermag es nicht länger, in meinen Vorlesungen den Studierenden die Diskrepanz zwischen unserer freiheitlich-demokratischen Rechtsordnung auf der einen und der absolutistischen Nicht-Rechtsordnung auf der anderen Seite als zwei miteinander vereinbare Formen der Gerechtigkeit vorzustellen. Hier tut sich eine Kluft auf, die zu verdecken und erst recht zu überwinden ich mich aufgrund der Realität im römisch-katholischen System nicht in der Lage sehe.

... Vor allem aber ist es mir aus den dargelegten Gründen nicht mehr möglich, junge Menschen zum Dienst in dieser konkreten Kirche zu ermuntern, wie es aufgrund der Missio canonica von mir erwartet wird ...

Gleichzeitig verzichte ich auf die Ausübung meiner Ordination.

Vorsorglich möchte ich jedoch erklären, daß ich weder bereit bin, ein sogenanntes »Laisierungsverfahren« zu beantragen noch in irgendeiner Weise daran mitzuwirken.
Mit der Bitte, daß Sie meinen in langen Jahren gereiften Entschluß als eine endgültige Entscheidung respektieren,
  bin ich mit hochachtungsvollem Gruß
  Johannes Neumann

Das ist ein klarer, ein souveräner Brief. Kein Mensch würde dahinter einen so ängstlichen Verfasser vermuten!

An jenem 25.10., an dem der Bischof den Brief erhielt, zelebrierte er morgens in Stuttgart das Pontifikalamt für Hanns-Martin Schleyer. Die Öffentlichkeit wollte wissen, wie in die Stammheimer Zellen Pistolen kommen konnten, die baden-württembergische Regierung hätte das auch gern gewusst. Mallach, dem Gerichtsmediziner, war diesmal keine Leiter auf den Kopf gefallen, und er obduzierte Baader, Raspe und Ensslin. So ging jeder seinen Geschäften nach.

Ich auch. Ich schrieb Tagebuch in Tübingen, und anders als Johannes war ich eher erleichtert und neugierig, was jetzt kommt.

25.10.1977
Der Tag X ist schon fast vorbei ... Johannes ist mit Zähneklappern zu Rotary gegangen (er fürchtet sich allgemein, insbesondere aber davor, daß Küng ihm ins Gesicht hopst), und ich langweile mich überwiegend.
  Da kommt man sensationsgierig nach Tübingen – seit Wochen kriegt man zu hören, das gäbe ein Erdbeben – und was ist? Den ganzen Tag bis 19 Uhr drei popelige Anrufe. Seit Johannes weg ist, klingelt es zwar öfters, aber von wegen »Erdbeben«!
  Bis jetzt ging alles sehr gut. Der Minister zeigte sich sehr verständnisvoll und will die Angelegenheit auch ganz diskret behandeln ... Danach ging es ihm schon etwas besser, zumal auch seine Stuttgarter Verwandten sehr vernünftig waren. Ich schenkte ihm Manschettenknöpfe, er mir einen wunderschönen Memory-Ring. – Wobei er dauernd jammert, daß der Ring nicht rund sei, d. h. nicht ringsum Brillanten habe, sondern nur vorn. Was dann zur Folge hat, daß ich mich entschuldige, weil meine Manschettenknöpfe nur aus Silber sind.

… Der Auer hat J. gestern noch besucht, der fiel aus allen Wolken … [Er] stellte schließlich überrascht fest, daß die Rottenburger usw. Johannes ja jetzt gar nicht mehr drohen können. Er selbst entschuldigte sich dann fast, daß er in der Kirche bliebe – er fände zwar auch, daß er keinen Einfluß habe, aber er sei eine andere Natur. – Eine ähnliche Reaktion zeigte abends Bartholomäus …

… Johannes sagt immer wieder, wie dankbar er mir sei, daß ich jetzt bei ihm sei – dabei wüßte ich nicht, wo ich lieber wäre als hier. Er meint, er sei mit seiner Ängstlichkeit furchtbar belastend. Aber das ist überhaupt nicht so. Das ist gar nicht zu vergleichen mit dem Zögern und Zaudern vor einem Jahr, außerdem steckt er mich jetzt mit seiner Angst nicht an, ich bin recht sicher, daß alles in kurzer Zeit gutgeht. (Obwohl ich z. B. jetzt gerade auch ein Quentchen Furcht habe, ob das bei Rotary nicht zum Eklat kommt; was mach' ich, wenn er in einer halben Stunde völlig am Boden zerstört ankommt?) Die Zeit ist schnellebig, außerdem überschätzen J. und Klöß für mein Gefühl die Bedeutung der Kirche – die wenigsten Leute interessiert, ob da ein Professor drinnen oder draußen ist, viele werden gar nicht kapieren, worum es überhaupt geht, und last but not least (das war auch heute schon festzustellen) wird das, was J. tut, von einer ganzen Reihe von Leuten als mutiger, aufrichtiger Schritt respektiert, teilweise sogar ausdrücklich anerkannt werden.

Es wäre ja auch wirklich schlimm um unsere Welt bestellt, wenn nur noch die »Angepaßten« gelten würden. Eigentlich bin ich – auch wenn vieles dagegenzusprechen scheint – überzeugt, daß heute wie in jeder Zeit aufrechtes, gerades und geradliniges Handeln Respekt abnötigt.

2.2.2015

Nachmittags begann ich, ein bisschen für Guadeloupe vorzubereiten. Funktioniert der kleine Laptop, den ich mitnehme? Ich möchte dieses Manuskript unterwegs korrigieren und kann es nicht ausstehen, wenn irgendetwas nicht klappt und ich mich womöglich damit abfinden muss, weil ich weit weg von zu Hause bin. Jemand hat mir mal erzählt, er sei in Angkor gewesen und habe keine Fotos machen können, weil der Akku leer war. Ich würde mir einen Strick nehmen!

Ich fand auf dem Reiselaptop noch einige Dateien von Johannes aus dem Jahr 2010, als er in Allensbach zur Reha war, nachdem die Diagnose feststand. Es hat so traurig gemacht, wie reduziert er schon war. Mühsam formulierte er, schrieb von seiner Hilflosigkeit, aber auch von Gesprächen und Telefonaten mit mir. Ja, ich möchte meinen Johannes, den attraktiven, begehrten Mann, wieder in mein Gedächtnis holen. Aber der Johannes, der ein Schatten dieses Mannes war, den will ich auch nicht vergessen. Er gehört ebenso zu meinem Leben.

6.2.2015

Es gab dann doch noch ein – relatives – Erdbeben. Wobei ich schon mit meiner Feststellung recht hatte, dass die meisten Leute gar nicht kapierten, worum es bei der Rückgabe der Missio canonica ging. Ich hätte viel zu berichten aus jenen Herbsttagen 1977, es fällt mir schwer, mich zu beschränken. Aber ich tue es.

Der Kollege Walter Kasper, später Bischof und Kurienkardinal, schrieb einen noblen Brief. So geht es also auch!

26.10.1977

Sehr geehrter, lieber Herr Neumann,
mit großer innerer Betroffenheit habe ich Ihren Brief vom 24. Oktober zur Kenntnis genommen. Ich kann nur ahnen, welch langer und schwerer Weg des Überlegens, Ringens und Entscheidens sich hinter diesen Zeilen verbirgt. Es ist für mich selbstverständlich, daß ich Ihre Gewissensentscheidung voll und ganz respektiere.
Die Gründe, die Sie für Ihre Entscheidung anführen, sind gewiß ernst zu nehmen ... Wenn ich Ihren Schlußfolgerungen insgesamt dennoch nicht zustimmen kann, dann letztlich deshalb, weil ich Ihrer Definition der christlichen Religion als geschichtlich vermittelter, vernünftiger menschlicher Erfahrung in dieser Form nicht zustimmen kann ... Für heute danke ich Ihnen aufrichtig für die offene Information.
Von Herzen wünsche ich Ihnen innere und äußere Kraft, um die nächste, sicher nicht leichte Zeit durchzustehen.
Mit freundlichen Grüßen bin ich Ihr
Walter Kasper

Ein Gegenbeispiel ist das Schreiben des Apostolischen Visitators für Ermland, das wegen seines Unterhaltungswertes zitiert zu werden verdient. Johannes war in der Diözese Ermland »inkardiniert«, d. h. kirchenrechtlich gehörte er somit diesem Bistum seiner Heimat an.

29.10.1977
Hochwürdiger Herr! Sehr geehrter Herr Professor Dr. Neumann!
... Mit großem Bedauern habe ich Ihre falsche Einschätzung der Kirche und Ihre daraus gefolgerte Entscheidung wahrgenommen.
Am gleichen Abend noch haben wir im Ermlandhaus den Rosenkranz besonders für Sie gebetet, und am folgenden Morgen bat ich die Katharinerinnen im Mutterhaus (ohne Ihren Namen zu nennen) um die Mitfeier des hl. Opfers für Sie.
Die weiteren Schritte habe ich gemeinsam mit dem Bischof von Rottenburg zu unternehmen.
Besonders an den dritten Freitagen der Monate, wenn die Ermländer für die geistlichen Berufe beten, werden Sie aufgenommen sein in unser Bitten, daß Sie zu den von Ihnen als Priester übernommenen Aufgaben voll Reue zurückkehren!
Mit der Empfehlung in Gottes Erbarmen
grüßt und segnet Sie
Johannes Schwalke
Ap. Vis.

Dass die Kollegen von Johannes nicht »Bravo« rufen konnten, musste eigentlich klar sein. Denn, so formulierte einer: *»Wenn der Neumann recht hätte, wären wir alle Idioten, wenn wir blieben.«* Die Reihen wurden fest geschlossen, sicher nicht nur freiwillig, sondern mit gehöriger Nachhilfe aus Rottenburg. Am 31.10.1977 verabschiedeten die Professoren des Fachbereichs Katholische Theologie eine Stellungnahme, in der sie sich von Johannes' Schritt distanzierten: »*... In den letzten 20 Jahren hat sich auch die Gesamtkirche in wesentlichen Bereichen stärker gewandelt als in Jahrhunderten zuvor. Besonders die Theologie hat bei uns ein Maß an Freiheit gewonnen, wie es für Forschung und Lehre heute notwendig ist. Auch unser Kollege Johannes*

Neumann konnte seine Kritik ohne lehramtliche Beanstandungen oder gar ein Verfahren äußern ...«

Das Treffen, bei dem dies beschlossen wurde, fand – notabene – in Küngs Haus statt.

2.11.1977

Johannes war furchtbar wütend und schimpfte wie ein Rohrspatz (wie er schimpfen kann, habe ich in den Autoschlangen in Südtirol schon erlebt): »diese feigen Buben«, »diese charakterlose Bande«.

... Als ich den Brief gelesen hatte, habe ich nur gelacht, denn das ist eine Sache, da muß man sich nur still hinsetzen und warten, die Früchte ihres Tuns werden die Herren sehr bald ernten. Wer der Amtskirche einen solchen Freibrief ausstellt, braucht sich nicht zu wundern, wenn er an die Kandare genommen wird.

5.11.1977

Greinacher jammerte J. des langen und breiten vor, wie groß der Druck sei und daß jetzt die Theologische Fakultät vollends einen schlechten Ruf habe ... Laut Greinacher kritisieren die Studenten das »Distanzschreiben« [der Professoren] ziemlich intensiv.

Neben der tatsächlich verabschiedeten Erklärung der Fakultät gab es noch einen Entwurf von Wolfgang Bartholomäus, der deutlich milder war. Haag kam ein paar Tage später zu Johannes und behauptete, er sei bei dem Treffen in Küngs Haus nicht dabei gewesen. Er sei der Meinung gewesen, er hätte dem abgeschwächten Bartholomäus-Entwurf seine Zustimmung gegeben. Denn die beiden Entwürfe seien ihm teils mit falschen Daten geschickt worden. Das kann schon sein, denn man darf nicht vergessen: Es war das Vor-E-Mail-Zeitalter, heute würde eine solche Ausrede – wenn es denn eine ist – nicht mehr so leicht überzeugen. Außerdem war Haag sauer, weil er sich in seiner Position als Sprecher der Ordinarien der Fakultät übergangen gefühlt hat. Sei es, wie es wolle. Distanzierende Äußerungen gegenüber dem Distanzierungsschreiben gab es außerdem von Auer und Korff – also einem Drittel der Kollegen.

Am 3. November sprach Johannes auf Einladung der Theologiestudenten. Küng hatte den Sprecher der Studenten zuvor angerufen, man würde sich lächerlich machen, wenn man Johannes sprechen ließe.

5.11.1977
Vielleicht besonders wichtig war J.s Abend mit den Theologiestudenten. Das muß sehr beeindruckend gewesen sein. Nicht nur, weil es so voll war, daß viele nach Hause gehen mußten, sondern vor allem, weil J. wie nie zuvor erfuhr, daß er für die Studenten in gewisser Hinsicht ein Leitbild war ... Kein Mensch hat im übrigen den anonymen Brief erwähnt oder die Sache mit Martha, so daß J. sagte, er sei sich jetzt ganz sicher, daß die Studenten mit dieser Angelegenheit nichts zu tun hätten. Ansonsten recht viel zustimmende Post, auch von Leuten, von denen man es nicht dachte. So gut wie nichts Negatives ...

Und dann gab es noch Kuriosa, die eine Erwähnung verdienen: Am 7.11. rief die Pressestelle der Deutschen Bischofskonferenz an, ob Johannes bitteschön der Holländischen Bischofskonferenz ein Exemplar seines Schreibens vom 24.10. zur Verfügung stellen würde. Bischof Moser habe sich geweigert, eine Kopie zu schicken. Johannes half gerne.

Die Holländer waren damals ein ziemlich aufmüpfiges Völkchen. Vielleicht entsprang die Weigerung des Bischofs der Sorge, dass durch die Lektüre des Briefes die gesamte Holländische Bischofskonferenz abhanden kommen könnte.

Objektiv lief es also gut, ja sogar sehr gut. Wenn ich den Ordner mit Zuschriften von damals durchblättere, finde ich so viel Anerkennung, Respekt, sogar Bewunderung. Kritik und Enttäuschung werden in angemessener Weise vorgetragen, wüste Beschimpfungen sind die Ausnahme, meist sind sie anonym oder kommen von Leuten, die ihn zuvor auch schon beschimpft hatten. Trotzdem wurde es wieder recht anstrengend mit Johannes. Wenn er wütend war, war es okay. Aber dazwischen gab es viel Angst, viel Depressives. Das kriegte ich ab, und es war mein Job, ihm Mut zu machen. Es war manchmal grenzwertig, wie dieser Tagebucheintrag belegt:

5.11.1977

... Zudem ist bei mir die Toleranzschwelle insofern erreicht, als daß ich es mir nicht mehr anhören mag, daß er Angst hat, erschöpft ist, ohne Kraft, ein alter Mann. An dem Punkt werde ich jetzt ärgerlich – und habe es ihm auch gesagt: Das ist allmählich wirklich l'art pour l'art: Alles läuft besser, als man es optimistischerweise annehmen konnte ... aber das alles zählt nichts. Es ist wieder so eine Phase (allerdings mit vielen Lichtblicken), wo man sagen kann: Am glücklichsten ist er, wenn er unglücklich sein kann. Da wird auch jedes Haar in der Suppe gesucht, und wenn keins drin ist, tut man schnell noch eins hinein (deswegen kriegt er allmählich wirklich auch eine Glatze). Nun, da ich heute sowieso nach Stuttgart fuhr, habe ich jetzt die nötige Distanz ...

An jenem 5.11. vermerkt er in seinem Kalender: »*Sehr, sehr müde u. zerschlagen. Kind fuhr gegen 10.30 Uhr nach Hause. Mittag bei Ruth.*« Und einen Tag später: »*Ruth zum Abendessen. Sie blieb lang, und es kam wieder zu einem Beischlaf. Ich will das doch gar nicht! Mir ist elend!*«

Faktisch haben Ruth und ich uns in jenen Wochen fast die Klinke in die Hand gegeben. Von diesen Gründen seines Elends hatte ich keine Ahnung. Es erbost mich heute, wie ich ihm treu zur Seite stand, ihn aushielt, ja: aushielt – und er setzte so viel aufs Spiel.

Ich sollte recht behalten mit meiner Einschätzung, dass ihre Beflissenheit der Fakultät auf die Füße fallen wird. Frau Widmaier, eine Hilfskraft von Johannes, berichtete aus der Vorlesung von Küng:

17.11.1977

... Küng habe Dienstag mit allen Zeichen der Empörung und Überraschung berichtet, die Bischofskonferenz habe bei ihm angerufen und angekündigt, es käme jetzt eine Dokumentation heraus, und er ... solle jetzt gefälligst Stellung nehmen zu den ihm vorgelegten Fragen. Küng – mit einer schon nicht mehr rührenden Naivität – meinte in der Vorlesung, er habe doch mit J. zusammen mit Höffner, Volk, Moser gesprochen, und damit sei doch alles geregelt gewesen. J. meinte dazu, da sei er aber der einzige gewesen, der das geglaubt habe. J. sagte dann zur Widmaier, das wundere ihn aber doch sehr, wo doch erst vor

drei Wochen die Theologische Fakultät bekundet habe, Freiheit von Forschung und Lehre seien an der Theologischen Fakultät gewährleistet. Kübel von Spott. J. meinte, die nächste Schlagzeile müsse heißen: Bischofskonferenz bestätigt Neumann.

In derselben Vorlesung – so erfuhr Johannes von Rainer Funk – habe Küng noch gesagt: »*Aber ich verlasse das Schiff nicht.*« Was einerseits heißt, dass er Johannes für eine Ratte hielt, aber auch, dass das Schiff der Kirche sinkt. Die Hälfte des Hörsaals habe gezischt. Wegen der Ratte, wegen des sinkenden Schiffes oder weil Küng mit absaufen will – ich weiß es nicht.

30.11.1977
… Was trauriger ist, ist J.s Angst. Heute hat er gesagt, er habe so sehr Angst – vor nichts Konkretem, was natürlich noch schlimmer ist. Er schläft schlecht und würde am liebsten morgens nicht aufstehen. Ich schwanke zwischen Einfühlenwollen und abwehrender Verärgerung, aber es hilft nichts, da zu sagen: »Du hast doch gar keinen Grund.« Ich hoffe nur, daß es auf die Dauer besser wird.
   Gestern und heute, als ich bei ihm war, war es – wie immer – schön und friedlich. Es ist einfach eine Beziehung, die stimmt.

7.2.2015
»*Es war – wie immer – schön und friedlich …*« Als ich im letzten November den verräterischen Johannes entdeckte, schien mir für einige Tage oder Wochen alles möglich: dass es eine Illusion war, in einer glücklichen Beziehung gelebt, einen aufrichtigen, treuen Partner gehabt zu haben, ein Irrtum, meinen Augen und Ohren, meinem Gefühl trauen zu können. Heute sehe ich das anders, wenn auch unter Einschluss der Möglichkeit, dass ich mir doch etwas vormache. Ich glaube, es war Lincoln, der sagte, dass alle Leute manchmal und manche Leute immer, aber nicht alle Leute immer belogen werden könnten. Ich habe für mich keine Garantie, dass ich nicht zu den Leuten zähle, die man immer belügen kann. Was mich aber sicherer macht: Ich habe mir ins Gedächtnis gerufen, wie Johannes mit anderen Menschen umging, ob er sie manipulierte, benutzte, übers Ohr haute. Wie hielt er es mit der Wahrheit? Wie redete er hintenrum

über Menschen? Wie wichtig war ihm der eigene Vorteil und zu welchen Mitteln griff er dabei? Machte er Unterschiede zwischen Menschen, die ihm nützlich waren, und solchen, die ihn brauchten? Welche Menschen mochte er, welche mied er? Wenn ich all das über die Jahrzehnte bedenke, dann gibt es nur eine Antwort: Johannes war – altmodisch ausgedrückt – ein Mensch ohne Falsch.

Seine Rückgabe der Missio canonica ist im Grunde ein Beleg dafür. Er hätte es sich weiß Gott bequemer machen können. Ein Signal, er werde künftig brav sein, hätte gereicht, und der Bischof wäre glücklich gewesen. Wobei ich mit »brav« ganz bestimmt nicht sexuelle Abstinenz meine, sondern ein bisschen Zurückhaltung in seinen Vorlesungen, seinen Veröffentlichungen, getreu der bischöflichen Devise: »*Müssen Sie denn alles sagen, was Sie wissen?*« Das wäre ein sicherer Weg gewesen, einschließlich der Aussicht auf die Verleihung eines päpstlichen Ordens. Die Geschichte mit Martha, der anonyme Brief, der ohnehin nichts hergab – vergeben und vergessen.

Daneben hätte es noch eine andere, geräuschlose Möglichkeit gegeben, sich dem Kirchenbetrieb zu entziehen: Sowohl im Hochschulbereich als auch in der Politik gab es Optionen. Nach seinem Rektorat hatte Filbinger Ende 1972 bei ihm angefragt, ob er das Amt des Landesbeauftragten für die 1966 gegründete und ins Schlingern geratene Universität Konstanz übernehmen wolle. Das heißt, man hielt ihn für vielfach verwendbar. Johannes hatte abgelehnt, es sah zu sehr nach der Rolle eines Staatskommissars aus. 1977 wollten ihn nicht wenige als Gegenkandidaten zum Universitätspräsidenten Theis ins Spiel bringen, im Kultusministerium selbst war er angesehen. Irgendeine diskrete Lösung hätte sich gefunden. Ein paar Jahre Uni-Präsident, Beauftragter für irgendwas oder Staatssekretär – und kein Mensch hätte sich mehr erinnert, dass er katholischer Priester war.

Wenn einer, der so voller Ängste war wie Johannes, trotzdem den gewissenhaften Weg einschlägt, der ihm keinerlei Vorteile bringt, außer dem, mit sich selbst im Reinen zu sein, dann ist er kein falscher Fuffziger. Was bleibt und für mich immer bleiben wird, ist ein Rest an Unerklärbarem, ein Rest an Zweifel.

Aus den Notizen von Johannes wird klar, dass das Thema Ruth spätestens 1978 Thema bei Klöß war. Wenn ich das bedenke, preise ich die Weisheit der Regel: Niemand aus dem Umfeld eines Patienten, einer Patientin gleichzeitig in Behandlung haben! Wie wohl für Klöß dieses »Ich-weiß-etwas-was-du-nicht-weißt« war? Aber ich bin froh, dass Klöß sich nicht an die Regeln gehalten hat, denn ich bin überzeugt, dass Johannes bei ihm in besten Händen war.

Wann ich die Analyse bei Klöß beendet habe, weiß ich nicht mehr genau. Auf alle Fälle war es ziemlich abrupt, irgendwann 1977. Auslöser war, dass er in einer Stunde meinte: *»Es ist Ihnen schon klar, daß Sie mir das gesagt haben, damit ich es an Johannes weitergebe?«* Mir war das nicht bewusst gewesen und ich wollte ihn nicht instrumentalisieren – und sei es noch so unbewusst. In dieser oder einer der nächsten Stunden sprachen wir über das Ende der Behandlung bei ihm. Es war ohnehin absehbar, weil ich für meine Ausbildung eine rite Lehranalyse machen musste. Ich sagte nach einigem Hin-und-her-Überlegen: *»Und warum nicht heute?«*

Ich selbst begann Ende 1977 oder Anfang 1978 die Lehranalyse in Stuttgart bei »der Lili«. Schon merkwürdig: Klöß blieb für mich immer »der Klöß«, Dr. med. Lili Schulz hieß für mich »die Lili«. Vielleicht war die größere Distanz Grund für diese Intimität.

Während die Reaktionen der unterschiedlichsten Menschen auf Johannes' Schritt weit davon entfernt waren, ihn zu stigmatisieren, braute sich in der Frage seiner beruflichen Zukunft nun wirklich etwas zusammen. Ich kann es nicht ganz beurteilen, aber vermutlich hatte sich Johannes nicht wirklich eine Strategie zurechtgelegt, schon gar keinen Plan B, sondern er dachte nur bis zum 24.10.1977.

Ich kann zwar verstehen, dass er zunächst Mitglied der Katholisch-Theologischen Fakultät bleiben wollte, nicht aus Gründen der Anhänglichkeit, sondern als Versuch des Kirchenrechtlers, ein Exempel zu statuieren: Ist eine Theologische Fakultät an einer staatlichen Universität eine Einrichtung, die der Freiheit von Forschung und Lehre verpflichtet ist? Oder ist der Staat Büttel der Kirche und muss auf deren Geheiß ihr nicht genehme Personen aus der Fakultät entfernen?

Es leuchtet auch ein, dass er mit einem freiwilligen Rückzug aus der Fakultät dokumentiert hätte, dass er selbst eine Theologische Fakultät nach anderen Maßstäben misst als jede andere.

Trotzdem, ich glaube, er hat sich verzettelt, seine Kraft in einem Kampf verschwendet, der absehbar zum Scheitern verurteilt war. Bevor der Staat der Kirche die – teure – Neubesetzung eines Lehrstuhls verweigert, müssten auch heute erst mal ganze Horden von Theologieprofessoren geschasst werden oder das Weite suchen. Die staatskirchenrechtlichen Bestimmungen sind immer noch so, dass der Staat für Ersatz zu sorgen hat, wenn den Theologischen Fakultäten ein Professor abhandenkommt. Dabei spielt keine Rolle, ob die Kirchen die Lehrbefugnis entziehen (der häufigste Grund bei den Katholiken ist Heirat und nicht irgendein geleugneter Glaubenssatz) oder ob der Professor Theologie nicht mehr kirchenkonform vertreten will. Umgekehrt muss der Professor, die Professorin aus beamtenrechtlichen Gründen in entsprechender Position weiterbeschäftigt werden.

Eine christdemokratische Landesregierung hatte zudem nicht viel Spielraum, erst recht damals nicht, als der »furchtbare Jurist« Ministerpräsident Filbinger ganz andere Sorgen bekam.

Dass die Professoren der Katholisch-Theologischen Fakultät sich nicht für den Verbleib von Johannes in ihren Reihen ins Zeug legen würden, es auch nicht konnten, war absehbar. Aber manches, was sich in jenen Tagen abspielte, lässt sich nur unter der Rubrik »vorauseilender Gehorsam« verbuchen: Ohne Johannes auch nur informiert zu haben, führte der damalige Dekan der Katholisch-Theologischen Fakultät, Oeing-Hanhoff, am 3.12.1977 mit dem Dekan der Altertums- und Kulturwissenschaften ein Gespräch über die »Überleitung« von Johannes in diesen Fachbereich. Als Johannes zufällig davon erfuhr, setzte es was: »*Sofern dieses Gespräch meine Person betraf, finde ich Ihr Verhalten höchst befremdlich, weil Sie sich mit mir in keiner Weise ins Benehmen gesetzt haben*«, schrieb er am 19.12. »*... Ich habe nicht vor, mich wie ein Güterwagen verschieben zu lassen ... Die Tatsache, daß Sie ohne mein Wissen – und offenbar auch ohne Auftrag der Katholisch-Theologischen Fakultät – gehandelt haben, dürfte nicht nur eine erhebliche Überschreitung Ihrer dienstlichen Kompetenzen darstellen,* *denn als Dekan sind Sie nicht mein Dienstvorgesetzter; sie ist auch ein Akt der Unkollegialität, wie er ohne Beispiel sein dürfte. Selbst wenn Sie auf Anregung Dritter gehandelt hätten, wäre es notwendig gewesen, mich entweder vorher zu hören oder an dem Gespräch zu beteiligen ...«*

Der Dekan – und nicht nur er – wollte Johannes los sein. Bei den Studentinnen und Studenten sah es anders aus:

Schwäbisches Tagblatt vom 10.12.1977:

STUDENTEN WOLLEN NEUMANN WEITER HÖREN
Der Inhaber des Tübinger Lehrstuhls für Katholisches Kirchenrecht, Prof. Johannes Neumann, soll trotz seines Verzichts auf die kirchliche Lehrbefugnis weiterhin kirchenrechtliche Vorlesungen und Seminare im Fachbereich Katholische Theologie ... halten dürfen.

Dafür haben sich jetzt die studentischen Sprecher der Fachschaft und des katholischen Wilhelmsstifts ausgesprochen. In einer Erklärung der studentischen Vollversammlung, die von 114 angehenden Theologen – bei nur einer Gegenstimme und vier Enthaltungen – beschlossen wurde, heißt es: »Wir sind beunruhigt über den Druck, dem die ausgesetzt sind, die offene Kritik wagen.« Es müsse offiziell möglich werden, lehramtlich nicht autorisierte Positionen zu äußern und für ihre Durchsetzung einzutreten.

Johannes war kooptiertes Mitglied der Juristischen Fakultät Tübingen. Es lag nahe, dass er nach dort wechselte. Aber insbesondere der damalige stramm-protestantische Dekan Heckel – er hatte auch den theologischen Doktorgrad – wusste das zu verhindern. Wenig mehr als ein Jahr zuvor hatte er die Kooptierung von Johannes betrieben, aber da gehörte er ja auch noch zu Kirchens. Heckel ließ ein Gutachten anfertigen – oder soll man sagen: Er bestellte eines? Dem war zu entnehmen, dass die Befähigung zum Richteramt zwingende Voraussetzung für eine Juraprofessur sei, weshalb ein Wechsel zur Juristischen Fakultät ausgeschlossen wäre. Johannes hat das getroffen, später empfand er die Ablehnung als glückliche Fügung. Mitglied einer Juristischen Fakultät wurde er auch so noch: als Honorarprofessor in Mannheim. Ganz ohne Befähigung zum Richteramt.

Es ging etwas drunter und drüber. Greinacher legte in Absprache mit Küng Johannes eine Frühpensionierung nahe. Das wäre Rottenburg natürlich am liebsten gewesen, frei nach dem Motto: Wer uns verlässt, ist out! Diese Option wurde aber vom Kultus- und Staatsministerium nie ernsthaft erwogen. Dann waren die Religionswissenschaftler im Gespräch und bzw. oder eine Dislozierung nach Heidelberg oder Stuttgart. Es gab Momente, da war Johannes ziemlich zermürbt und überlegte, ob ein Neuanfang woanders nicht tatsächlich das Beste wäre. Schließlich kam der Fachbereich 08 – die Sozial- und Verhaltenswissenschaften – ins Spiel. Und das war's dann! Am 14.12. war Johannes bei Minister Hahn und der signalisierte Zustimmung, der Fachbereich tat desgleichen.

Das alles geschah vom 24.10. bis zum 14.12 – das sind keine zwei Monate. Ich bin erstaunt. Mir kam die Zeit der Ungewissheit viel länger vor.

Anfang 1978 erschienen die »Informationen« der Diözese Rottenburg (Nr. 96/97), wo unter der Überschrift »Freuden und Sorgen unserer Diözese« eine Rede von Bischof Moser vom 17.11.1977 abgedruckt war:

III. Der Fall Neumann
In der Zwischenzeit hat sich leider eine schwere Enttäuschung ergeben im Zusammenhang mit einem Mitglied der Katholisch-Theologischen Fakultät, nämlich mit Professor Johannes Neumann. Wie Sie wissen, hat er seine Missio canonica zurückgegeben. Er hat das in einem ausführlichen Brief begründet; und ich möchte ... nun zum ersten Mal zu diesem Fall Stellung nehmen. Zunächst sei festgestellt, daß wiederholte Male persönliche Kontakte zwischen Professor Neumann und mir stattgefunden haben, sowohl auf schriftlichem Wege wie auch in langen mündlichen Unterhaltungen. Es zeigte sich, daß Professor Neumann seit längerer Zeit in einer persönlichen Krise als Priester und als Lehrer an der Fakultät stand. Es ist nicht meine Aufgabe, die Einzelheiten dieser Krise auszubreiten. Ich fühle mich nicht berechtigt, Dinge, die in persönlichem Gespräch zwischen Professor Neumann und mir zu Wort kamen, hier auszubreiten. Aber so viel ist in der Öffentlichkeit bekannt – und deshalb darf ich das auch aussprechen –, daß Professor Neumann sich in einer äußerst schwierigen Situation befand. Das wurde spätestens sichtbar anläßlich seines

Auszugs aus dem eigenen Haus in Kusterdingen und in den Ostertagen dieses Jahres durch den Selbstmord seiner Haushälterin, mit der zusammen er dieses Haus gebaut hatte. Es gehen Gerüchte über dieses und jenes – dazu will ich keine Stellung nehmen. Eines aber wissen wir alle: Das Leben ist immer ein Ganzes. Man kann deshalb die Rückgabe der Missio canonica schwerlich lösen von dem, was im persönlichen Lebensgang von Professor Neumann sich ereignet hat.

Das kam nicht gut an. Überhaupt nicht. Der Priesterrat der Diözese kritisierte den Bischof, die Ökumenische Religionslehrer-Gruppe verwahrte sich dagegen, inhaltliche Kritik auf diese dubiose Weise entwerten zu wollen:

18.1.1978
An die Redaktion der »Informationen«
… Bischof Moser beginnt seine Stellungnahme zum »Fall Neumann« mit einem Hinweis auf dessen »persönliche Krise als Priester und als Lehrer an der Fakultät«. Was er dann über diese persönlichen Schwierigkeiten im einzelnen andeutet – unter Berufung darauf, dies sei der Öffentlichkeit schon bekannt –, verleitet zu weitgehenden Spekulationen über das Privatleben Prof. Neumanns. Dadurch wird von der sachlichen Diskussion über die theologische Begründung des entscheidenden Schritts von Prof. Neumann abgelenkt. Daß so Gerüchten und Spekulation Tür und Tor geöffnet wird, widerspricht zudem der zuvor erklärten Zurückhaltung in bezug auf die persönliche Sphäre Prof. Neumanns …

Auer, bei dem der Bischof einst Ministrant war, rief umgehend in Rottenburg an und wollte ihn sprechen. Er ließ sich – so Auer – verleugnen. Weihbischof Kuhnle gestand ihm dann, dass man überhaupt nicht glücklich über die Sache sei. Die Millerin, eigentlich sauer auf mich, weil ich ihrer Meinung nach Johannes auf dem Gewissen hatte, versicherte mir, sie habe dem Bischof sehr deutlich gemacht, was sie von dieser Aktion halte. Meine Freundin Gretel Rothacker, Kollegin aus dem Eheberatungskurs, meinte, sie könne sich nur vorstellen, dass das aus Versehen in die »Informationen« geraten sei. Da sie in der Redaktion saß, erkundigte sie sich. Kurz danach rief sie an. Nein, der

Sekretär des Bischofs habe ihr gegenüber gesagt, das sei auf ausdrücklichen Wunsch des Bischofs reingenommen worden.

Johannes und ich – wir schäumten gleichermaßen. Er meinte, das sei wohl das erste Mal in seinem Leben, dass er auf Rache sinne. Aber wir kamen zu dem Schluss: Wenn überhaupt eine Ratio hinter diesem Handeln stand, was ich eher bezweifle, dann sollte Johannes provoziert werden, sich genau auf diese persönliche Ebene zu begeben, womit aus einer inhaltlichen Auseinandersetzung eine Schlammschlacht geworden wäre.

Am 9.2. hatte Johannes seine letzte Vorlesung als Tübinger Kirchenrechtler und nutzte sie, um den Studierenden Dank zu sagen: *»... Ich möchte Ihnen ... für Ihre faire, ja fast möchte ich sagen, kollegiale und solidarische Haltung und Stellungnahmen danken, auch für Ihre Treue ... Wichtig ist mir nur, Ihnen zu sagen, daß ich von Ihnen als Studenten ungern scheide, und ich möchte Ihnen danken für Ihre Geduld, daß Sie diese Unsicherheit auch in bezug auf das Examen ... auf sich genommen haben ... Und schließlich ist mir ... noch ein letztes wichtig zu sagen, daß ich gerade nach den Erfahrungen des letzten Vierteljahres meine im Oktober getroffene Entscheidung nicht nur nicht bereue, sondern weiß und empfinde, daß ich die richtige und für mich einzig gangbare Entscheidung getroffen habe ...«*

Die Fachschaft Soziologie, die zwar nichts zu entscheiden hatte, die aber von Johannes fairer- und klugerweise vorab über seine Transferierung informiert wurde, schrieb am 10.4.1978:

Sehr geehrter Herr Prof. Neumann!
Aufmerksam haben wir die von Ihnen entliehenen Unterlagen gelesen und vermögen jetzt, Ihren Schritt, Ihre »Missio« zurückgegeben zu haben, nachzuvollziehen. Für uns als »Nicht«-Theologen fällt es immer noch sehr schwer, die sich aufbauenden Abgründe innerhalb der kirchlichen Institutionen zu erblicken, wir dachten eigentlich immer, das Mittelalter sei eine historische Komponente der früheren Menschwerdung.
Mit freundlichen Grüßen
Ihre Fachschaft Soziologie

Das ist zwar schlecht formuliert, war aber eine durchaus freundliche Begrüßung.

Zuvor, am 10.3.1978, nutzte Johannes die Einladung von Herbert Haag zu einer Reise der Katholisch-Theologischen Fakultät nach Israel und in den Iran unter seiner Leitung zu einer Art von Abrechnung mit dem Verhalten seiner Ex-Kollegen:

Lieber Herr Haag,

haben Sie sehr herzlichen Dank für Ihre liebe Vor-Einladung zur gemeinsamen Israel-Reise der Fakultät ... Wenn ich jetzt – schweren Herzens – trotzdem absage, so deshalb, weil ich nach wie vor betroffen bin über die <u>Art</u>, wie sich manche meiner Kollegen verhalten haben, nachdem ich ihnen meine Entscheidung vom 24.10.1977 mitgeteilt habe ... Ich bin mir im klaren darüber gewesen, daß mein Entschluß und die dafür gegebene Begründung manch einen Kollegen verunsichern und treffen würden ... Dennoch hatte ich meine Kollegen für souveräner gehalten. Deshalb habe ich auch nicht erwartet, daß sie mit hurtiger Beflissenheit ihre deutliche Distanzierung nicht nur von meiner Entscheidung, sondern auch von meiner Person dem Bischof und der Öffentlichkeit kundtun würden.

Sicher, Sie, lieber Herr Haag, und vier weitere Kollegen haben sich mir gegenüber von diesem schnellen Schritt distanziert, die Tatsache jedoch, daß er in <u>dieser</u> Form erfolgt ist, kann dadurch nicht ungeschehen gemacht werden.

Noch weniger allerdings hatte ich erwartet, daß ein Kollege, der in eigenen Angelegenheiten die Medien und die öffentliche Meinung sehr geschickt zu nutzen versteht, in meinem Falle alles darangesetzt hat, eine öffentliche Erklärung, und sei es auch nur vor der Öffentlichkeit der Theologie-Studierenden im Rahmen des Theologischen Mentorates, zu verhindern.

Nach der diffamierenden Erklärung von Bischof Moser vor den Dekanen der Diözese und ihrem Abdruck in den »Informationen« haben, wenigstens soviel ich weiß, die Kollegen kein klärendes Wort gesagt. Ein Kollege soll vielmehr auf Befragen der Studenten sogar geäußert haben, er finde die Stellungnahme des Bischofs »sehr maßvoll«.

Schließlich mußte ich vom Präsidenten und von Kollegen anderer Fächer erfahren, daß der Dekan der Katholisch-Theologischen Fakultät – ohne jegliche Rücksprache mit mir – mich zu den Religionswissenschaftlern in den Fachbereich »Altertums- und Kulturwissenschaften« »abschieben« wollte ... Auch wenn Herr Oeing-Hanoff erst relativ kurz unserer Fakultät angehört (und dabei bekanntlich gar nicht genug betonen kann, daß er kein Theologe sei), dürfte ihm doch nicht ganz unbekannt sein, daß ich für die Fakultät und ihre Interessen einiges getan habe.

Sie werden sicherlich verstehen, lieber Herr Haag, daß ich nach diesen Erfahrungen vielfältiger Illoyalität keinen Wert auf eine gemeinsame Reise legen kann, so gerne ich mit Ihnen diese Pilgerfahrt unternommen hätte und sosehr ich wünsche, daß der kollegial-freundschaftliche Kontakt mit Ihnen und einigen anderen Kollegen nie abreißen möge ...

Bis zum Sommersemester 78 war der Wechsel zur Soziologie perfekt. Was er ein paar Monate später an einen Ex-Kollegen, Erwin Kleine, schrieb, hatte Bestand. Es war nicht paradiesisch, aber es war gut. Johannes war gelandet ... Bestimmt nicht so, wie es Hans Küng in seiner Biografie abschätzig meinte: »*Er ›landet‹ schließlich bei der Religionssoziologie.*«

8.8.1978

Lieber Erwin,

... was mir jedoch viel wichtiger ist, sind die recht guten Kontakte in meiner neuen Disziplin, der Soziologie, und die freundliche Aufnahme durch die hiesigen Soziologen und die Kollegen der gesamten Fakultät. Zwar geht es auch hier manchmal recht heftig zu und prügelt man sich in den Sitzungen schon manchmal. Aber es ist doch viel weniger grundsätzlich und doktrinär, als ich es bei den Theologen erlebt habe. Wenn auch die verbalen Schlägereien oft viel härter sind, als dies bei den Theologen der Fall war, sind sie doch ehrlicher und am Ende versöhnlicher. Das ließ mich ja geradezu befreit aufatmen. So kann ich insgesamt sagen, daß ich mich sehr glücklich fühle und jeden Tag eigentlich dankbarer bin, daß ich diesen Schritt im vergangenen Herbst gewagt habe ...

Das Leben ging also überraschenderweise weiter. Auch in der Hochschulpolitik. Am 6.4.1978 notiert Johannes: »*15.30–19 Uhr Gr. Senat. Mit 47 Stimmen von 59 Stimmen zum Vorsitzenden dieses Sauladens gewählt.*«

Sauladen hin oder her: Dass er kein halbes Jahr nach der Rückgabe der Missio canonica und all den darauf folgenden Enttäuschungen, Ängsten und Unsicherheiten Vorsitzender des Großen Senats wurde, war eine Genugtuung. Mehr als das: Es verwies all die Prophezeiungen und seine eigenen Ängste, er sei erledigt, ins Reich der bösen und böswilligen Fantasie.

Am 7.4.1978 titelte das Schwäbische Tagblatt: »*Neumanns Comeback*« und schrieb: »*Dem 48jährigen Kirchenrechtler Johannes Neumann, letzter Rektor der Eberhard-Karls-Universität und lange Zeit Sprecher der konservativen Lehrstuhlinhaber, gelang nach einer Phase hochschulpolitischer Zurückhaltung ein glänzendes Comeback.*«

Der andere schließlich auch

8.2.2015

Es macht mir schon Sorgen, dass sich das Buch dem Ende nähert. Obwohl es so nicht sein darf, ist es so, als würde ich nur richtig und gern leben, wenn ich mich mit jenen 70er-Jahren beschäftige. Die Vergangenheit als Droge. Johannes berichtete mal: Als er neu in Tübingen war, habe er einen Antrittsbesuch bei einem emeritierten Professor gemacht. Der habe mit Buntstiften und Lineal vor einem Buch gesessen und habe alles rot, gelb und blau unterstrichen und erklärt, er bereite die Neuauflage seines Buches vor. Wenn ich nicht aufpasse, wird es mir auch so gehen!

10.2.2015

Ich bin nur noch so halb hier. Heute habe ich in einer Freistunde angefangen, den Koffer zu packen. Mit dem letzten Kapitel beginne ich jetzt nicht mehr. Trotzdem setze ich mich vor meiner Reise abends an den Schreibtisch. Ich suche seine Nähe.
Et maintenant que vais-je faire
Vers quel néant glissera ma vie
Tu m'as laissé la terre entière
Mais la terre sans toi, c'est petit.
Ich lieb ihn doch so!

25.2.2015

Was wollte ich in den Tagen in Guadeloupe nicht alles gemacht haben: korrigieren, formatieren, kürzen – so lese ich. Und was war? Nichts. Tagsüber fotografierte ich Kolibris und schwamm im badewannenwarmen Meer und um 18 Uhr ging – wie von Juliane angekündigt – die Sonne verlässlich unter. Ich weiß gar nicht, was ich dann getan habe, außer zu Abend zu essen und die Unzahl der Tagesfotos auf den Laptop zu übertragen. Das Manuskript habe ich ein-, zweimal flüchtig angeschaut, mehr nicht. Gut, ich lag dann noch auf der Terrasse und habe bei diesen wunderbar angenehmen

Temperaturen Wein von sehr mäßiger Qualität getrunken, woran man mich zu hindern suchte. Allerdings nur einmal: Eines jener schwedischen Mädchen, die als Aushilfsbedienungen angeheuert waren – das Hotel gehört einem Schweden –, antwortete auf meine rein informativ gemeinte Bemerkung, ich würde den Rest der Flasche mit aufs Zimmer nehmen: »It is not allowed.« Noch jetzt ärgere ich mich, dass mein englischer wie mein französischer Wortschatz so beschränkt ist. Aber den Sinn meiner Botschaft, die ihrem Satz folgte, erfasste sie.

Trotzdem war in all den Tagen Johannes immer bei mir. Auf dem Hinflug war ich diejenige im Flieger, der es am gleichgültigsten von allen war, ob wir heil ankommen oder nicht. Auf dem Rückflug freute ich mich eher wieder auf diesen Schreibtisch. Dazwischen dachte ich viel nach. Es war insgesamt mehr Nachdenken als Sehnsucht. Was jetzt ansteht, ist auf 30, 40 Seiten zu sagen.

In den Weihnachtsferien 1977/78 waren wir wieder in Südtirol. Auf der Rückfahrt über die Schweiz wurden wir an der Grenze gefilzt. Man suchte nach Devisen oder Gold. Ich habe das fast genossen, denn wenn ich mit Heinz in der Schweiz war, wurden wir auch regelmäßig gefilzt. Nach Zigaretten. Ein kleiner, aber feiner Unterschied.

Am 21.1. hatte ich anscheinend die Eheberaterprüfung absolviert, zumindest schrieb das Johannes in seinen Kalender. Das Psychologie-Vordiplom stand an. Ich habe es, wie schon angedeutet, nur bestanden, weil ich mir Dorles alte Unterlagen sehr, sehr akribisch angeeignet hatte. Mal so gesagt – es war aber trotzdem noch ein hartes Stück Arbeit. Briefe wurden zur Ausnahme, denn so ein bisschen begannen wir schon zusammenzuleben. Aber ein Brief von Johannes verdient es, zitiert zu werden.

25.1.1978

Liebste Ursula,
  trotz vieler Arbeit sollen diese Tage unserer zweieinhalbjährigen intensiven Beziehung nicht vorübergehen, ohne daß ich Dir noch ein paar kurze Zeilen schreibe. Eigentlich kann ich Dich jetzt nur bitten, noch ein paar Wochen mit mir Geduld zu haben. Ich habe nämlich das Gefühl, daß ich heute in einer

viel tieferen Krise stecke als vor einem Jahr oder vor drei Monaten. Ich muß jetzt nämlich mein Tun personal ratifizieren.

Ich <u>wollte</u> zwar immer aus meinem bisherigen Bereich (Mutter Martha – Mutter Kirche) heraus, doch geht es mir nun wie den Israeliten nach dem Auszug aus Ägypten in der Wüste. Sie meuterten gegen Moses und Aaron, die sie aus der Sklaverei, aber auch von den Fleischtöpfen fortgeführt hatten. Ich weiß, wenn ich <u>jetzt</u> nicht vorwärtsgehe, werde ich zugrunde gehen. Aber vom Wissen zum Tun, vom Erkennen bis zur emotionalen Reaktion ist es bei mir, wenigstens in diesen Bereichen, ein langer Weg – offenbar. Zu lang war die Zeit in meinem Leben, die ich in »Ägypten« verbracht habe. Zu sehr habe ich mich offensichtlich daran gewöhnt, für Pseudo-Ideale zu leben: Wenn ich sagte, ich meine das Du oder <u>die</u> Menschen, suchte ich mich letztlich selber, ohne mich zu finden, denn ich versteckte mich stets hinter anderen. Das ist mir jetzt klargeworden. Nun aber muß ich mich einholen, um wirklich »frei« zu werden. Magst und kannst Du so lange noch auf mich warten? – Ich habe Dich nämlich sehr lieb!

Johannes

Das ist reichlich dunkel. Heute legt sich mir nahe, dass es auch um Ruth ging. Ich glaube nicht, dass ich damals nachgefragt habe. Wahrscheinlich bildete ich mir ein »zu verstehen«.

»Einen Brief an Ruth geschrieben, daß ich so nicht weitermachen will«, steht am 6.2.1978 in seinem Kalender.

Natürlich finde ich die Kopie des Briefes, obwohl die Zahl der Ordner, die sich um mich herum versammeln, inzwischen die 20 übersteigt. Johannes ist zwar prinzipiell ordentlich beim Abheften gewesen, aber des Öfteren erschließt sich mir seine Archivierungslogik nicht. Was mich daran erinnert, dass ich das, was Ratzinger an Martha geschrieben hat, immer noch nicht gefunden habe.

Nun der Brief an Ruth: Johannes befindet sich ziemlich in der Mitte zwischen den Fleischtöpfen Ägyptens – und das ist leider weniger metaphorisch zu nehmen, als mir lieb ist – und dem Gelobten Land. Seine Verbindlichkeit, sein zwanghaftes Bestreben, fair und gerecht zu sein, führen an die Grenze zur Falschheit, mindestens zur Unklarheit. Mich hat das schon im Brief an Bischof Moser vom Juli 1977 aufgeregt, als er sich für das »*offene und menschlich gute Gespräch*« bedankte.

Montag 6.2.1978

Liebe Ruth,

... Ich verdanke Dir sehr viel! Ohne Dich säße ich wahrscheinlich noch mit Martha in Kusterdingen. Du hast mir die Augen geöffnet und mich auf meine Probleme gestoßen und weite Dimensionen des Denkens wie der Wirklichkeit erschlossen. Du hast mich gelehrt, auch die Fragen nach dem religiösen System nicht nur theoretisch, sondern existentiell zu stellen. Das hatte für mich ungeahnte Konsequenzen. Dafür bin ich Dir dankbar und verläßlich gut. ...

Du hast bereits am Anfang unserer Beziehung gesagt, daß für Dich *eine dauerhafte und exklusive Verbindung – mit »Süppchen kochen« – nicht in Frage kommt. Die Berechtigung einer solchen Haltung habe ich bald einzusehen gelernt. Überdies sind wir beide zu verschieden aufgrund unserer Anlage, der Erziehung und Lebenssituation ...*

Weil mir Martha jedoch leid tat – wie immer –, wollte ich mich – nochmals – bemühen, mit ihr zu einer neuen, lebbaren Form der Beziehung zu gelangen. Als Arzt dürfte es Dir klar gewesen sein, daß das zu jenem Zeitpunkt gar nicht mehr möglich war, um so weniger, als Du gewußt haben dürftest, daß sie die Verfasserin oder die Inspiratorin des anonymen Briefes vom Sommer 1976 war und sie überdies bereits in Rottenburg persönlich vorgesprochen hat. Und ich naiver Idiot glaubte, es noch einmal versuchen zu sollen!

Zumindest im Herbst/Winter 1976/77 hast Du dann ein ausgesprochenes Doppelspiel gespielt. Du hast mit Material, das Martha Dir gegeben hat, mich in Panik zu setzen versucht und Frau Schw. zu disqualifizieren getrachtet. Gleichzeitig bemühtest Du Dich durch leidenschaftliche, ja gewalttätige Werbung, mich an Dich zu binden. Dank meiner Beschränktheit wäre Dir auch beinahe alles drei gelungen. Gleichzeitig standest Du jedoch in pausenloser Kommunikation mit Martha ... Du mußt deshalb akzeptieren, daß ich von daher das Gefühl habe, von Dir auf der ganzen Linie verraten worden zu sein! Darum kannst Du von mir nicht erwarten, daß ich Dir jetzt vertraue ...

Sosehr ich Dich als Arzt, als selbständig denkenden Menschen und kennt-

nisreichen Gesprächspartner schätze, habe ich doch – aus den obengenannten Gründen – kein Vertrauen, Dir meine inneren Ängste, Sorgen, Hoffnungen und Pläne zu offenbaren.

… Recht hast Du auch, wenn Du meinst, ich würde nicht ewig allein bleiben. Ich werde jedoch so lange – nur so lange – allein bleiben, bis ich mir klar bin, was ich will, was ich zu leisten vermag und mit wem ich glaube, leben zu können. Dabei habe ich nicht vor, meine bisherigen Verhaltensmuster zu reproduzieren.

Liebe Ruth, ich will Dir mit diesem Brief nicht weh tun, sondern wollte nur manch offene Fragen klären, damit Du mir nicht wieder vorwirfst, ich hätte Dir nicht die Wahrheit gesagt.

Dein Johannes

27.2.2015

Noch versucht er, auf beiden Schultern Wasser zu tragen. Er wird den Preis dafür zahlen müssen – und dabei noch glimpflich wegkommen. Ich würde gern begreifen, was damals in ihm vorgegangen ist. Aber dieses Verhalten ist mir fremd, zu fremd. Dass er sich von Ruth ein Stück hat kaufen lassen – ich finde es beschämend, aber das ist ein Teil der Wahrheit. Ein anderer ist vermutlich, dass er sich ihr verpflichtet fühlte. Es klingt für mich ehrlich und glaubwürdig, wenn er schreibt, er habe ihr viel zu verdanken. Ich begreife allerdings nicht, dass Ruths Doppelspiel diese Dankbarkeit nicht aufhob, nicht einmal im Sinne von: »Ja, du hast mir wirklich Gutes getan, aber du hast dann das Fundament komplett zerstört.«

Dass ihn nicht einmal der reine Selbsterhaltungstrieb den Schlussstrich ziehen ließ – ich verstehe es nicht. Wie soll Beziehung in irgendeiner Form möglich sein, wenn sich Manipulation und Verrat jederzeit wiederholen können?

Heute Nacht habe ich mich gefragt, wie ein Buch im umgekehrten Fall ausgesehen hätte: wenn ich vor Johannes gestorben und er nicht rasch an meiner schwer leserlichen Handschrift verzweifelt wäre. Ich bin mir des Vorteils bewusst, als Überlebende so etwas wie die Deutungshoheit zu haben, die Freiheit, auszuwählen und wegzulassen. Also angenommen,

Johannes säße jetzt hier und läse meine Tagebücher – es gäbe für ihn vom 25.7.1975 an keine Überraschungen. Vorher höchstens marginale.

Für mich ist das kein schlechtes Gefühl, ich bin mit mir im Reinen. Ich hätte gewünscht, dass es bei ihm genauso gewesen wäre. Gerade möchte ich sagen: Fast hätte ich es ihm mehr gewünscht, als ich es mir für mich wünsche.

Ruths Reaktion auf seinen Brief notiert er am 7.2.: »*Tel. R. Beim ersten Anruf hatte sie den Brief noch nicht gesehen, b. 2. beteuerte sie, nie etwas gegen mich getan zu haben.*«

Tatsächlich werden die Kontakte, welcher Art auch immer, seltener, aufhören tun sie aber nicht. Aber zweierlei geschieht: Offensichtlich wird das Thema Ruth in seiner Analyse zentral. Das andere: Er gibt im März unserer Beziehung Verbindlichkeit und verlobt sich mit mir. Ich weiß nicht, wann er diesen Entschluss gefasst hat, und ich finde auch nicht, dass das die richtige Reihenfolge war.

12.2.1978
13.30–14.30 Uhr in klarer sonniger Winterluft spazieren. Allein, weil Kind war noch schwach. Es ist sehr friedlich mit ihr, nur habe ich immer ein schlechtes Gewissen, weil ich so doppelbödig bin.

16.2.1978
18.15 Uhr Besprechung. Ich habe das »Gefühl«, daß heute ein Durchbruch geschehen ist!

»Besprechung« meint Therapie, der Satz ist rot umrandet.

18.2.1978
Recht fröhlich Salate gemacht u. alles für die Abendeinladung gemeinsam hergerichtet. Ohne Hektik u. ganz friedlich u. fröhlich.
Um 18.30 Uhr kamen Renate Oetker, R. Funk, Gretel Rothacker u. Mann, Dorle Wandschneider mit Mann u. Kaufmann (ehem. Telefonseelsorger). Ein insgesamt voll gelungener Abend. Rothackers übernachteten hier, bis 2 Uhr auf!

Das war – wenn ich es richtig sehe – unsere erste gemeinsame Einladung.

2.3.1978
18.15–19.30 Uhr Bespr. J., sehr gelöst danach! Dann zum Kind. Ein guter Abend.

Am nächsten Tag – einem Freitag – notiert er: »*Wir beschlossen, irgendwohin zu fahren, schließlich brausten wir nach Würzburg.*«

»Irgendwohin fahren«, das hieß für Johannes: irgendwohin im Radius von maximal 50 Kilometern. Er hätte Ludwigsburg passend gefunden. Aber ich saß am Steuer und fuhr einfach weiter, zunächst unter seinem Protest – Verrücktheiten musste er erst lernen. Umgekehrt habe ich im Lauf der Jahre begriffen, dass Ludwigsburg & Co. auch sehr schön sein kann.

Ich wollte ihm »mein« Würzburg zeigen, denn ich liebte diese Stadt, die auch für meine erste Befreiung, mein Flüggewerden stand. Ich wollte ihm zeigen, wo ich mein allererstes Studentenzimmer hatte: in der Huttenstraße 11, mit Kohleofen und einer Aufsichtsnonne namens Sr. Pachomia. Herrenbesuche waren erlaubt, das war keineswegs überall so. Aber nur bis 22 Uhr, denn »danach kommt der Trieb«. Als Einzige auf dem Stockwerk hatte ich fließendes Wasser (natürlich nur kalt), weil mein Zimmer die ehemalige Küche war, und es gab einen Balkon, den man aus bautechnischen Gründen nicht betreten durfte.

Aber das Haus war weg. Abgerissen. Mich hat das tief getroffen. Johannes fand meine Reaktion übertrieben, aber wir verstanden schließlich, dass es für mich eine ähnliche Erfahrung bedeutete, dass mein erstes Würzburger Zuhause einfach weg war, wie für ihn die ganz gewiss unvergleichlich dramatischeren Erlebnisse der Zerstörung durch Bombardierung.

Der 16.3. ist in seinem Kalender gelb umkringelt. Zunächst steht dort: »*Kind hatte von 15.30–16 Uhr Ps Examen bei Glaser*«. Und dann: »*mit dem Kind Verlobung gefeiert*«. Daran erinnere ich mich weniger als an den nächsten Tag, an dem wir nach Reutlingen fuhren:

17.3.1978
Nach RT und Ringe gekauft. Nun sind wir fest entschlossen, unseren Weg gemeinsam zu gehen.

Des Weiteren wird nichts Festliches vermerkt, sondern »*Kind lernt*«.

Am 25.3. waren die Ringe graviert. Wir feierten offenbar noch einmal Verlobung. Allerdings leicht reduziert, denn ich hatte Röteln und fast 40 Fieber. Es muss noch ein Foto geben, das mich als Streuselkuchen dokumentiert. Dass ich das mit den Röteln vor einer möglichen Schwangerschaft erledigte, fanden wir effizient.

Es waren Osterferien, und fast mehr als an die Verlobung erinnere ich mich an die Szene im Lehrerzimmer, als die Schule wieder begann: Die, die schon da waren, guckten gespannt zur Tür. Immer wenn jemand reinkam, konnte man am Gesicht ablesen, ob ihm oder ihr die freien Tage auch durch Röteln versaut worden waren. Das war bei einem beträchtlichen Prozentsatz der Fall.

Johannes schrieb an jenem Karsamstag:

25.3.1978

8.20 Uhr nach Reutlingen (vorher ganz kurz bei R. und ein Osterei gebracht). RINGE GEHOLT! ... 20 Uhr festl. Abendessen; Kind war noch recht elend, mit ihr im Bett geredet. Sie schlief schon vor 21 Uhr ein!

Eigenartig, traurig u. doch auch schön, weil nicht »Katalog-konform«. Heute an unserem »Verlobungstag« haben wir kaum miteinander reden können ... Ich bin still-froh.

Darauf muss man erst mal kommen: Fährt nach Reutlingen, um die Verlobungsringe zu holen, und geht zuvor mal eben kurz noch bei seiner Ex- oder Noch-Geliebten vorbei, um ihr einen Osterhasen zu bringen! Es kränkt mich nicht, ich schüttle nur den Kopf.

Wenige Tage später war das Osterei gegessen:

29.3.1978

Etwa um 20.30 Uhr rief R. V. an! Sie sei zurück und plauderte. Dabei hatte ich gerade vom Juni 1976 zufäll. ihr Doppelspiel in meinem Kalender gelesen. Es gab eine heftige Auseinandersetzung ...

Es folgte der nächste Brief an Ruth, im Ton deutlich entschiedener, aber immer noch unterzeichnet mit »Dein Johannes«.

30.3.1978

… Vor allem aber ist da Dein ungutes Doppelspiel, als Martha noch lebte. Du wirfst mir vor, ich hätte Dich angelogen. Das ist für eine – recht späte – Zeit wahr. Angesichts Deines Verhaltens war es sogar richtig, und ich weiß heute, daß ich Dir noch weniger hätte anvertrauen dürfen. Denn Du hast mich nicht »bloß« angelogen, sondern Du hast ganze Phantome aufgebaut: angebliche Anrufe, rumorende Studenten und Rotarier; hinter all diesen Gespenstern war niemand anderer als Martha Woll und ihr Clan. Und Du wußtest das sehr genau! Du wußtest, daß sie bereits in Rottenburg gewesen war, und wolltest mich im September in A.[cciaroli] noch zur »Versöhnung« drängen. Wenn Du nach K.[usterdingen] kamst und ich Dir etwas sagen wollte, dann warst Du schon »programmiert«, mich zu beeinflussen. Martha ging, wenn Du mir dann ihre Phantom-Märchen erzähltest, immer »diskret« aus dem Zimmer. Und ich Dummkopf ahnte nicht, wie Ihr zwei meine Arglosigkeit ausnutztet. Ich konnte mir nicht vorstellen, daß ein Mensch, der immer wieder beteuerte, er sei »mir verläßlich gut«, mich derart hintergeht. Dabei hast Du Dir ein System ausgedacht, das nur deshalb nicht vernichtend war, weil es ein paar kleine Fehler im Detail aufwies. Aber als System war es grandios infam. Schließlich starb der Falsche (oder?)!

Du hast gewußt, welche Leute von Martha in dieses tödliche Spiel eingeweiht waren, aber Du warst mir »so verläßlich gut«, daß Du mir nichts davon gesagt hast. Das war nicht mehr bloß gelogen, das war Verrat am andern!

Darum empfinde ich Dich auch heute noch für mich als gefährlich. Denn was Du vor zwei Jahren getan hast, wirst Du heute und morgen wieder tun. Und Du hast es getan. Du hast mir zwar im letzten Jahr in vielem äußerlich geholfen, wofür ich Dir dankbar bin, aber Du hast auch vieles getan, um meine Ängste zu mehren: Du hast mich beobachtet und kontrolliert (soll ich Dir Beweise nennen?), Du hast mir als gefährliche Neuigkeiten Dinge berichtet, die ich Dir selbst wenige Tage zuvor erzählt habe. …

Da ich mich selber aus dem bisherigen Durcheinander zu befreien trachte, will ich es nicht riskieren, von Dir immer aufs Neue ins Chaos hineingezogen zu werden.

Dein Johannes

»Schließlich starb der Falsche (oder?)!« Was meint er damit? Es war noch eine Zeit, in der Weibliches im Männlichen »mitgemeint« war, wie das damals hieß. Der Satz macht nur Sinn, wenn er bedeutet: Schließlich starb *die* Falsche. Also ich hätte eigentlich sterben sollen. Denn Johannes' Tod wäre nun gewiss nicht im Interesse von Ruth gewesen.

Lili fragte mich irgendwann einmal, ob ich in der ganzen Zeit nie selbst an Suizid gedacht hätte. Ich verneinte das erstaunt, worauf sie meinte, meine hysterischen Anteile seien offensichtlich nicht so groß, oder etwas Ähnliches. Ob das jetzt damit etwas zu tun hat, sei dahingestellt. Aber der Gedanke, ich hätte in der ganzen Geschichte suizidal werden können, ist ja so abwegig nicht.

Als ich ihr nach Ostern sagte, wir hätten uns wirklich und wahrhaftig verlobt und dass ich vorher doch nicht so ganz dran geglaubt hätte, schalt sie mich einen Zweifelshasen. Für sie war das der normale Gang der Dinge. Meine Unsicherheit bis zuletzt hängt wohl eher mit der langen Geschichte von Hoffnung und Enttäuschung zusammen als mit dem Gespür, dass es hier immer noch eine andere Frau gab. Die mischte weiter mit und auf. Aber andererseits gibt es ganz viele schöne Eintragungen über *»das Kind«*: *»Wir hatten einen guten Abend«*, *»es ist gut mit ihr«*.

Bei Klöß ging es zur Sache. Am 3.4. trägt Johannes mit rotem Kuli ein: *»Joachim: In mir sei es chaotisch. Da ich nicht wüßte, was ich wolle, sondern ich immer nur reagiere, aber nicht klar agiere!«*

9.4.1978
... Dann kam R. Es war ein schwerer Abend, und sie sagt, daß sie mich noch immer liebe. Ich war sehr kalt und abweisend. Zwischendurch wurde sie gewalttätig, und dann weinte sie wieder.

10.4.1978
... ich bin von dem Gespräch von gestern abend noch total erschlagen. Sehr elend. Mit Kind telefoniert u. von R. von gestern abend erzählt.

Das war ja wenigstens mal ein Anfang, aus dem Chaos herauszukommen. Ich machte derweil meine Prüfungen, am 18.4. war die letzte. Das

Vordiplom bedeutete nicht nur, dass ich – per Ausnahmeregelung – die analytische Ausbildung beginnen konnte, sondern jetzt beantwortete ich auch die Anfrage von Domkapitular Müller, wie es mit meiner kirchlichen Anstellung weitergehen solle. Der hatte am 13.4. höflich angefragt:

… Um rechtzeitig planen zu können, darf ich Sie zu der Frage einer kommenden Lehrauftragsverpflichtung um eine Stellungnahme bitten. Aus einem Aktenvermerk unserer Verwaltung entnehme ich, daß eine 2/3 Stelle BAT IIa bis 31.12.1978 bereitsteht. Das ist eben Ihre Stelle in Stuttgart-Feuerbach.
Für Ihre Bemühungen sage ich verbindlichen Dank!
Mit freundlichen Grüßen
M. Müller

Am 24.4. erlöste ich ihn: »*… Nach bestandenem Vordiplom in Psychologie kann ich Ihnen heute definitiv mitteilen, daß ich mit Ende des Schuljahres (31.7.1978) aus dem Dienst der Diözese Rottenburg scheiden werde.*«
Nichts lässt bei diesem höflich-korrekten Briefwechsel auf den Subtext schließen. Der hieß bei mir: Ich kündige, wann es mir passt, und so lange zahlt ihr, und was dann kommt, wisst ihr auch: Ich heirate euren ehemaligen Kirchenrechtler!

5.3.2015

In einer Kiste mit alten Märchenbüchern der Kinder fand ich, wonach ich lange gesucht hatte: Das Märchen vom singenden, springenden Löweneckerchen: »*… Als es nun Nacht war und der Jüngling schon schlief, ward sie in die Kammer geführt. Da setzte sie sich ans Bett und sagte: ›Ich bin dir nachgefolgt sieben Jahre, bin bei Sonne und Mond und bei den vier Winden gewesen und habe nach dir gefragt und habe dir geholfen gegen den Lindwurm, willst du mich ganz vergessen?‹ Der Königssohn aber schlief so hart, daß es ihm nur vorkam, als rauschte der Wind draußen in den Tannenbäumen …*«
Der erste Gedanke ist: Was hat sie auf sich genommen, um ihn zu erlösen! Wie dankbar muss er ihr sein! Ohne ihre treue Beharrlichkeit hätte es für ihn kein Glück gegeben. Schon richtig, er kann ihr wirklich dankbar sein. Aber die Wahrheit ist: Sie hat es nicht für ihn getan, sondern für sich.

Er war ihr Mann, und sie tat es, weil *sie* ohne ihn nicht hätte glücklich werden können.

Das letzte Bild in dem Kinderbuch zeigt die beiden auf dem Vogel Greif, der sie nach Hause trägt. Er hält sie umfangen, hält ihre Hand, mit offenen, wachen Augen. Sie liegt in seinen Armen mit geschlossenen Augen, lächelnd. Sie ist erschöpft und sie ist geborgen.

Ich bin nicht bei Sonne und Mond und den vier Winden gewesen. Aber auch ich habe einiges auf mich genommen für ihn. Für mich. Er war mein Mann. Vor 22 Monaten, 30 Tagen, 23 Stunden und 53 Minuten ist er gestorben.

22.4.1978

»... In Staufen auf die Ruine; dort gestand ich Ursula, daß die Wohnung R. gehört. Sie war arg geschockt. Sie war bis ins Innerste getroffen, daß ich so lange nichts gesagt habe.«

Das ist nicht ganz richtig. Ich war nicht »*arg geschockt*«, sondern ich habe ihm eine runtergehauen. Es war die erste und einzige Ohrfeige in unserer Beziehung – und wenn ich gewusst hätte, was ich heute weiß: Sie wäre heftiger ausgefallen. Staufen im Münstertal, dort, wo Dr. Faustus herkommen soll. Ich weiß noch genau, wo er es mir gestanden hat.

1.5.1978

So allmählich will ich wieder anfangen mit dem Schreiben. Es wäre vieles nachzutragen ... Aber hinter mir liegt das Vordiplom, und das heißt: 4 Monate Streß. Es war ziemlich schlimm, und ohne Dorles ordentliche Unterlagen hätte ich es nie geschafft ... Ich habe inzwischen meine Wohnung und meine Stelle gekündigt, im Juli werden wir wahrscheinlich heiraten.

Eine sehr schwere Belastung, die mich fast (eigentlich war es gar nicht so »fast«) unsere Heirat in Frage stellen ließ, war, daß J. mir vor 9 Tagen sagte, daß die Wohnung in Tübingen Ruth gehöre. Ruth hatte sich in letzter Zeit verstärkt bemerkbar gemacht, und unter dem Aspekt, daß ihr die Wohnung gehört, werden mir die Auftritte auch verständlich. Ich war – und bin – sehr getroffen. Daß er vor über einem Jahr diese Dummheit beging, kaum daß er aus der einen Wohnungsklaue entkommen war, sich in eine neue begab, verletzt mich, meinen Stolz, aber da kann ich noch eher sagen: Das würde heute nicht mehr passieren, seither ist er gescheiter geworden. Aber daß er mir das über ein Jahr verheimlicht hat und dann – absichtlich oder nicht – zu einem Zeitpunkt sagt, da ich mit gekündigter Wohnung und Stelle praktisch gar nicht mehr zurückkann: Das tut weh.

Die Analytiker zogen prinzipiell am selben Strick. Lili plädierte für sofortigen Auszug, Klöß, der die Sache erst eine Woche nach mir erfuhr, meinte, Mietvertrag sei Mietvertrag und das Hauptproblem sei, »*sich Ruth vom Hals zu schaffen*«. Klöß wusste mehr, wovon er redete, als ich.

… Das hätte einfach nicht passieren dürfen. Ich glaube auch, daß ich so was nie tun würde, obwohl, man soll sich da nicht zu sicher sein. Aber Dinge, von denen er so existentiell betroffen ist, würde ich ihm mitteilen.

Zwei Abende, bevor J. mir das sagte, war ich allein in der Wohnung, und Ruth läutete draußen (daß es Ruth war, sah ich durch den Spion). Ich hatte Angst. Es war nicht Wut, Gleichgültigkeit, Amüsement, es war existentielle Angst – wie ich ja in der ganzen Zeit in der Wohnung immer so Einfälle hatte, Ruth könnte zur Tür reinkommen und so. Sie machte auch am Schlüsselloch rum. Ich weiß nicht, ob sie einen Schlüssel hat. Einen hat ihr J. abgenommen, aber es müßte für den Eigentümer einer Wohnung ja ein leichtes sein, sich einen Schlüssel zu beschaffen.

Sie beließ es damals dabei, am Schlüsselloch zu manipulieren. Ob sie tatsächlich reinwollte oder nur die Absicht hatte, mir Angst zu machen, oder ob ich den Schlüssel von innen hatte stecken lassen – ich weiß es nicht. Genauso wenig, ob sie je in unserer Abwesenheit in der Wohnung war.

28.5.1978

… Gestern. Ein wundervoller Frühlingstag. Um halb neun, als wir aufstanden, dachte ich, es gäbe einen »normalen Tag«. Aber plötzlich kam mir der Einfall, an den Bodensee zu fahren. … der Spaziergang nach Birnau. Der strahlende See, das barocke Wetter, der Weg zur Kirche. Margeriten. Werde ich in zehn Jahren, wenn ich die Zeilen wieder lese, das Bild noch vor Augen haben? Johannes spielte zwischendurch »Kind«. Wollte ein Boot, ein Haus … »Gell, Mama, du kaufst mir ein Haus?« Wollte ein Segelschiff.

... Heute morgen hat Johannes in der Badewanne festgestellt, daß wir uns immer noch nicht gestritten haben – seit Wochen, seit Monaten nicht. Es war ja nicht mal ein »Streit« wegen Ruth. Das war schlimm, aber es war kein Streit. – Ich glaub' auch, daß ich's überwunden habe. Das Sicherheitsschloß ist auf alle Fälle dran. Wenngleich ich J. im Verdacht habe, daß er hinsichtlich des Gebrauchs von derselben Nachlässigkeit ist, die sonst ich in diesen Dingen an den Tag lege.

Ich erinnere mich an diese kleine Wanderung nach Birnau, natürlich. Auch nach fast 40 Jahren, obwohl es noch viele Birnau-Spaziergänge gab, sodass sich die Erinnerungsbilder übereinanderschieben. Johannes' Kalender-Fazit an diesem Tag lautete: *»Ein schöner, guter Tag!«*

6.3.2015

Was ich mich bei der sich in jenen Monaten zuspitzenden Affäre mit Ruth immer wieder frage: Warum hat sie nie Kontakt zu mir gesucht? Ich weiß nicht, was geschehen wäre, wenn sie mir einfach mal gesagt hätte: »Übrigens, gestern habe ich mit Ihrem Johannes geschlafen.« Ich kann nur spekulieren. Sicher war ihr aufgrund der Erfahrungen mit Martha klar, dass mit mir nicht gut Kirschen essen ist. Dass sie zwar bei uns Sand ins Getriebe streuen konnte, aber dass das ihre Position nicht verbessert hätte.

Was sicher ist: Sie wäre – ihr »Heiratsantrag« an Johannes hin oder her – zum selben Arrangement bereit gewesen, das es die Jahre zuvor zwischen ihr, Martha und Johannes gegeben hatte. Kann sein, dass Ruth etwas Ähnliches vorschwebte wie mir, als ich Klöß 1974 klarmachen wollte, für den Alltag dürfe ruhig jemand anderer zuständig sein, ich wolle nur die »Sonntage«. Allerdings wäre ich nie und nimmer auf die Idee einer Ménage à trois gekommen.

Es gibt wenige Notizen von Ruth, oder vielleicht auch nur: wenige, die ich gefunden habe. Sie sind auf Blättern ihres Rezeptblocks geschrieben. Auf einem, undatiert, aber aus jenem Frühling 1978 stammend, heißt es: *»... Eigentlich wäre ich Deiner Freundschaft würdig, Johannes. Du weißt es nur nicht – Ob Du meiner? Ich spreche mit niemandem über Dich, deshalb wäre es gut, Du sprächst mit mir. Wenn Frau S. jetzt schon in meiner*

Wohnung ist, warum darf ich nicht mal bei Euch Tee trinken? Wenn sie lieb ist, müßte sie mir auch gut sein. Und was würde es ausmachen, sie und ich sprächen miteinander über das Unglück mit der Marthel? Es muß doch für sie auch schrecklich sein! …«

Wenn ich das lese, fürchte ich, Ruth ist nicht weniger ein klinischer Fall gewesen als Martha. Denn fast bin ich geneigt zu glauben, dass sie tatsächlich überzeugt war, sie sei immer eine gute Freundin gewesen. Das ist schon eine bemerkenswerte Realitätsverkennung, nicht minder, dass ich für sie irgendwelche freundlichen Gefühle hegen könnte.

Ich drängte erstaunlich wenig auf den Auszug aus Ruths Wohnung. Das kam mir selbst etwas merkwürdig vor. Am 1.5.1978 schrieb ich: »*… eine gewisse Lethargie, außerdem ist die Wohnung schön, und man blickt nicht so genau durch, ob J. länger in Tübingen bleibt. Also, ich gebe mich – mit einem etwas unguten Gefühl, von dem ich nicht weiß, ob es Groll ist, das Gefühl der Demütigung, Angst, Ärger über mich, daß ich nicht konsequent bin – mit ›der Realität‹ ab.*«

Noch vor unserer Hochzeit drohte Ruth, auf Eigenbedarf zu kündigen: Sie wolle mit irgendeinem Mann einziehen. Aber nicht deshalb, sondern weil Johannes aktiv war und auch Glück hatte, wurde Joachim zwar vermutlich gerade noch im Weißdornweg gezeugt, hat aber diese kontaminierte Wohnung nie kennengelernt. Im November 1978 zogen wir ins Rotbad 9.

7.3.2015

Heute bin ich nach Schaffhausen gefahren. Anschließend nach Engen, zu meiner Mutter, die demnächst 95 wird. Sie hat für mich die Schneckennudeln gebacken, die ich so liebe. Auf der Rückfahrt las ich die Süddeutsche. Eine Besprechung über eine »Einführung in das Recht der katholischen Kirche« von Sabine Demel, die in Regensburg Kirchenrecht lehrt. Das Buch ist im gleichen Verlag erschienen wie 1981 Johannes' Buch »Grundriss des katholischen Kirchenrechts«. Und es steht auch nichts anderes drin. Wie auch? Neu ist nur, dass es inzwischen eine Professorin für Kirchenrecht gibt. Die Süddeutsche (6.3.2015) schreibt: »*In Fachkreisen hat Sabine Demels neues Buch schnell die Runde gemacht. Zwei emeritierte Theologie-Professoren verweisen sogleich den Präfekten der Glaubenskongregation darauf... Einen ›niederschmetternden Befund‹ führt sie etwa beim kircheninternen Rechtsschutz auf. Selbstverständlichkeiten wie Transparenz des Verfahrens und Akteneinsicht seien nicht vorgesehen... Sie hat die Hoffnung aber offenbar noch nicht aufgegeben*«, wundert sich der Autor der Rezension.

Für einen kurzen Moment überlegte ich, mir das Buch zu kaufen. Aber wozu? Lasst die Toten die Toten begraben.

11.6.1978

Morgen ist mein letzter Schultag. Eigentlich wollte ich schreiben: Nie mehr früh aufstehen. Aber ich fürchte, das kommt anders. Ich muß mir »das Ende eines Lebensabschnitts« richtig ins Gedächtnis rufen. ... Den Schülern gegenüber – im großen und ganzen ein gewisses Bedauern. Gerade bei den Klassen, die man von Anfang an hatte, geht Unterrichten so wie Autofahren, vieles geschieht automatisch, man kann sich aufs Wesentliche konzentrieren. ... Ich glaub', ich habe viel gearbeitet, mehr Unterrichtsvorbereitung gemacht als andere. Es machte oft auch richtig Spaß. Ich hätte nie nach dem Buch arbeiten können ...

Hier muffelt es schon. Der Umzug wälzt den Staub von Jahren auf. Das wird noch eine harte Woche. Freitag abend habe ich hier dann endgültig die Zelte abgebrochen und komme nur noch mal zum Putzen her. Aber bis dahin!

Ich kann es kaum erwarten. In den letzten Wochen ist es mir immer schwerer gefallen, wieder von Johannes wegzugehen. Es ist sehr schön. Zumal ich richtig vor mich hinfaule und das Leben genieße. Kochen, Schmusen, Spazierengehen, Lesen, Fernsehen, Reisevorbereitung. Ich lebe wie Gott in Frankreich.

Am Arbeiten hindert mich schon der fehlende Schreibtisch. Und dann weiß ich nicht, was ich arbeiten soll – die neue Prüfungsordnung habe ich noch nicht.

Zwischen J. und mir ist eine Atmosphäre erhöhter Zärtlichkeit, ja, man könnte sagen, eine neue Phase der Verliebtheit. – Er nennt mich »rollig«, was eine vornehme Umschreibung für das Verhalten läufiger Katzen ist. Und es ist auch ein wenig so.

In den letzten Tagen kriegt J. zwar wieder etwas Angst – nach dem Motto »Jetzt kommt die Katastrophe aber bestimmt« –, aber ich nehm' das inzwischen wie die vierteljährliche Erkältung – es geht vorüber.

Es ist ein behagliches Leben, und ich staune, wie friedlich Menschen miteinander umgehen können ...

8.3.2015

Johannes' Ängste waren keineswegs nur neurotisch, wie ich glaubte. Er ahnte wohl, dass Ruth ihn nicht so einfach freigeben und dass sie sich rächen würde. Während auf der einen Seite alles den Gang nahm wie bei Leuten, die demnächst heiraten, gab es für Johannes noch diese andere Ebene. Gerade denke ich daran, wie er am 14. Juli mit großen Schritten ins Rathaus gestürmt ist – ob er Angst hatte, sie macht ihm im letzten Moment vor mir und in aller Öffentlichkeit eine Szene? Diese andere Ebene nahm ich vor der Hochzeit nur punktuell wahr: Ruth stand noch zwei-, dreimal vor der Tür, als ich allein in der Wohnung war. Erneut machte mir das Angst. Einmal gab es zwischen Johannes und mir eine Verstimmung: Er reagierte allergisch, als ich sagte, diese Wohnung empfände ich nicht als meine Wohnung, Aber was stellte er sich vor?

Am 5.5. waren wir in Stuttgart: »*Hochzeitskleid gekauft u. Bett.*« Am 5. Mai! Nur 35 Jahre später stirbt er an diesem Tag. »Nur« – so empfinde ich es. Trotzdem, wie schön, dass dieser Tag noch eine zweite Bedeutung hat! Am 15.6.1978 steht dick unterstrichen in seinem Kalender: »*Wir schliefen die erste Nacht im neuen Bett.*« Am 19.6. rot umrandet: »*Mit Kind zum Standesamt.*« Wir wollten im Juli heiraten, das war schon länger klar. Vom geschichtsträchtigen 25.7. kamen wir ab, weil es etwas albern-ostentativ gewirkt hätte, am Jahrestag seiner Primiz zu heiraten. Sicher, das hätte kaum mehr jemand gewusst, und von der zweiten Bedeutung dieses Datums für uns beide schon mal gleich gar nicht. Ich weiß nicht, wer auf den Quatorze Juillet kam, aber das war wirklich ein gutes Datum. Später meinte Professor Hirsch, mein entbindender Arzt bei Joachim, er wüsste zu gern, wer in diesem Fall Bastille war und wer erstürmte.

Am 28.6. gibt Johannes die Hochzeitsanzeige auf. Sie ist nüchtern, schmucklos. Die Einladung für die Hochzeitsgäste ist bunter – die Universitätspalme, ein Holzschnitt von HAP Grieshaber: »Attempto – ich hab's gewagt«. Das war das Motto von Graf Eberhard im Barte für die Gründung der Universität Tübingen. Es hätte für uns kein passenderes Motto geben können! Ein großes Poster dieser Palme hängt in unserem Treppenhaus.

Am 12.7. vermerkt der Kalender »*LveGV!*« – »Letzter vorehelicher Geschlechtsverkehr« entschlüssele ich problemlos. Ordnung muss sein: Quod non est in actis non est in mundo. Am 14.7. aber steht nur: »*14.30 Uhr Hochzeit*«. Ich glaube, das ist kein Wort zu wenig. Denn Stille passt besser zu diesem guten Ende einer dramatischen Geschichte.

Wenn ich mich auf den Bildern sehe, die Mallach zum Glück gemacht hat – wir hatten gar nicht daran gedacht, unser Fest auch fotografisch zu dokumentieren, sehr merkwürdig –, so bilde ich mir ein, ein bisschen Erschöpfung zu sehen und fast so etwas wie Schüchternheit. Es gibt aber auch ein sehr fröhliches Foto mit der lachenden Dorle im Vordergrund. Das war, als der Standesbeamte die Personalien von Johannes rekapitulierte und fragte: »Stimmt bei Ihnen noch alles?«

Dass ich durch die Hochzeit Frau Neumann geworden war, ist mir bekannt gewesen. Nicht aber Folgendes, das habe ich erst jetzt entdeckt: Von Stund an tauche ich in Johannes' Kalender nicht mehr als »das Kind« auf, sondern als »Ursula«.

Der Umzug nach Tübingen war mir nicht ganz leichtgefallen, denn in Stuttgart hatte ich mich wohl gefühlt. Ich war jetzt zwar näher an der Uni, dafür war ich weiter weg von meiner Stuttgarter Lehranalytikerin und der Akademie, an der ich meine analytische Ausbildung machte. Das bedeutete: Zwei- bis viermal in der Woche musste ich nach Stuttgart fahren – und weil die analytische Ausbildung eine Ewigkeit dauert, zum Schluss sogar noch von Oberkirch naus. Ohne Kinder ging das noch, mit ihnen war es nicht immer lustig. Weil das auch in heutigen Beziehungen alles andere als selbstverständlich ist (ich mag es gar nicht glauben, aber ich weiß, dass es so ist!), verdient festgehalten zu werden, dass es nie eine Diskussion zwischen Johannes und mir gab, wer die Kinder nimmt. Für diese Geräuschlosigkeit bin ich immer noch dankbar. Sicher war die Flexibilität, die sein Beruf ermöglichte, ein dicker Pluspunkt, aber es hätte trotzdem anders sein können.

Im Frühsommer 1978 hatte ich die Zusage der ökumenischen Beratungsstelle in Tübingen bekommen, dort als Honorarkraft stundenweise arbeiten zu können. Ich informierte die katholische Leiterin, Frau Sonntag, dass ich heiraten würde – und dass das Schwierigkeiten gäbe. Sie und Klöß, der Chef auf evangelischer Seite, fanden eine Lösung: Ich kam an die evangelische Beratungsstelle in Reutlingen. Dort wurde ich sehr freundlich empfangen, habe gern dort gearbeitet und viel gelernt. Aber eine konfessionelle Beratungsstelle ist eine konfessionelle Beratungsstelle, zumindest was das Formale angeht. Bei der Arbeit spielte es keine Rolle. Das erklärt, dass mein Kirchenaustritt – anders als der von Johannes – erst vom 11.6.1981 datiert. Da hatte ich mein Diplom und konnte beginnen, freiberuflich als Therapeutin arbeiten.

Zu den Fortbildungen meines katholischen Eheberaterkurses ging ich aber ungeniert weiter. Die erste fand kaum einen Monat nach der Hochzeit statt. Der Moderator begrüßte uns und mich im Besonderen: »Und Sie haben einfach so geheiratet?«

»Na ja, ganz so einfach war es nicht«, antwortete ich und hatte die Lacher auf meiner Seite.

Dieter Müller, ehemals Studentenpfarrer gemeinsam mit Starz, war verärgert, weil ich all die Jahre in den Selbsterfahrungsgruppen keinen Piep gesagt hätte. Ich verstummte, einerseits verblüfft – wie stellt er sich das vor! Andererseits hatte ich fast ein schlechtes Gewissen, denn zu Selbsterfahrungsgruppen gehört Offenheit, sonst kann man es gleich bleiben lassen. Da sprang mir die langjährige Leiterin des Kurses, Frau Grube, bei. An mich gewandt sagte sie: »In solchen Situationen ist man manchmal sehr einsam.« Ich nickte, und das Thema war erledigt.

Was Ruth betrifft: Nach seinem Brief vom 30.3. scheint Johannes kontinuierlich klarer geworden zu sein. Ich muss ihm zugestehen, dass er trotz seiner gelegentlichen Tendenz à la »*Sie wollte unbedingt*« die Verantwortung bei sich gesehen hat und deshalb nicht um Einsichten herumkam, die für ihn beschämend waren.

4.7.1978

Ruth,

Deine Zeilen verlangen ebenso wie Dein Verhalten endlich nach einer eindeutigen Antwort ...

Ich finde es mehr als peinlich, wenn Du mir immer wieder nachläufst und mich entweder nicht aus Deiner Praxis herausläßt oder aus meiner Wohnung hinausgeworfen werden mußt. Meinst Du, daß Küsse, die man erzwingt, wirklich »Zeichen« sein können? ... Geradezu bestürzend finde ich es, wie Du mit dem Trick, Du wolltest jetzt mit einem anderen Mann zusammenleben, mir mit der Kündigung drohst. Du kannst diesen Grund ja gegebenenfalls als Klagegrund vorbringen ...

Nein, ich komme gar nicht »immer wieder mit den alten Dingen«. Sie sind vielmehr bei Dir selber offenbar sehr präsent: »Ich kenne Frau Schweickhardt ja nur aus ihren Briefen!« – Nun, ich habe Dir keinen ihrer Briefe gezeigt. Du hast sie nicht nur illegal gelesen, sondern auch noch kopiert. Das wohl auch nur für mich!? ...

Ja, ich habe Dir gegenüber allzulange Gefühle der Dankbarkeit gehabt. Doch Deine Aufdringlichkeit einerseits und Deine neueste Kündigungsdrohung andererseits machen mir deutlich, daß ich wirklich keinen Grund mehr habe, Dir dankbar zu sein ... Mich hat es schon sehr früh, nämlich im Herbst 1973, verletzt, wenn ich erfahren mußte, daß Du mir nur dann aus Deiner Fülle etwas schenktest, wenn wir gerade miteinander geschlafen hatten. Und ich freute mich dann in meiner Dummheit noch Deiner ostentativen Gaben! Trotz meiner naiven Dankbarkeit hatte ich oft das Gefühl, das ich damals nicht recht wahrhaben wollte, daß Du mich wie eine männliche »Hure« entlohntest und demütigtest.

Was die Anrufe der Woll-Familie anbelangt, so wirst Du – wenn überhaupt angerufen wird – wohl Gründe haben, in Schrecken zu geraten.

... Frau Schweickhardt möchte Dich <u>nicht</u> kennenlernen. Ob Du wohl <u>einmal</u> den Wunsch, ja die Bitte anderer respektieren kannst? Das wäre die einzige Möglichkeit, daß sich unsere Beziehung vielleicht einmal normalisieren kann.

Vale! Johannes

Den letzten Satz hätte er sich wirklich sparen können. Aber insgesamt wird ihn der Brief nicht leicht angekommen sein, sodass diese merkwürdige Versöhnlichkeit am Schluss eine lässliche Sünde ist.

Wie schlimm musste die Erkenntnis sein, dass er sich hatte kaufen lassen! Wie hatte er so dumm, so lange so grenzenlos dumm sein können? Und last but not least war da noch ich. Wenn ich davon erführe, hätte meine Reaktion durchaus sein können: Was zu viel ist, ist zu viel.

7.8.1978

21.30–23.15 Joachim.
Analyse: letztes Mal: Hexe. Diesmal: Magie. Unterschätzung meinerseits der Wirksamkeit magischer Elemente (z. B. Teppiche/Wohnung u. dgl.)

Ja, das hatte wirklich etwas mit Hexen zu tun, mit Verzauberung, mit einem Bann. Er war verhext. Das meine ich als Bild, nicht als Entschuldigung. Es mag viele Gründe gegeben haben, weshalb er sich hat verhexen lassen. Aber diese Selbstüberschätzung, dass er die Dinge schon in der Hand habe, sie steuern könne, das passt so wenig zum »anderen Johannes«, der klug, bedacht, auf der Hut ist und klar, eindeutig in moralischen Dingen.

Die »Magie«, von der hier die Rede ist, hat nichts mit Esoterik zu tun. Vielmehr ist es im Gegenteil Aberglaube, die Dinge seien nur Dinge und sonst nichts. Eine Fahne ist nicht nur ein Stück Stoff, eine Hymne mehr als eine Melodie, ein Ring nicht bloß ein rundes Metallteil. Für Außenstehende, Nichtbetroffene ist die Bedeutung tatsächlich auf das Augenscheinliche beschränkt. Es ist aber Selbstbetrug zu glauben, die Wohnung der Ex-Geliebten sei eine x-beliebige Wohnung. Sie ist es für alle anderen. Aber nicht für Johannes. Und wenn er über Ruths Teppiche ging, dann gab er ihr Macht über sich. Einerlei, wie die Rechtslage bei einer Schenkung aussieht.

Sein Unbewusstes war da gescheiter als er:

10.9.1978

Traum: Sa/So … Dann wollte R. mitfahren: Ich wollte nicht und wollte doch. Sie fuhr einen Mercedes! Ich saß rechts, hatte aber auch ein Steuer. Es ging durch sehr enge Gassen. Ich hatte auf der ungewohnten Seite nicht das richtige Fahrgefühl. Deswegen fuhr ich über den Randstein. Ich hörte auf mitzusteuern. Sie fuhr vor ein Haus. Wohnung war wie in Königsberg. Im letzten Zimmer ein großes Doppelbett, darauf Kopfkissen zu einer Höhle geformt. Die Betten waren nicht gemacht. R. rief: »Eine solche Schlampe hast du zur Frau«, und riß die Kissen heraus.

Ich schlug sie ihr aus der Hand und schrie sie an: »Von dir lasse ich mir meine Geborgenheit nicht zerstören!«

Einen Monat später, am 12.10., war die Analyse zu Ende. Er musste nun mit dem, was er gelernt hatte, selbst zurechtkommen. Zur gleichen Zeit bekam Johannes den Hinweis auf die Wohnung im Rotbad 9. Am 15.10. tippte ich die Kündigung der Wohnung im Weißdornweg, am 16.10. unterschrieben wir den neuen Mietvertrag.

Hexen haben es nicht so gern, wenn man sich aus ihrem Machtbereich entfernt. Was auf die Kündigung folgte, waren monatelange Auseinandersetzungen über Anwälte. Ich schwangerte bereits vor mich hin, war teils ahnungslos, teils hatte ich eine Ahnung, denn die harmloseren Briefe in dieser Sache tippte ich für Johannes. Die weniger harmlosen liefen vermutlich über das Rechtsanwaltsbüro.

Wieso das denn? Nun, in der Zeit »ante PC« konnte ein Mann nicht Schreibmaschine schreiben. Auch Johannes lernte das erst im Zuge der PC-Evolution. Da ging es dann nicht mehr anders, denn ein PC, an dem man nicht schreiben kann, das macht keinen Sinn. »Der Einfluss des PCs auf die Emanzipation« – das wäre einer wissenschaftlichen Untersuchung wert. »Fräulein, bitte zum Diktat!« und »Ich lege Ihnen hier noch ein paar Bänder hin, bitte erledigen Sie das bis morgen!« – das wurde zur Vergangenheit. Ich schweife ab, aber es soll trotzdem nicht unerwähnt bleiben: Eine der raren Professorinnen in Tübingen berichtete, dass in den Berufungsverhandlungen für sie zunächst keine Sekretärin vorgesehen gewesen war. Begründung: »Sie können doch sicher selbst Schreibmaschine schreiben.«

Die harmloseste Forderung von Ruth war die nach einer Totalrenovierung der Wohnung im Weißdornweg, da diese – nach eineinhalb Jahren! – völlig verwohnt sei. Das war albern. Aber dann forderte Ruth alles zurück, Geld, Bücher, die schon erwähnten Teppiche ... Johannes verbiss sich. Ich weiß wirklich nicht, wieso er der Hexe nicht einfach alles in den Rachen stopfte und sagte: »Erstick dran!« Wenn die Geberin im Nachhinein ihre Geschenke bereut, dann kämpft man nicht drum.

4.11.1978

... dann Brief an R. V. geschrieben. Es hat mich ganz krank gemacht, daß ich an all die Jahre mit ihr und Martha denken mußte. Wie viel besser und schöner ist es doch jetzt.

14.2.1979

E-Brief v. RA. v. R. V. mit irren Forderungen. War total auseinander. Nichts gearbeitet.

17.2.1979

Ich bin über R. V.s Drohung ganz deprimiert. Nichts gearbeitet.

18.2.1979

Voller Unruhe u. Verzweiflung.

6.3.1979

Mit Ursula geplaudert. Wenn ich nur nicht so verwirrt wäre.

Die Anwälte hatten zu tun:

9. März 1979

Ansprüche Frau Dr. Volhard

Sehr geehrter Herr Professor Doktor Neumann,
... Wir haben zunächst erwogen, uns für den Fall streitiger Auseinandersetzung auf Entscheidung durch Schiedsgericht in Stuttgart zu einigen, um die Publizität zu vermeiden, die ein derartiger Rechtsstreit unweigerlich beim LG Tübingen erfährt. Diese Erwägung ist von Frau Dr. Volhard aber genauso abgelehnt

worden wie meine hilfsweise Bitte, sachliche Zuständigkeit des Amtsgerichts Tübingen zu vereinbaren, damit wir für Sie hätten auftreten können ...

9.3.1979
Bin sehr elend u. zerschlagen, voll tiefer Hoffnungslosigkeit. Ursula war ganz rührend u. brachte Frühstück ans Bett.

11.3.1979
Sehr elend, niedergeschlagen. Aber habe gute Gespräche mit Ursula, es ist gut, sie »haben« zu dürfen. Ein guter Tag mit Ursula!

12.4.1979
Ich bin sehr aufgeregt, denn einen Prozeß möchte ich nicht. Das stehe ich nicht durch ... Der drohende Prozeß droht mich wirklich zu zerbrechen. Das ist schlimmer als M.s Tod u. die Aufgabe meines Lehramtes.

Am 9. Mai macht Johannes' Anwalt dem gegnerischen ein Vergleichsangebot, am 25. Mai wird der Vergleich angenommen. Johannes musste – mit Maßen – bluten. Aber nur finanziell.

Happy und Ende

9.3.2015

Das Rohmanuskript, so viel ist absehbar, wird noch in diesem Monat fertig sein. In den letzten Wochen stellte sich ein innerer Abstand ein, peu à peu. Wie ein Wiederauftauchen nach ganz, ganz tiefem Eintauchen. Wobei mir aber noch nicht klar ist, wie ich meine Tage und Abende verbringen werde, wenn diese Möglichkeit der Nähe zu Johannes nicht mehr gegeben ist. Es wird sich finden. Wie es sich auch gefunden hat, dass ich den Schock und die Kränkung über Johannes' Verrat, seine »*Doppelbödigkeit*« überwunden habe. Erstaunlich schnell, angesichts meiner vorherigen absoluten Ahnungslosigkeit und meines genauso absoluten Vertrauens in ihn.

Gerettet hat mich, so glaube ich, die Fähigkeit der Analytikerin zur freundlichen Distanzierung. Nach dem Entsetzen der ersten Tage und Wochen relativierte ich. Einerseits: Er hat mich betrogen, verraten. Wie und warum er es tat, werde ich nie begreifen. Aber ich konnte mir klarmachen, dass er kein betrügerischer Mensch war. So schwer das eine wiegt, die Waagschale, in der das andere liegt, wiegt ungleich schwerer. Aber es ist traurig, dass wir das nie klären konnten.

Als ich nachzulesen und zu schreiben begann, wollte ich um meinen Mann trauern können, nicht um den Siechen, Pflegestufe 3+. Aber wie sehr das Schmecken, Riechen, Fühlen jener 70er-Jahre gleichzeitig bedeutete, mich selbst nochmals wie damals zu fühlen, fühlen zu dürfen, das hatte ich mir nie vorstellen können. So wurde die Begegnung mit jenen Jahren zum Abschied, den die alte Frau von heute von der jungen Frau von damals nehmen muss. Was ich damals erlebte, war nun bestimmt kein heiterer Spaziergang durch Blumenwiesen unter Blütenbäumen. Doch immer, immer öfter, wenn ich mich fragte, ob ich das noch einmal mitmachen wollte, schrie es in mir: Ja! Ja! Ja!

Die Frage erübrigt sich.

11.3.2015

Häufig, wenn ich alte Briefe und Unterlagen berühre, suchen meine Finger die Verbindung zu ihm: Da ist vielleicht ein winziges Atom, das zu ihm gehörte. Wenn ich durchs Haus gehe, frage ich mich ab und an, ob es noch Stellen gibt, an denen noch kein Staub- oder Putzlappen seine Spuren beseitigt hat. So groß die Sehnsucht nach Umarmung, nach einem zärtlichen Gespräch ist, nur Johannes könnte diese Sehnsucht stillen. Es wird nie mehr einen anderen Mann geben. Nie mehr. Das sage ich, obwohl ich auch für mich selbst vorsichtig geworden bin, was »die Hände ins Feuer legen« angeht.

Zwischen dem 11.6.1978 und dem 22.6.1979 gibt es keine Tagebucheintragung von mir, Briefe auch nicht, weder von ihm noch von mir. Aber es gibt Kalendereintragungen von Johannes.

11.8.1978
4 Wochen verheiratet!

19.9.1978
18.45–20.45 Uhr Auszug aus dem Theologicum nach 13½ Jahren.

24.9.1978
15.30–17.30 Uhr mit Ursula in der Herbst- u. Abendsonne spazieren u. die Frage besprochen: Kind ja oder nein.

12.11.1978
Letzter So im Weißdornweg!

Ich muss in diesen Tagen ganz frisch schwanger gewesen sein. Damals ließen sich Schwangerschaftstests noch nicht so früh durchführen wie heute. Ich erinnere mich, dass ich in einer Analysestunde meine Therapeutin, Mutter von vier Kindern, fragte, woran man denn ganz, ganz früh merken könne, dass man schwanger sei. »*Nun*«, meinte sie, »*ein Spannen in der Brust …*«

Ich drehte mich zu ihr um, die hinter mir saß. Das einzige Mal in der Analyse. Ich schaute sie an. Meine Brüste spannten. Es war der Moment des Erkennens: Ich bin wirklich, wirklich schwanger!

1.12.1978
Ursula beim Frauenarzt: Sie ist schwanger!

Groß und rot hat er das geschrieben. Morgens vor dem Termin war mir zum ersten Mal schlecht geworden. Das sagte ich dem Frauenarzt. »Na, das sieht ja schon mal ganz gut aus«, meinte er. Es war derselbe Frauenarzt, der mir am 24.6.1975 ein Päckchen Pillen in die Hand gedrückt und einen schönen Sommer gewünscht hatte.

21.12.1978
Es sind alles in allem, nämlich wenn man vom Streß etwas absieht, sehr gute und schöne Tage mit Ursula und hier im Haus. Ich bin <u>sehr</u> dankbar für alles!

24.12.1978
Unser schiefes Bäumchen geschmückt, etwas aufgeräumt, sehr ruhig u. friedlich ... Ursula liegt viel. 18 Uhr Bescherung u. Lichter am Baum angemacht. Kartoffelsalat u. Würstchen. Dann bis 21.30 Uhr im Wohnzimmer gesessen u. erzählt. Sehr friedlich u. gut.

25.12.1978
Morgens eine wundervoll goldene Sonne ... Ursula machte schönen Lachs. Sie war sehr, sehr müde, aber friedlich u. jammert nicht.
20–21.15 Uhr Film gesehen: Als Hitler das rosa Kaninchen stahl.
21.30–24 Uhr gearbeitet. Ich bin glücklich, weil ich so in Frieden arbeiten kann. Ich bin voll tiefer Dankbarkeit, daß sich alles so gefügt hat!

29.12.1978
Ursula ist es heute wieder recht elend; sie liegt und schläft viel ... Es macht mir Sorge, daß es Ursula gar so sehr mitnimmt.

31.12.1978
Miteinander geredet und geschäkert ... Es ist schade, daß dieses erste »ehel.« Silvester so beeinträchtigt ist durch Ursulas Schwangerschaftsbeschwerden.

24.1.1979
Waren beide sehr müde, aber ungemein friedlich. Habe Heringssalat gemacht.

14.3.1979
Ursula beim Frauenarzt. Hat zuwenig Eisen. Brachte die Herztöne des Kindes auf Band mit! ... Geplaudert u. Bilder gemacht v. Bauch u. Brüsten u. anderem ...

25.3.1979
Miteinander Kind gespürt!!

22.6.1979
Ich habe mir schon oft vorgenommen, endlich wieder Tagebuch zu schreiben, aber erst jetzt, wo ich – im 9. Monat – im Bett rumliege und grad gar nichts zu tun habe (auch das ist jetzt zunehmend häufiger der Fall), mach' ich es wahr. Vielleicht schreibe ich Tagebuch grundsätzlich nur in sehr »bewegten« Zeiten, und »bewegt« in diesem Sinn ist das Leben seit einem Jahr nicht mehr. Gott sei Dank. Auch wenn eine Ecke in mir ist, die trouble schätzt, ist es doch viel schöner, friedlich und ohne Aufregungen und ohne Krach zu leben. Vorhin sagte Johannes, dafür, daß wir zwei verschiedene Personen seien, stritten wir uns erstaunlich wenig. Und das ist – zu unser beider Überraschung – wahr, neulich hab ich's mal versucht zusammenzuzählen, es sind nicht mehr als drei-, viermal. Darunter der denkwürdige Streit auf der Hochzeitsreise in Nizza, wo wir dann mangels Hotelbett die Nacht wortlos im Auto verbrachten.

Weil es so ohne jede Anstrengung so gutgeht (natürlich nicht <u>ganz</u> ohne, aber fast), frage ich mich manchmal in der Beratung bei anderen Ehepaaren, ob man das überhaupt lernen kann, ob das Verstehen nicht einfach »ungeschuldetes Glück«, so was wie »Gnade« ist, man hat's oder hat's nicht.

Unsere Beziehung hat sich in dem Jahr sicher verändert. Ich bin vielleicht seit einigen Monaten auf einem Kind-Trip, d. h., ich hole meine Kindheit nach. Bin sehr verschmust, aber – und das ist ein Punkt, der mich schon belastet – sexuell bin ich sehr reduziert. Sicher ist daran die Schwangerschaft nicht ganz unbeteiligt – ich wurde (was mich mit Stolz erfüllt) zwei Monate nach Absetzen der Pille schwanger. Die ersten Monate waren nicht schön, ich war sehr schlapp und kam schlechter die Treppen hoch als jetzt und hatte Angst, wie das durchzuhalten sein sollte, wenn es so weiterginge. Aber seit Ostern bin ich recht fidel, so als wäre ich nicht schwanger. Ich meine, jetzt, seit ein, zwei Wochen, werde ich schon etwas behäbig, aber ich fühle mich gut ...

Also, ich hoffe, daß ich nach der Geburt wieder mehr zur »Frau« werde, die doch vorhandene Angst, das Miteinanderschlafen könnte dem Kind schaden, wäre dann weg. Aber sicher ist das nicht alles. Soweit ich aber durchblicke – und daran wurden schon viele Analysestunden gehängt –, ist das nicht ein Signal, daß mit Johannes und mir was nicht stimmt, sondern daß es ein Auskosten des »guten Vaters« ist.

Aber natürlich ist das, was wir leben, schon facettenreicher. Vielleicht nicht zentral, aber für mich doch wichtig, ist, daß ich meine anfängliche Schüchternheit andern Leuten gegenüber ablege. Anfangs war ich da sehr unsicher als Frau Neumann. Inzwischen kann ich zwar immer noch nicht munter drauflosplaudern – das werde ich wohl nie können –, aber ich bin in meiner Rolle selbstbewußter und sicherer ... Im Anfang war der Stolz darüber größer als jetzt, daß ich zu »diesen Kreisen« gehöre, auch wenn ich – je länger, je mehr – feststellte, daß es sich weiß Gott nicht um die Crème de la Crème handelt ...

Im Augenblick ist es aber nicht mehr so das äußere Prestige, sondern es wechselt zu einem recht großen Stolz auf diesen schönen, gescheiten und gewandten Mann, der überall eine gute Figur abgibt, mit dem man nie fürchten muß, sich genieren zu müssen (wie quälend für mich war das doch mit Heinz!). Darin bade ich mich. Wenn ich ihn auf der Straße sehe oder ihn hier anschaue, dann kommt immer wieder Staunen, Dankbarkeit und Stolz: Das ist mein Mann.

Aber sicher ist er nicht nur der Starke, Bewunderungswürdige. Bis vor kurzem ist er mehrere Monate lang ziemlich depressiv rumgehangen, Nachwehen der Ruth-Geschichte ... Ruth hatte finanzielle Ansprüche gestellt, die Johannes inzwischen auch weitgehend erfüllen mußte. Das war aber für ihn nicht so schlimm – obwohl, wenn's ums Geld geht, dann ist er schon sehr schmerzempfindlich –, sondern eine ziemlich übersteigerte Vorstellung, sie würde ihn zugrunde richten, »unmöglich machen«, als wäre sie allmächtig und könnte die Wahrheit nach Belieben drehen. Mich hat das – Gott sei Dank – erstaunlich kaltgelassen ... Inzwischen ist das alles vorbei, definitiv, wie es aussieht. J. singt und pfeift wieder am Schreibtisch und in der Küche (das war für mich in der letzten Zeit das Barometer – über Wochen war er stumm, und als er das erste Mal wieder pfiff, wußte ich: Jetzt ist es wohl überstanden).

Da habe ich mir etwas auf meine Souveränität eingebildet – und in Wirklichkeit war es Uninformiertheit. Johannes hatte in jener Zeit mal notiert, ich könne so gut trösten. Aber wie sollte ich gut trösten, wenn er bei sich denken musste, dass ich die Hauptsache ja nicht weiß? Ich glaubte damals ja, bei dem, was Johannes von Ruth fürchtete, ginge es um Martha und ihren Tod. Da konnte ich tatsächlich zuversichtlich sein, dass sich die Wahrheit nicht nach Belieben drehen ließe. Was wäre gewesen, wenn ich gewusst hätte, dass es nicht um ein Verbiegen der Wahrheit ging, sondern darum, dass sie ans Licht käme? Keine beneidenswerte Situation für den frischgebackenen Ehemann und werdenden Vater! Ohne einen Funken Mitleid sage ich: Das kommt davon!

Nun, er konnte wieder pfeifen und singen – das war auch später noch ein Indikator für eine überwundene Krise.

Fortsetzung Tagebuch:

22.6.1979
Und das Kind – es läßt mich über die Theorie vom Penisneid lachen. J. sagt, ich trüge meinen Bauch wie eine Trophäe vor mir her. Und seit es sich bewegt, verbringe ich viel Zeit damit, meinen Bauch wohlgefällig und neugierig zu betrachten. J. meint dann nicht ohne Neid: Ihr Gott ist der Bauch.

Aber es ist schon etwas Wunderbares, daß da jemand anderes in einem heranwächst. Johannes genießt das auch, wenn auch nicht so unmittelbar, wie ich es kann. Ich rufe ihn oft, wenn es in meinem Bauch ein Erdbeben gibt.

Ich denke auch, daß die Geburt etwas sehr Verbindendes sein wird. Als wir letzten Dienstag gemeinsam in der Schwangerschaftsgymnastik waren und ich merkte, daß einem der Mann doch viel mehr helfen kann, als nur Händchen zu halten, da war ich sehr froh (und Johannes hat von sich aus das gleiche gesagt). Ich hab' dadurch weniger Angst gekriegt, obwohl ich nie überdimensioniert Angst hatte.

... Gerade habe ich zurückgeblättert zu den 77er-Wirren. Ja, darüber lächle ich jetzt auch. Ich weiß aber noch sehr genau, daß es schlimm und aufregend, nervenaufreibend war. Aber das ist so weit weg. Uns beide interessiert das so gut wie nicht mehr. Selbst der Wunsch, Rache zu nehmen, ist verblaßt, bei Johannes ebenso wie bei mir. Wir haben uns in einem anderen Land angesiedelt, wir wollen mit unserem früheren Leben, unseren früheren Beziehungen nichts mehr zu tun haben. Das ist zunehmend nicht mal mehr feindselig, ostentativ, sondern desinteressiert. Wir haben anderes, Besseres zu tun.

11.7.1979

... Wie wird es werden? Im Augenblick sind wir beide heiter und vergnügt ... 32 Jahre – bei Johannes 49 – ohne Kind. Was heißt das, wenn da dauernd noch jemand da ist? Freude, Belastung, Bereicherung. Es wird anders sein.

Johannes zum Vater zu haben, ist beneidenswert. Wie das wohl ist, mich zur Mutter zu haben? Ein wenig Angst, daß ich nach der ersten Begeisterung nachlasse. Obwohl mich die Lili da getröstet hat, als ich ihr dieses Bedenken sagte: ob ich denn bei Johannes inzwischen auch fände, daß mir sein Gesicht, sein Lächeln nichts mehr sage?

Und das ist ja wirklich nicht so, da kann ich mich heute noch nicht satt sehen und kann mir nicht vorstellen, daß ich mich je daran satt sehen könnte. Wenn es so mit dem Kind ist!

Es ist Abend (20 Uhr), ein schöner, milder, nicht zu heißer Tag. Vögel singen. Ich schaue auf die Bäume vor dem Schlafzimmer und finde das sehr schön und friedlich. Bemühe mich, ruhig zu atmen, um dem Kind Sicherheit zu geben. Heute mittag sind die Herzschläge ab und zu ganz schnell hochgegangen – wohl im Zusammenhang mit den Wehen; es muß schon ängstigend sein für das Kind, es weiß ja wirklich nicht, »wie ihm geschieht«. Ich stelle mir die Geburt schlimm für das Kind vor. Wenigstens mein Atmen soll ihm zu spüren geben, daß nicht alles chaotisch ist.

25.7.1979

Morgens sonnig, ganzer Tag über schön!
5.50 Uhr aufgestanden
6.50 Uhr in die Klinik gefahren
9.50 Uhr Blasensprung
10.30 Uhr Preßwehen
11.15 Uhr Geburtsanfang
<u>12 Uhr Geburt</u>
12.45 Uhr Ende der Naht
13.30 Uhr 1. Stillen

25.7.1979

Ich habe / wir haben einen Sohn.
… Die Wehen waren zunächst wie gewohnt – überhaupt nicht schmerzhaft, um dann plötzlich sehr intensiv schmerzhaft zu werden. Gott sei Dank sprang bereits kurz vor 10 Uhr die Fruchtblase, es gab also kein Zurück mehr … Von Wehenpausen habe ich kaum was gemerkt, ich atmete, so gut ich konnte, aber mit der Zeit klammerte ich mich an alle Umstehenden, Johannes, die Schwester und wer sonst zugange war.
Unvermittelt kamen die Preßwehen – wohl zur Überraschung der Hebamme (die allerdings von Anfang an optimistisch war, daß das Kind heute käme, weil der Muttermund schon vor der Einleitung 3 cm weit offen war), und das war ziemlich entsetzlich. Ich sollte pressen und dann wieder doch nicht. Der Anästhesist kam und sagte: »Guten Tag, ich bin der Anästhesist.«
Ich sagte: »Wie schön für Sie!«
Die Hebamme meinte, es lohne sich gar nicht mehr – und ich war bloß zu schwach, um sie auf den Mond zu schießen, auch wenn sie recht hatte.
Hirsch kam, wie Johannes meinte, bloß um mal reinzugucken. Angesichts der Lage zog er die Krawatte aus und den grünen Kittel an, und während ich oben schrie: »Ich kann nicht mehr«, ist ihm – so Johannes – das Kind geradezu in den Schoß gehüpft.
Johannes hat so von der Geburt mehr mitgekriegt als ich. Das war etwas blöd für mich, ich sah gar nicht, daß der Kopf schon rauskam, und war gelinde gesagt mißtrauisch gegenüber Aussagen: »Gleich haben Sie's geschafft.«

Das erste, was ich von ihm sah, waren eindeutig Hoden. »Ein Junge«, sagte ich.

Es war Punkt 12 Uhr, und es war noch keine 10 Sekunden draußen (die Nabelschnur wurde sofort durchtrennt), da schrie er schon.

Ich war kaum noch unruhig, sondern recht sicher, daß er gesund ist.

Inzwischen nähte Hirsch an mir rum und fragte, wie's mir gehe (ich hatte das Kind schon auf mir in einem warmen Tuch). Ich sagte: »Oben gut, aber ist bei Ihnen unten noch irgendwas heil?«

»Bei mir schon!« Und wir lachten.

Ich hielt meinen Joachim im Arm. Noch verschmiert. Aber er war ganz ruhig und – worauf ich ganz stolz bin – deutlich blond.

Jetzt knipste Johannes. Wir waren unendlich glücklich.

Und er ist gesund, und er kam am 25.7. zur Welt, die Geburt war unglaublich kurz.

Ach, was will man mehr!

27.7.1979

Liebstes Mütterchen unseres geliebten Joachim David, Du meine gute, tapfere Ursula!

Heute war es sehr arg, als ich vor einer Stunde von Dir fortgehen mußte ... Ich habe Dich immer sehr liebgehabt, Ursula! Diese Liebe hat – so glaube ich – jetzt eine neue Dimension der Intensität und solidarischen Verbundenheit erfahren. Und darüber bin ich ebenso glücklich wie über unseren kleinen Joachim. Er ist und bleibt der schönste Säugling der Welt, auch wenn er das Saugen erst noch lernen muß!

Laß Dich ganz zärtlich umfangen, streicheln u. herzen von Deinem Mann Johannes, dem Vater von Joachim!

2.8.1979

... Dann rief Ursula an, ich könne sie mit dem Kind holen. Glücklich! <u>Joachim kam nach Hause!</u>

Es war alles sehr aufregend, für ihn und für uns. Joachim mit Haydns »Kaiser-Quartett« begrüßt! Der erste Tag, den Joachim David im Hause seiner Eltern verbrachte!

20.8.1979

Jetzt ist er schon bald vier Wochen alt.

Heute nachmittag kam mir der Gedanke, daß man vielleicht sein Kind viel mehr liebt als irgendeine andere Person (ein Gedanke, den ich eher ein wenig zurückweise). Und zwar, weil ich eigentlich noch niemanden so lange so intensiv betrachtet habe, wie ich Joachim David betrachte. Ich kann mich nicht satt sehen und spüre, wie über dieses genaue Kennenlernen auch die Beziehung wächst. Vor ein paar Tagen fiel mir auf, daß ich ihn »riechen gelernt habe«, d. h., ich mag seinen Körpergeruch (nicht wenn er nach Scheiße riecht, sondern er hat was Spezifisches; J. sagt, alle Babys röchen angenehm nach Baby). Die Abwehr, die ich dabei empfinde, wenn ich mir vorstelle, ich könnte Joachim am meisten lieben, ist vielschichtig. Einmal natürlich, weil ich Johannes am meisten lieben möchte. Aber vielleicht wichtiger ist noch, daß ich seit jeher was gegen »Instinktives« habe, wogegen man sich nicht wehren kann, wozu man »von der Natur« verführt wird. Nicht, als gäbe es je eine Beziehung, wo man sich frei zur Liebe entschlossen hätte, aber hier kommt es mir – wenn schon – besonders unentrinnbar vor. Da ist was in mir, das möchte Distanz behalten, den Kopf oben. Immerhin: Meine umgekehrte Furcht, das Kind könnte nur am Anfang attraktiv für mich sein, ist wohl ad acta zu legen.

Dabei ist es nicht so, daß es die reine Freude mit Joachim ist. Er ist zwar ein liebes Kind, schläft in der Regel so 4–5 Stunden, ehe er was will, aber es gibt auch Tage, da hat er Blähungen und schreit öfter, und dann ist man hilflos und wird allmählich verdrießlich. Und auch bei 4–5 Stunden heißt es eben: einmal nachts aufstehen und meistens recht früh morgens raus. Das ist aber nicht so wesentlich. Was mir wirklich Sorge macht, ist, daß ein Kind tatsächlich einen immensen Zeitaufwand bedeutet. 5 Stunden täglich – auch wenn unheimlich viel von Johannes getan wird. Sicher, dabei ist eine ganze Menge lustvolles Tun, aber die Zeit ist eben weg. Ich werde mir im kommenden halben Jahr meine Zeit sehr gut einteilen müssen.

Johannes ist – wie ich es gedacht hatte – ein sehr guter Vater. Nicht nur, daß er Joachim auch in puncto Arbeit als sein Kind betrachtet und genauso Windeln wechselt wie ich, fast immer die Wäsche wäscht usw. Er kann auch eher mit dem Kind reden als ich. Meine Kommunikation geht mehr übers Schauen und Streicheln, ich bin oft stumm, muß mich geradezu zum Reden zwingen, während Johannes singt, Kinderworte erfindet, ganze Geschichten erzählt. Er ist unglaublich glücklich.

Fast immer, wenn er Joachim betrachtet, bekommt er Tränen in die Augen. Was ihn allerdings nicht daran hindert, ihn einen Terroristen zu schimpfen, wenn er quengelt. In diesen Situationen bin ich oft ausdauernder und ausgeglichener, obwohl es in den letzten Tagen bei J. auch besser geworden ist; fast schien es mir so, als wäre in ihm noch die Angst gewesen, das freundliche Kind könnte »sein wahres Gesicht« zeigen.

Bevor ich jetzt Goldmuskateller trinken gehe – Johannes wollte mich gerade holen –, möchte ich nur noch aufschreiben, daß Johannes für mein Gefühl mit Joachim noch mal seine Beziehung zu seinem Vater durchlebt. Ihm fällt gerade sehr viel dazu ein, und sein Vater war für ihn wohl tatsächlich die positive Gestalt, die auch zärtlich und weich war, mit der er reden konnte, die ihn behutsam zudeckte. Jetzt singt er. Hoffentlich bleibt es so.

Ich denke, es blieb so. Nicht jeden Tag, aber viele, viele Tage.

Dorle kam und sagte mit freundlichem Spott: »*Und übers Jahr gebar sie ihm ein wunderschönes Knäblein.*« Ja, und ein Jahr und 360 Tage später gebar sie ihm ein wunderschönes Mägdelein. Hannah kam am 20.7.1981 zur Welt. Sie hat sich ein gutes Datum ausgesucht, fanden wir: der Jahrestag, an dem wenigstens der Versuch gemacht wurde, Widerstand gegen Diktatur zu leisten. Wir haben ihr auch einen guten Namen ausgesucht: Sie heißt nach Hannah Arendt. Was sie – wie sie uns später erzählte – lange so interpretierte, dass nach ihrer Geburt die Dame Hannah Arendt gekommen sei und bestimmt habe, sie solle Hannah heißen.

An jenem 20.7., einem Montag, hatte Johannes eine Sitzung des Großen Senats. Wir hatten vereinbart, ich könne ihn im Sitzungsraum erreichen, wenn es bei mir ernst würde. Um 18 Uhr rief ich an. Anscheinend wussten alle, was dieser Anruf bedeutete. Der Vorsitzende verließ die Sitzung. Um 20.17 Uhr war Hannah auf der Welt – und Johannes kehrte zu seinen universitären Pflichten zurück. Lassen wir dahingestellt, ob es ihm dabei um die letzten Tagesordnungspunkte ging oder darum, die Honneurs entgegenzunehmen. Auf alle Fälle erinnerten sich Kollegen noch Jahre später an diesen Abend.

Nach der Sitzung kam er wieder zu mir und wir tranken Sekt. Die Nachtschwester schaute herein und missbilligte. Ganz kurz wurden wir ganz klein. Dann tranken wir weiter.

Mehr ist nicht zu berichten.

Bei Curt Goetz, den heute niemand mehr kennt (er hat ein paar hübsche Lustspiele geschrieben), gibt es eine Stelle in »Ingeborg«. Der Diener des Hauses, genannt Herr Konjunktiv, spricht einen Gast, einen Schriftsteller, an:

Herr Konjunktiv: ...Der Herr sind Dichter?
Peter: Ich schreibe Stücke.
Herr Konjunktiv: Hm! – Ich hätte wohl einen Stoff!
Peter: So?
Herr Konjunktiv: Ich bin verheiratet!
Peter: Oh!
Herr Konjunktiv: Und außerordentlich glücklich!
Peter: So! –Aber?
Herr Konjunktiv: Kein aber!
Peter: Kein aber? – Schon aus?
Herr Konjunktiv: Schon aus!
Peter: Sie sind nur glücklich? Weiter nichts?
Herr Konjunktiv: Weiter nichts!
Peter: Das ist kein Stoff für ein Theaterstück, Herr Konjunktiv. Die Leute würden sagen: Das ist Theater! Oder sie würden sagen: Das ist langweilig.

Ich bin also am Ende: *Sie lebten von nun an glücklich und in Freuden. Und wenn sie nicht gestorben sind, so leben sie noch heute.*
Der eine ist schon gestorben. Bei der anderen dauert es noch ein bisschen.

Oberkirch, 15.3.2015, 20.37 Uhr